Charles Darwin

Die Abstammung des Menschen

bremen
university
press

Charles Darwin

Die Abstammung des Menschen

ISBN/EAN: 9783955620080

Auflage: 1

Erscheinungsjahr: 2013

Erscheinungsort: Bremen, Deutschland

@ Bremen-university-press in Access Verlag GmbH, Fahrenheitstr. 1, 28359 Bremen. Alle Rechte beim Verlag und bei den jeweiligen Lizenzgebern.

Inhaltsverzeichnis

In die aufeinander folgenden neuen Abdrücke der ersten Ausgabe dieses 1871 zuerst erschienenen Werkes war ich im Stande, mehrere wichtige Verbesserungen einzufügen. Da seit dem letzten längere Zeit verflossen ist, habe ich mich bemüht, von dem hochpeinlichen Gerichte, vor dem das Buch gestanden hat, Vortheil zu ziehen, und habe alle Kritiken, die gesund zu sein schienen, gewissenhaft berücksichtigt. Sehr verbunden bin ich auch einer großen Anzahl von Correspondenten, die mir eine überraschend große Menge neuer Thatsachen und Bemerkungen mitgetheilt haben. Diese letzten sind so zahlreich gewesen, daß ich nur die wichtigeren habe benützen können. Einige neue Abbildungen habe ich zugefügt, und vier von den alten sind durch bessere, von *Mr. T. W. Wood* nach dem Leben gezeichnete ersetzt worden. Außerdem muß ich die Aufmerksamkeit auf einige Bemerkungen richten, die ich der Güte des *Prof. Huxley* verdanke und die als Anhang zum I. Theil gegeben sind, über die Natur der Verschiedenheiten zwischen dem Gehirne des Menschen und der höheren Affen. Ich freue mich besonders, diese Beobachtungen geben zu können, weil während der letzten wenigen Jahre mehrere Abhandlungen über diesen Gegenstand auf dem Continent erschienen sind; auch ist ihre Bedeutung in mehreren Fällen von populären Schriftstellern höchlich überschätzt worden.

Noch möchte ich diese Gelegenheit zu der Bemerkung benützen, daß meine Kritiker häufig von der Annahme ausgehen, ich schriebe alle Abänderungen des körperlichen Baues und der geistigen Kräfte der natürlichen Zuchtwahl häufig spontan genannter Abänderungen zu, während ich doch, selbst schon in der ersten Ausgabe der »Entstehung der Arten« ausdrücklich gesagt habe, daß viel Gewicht auf die vererbten Wirkungen des Gebrauchs und Nichtgebrauchs, sowohl in Bezug auf den Körper als auf den Geist, gelegt werden müsse. Ein gewisses Maß der Modifikation habe ich auch der directen und fortgesetzten Wirkung veränderter Lebensbedingungen zugeschrieben. In etwas muß auch den gelegentlichen Rückschlägen des Baues Rechnung getragen werden; ebenso dürfen wir das nicht vergessen, was ich »correlatives« Wachsthum genannt habe, worunter ich die Erscheinung verstehe, daß verschiedene Theile des Organismus in irgend einer unbekannten Weise so mit einander verbunden sind, daß, wenn der eine Theil abändert, es auch andere thun, und wenn Abänderungen in einem Theile durch Zuchtwahl gehäuft werden, andere

1

Theile modificiert werden. Mehrere Kritiker haben ferner gesagt, daß ich, nachdem ich gefunden hätte, daß viele Einzelnheiten des Baues beim Menschen nicht durch natürliche Zuchtwahl erklärt werden könnten, die geschlechtliche Zuchtwahl erfunden hätte. Ich habe indessen eine ziemlich klare Skizze dieses Princips in der ersten Auflage der »Entstehung der Arten« gegeben und dort schon gesagt, daß es auf den Menschen anwendbar sei. Dieser Gegenstand, die geschlechtliche Zuchtwahl, ist ausführlich im vorliegenden Werke behandelt worden, einfach deshalb, weil sich mir hier zuerst eine Gelegenheit dazu darbot. Mir ist aufgefallen, wie ähnlich viele der halbgünstigen Kritiken über die geschlechtliche Zuchtwahl denen waren, welche zuerst über die natürliche Zuchtwahl erschienen, z. B. daß sie einige wenige Details erklären könne, aber sicherlich nicht in dem Umfange anwendbar sei, in dem ich sie benützt habe. Meine Überzeugung von der Wirksamkeit der geschlechtlichen Zuchtwahl bleibt unerschüttert; doch ist es wahrscheinlich, oder beinahe sicher, daß mehrere meiner Überzeugungen sich später als irrthümlich herausstellen werden; dies kann bei der ersten Behandlung eines Gegenstandes kaum anders sein. Wenn die Naturforscher mit der Idee der geschlechtlichen Zuchtwahl vertrauter geworden sein werden, wird sie, wie ich glaube, in viel ausgedehnterem Maße angenommen werden; und bereits ist sie von mehreren competenten Richtern vollständig und günstig aufgenommen worden.

Down, Beckenham, Kent. September 1874.

Das Wesen des vorliegenden Buches wird man am besten beurtheilen können, wenn ich kurz angebe, wie ich dazu kam, es zu schreiben. Viele Jahre hindurch habe ich Notizen über den Ursprung oder die Abstammung des Menschen gesammelt, ohne daß mir etwa der Plan vorgeschwebt hätte, über den Gegenstand einmal zu schreiben, vielmehr mit dem Entschlusse, dies nicht zu thun, da ich fürchtete, daß ich dadurch nur die Vorurtheile gegen meine Ansichten verstärken würde. Es schien mir hinreichend, in der ersten Ausgabe meiner »Entstehung der Arten« darauf hingewiesen zu haben, daß durch dieses Buch auch Licht auf den Ursprung des Menschen und seine Geschichte geworfen werden würde; diese Andeutung schloß ja doch den Gedanken ein, daß der Mensch bei jedem allgemeinen Schluß in Bezug auf die Art seiner Erscheinung auf der Erde mit anderen organischen Wesen zusammengefaßt werden müsse. Gegenwärtig trägt die Sache ein vollständig verschiedenes Ansehen. Wenn ein Naturforscher wie *Carl Vogt* in seiner Eröffnungsrede als Präsident des Nationalinstituts von Genf (1869) sagen darf: »personne, en Europe au moins, n'ose plus soutenir la création indépendante et de toutes pièces, des espèces«, so muß doch offenbar wenigstens eine große Zahl Naturforscher der Annahme zugethan sein, daß Arten die modificierten Nachkommen anderer Arten sind; und vorzüglich gilt dies für die jüngeren und aufstrebenden Naturforscher. Die größere Zahl derselben nimmt die Thätigkeit der natürlichen Zuchtwahl an, obschon Einige, ob mit Recht, muß die Zukunft entscheiden, hervorheben, daß ich deren Wirksamkeit bedeutend überschätzt habe. Von den älteren und angeseheneren Häuptern der Naturwissenschaft sind leider noch viele gegen eine Entwicklung in jeglicher Form.

In Folge der von den meisten Naturforschern, denen schließlich, wie in jedem anderen Falle, noch andere nicht wissenschaftlich Gebildete folgen werden, jetzt angenommenen Ansichten bin ich darauf geführt worden, meine Notizen zusammenzustellen, um zu sehen, wie weit sich die allgemeinen Schlußfolgerungen, zu denen ich in meinen früheren Schriften gekommen war, auf den Menschen anwenden lassen. Dies schien um so wünschenswerther, als ich diese Betrachtungsweise noch niemals ausdrücklich auf eine Art einzeln genommen angewendet hatte. Wenn wir unsere Aufmerksamkeit auf irgend eine Form beschränken, so entbehren wir die gewichtigen Beweismittel, die aus der Natur der Verwandtschaft, welche große

Gruppen von Organismen unter einander verbindet, aus ihrer geographischen Verbreitung in der Gegenwart und in vergangenen Zeiten und aus ihrer geologischen Aufeinanderfolge fließen. Es bleiben dann die homologen Bildungen, die embryonale Entwicklung und die rudimentären Organe einer Art, mag dies nun der Mensch oder irgend ein anderes Thier sein, auf welches sich unsere Aufmerksamkeit richtet, zu betrachten übrig; und diese großen Classen von Thatsachen bieten gerade, wie es mir scheint, umfassende und endgültige Zeugnisse zu Gunsten des Princips einer stufenweisen Entwicklung dar. Indessen sollte man die kräftige Unterstützung durch die andern Argumente sich deshalb doch immer vor Augen halten.

Die einzige Aufgabe dieses Werkes ist, zu untersuchen, erstens ob der Mensch, wie jede andere Species, von irgend einer früher existierenden Form abstammt, zweitens, welches die Art seiner Entwicklung war, und drittens, welchen Werth die Verschiedenheiten zwischen den sogenannten Menschenrassen haben. Da ich mich auf diese Punkte beschränken werde, so wird es nicht nothwendig sein, im Einzelnen die Verschiedenheiten zwischen den verschiedenen Rassen zu beschreiben; es ist dies ein äußerst umfangreicher Gegenstand, welcher in vielen werthvollen Werken ausführlich erörtert worden ist. Das hohe Alter des Menschen ist in der neueren Zeit durch die Bemühungen einer Menge ausgezeichneter Männer nachgewiesen worden, zuerst von Boucher de Perthes; und dies ist die unentbehrliche Grundlage zum Verständnis seines Ursprungs. Ich werde daher diesen Beweis für erbracht annehmen und darf wohl meine Leser auf die vorzüglichen Schriften von Sir *Charles Lyell*, Sir *John Lubbock* und Anderen verweisen. Auch werde ich kaum Veranlassung haben, mehr zu thun, als auf den Betrag der Verschiedenheit zwischen dem Menschen und den anthropomorphen Affen hinzuweisen; denn nach der Ansicht der competentesten Beurtheiler hat Professor *Huxley* überzeugend nachgewiesen, daß der Mensch in jedem einzelnen sichtbaren Merkmale weniger von den höheren Affen abweicht, als diese von den niederen Gliedern derselben Ordnung, der Primaten, abweichen.

Das vorliegende Werk enthält kaum irgend welche originelle Thatsachen in Bezug auf den Menschen; da aber die Folgerungen, zu welchen ich nach Vollendung einer flüchtigen Skizze gelangte, mir interessant zu sein schienen, so glaubte ich, daß sie auch Andere interessieren dürften. Es ist oft und mit Nachdruck behauptet worden, daß der Ursprung des Menschen nie zu enträthseln sei. Aber Unwissenheit erzeugt viel häufiger Sicherheit, als es das Wissen thut. Es sind immer Diejenigen, welche wenig wissen, und nicht Die, welche viel wissen, welche positiv behaupten, daß dieses oder jenes Problem nie von der Wissenschaft werde gelöst werden. Die Schlußfolgerung, daß der Mensch, in gleicher Weise wie andere Arten, ein Nachkomme von irgend welchen anderen niedrigeren und ausgestorbenen Formen sei, ist durchaus nicht neu. Lamarck kam schon vor langer Zeit zu dieser Folgerung, welche neuerdings von mehreren ausgezeichneten Naturforschern und Philosophen zu der ihrigen gemacht worden ist, z. B. von *Wallace, Huxley, Lyell, Vogt, Lubbock, Büchner, Rolle* etc.

Da die Werke der erstgenannten Schriftsteller in England allgemein bekannt sind, so hat der Verfasser deshalb ihre Titel nicht speciell anzuführen für nöthig gehalten; doch glaubt der Übersetzer auch diese hier mit aufnehmen zu sollen: *A. R. Wallace*, Contributions to the Theory of Natural Selection. London, 1870 (Cap. IX u. X); *Huxley*, Zeugnisse für die Stellung des Menschen in der Natur. Übers. Braunschweig, 1863. Sir *Ch. Lyell*, Das Alter des Menschengeschlechts auf der Erde. Übers. Leipzig, 1864. *L. Büchner.* Sechs Vorlesungen über die Darwinsche Theorie. 2. Aufl. 1868. *Rolle*, Der Mensch im Lichte der Darwinschen Theorie. Frankfurt 1865. Verf. fährt fort: Ich will hier nicht den Versuch machen, alle Schriftsteller zu citieren, welche dieselbe Ansicht vertreten. So hat *G. Canestrini* eine interessante Abhandlung über rudimentäre Charaktere und deren Beziehung zu der Frage nach dem Ursprung des Menschen veröffentlicht (Annuario della Soc. d. Nat. Modena, 1867, p. 81). Ein anderes Werk hat Dr. Francesco Barrago herausgegeben unter dem Titel (italienisch 1869): »Der Mensch geschaffen zum Ebenbilde Gottes, auch geschaffen als Ebenbild des Affen.« und besonders von *Haeckel*. Der letztgenannte Naturforscher hat außer seinem großen Werke: Generelle Morphologie (1866) noch neuerdings (1868 und in achter Auflage 1889) seine »Natürliche Schöpfungsgeschichte« herausgegeben, in welcher er die Genealogie des Menschen eingehend erörtert. Wäre dieses Buch erschienen, ehe meine Arbeit niedergeschrieben war, würde ich sie wahrscheinlich nie zu Ende geführt haben; fast alle die Folgerungen, zu denen ich gekommen bin, finde ich durch diesen Forscher bestätigt, dessen Kenntnisse in vielen Punkten viel reicher sind als meine. Wo ich irgend eine Thatsache oder Ansicht aus Professor *Haeckel's* Schriften hinzugefügt habe, gebe ich seine Gewähr im Text, andere Angaben lasse ich so, wie sie ursprünglich in meinem Manuscript standen, und füge dann nur gelegentlich in den Anmerkungen Hinweise auf seine Schriften hinzu, als eine Bestätigung der zweifelhaften oder interessanteren

Punkte.

Schon seit vielen Jahren ist es mir äußerst wahrscheinlich erschienen, daß geschlechtliche Zuchtwahl eine bedeutende Rolle bei der Differenzierung der Menschenrassen gespielt habe; in meiner »Entstehung der Arten« (Erste Ausgabe, p. 209) begnügte ich mich aber damit, nur auf diese Ansicht hinzuweisen. Als ich nun dazu kam, diese Gesichtspunkte auf den Menschen anzuwenden, fand ich, daß es unumgänglich nothwendig sei, den ganzen Gegenstand in ausführlichem Detail zu behandeln. In Folge dessen ist der zweite Theil des vorliegenden Werks, welcher von der geschlechtlichen Zuchtwahl handelt, zu einer unverhältnismäßigen Länge, wenn mit dem ersten Theile verglichen, angewachsen; dies ließ sich indessen nicht vermeiden.

Ich hatte beabsichtigt, den vorliegenden Bogen einen Versuch über den Ausdruck der verschiedenen Gemüthsbewegungen bei dem Menschen und den niederen Thieren hinzuzufügen. Sir *Charles Bell's* wundervolles Buch hatte meine Aufmerksamkeit vor vielen Jahren schon auf diesen Gegenstand gelenkt. Dieser berühmte Anatom behauptet, daß der Mensch mit gewissen Muskeln ausgerüstet sei, ausschließlich zu dem Zwecke, seine Gemüthsbewegungen auszudrücken. Da diese Ansicht offenbar mit dem Glauben in Widerspruch steht, daß der Mensch von irgend einer anderen und niederen Form abstammt, so wurde es für mich nothwendig, dieselbe eingehender zu betrachten. Ich wünschte gleichermaßen festzustellen, in wie weit die Gemüthsbewegungen von den verschiedenen Menschenrassen in derselben Weise ausgedrückt werden; aber wegen des Umfangs des vorliegenden Werks hielt ich es für besser, diese Abhandlung selbständig zu veröffentlichen.

Prof. *Haeckel* war der einzige Schriftsteller, welcher zur Zeit des Erscheinens des vorliegenden Werkes den Gegenstand der geschlechtlichen Zuchtwahl seit der Veröffentlichung der »Entstehung der Arten« besprochen und die volle Bedeutung desselben erkannt und erörtert hatte; er hat dies in seinen verschiedenen Arbeiten in sehr umsichtiger Weise gethan.

ERSTER THEIL.

DIE ABSTAMMUNG ODER DER URSPRUNG DES MENSCHEN.

ERSTES CAPITEL.

Thatsachen, welche für die Abstammung des Menschen von einer niederen Form zeugen

Natur der Beweise für den Ursprung des Menschen. – Homologe Bildungen beim Menschen und den niederen Thieren. – Verschiedene Punkte der Übereinstimmung. – Entwicklung. – Rudimentäre Bildungen; Muskeln, Sinnesorgane, Haare. Knochen, Reproductionsorgane u. s. w. – Die Tragweite dieser drei großen Classen von Thatsachen in Bezug auf den Ursprung des Menschen.

Ein Jeder, welcher zu entscheiden wünscht, ob der Mensch der modificirte Nachkomme irgend einer früher existierenden Form sei, würde wahrscheinlich zuerst untersuchen, ob der Mensch, in einem wie geringen Grade auch immer, seiner körperlichen Structur nach und in seinen geistigen Fähigkeiten variiert, und wenn dies der Fall ist, ob diese Abänderungen seinen Nachkommen in Übereinstimmung mit den bei niederen Thieren geltenden Gesetzen überliefert werden; ferner, ob die Abänderungen, soweit es unsere Unwissenheit zu beurtheilen gestattet, die Wirkungen derselben allgemeinen Ursachen sind und ob sie von denselben allgemeinen Gesetzen beherrscht werden wie bei anderen Organismen, z. B. von der Correlation, den vererbten Wirkungen des Gebrauchs und Nichtgebrauchs u. s. w. Ist ferner der Mensch ähnlichen Mißbildungen unterworfen, in Folge von Bildungshemmungen, von Verdoppelung von Theilen u. s. w., und bietet er in irgendwelchen seiner Mißbildungen einen Rückschlag auf einen früheren und älteren Bildungstypus dar? Natürlich ließe sich auch untersuchen, ob der Mensch, wie so viele anderen Thiere, Varietäten und Unterrassen habe entstehen lassen, die nur unbedeutend von einander abweichen, oder Rassen, welche so verschieden von einander sind, daß sie als zweifelhafte Species zu classificieren sind. Wie sind derartige Rassen über die Erde verbreitet und wie wirken sie bei einer Kreuzung auf einander, sowohl in der ersten Generation, als in den folgenden? Und so ließen sich noch über viele andere Punkte Fragen aufstellen.

Bei dieser Untersuchung würde man dann zunächst zu der wichtigen Frage kommen, ob der Mensch zu einer im Verhältnis so rapiden Zunahme neigt, daß hierdurch gelegentlich heftige Kämpfe um das Dasein und in Folge dessen wohlthätige Abänderungen veranlaßt werden, gleichviel ob am Körper oder am Geiste, welche dann bewahrt bleiben, während die nachtheiligen beseitigt werden. Greifen die Rassen oder Arten, gleichviel welcher Ausdruck hier angewandt wird, über einander über und ersetzen einander, so daß einige schließlich unterdrückt werden? Wir werden sehen, daß alle diese Fragen, wie es in der That in Bezug auf die meisten derselben auf der Hand liegt, bejahend beantwortet werden müssen, in derselben Weise wie bei den niederen Thieren. Die verschiedenartigen, hier angedeuteten Betrachtungen können aber füglich eine Zeit lang noch zurückgestellt werden, und wir wollen zuerst nachsehen, in wie weit die körperliche Bildung des Menschen mehr oder weniger deutliche Spuren seiner Abstammung von irgend einer niederen Form zeigt. In späteren Capiteln werden dann die geistigen Fähigkeiten des Menschen im Vergleich mit denen der niederen Thiere betrachtet werden.

Die körperliche Bildung des Menschen. – Es ist notorisch, daß der Mensch nach demselben allgemeinen Typus oder Modell wie die anderen Säugethiere gebildet ist. Alle Knochen seines Skelets können mit entsprechenden Knochen eines Affen oder einer Fledermaus oder Robbe verglichen werden; dasselbe gilt für seine Muskeln, Nerven, Blutgefäße und Eingeweide. Das Gehirn, dieses bedeutungsvollste aller Organe, folgt denselben Bildungsgesetzen, wie *Huxley* und andere Anatomen gezeigt haben. *Bischoff*Die Großhirnwindungen des Menschen. 1868, p. 96. Die Schlussfolgerungen dieses Schriftstellers ebenso wie die, zu denen *Gratiolet* und *Aeby* in Bezug auf das Gehirn gelangt sind, werden in dem dem ersten Theile des vorliegenden Werks angefügten Anhange von Prof. *Huxley* erörtert werden. welcher zu den Reihen der Gegner gehört, giebt zu, daß jede wesentliche Spalte und Falte in dem Gehirn des Menschen ihr Analogon in dem Gehirn des Orang findet; er fügt aber hinzu, daß auf keiner Entwicklungsperiode die Gehirne beider vollständig unter einander übereinstimmen. Eine völlige Übereinstimmung konnte man auch nicht erwarten, denn sonst würden ihre geistigen Fähigkeiten dieselben gewesen sein; *Vulpian*Leçons sur la Physiol. 1866, p. 890, nach dem Citat bei *Dally*, L'ordre des Primates et le Transformisme. 1868, p. 29. bemerkt: »Les différences réelles, qui existent entre l'encéphale de l'homme et celui des singes supérieurs, sont bien minimes. II ne faut pas se faire d'illusions à cet égard. L'homme est bien plus près des singes anthropomorphes par les caractères anatomiques de son cerveau, que ceux-ci ne le sont non seulement des autres mammifères, mais même de certains quadrumanes, des guenons et des macaques.« Es wäre aber überflüssig, hier noch weitere Einzelnheiten in Betreff der Übereinstimmung zwischen dem Menschen und den höheren Säugethieren in der Bildung des Gehirns und aller anderen Theile des Körpers anzuführen. Es dürfte indessen der Mühe werth sein, einige wenige Punkte, welche nicht direct oder augenfällig in Verbindung mit dem Körperbau stehen, speciell anzuführen, aus denen diese Übereinstimmung oder Verwandtschaft deutlich hervorgeht.

Der Mensch ist fähig, von den anderen Thieren gewisse Krankheiten aufzunehmen oder sie ihnen mitzutheilen, wie Wasserscheu, Pocken, Rotz, Syphilis, Cholera, Flechten u. s. w., Dr. W. *Lauder Lindsay* hat diesen Gegenstand ziemlich ausführlich behandelt im »Journal of Mental Science«, July, 1871, und in der »Edinburgh Veterinary Review«, July, 1858. und diese Thatsache beweist die große Ähnlichkeit Einer meiner Kritiker (British Quarterly Review, Octob. 1, 1871, p. 472) hat das, was ich hier gesagt habe, in sehr starker und verächtlicher Weise kritisiert; da ich aber nicht den Ausdruck »Identität« brauche, sehe ich nicht ein, daß ich hier einen großen Irrthum begangen hätte. Zwischen der Thatsache, daß dieselbe oder eine sehr ähnliche Infection oder Ansteckung bei zwei verschiedenen Thieren dieselbe Wirkung hervorruft, und der Prüfung zweier verschiedener Flüssigkeiten mit demselben chemischen Reagens scheint mir eine sehr starke Analogie zu bestehen. ihrer Gewebe und ihres Blutes, sowohl in ihrem feineren Bau, als in ihrer Zusammensetzung, und zwar viel deutlicher, als es durch deren Vergleichung unter dem besten Mikroskop oder mit Hülfe der sorgfältigsten chemischen Analyse nachgewiesen werden kann. Die Affen sind vielen von denselben nicht contagiösen Krankheiten ausgesetzt, wie wir. So fand *Rengger*, Naturgeschichte der Säugethiere von Paraguay. 1830, p. 50. welcher eine Zeit lang den *Cebus Azarae* in seinem Vaterlande sorgfältig beobachtete, daß er Katarrh bekam, mit den gewöhnlichen Symptomen, welcher auch bei häufigen Rückfällen zu Schwindsucht führte. Diese Affen litten an Schlagfluß, Entzündung der Eingeweide und grauem Staar am Auge. Die jüngeren starben oft am Fieber während der Periode, in der sie ihre Milchzähne verloren; Arzneien haben dieselbe Wirkung auf sie, wie auf uns. Viele Arten von Affen haben eine starke Vorliebe für Thee, Kaffee und spirituose Getränke; sie können auch, wie ich selbst gesehen habe, mit Vergnügen Tabak rauchen. Dieselben Geschmacks-eigenthümlichkeiten kommen manchen noch niedrigeren Thieren zu. Mr. A. *Nicols* hat, wie er mir mittheilt, in Queensland in Australien drei Individuen von *Phascolarctus cinereus* gehalten; ohne daß es ihnen irgendwie gelehrt worden wäre, entwickelte sich bei ihnen ein starker Geschmack für Rum und für Tabakrauchen.*Brehm* behauptet, daß die Eingeborenen von Nord-Afrika die wilden Paviane dadurch fangen, daß sie Gefäße mit einem starken geistigen Getränke hinstellen, in welchem sich die Affen betrinken. Er hat mehrere dieser Thiere, die er in Gefangenschaft hielt, in diesem Zustande gesehen und giebt einen höchst komischen Bericht ihres Benehmens und ihrer wunderbaren Grimassen. Am folgenden Morgen waren sie sehr verstimmt und übel aufgelegt; sie hielten ihren schmerzenden Kopf mit beiden Händen und boten einen äußerst erbarmungswürdigen Anblick dar. Wurde ihnen Bier oder Wein angeboten, so wandten sie sich mit Widerwillen ab, labten sich dagegen an Citronensaft. *Brehm*, Thierleben. 2. Aufl. Bd. 1, p 147, 155. Über den *Ateles*, p. 194. Wegen anderer analoger Angaben s. p. 72, 194. Ein amerikanischer Affe, ein *Ateles*, wollte, nachdem er einmal von Branntwein trunken geworden war, nie mehr solchen anrühren; er war daher weiser als viele Menschen. Diese un-bedeutenden Thatsachen beweisen, wie ähnlich die Geschmacks-nerven bei den Affen und den Menschen sein müssen und in wie ähn-licher Weise ihr ganzes Nervensystem afficirt wird.

Der Mensch wird von inneren Parasiten geplagt, welche zu-weilen tödtliche Wirkungen hervorbringen, in gleicher Weise auch von äußeren; alle diese Schmarotzer gehören zu denselben Gattungen oder Familien wie die, welche andere Säugethiere bewohnen, und, was die Krätzmilbe betrifft, zu derselben Species. Dr. *W. Lauder Lind-say* in: Edinburgh Veterinary Review, July, 1858, pag. 13. Der Mensch ist in gleicher Weise wie andere Säugethiere, Vögel und selbst Insek-ten, In Bezug auf Insekten s. Dr. *Laycock*, On a general law of vital periodicity. British Associat. 1842. *Macculloch* sah einen Hund an drei-tägigem Wechselfieber leiden. Silliman's Americ. Journ. of Science. XVII, 305. Ich werde später auf diesen Gegenstand zurückkommen. jenem geheimnisvollen Gesetz unterworfen, welches gewisse normale Vorgänge, wie die Trächtigkeit, ebenso wie die Reife und die Dauer gewisser Krankheiten den Mondperioden zu folgen veranlaßt. Seine Wunden werden durch denselben Heilungsproceß wieder hergestellt, und die nach der Amputation seiner Gliedmaßen gelassenen Stümpfe besitzen gelegentlich, besonders während der früheren embryonalen

Periode, eine gewisse Fähigkeit der Regeneration wie bei den niedersten Thieren. Die Beweise hiefür habe ich gegeben in der Schrift: »Über das Variiren der Thiere und Pflanzen im Zustande der Domestication.« 2. Aufl. Bd. II, p. 17 d. Übers.; Weiteres könnte noch hinzugefügt werden.

Der ganze Hergang jener bedeutungsvollsten Verrichtung, der Fortpflanzung der Art, ist bei den Säugethieren in auffallender Weise derselbe, von dem ersten Acte der Werbung des Männchens an »Mares e diversis generibus Quadrumanorum sine dubio dignoscunt feminas humanas a maribus. Primum, credo, odoratu, postea aspectu. Mr. *Youatt*, qui diu in Hortis Zoologicis (Bestiariis) medicus animalium erat, vir in rebus observandis cautus et sagax, hoc mihi certissime probavit, et curatores ejusdem loci et alii e ministris confirmaverunt. Sir *Andrew Smith* et *Brehm* notabant idem in Cynoeephalo. Ulustrissimus *Cuvier* etiam narrat multam de hac re, qua ut opinor nihil turpius potest indicari inter omnia hominibus et quadrumanis communia. Narrat enim Cynocephalum quendam in furorem incidere aspectu feminarum aliquarum, sed nequaquam accendi tanto furore ab omnibus. Semper eligebat juniores et dignoscebat in turba et advocabat voce gestuque.« bis zu der Geburt und der Ernährung der Jungen. Die Affen werden in einem fast genau so hülflosen Zustande geboren wie unsere eigenen Kinder; und in gewissen Gattungen weichen die Jungen in ihrem Aussehen von den Erwachsenen genau so viel ab, wie menschliche Kinder von ihren erwachsenen Eltern. Diese Bemerkung machen in Bezug auf *Cynocephalus* und die anthropomorphen Affen *Geoffroy St. Hilaire* und *Fr. Cuvier*, Hist. natur. des Mammifères. Tom. I. 1824. Einige Schriftsteller haben als einen wichtigen Unterschied hervorgehoben, daß beim Menschen die Jungen in einem viel späteren Alter zur Reife gelangen, als bei irgend einem anderen Thiere. Wenn wir aber einen Blick auf die Menschenrassen werfen, welche tropische Länder bewohnen, so ist der Unterschied nicht groß. Denn der Orang wird, wie man annimmt, nicht vor einem Alter von 10 bis 15 Jahren reif. *Huxley*, Stellung des Menschen in der Natur, p. 38 (Übers.). Der Mann weicht von der Frau in der großen Körperkraft, in dem Behaartsein u. s. w., ebenso wie in Bezug auf den Geist, in derselben Weise ab, wie die beiden Geschlechter vieler Säugethiere von einander abweichen. Es ist überhaupt die Übereinstimmung im allgemeinen Bau, in der feinen Structur der Gewebe, in der chemischen Zusammensetzung und in der Constitution zwischen dem Menschen und den höheren Thieren. besonders den anthropomorphen Affen eine äußerst enge.

Embryonale Entwicklung. – Der Mensch entwickelt sich aus einem Eichen von ungefähr 1/125 Zoll (0,2 mm) im Durchmesser, welches in keiner Hinsicht von den Eichen anderer Thiere abweicht. Der Embryo selbst kann auf einer frühen Stufe kaum von dem anderer Glieder des Wirbelthierreichs unterschieden werden. Auf dieser Periode verlaufen die Halsarterien in bogenförmigen Ästen, als wenn sie das Blut zu Kiemen brächten, welche bei den höheren Wirbelthieren nicht vorhanden sind; doch sind die Spalten an den Seiten des Halses noch vorhanden und geben die frühere Stellung jener an. Auf einer etwas späteren Periode, wenn sich die Gliedmaßen entwickeln, entstehen, wie der berühmte v. *Baer* bemerkt, die Füße von Eidechsen und Säugethieren, die Flügel und Füße der Vögel und ebenso die Hände und Füße des Menschen sämmtlich aus derselben Grundform. »Erst auf späteren Entwicklungsstufen«, sagt Professor *Huxley*, *Huxley*, ebendaselbst p. 75. »bietet das junge menschliche Wesen deutliche Verschiedenheiten von dem jungen Affen dar, welcher letztere ebenso weit vom Hunde in seiner Entwicklung abweicht, wie es der Mensch thut. So auffallend diese letztere Behauptung zu sein scheint, so ist sie doch nachweisbar richtig.«

Da manche meiner Leser vielleicht noch niemals die Abbildung eines Embryo gesehen haben, habe ich umstehend eine solche von einem Menschen und eine andere vom Hunde von ungefähr derselben Entwicklungsstufe gegeben, beide Copien nach zwei Werken von zweifelloser Genauigkeit.

a) Vorderhirn, Großhirnhemisphaeren etc. b) Mittelhirn, Vierhügel. c) Hinterhirn, Kleinhirn, verlängertes Mark. d) Auge. e) Ohr. f) Erster Visceralbogen. g) Zweiter Visceralbogen. H) Wirbelsäule und Muskelmasse. i) Vordere Gliedmaßen. K) Hintere Gliedmaßen. L) Schwanz oder Coccyx. Der menschliche Embryo (obere Figur) ist nach *Ecker*, Icones physiol., 18511859, Tab. XXX. Fig. 2. Dieser Embryo war zehn Linien lang, so daß die Zeichnung sehr vergrößert ist. Der Hundeembryo ist nach Bischoff, Entwicklungsgeschichte des Hunde-Eies. 1845. Taf. XI, Fig. 42 B. Diese Zeichnung ist fünfmal vergrößert; der Embryo war 25 Tage alt. Die inneren Eingeweide sind weggelassen und die Uterinanhänge in beiden Figuren entfernt worden. Mich führte Prof. *Huxley* auf diese Abbildungen, dessen Werke »Stellung des Menschen in der Natur« die Idee, sie hier zu geben, entnommen ist. Auch *Haeckel* hat analoge Figuren in seiner Schöpfungsgeschichte gegeben.

Nach den vorstehenden, auf Grund so bedeutender Autoritäten mitgetheilten Angaben würde es meinerseits überflüssig sein, noch eine Anzahl weiterer entlehnter Einzelnheiten zu geben, um zu zeigen, daß der Embryo des Menschen streng dem anderer Säugethiere gleicht. Es mag indeß noch hinzugefügt werden, daß der menschliche Embryo in verschiedenen Punkten seiner Bildung gleichfalls gewissen niederen Formen in deren erwachsenem Zustande ähnlich ist. So ist z. B. das Herz zuerst einfach ein pulsierendes Gefäß, die Excremente werden durch eine Kloake entleert, und das Schwanzbein springt wie ein wahrer Schwanz vor, indem es sich beträchtlich »jenseits der rudimentären Beine« verlängert. Prof. *Wyman*, in: Proceed. Americ. Acad. of Sciences. Vol. IV. 1860, p. 17. Bei den Embryonen aller luftathmenden Wirbelthiere entsprechen gewisse Drüsen, die sogenannten Wolffschen Körper, den Nieren erwachsener Fische und fungieren auch wie diese. *Owen*, Anatomy of Vertebrates. Vol. I, p. 533. Selbst in einer späteren embryonalen Periode lassen sich einige auffallende Übereinstimmungen zwischen dem Menschen und den niederen Thieren beobachten. Bischoff sagt, daß die Gehirnwindungen eines menschlichen Foetus vom Ende des siebenten Monats ungefähr die Entwicklungsstufe erreichen, welche ein erwachsener Pavian zeigt. Die Großhirnwindungen des Menschen. 1868, p. 95. Wie Professor *Owen* bemerkt, Anatomy of Vertebrates. Vol. II, p. 553. »ist die große Zehe, welche beim Stehen oder Gehen den Stützpunkt bildet, vielleicht die charakterischste Eigenthümlichkeit des menschlichen Bau's«. Aber bei einem Embryo von ungefähr einem Zoll Länge fand Professor *Wymanen*, Proceed. Soc. Nat. Hist, Boston, 1863. Vol. IX, p. 185. »daß die große Zehe kürzer als die anderen und, statt dies parallel zu sein, unter einem Winkel von dem Fußrande vorsprang und daher mit dem bleibenden Zustande dieses Theils bei den Affen übereinstimmte.« Ich will mit der Anführung einer Stelle von *Huxley* schließen, Die Stellung des Menschen in der Natur, p. 74. welcher fragt, ob der Mensch in einer vom Hund, Vogel, Frosch oder Fisch verschiedenen Weise entstehe, und dann sagt: »die Antwort kann nicht einen Augenblick zweifelhaft sein, die Ursprungsweise und die frühen Entwicklungsstufen des Menschen sind mit denen der in dem Thierreiche unmittelbar unter ihm stehenden Formen identisch. Ohne allen Zweifel steht er in diesen Beziehungen den Affen viel näher, als die Affen dem Hunde stehen.«

Rudimente. – Obgleich dieser Gegenstand nicht von wesentlich größerer Bedeutung ist als die beiden letzterwähnten, so soll er doch aus mehreren Gründen hier mit größerer Ausführlichkeit behandelt werden. Ich hatte eine Skizze dieses Capitels bereits niedergeschrieben, ehe ich eine werthvolle Abhandlung von G. *Canestrini* gelesen hatte, welcher ich viel zu verdanken habe: Caratteri rudimentali in ordine all' origine del uomo, in: Annuario della Soc. d. Nat. Modena, 1867, p. 81. *Haeckel* hat ganz vorzügliche Erörterungen über diesen ganzen Gegenstand unter dem Titel Dysteleologie in seiner »Generellen Morphologie« und seiner »Schöpfungsgeschichte« angestellt. Es läßt sich nicht eines der höheren Thiere anführen, welches nicht irgend einen Theil in einem rudimentären Zustande besäße, und der Mensch bietet keine Ausnahme von dieser Regel dar. Rudimentäre Organe müssen von solchen unterschieden werden, welche auf dem Wege der Bildung sind, obschon in manchen Fällen die Unterscheidung nicht leicht ist. Die ersteren sind entweder absolut nutzlos, wie die Zitzen der männlichen Säugethiere oder die oberen Schneidezähne von Wiederkäuern, welche niemals das Zahnfleisch durchschneiden, oder sie sind von so untergeordnetem Nutzen für ihren jetzigen Besitzer, daß wir nicht annehmen können, sie hätten sich unter den jetzt existierenden Bedingungen entwickelt. Organe in diesem letzteren Zustand sind nicht streng genommen rudimentär, sie neigen aber nach dieser Richtung hin. Andererseits sind in der Bildung begriffene Organe, wenn auch noch nicht völlig entwickelt, für ihre Besitzer von großem Nutzen und weiterer Entwicklung fähig. Rudimentäre Organe sind äußerst variabel, und dies läßt sich zum Theil daraus verstehen, daß sie nutzlos oder nahezu nutzlos sind und in Folge dessen nicht länger mehr der natürlichen Zuchtwahl unterliegen. Sie werden oft vollständig unterdrückt. Wenn dies eintritt, können sie nichtsdestoweniger gelegentlich durch Rückschlag wiedererscheinen, und dies ist ein der Aufmerksamkeit wohl werther Umstand.

Nichtgebrauch während derjenigen Lebensperiode, in welcher ein Organ sonst hauptsächlich gebraucht wird, und dies ist meist während der Reifezeit der Fall, in Verbindung mit Vererbung auf einem entsprechenden Lebensalter scheinen die hauptsächlichsten Ursachen gewesen zu sein, welche das Rudimentärwerden der Organe veranlaßten. Der Ausdruck »Nichtgebrauch« bezieht sich nicht bloß auf die verringerte Thätigkeit der Muskeln, sondern umfaßt auch einen verminderten Zufluß von Blut nach einem Theile oder Organe hin; entweder weil dasselbe weniger Änderungen des Druckes ausgesetzt ist, oder weil es in irgendwelcher Weise weniger gewohnheitsgemäß thätig ist. Es können indessen Rudimente von Theilen in dem einen Geschlecht auftreten, welche im anderen Geschlecht normal vorhanden sind; und solche Rudimente sind, wie wir später sehen werden, oft in einer von der oben erwähnten verschiedenen Art entstanden. In manchen Fällen sind Organe durch natürliche Zuchtwahl verkümmert, weil sie der Art unter einer veränderten Lebensweise nachtheilig geworden sind. Der Prozeß der Verkümmerung wird wahrscheinlich oft durch die beiden Principe der Compensation und Ökonomie des Wachsthums unterstützt; aber die letzten Stufen der Verkümmerung. – wenn nämlich der Nichtgebrauch Alles, was ihm einigermaßen zugeschrieben werden kann, vollbracht hat. und sobald die durch die Ökonomie des Wachsthums bewirkte Ersparnis sehr klein sein würde Einige gute kritische Bemerkungen über diesen Gegenstand haben *Murie* und *Mivart* gegeben, in: Transact. Zool. Soc. Vol. VII, p. 92. –, sind nur schwer zu erklären. Die endliche und vollständige Unterdrückung eines Theils, welcher bereits nutzlos und in der Größe sehr verkümmert ist, in welchem Falle weder Compensation noch Ökonomie des Wachsthums in's Spiel kommen können, läßt sich vielleicht mit Hülfe der Hypothese der Pangenesis verstehen und, wie es scheint, auf keine andere Weise. Da indeß der ganze Gegenstand der rudimentären Organe in meinen früheren Werken Variiren der Thiere und Pflanzen im Zustande der Domestication. 2. Aufl. Bd. II, p. 359 und 450. s. auch Entstehung der Arten. 7. (deutsche) Aufl. p. 523. ausführlich erläutert und erörtert worden ist, brauche ich hier über dieses Capitel nichts mehr zu sagen.

In vielen Theilen des menschlichen Körpers hat man Rudimente verschiedener Muskeln beobachtet; So giebt z. B. *Richard* (Annal. d. scienc. natur. 3. Ser. Zool. T. XVIII, p. 13) Beschreibung und Abbildung von Rudimenten des von ihm so genannten »muscle pédieux de la main«, welcher, wie er sagt, zuweilen »infiniment petit« sei. Ein anderer, »Tibial postérieur« genannter Muskel ist meist an der Hand gar nicht vorhanden, erscheint aber von Zeit zu Zeit in einem mehr oder weniger rudimentären Zustande. und nicht wenige Muskeln, welche in manchen niederen Thieren regelmäßig vorhanden sind, können gelegentlich beim Menschen in einer beträchtlich verkümmerten Form nachgewiesen werden. Jedermann muß die Kraft beobachtet haben, mit welcher viele Thiere, besonders Pferde, ihre Haut bewegen oder erzittern machen, und dies wird durch den Panniculus carnosus bewirkt. Überbleibsel dieses Muskels in einem noch wirkungsfähigen Zustande werden an verschiedenen Theilen unseres Körpers gefunden, z. B. an der Stirn, wo sie die Augenbrauen erheben. Das Platysma myoides, welches am Halse entwickelt ist, gehört zu diesem System, kann aber nicht willkürlich in Thätigkeit gebracht werden. Wie mir Professor *Turner* von Edinburgh mittheilt, hat er gelegentlich Muskelfasern an fünf verschiedenen Stellen entdeckt, nämlich in den Achselhöhlen, in der Nähe der Schulterblätter u. s. w., welche alle auf das System des großen Hautmuskels bezogen werden müssen. Er hat auch gezeigt, Prof. *W. Turner*, Proc. Roy. Soc. Edinburgh, 1866-67, p. 65. daß der Musculus sternalis oder »sternalis brutorum«, welcher nicht etwa eine Verlängerung des Rectus abdominis, sondern eng mit dem Panniculus verwandt ist, in dem Verhältnis von ungefähr 3 % unter mehr als 600 Leichnamen vorkam. Er fügte hinzu, daß dieser Muskel »eine vorzügliche Erläuterung der Angabe darbiete, daß gelegentlich auftretende und rudimentäre Bildungen besonders einer Abänderung in der Anordnung ausgesetzt sind.«

Einige wenige Personen haben die Fähigkeit, die oberflächlichen Muskeln ihrer Kopfhaut zusammenzuziehen, und diese Muskeln befinden sich in einem variabeln und zum Theil rudimentären Zustand. Herr *A. de Candolle* hat mir ein merkwürdiges Beispiel des lange erhaltenen Bestehens oder der langen Vererbung dieser Fähigkeit, ebenso wie ihrer ungewöhnlichen Entwicklung mitgetheilt. Er kennt eine Familie, von welcher ein Glied (das gegenwärtige Haupt der Familie), als junger Mann schwere Bücher von seinem Kopfe schleudern konnte, allein durch die Bewegung seiner Kopfhaut, und er gewann durch Ausführung dieses Kunststücks Wetten. Sein Vater, Onkel, Großvater und alle seine drei Kinder besitzen dieselbe Fähigkeit in demselben ungewöhnlichen Grade. Vor acht Generationen wurde diese Familie in zwei Zweige getheilt, so daß das Haupt des oben genannten Zweigs Vetter im siebenten Grade zu dem Haupte des andern Zweigs ist. Dieser entfernte Verwandte wohnt in einem anderen Theile von Frankreich; und als er gefragt wurde, ob er diese selbe Fertigkeit besäße, producierte er sofort seine Kraft. Dieser Fall bietet eine nette Erläuterung dafür dar, wie zäh eine absolut nutzlose Fähigkeit überliefert werden kann, welche wahrscheinlich von unsern alten halbmenschlichen Vorfahren herrührt; viele Affen haben nämlich das Vermögen, und benutzen es auch, ihre Kopfhaut stark vor- und rückwärts zu bewegen. s. meine Schrift: »Ausdruck der Gemüthsbewegungen bei Menschen und Thieren.« 4. Aufl. 1884, p. 124.

Die äußeren Muskeln, welche dazu dienen, das ganze äußere Ohr zu bewegen, und die inneren Muskeln, welche dessen verschiedene

Theile bewegen, finden sich bei dem Menschen in einem rudimentären Zustande und sie gehören sämmtlich zum System des Panniculus; sie sind auch in ihrer Entwicklung, oder wenigstens in ihren Functionen, variabel. Ich habe einen Mann gesehen, welcher das ganze Ohr vorwärts ziehen konnte; andere können es nach oben ziehen; ein anderer konnte es rückwärts bewegen; *Canestrini* citiert für ähnliche Thatsachen *Hyrtl*, (Anuario della Soc. dei Natural. Modena, 1867, p. 97). und nach dem, was mir eine dieser Personen sagt, ist es wahrscheinlich, daß die Meisten von uns dadurch, daß wir oft unsere Ohren berühren und hierdurch unsere Aufmerksamkeit auf sie lenken, nach wiederholten Versuchen etwas Bewegungskraft wiedererlangen könnten. Die Fähigkeit, die Ohren aufzurichten und sie nach verschiedenen Richtungen hinzuwenden, ist ohne Zweifel für viele Thiere von dem höchsten Nutzen, da diese hierdurch den Ort der Gefahr erkennen; ich habe aber nie auf zuverlässige Autorität hin von einem Menschen gehört, welcher auch nur die geringste Fähigkeit, die Ohren in dieser Weise zu richten, besessen hätte, die einzige Bewegung, welche für ihn von Nutzen sein könnte. Die ganze äußere Ohrmuschel kann man als Rudiment betrachten, zusammen mit den verschiedenen Falten und Vorsprüngen (Helix und Antihelix, Tragus und Antitragus u. s. w.), welche bei den niederen Thieren das Ohr kräftigen und stützen, wenn es aufgerichtet ist, ohne sein Gewicht sehr zu vermehren. Manche Autoren vermuthen indeß, daß der Knorpel der Ohrmuschel dazu dient, die Schallschwingungen dem Hörnerven zu übermitteln. Mr. *Toynbee* kommt aber, The Diseases of the Ear by *J. Toynbee*. London, 1860, p. 12. Ein angesehener Physiolog, Prof. *Preyer*, theilt mir mit, daß er in neuerer Zeit Versuche über die Functionen der Ohrmuschel angestellt habe und ziemlich zu demselben Resultate gekommen sei, wie das oben erwähnte. nachdem er alle bekannten Erfahrungen über diesen Punkt gesammelt hat, zu dem Schluß, daß die äußere Ohrmuschel von keinem bestimmten Nutzen ist. Die Ohren des Schimpanse und Orang sind denen des Menschen merkwürdig ähnlich, auch sind die Ohrmuskeln gleichfalls nur sehr gering entwickelt, Prof. *A. Macalister*, Annals and Mag. of Nat. Hist. Vol. VII. 1871. p. 342. und mir haben die Wärter in den zoologischen Gärten versichert, daß diese Thiere sie nie bewegen oder aufrichten, so daß also diese Organe in einem gleichermaßen rudimentären Zustande sind, was die Function betrifft, wie beim Menschen. Warum diese Thiere, ebenso wie die Voreltern des Menschen, die Fähigkeit, ihre Ohren aufzurichten, verloren haben, können wir nicht sagen. Es könnte sein, doch befriedigt mich diese Ansicht nicht völlig, daß sie in Folge ihres Lebens auf Bäumen und wegen ihrer großen Kraft nur wenigen Gefahren ausgesetzt waren und deshalb während einer langen Zeit ihre Ohren nur wenig bewegt und dadurch allmählich das Vermögen, sie zu bewegen, verloren haben. Dies würde ein paralleler Fall mit dem jener großen und schweren Vögel sein, welche das Vermögen, ihre Flügel zum Fluge zu gebrauchen in Folge des Umstandes verloren haben, daß sie oceanische Inseln bewohnen und daher den Angriffen von Raubthieren nicht ausgesetzt gewesen sind. Die Unfähigkeit des Menschen und mehrerer Affen, die Ohren zu bewegen, wird indessen zum Theil dadurch ausgeglichen, daß sie den Kopf sehr frei in einer horizontalen Ebene bewegen und somit Laute aus allen Richtungen her auffangen können. Es ist behauptet worden, daß nur das Ohr des Menschen ein Läppchen besitze; »ein Rudiment ist aber beim Gorilla zu finden« Mr. *St. George Mivart*, Elementary Anatomy, 1873, p. 396. und wie ich von Prof. *Preyer* höre, fehlt es nicht selten beim Neger.

Der berühmte Bildhauer Mr. *Woolner* macht mich auf eine kleine Eigentümlichkeit am äußeren Ohre aufmerksam, welche er oft sowohl bei Männern wie bei Frauen beobachtet und deren volle Bedeutung er erfaßt hat. Seine Aufmerksamkeit wurde zuerst auf den Gegenstand gerichtet, als er seine Statue des »Puck« arbeitete, welchem er spitze Ohren gegeben hatte. Er wurde hierdurch dazu veranlaßt, die Ohren verschiedener Affen und später noch sorgfältiger die des Menschen zu untersuchen. Die Eigentümlichkeit besteht in einem kleinen stumpfen, von dem inneren Rande der äußeren Falte oder des Helix vorspringenden Punkte. Wenn er vorhanden ist, ist er bei der Geburt schon entwickelt und findet sich, nach Prof. *Ludwig Meyer*, häufiger beim Manne, als bei der Frau. Mr. *Woolner* hat ein sorgfältiges Modell eines solchen Falles gemacht und mir die beistehende Zeichnung geschickt. Dieser Punkt springt nicht bloß nach innen nach dem Mittelpunkte des Ohres hin, sondern oft etwas nach außen von der Ebene des Ohres vor, so daß er sichtbar wird, wenn der Kopf direct von vorn oder von hinten betrachtet wird. Er ist in der Größe und auch etwas in der Stellung variabel, indem er entweder etwas höher oder tiefer steht; zuweilen kommt er auch nur an dem einen Ohre und nicht gleichzeitig am andern vor. Sein Vorkommen ist nicht auf den Menschen beschränkt; ich beobachtete einen Fall bei einem *Ateles beelzebuth* im zoologischen Garten; und Dr. *E. Ray Lankester* theilt mir einen anderen Fall von einem Schimpanse im Hamburger zoologischen Garten mit. Der Helix besteht offenbar aus dem nach innen gefalteten äußeren Rande des Ohrs, und diese Faltung scheint in irgend einer

Weise damit zusammenzuhängen, daß das ganze äußere Ohr beständig nach rückwärts gedrückt wird. Bei vielen Affen, welche nicht hoch in der ganzen Ordnung stehen, wie bei den Pavianen und manchen Arten von Macacus, s. auch die Bemerkungen und die Abbildungen der Lemuridenohren in der vortrefflichen Abhandlung von *Murie* und *Mivart* in den Transact. Zool. Soc. Vol. VII. 1869, p. 6 und 90. ist der obere Theil des Ohrs leicht zugespitzt und der Rand ist durchaus nicht nach innen gefaltet. Wäre aber der Rand in dieser Weise gefaltet worden, so würde nothwendig eine kleine Spitze nach innen und wahrscheinlich auch etwas nach außen von der Ebene des Ohrs vorspringen; und so ist eine solche auch, wie ich glaube, in vielen Fällen entstanden. Andererseits behauptet Prof. *L. Meyer* in einem vor kurzem veröffentlichten guten Aufsatze, Über das Darwinsche Spitzohr in: Archiv für path. Anat. und Phys. 1871, p. 485. daß das Ganze bloß ein Fall von Variabilität sei, und daß die Vorsprünge nicht wirklich solche seien, sondern nur daher rührten, daß der innere Knorpel zu jeder Seite der Spitze nicht vollständig entwickelt sei. Ich bin völlig bereit zuzugeben, daß dies für viele Fälle, so für die von Prof. *Meyer* abgebildeten, wo mehrere sehr kleine Spitzen sich fanden oder wo der ganze Rand buchtig ist, die richtige Erklärung ist. Ich selbst habe durch die Gefälligkeit des Dr. *L. Down* das Ohr eines mikrocephalen Idioten sehen können, bei dem sich an der Außenseite des Helix und nicht an dem nach innen gefalteten Rande ein Vorsprung befand; die Spitze kann daher in diesem Falle in keiner Beziehung zu einer frühern Ohrspitze stehen. Nichtsdestoweniger scheint mir meine ursprüngliche Ansicht, daß diese Vorsprünge Überreste der Spitzen früher aufgerichteter und zugespitzter Ohren seien, noch immer die wahrscheinlich richtige zu sein. Ich glaube dies wegen der Häufigkeit des Vorkommens derselben und wegen der allgemeinen Übereinstimmung ihrer Stellung mit der der Spitze eines zugespitzten Ohrs.

In einem Falle, von dem mir eine Photographie zugesandt wurde, ist der Vorsprung so groß, daß, wenn man im Einklänge mit Prof. *Meyer's* Ansicht annehmen wollte, das Ohr würde durch die gleichmäßige Entwicklung des Knorpels, entlang der ganzen Ausdehnung des Randes vollständig werden, dieser ein ganzes Drittel des Ohres bedecken würde. Zwei Fälle sind mir mitgetheilt worden, einer von Nord-Amerika und einer von England, bei denen der obere Rand gar nicht nach innen gefaltet, sondern zugespitzt war, so daß er im Umrisse dem zugespitzten Ohre eines gewöhnlichen Säugethieres sehr ähnlich war. In einem dieser Fälle, dem eines kleinen Kindes, verglich der Vater das Ohr mit der Zeichnung eines Affenohrs, des Ohrs vom *Cynopithecus niger*, die ich mitgetheilt habe, Ausdruck der Gemüthsbewegungen. 4, Aufl. 1884, p. 118. und meinte, daß beider Umrisse einander sehr ähnlich seien. Wenn in diesen beiden Fällen der Rand in der normalen Weise nach innen gefaltet worden wäre, so hätte sich ein Vorsprung nach innen bilden müssen. Ich will noch hinzufügen, daß in zwei andern Fällen der Umriß nach innen etwas zugespitzt blieb, obschon der Rand des obern Theils des Ohrs völlig normal, in einem Falle freilich sehr schmal, nach innen gefaltet war. Der vorstehende Holzschnitt ist eine sorgfältig gefertigte Copie einer Photographie eines Orang-Foetus (die mir freundlichst von Dr. *Nitsche* zugesandt wurde), an welcher zu sehen ist, wie verschieden der zugespitzte Umriß des Ohres in dieser Periode von dessen Form im erwachsenen Zustande ist, wo es eine große allgemeine Ähnlichkeit mit dem des Menschen hat. Ganz offenbar wird das Herunterfalten der Spitze eines solchen Ohres, wenn es sich nicht während seiner weitern Entwicklung noch bedeutend verändert, einen nach innen vorspringenden Fortsatz entstehen lassen. Es scheint mir daher im Ganzen noch immer wahrscheinlich, daß die in Rede stehenden Vorsprünge in manchen Fällen, sowohl beim Menschen als bei Affen, Überbleibsel eines früheren Zustandes sind.

Die Nickhaut, oder das dritte Augenlid, mit ihren accessorischen Muskeln und anderen Gebilden ist besonders wohl entwickelt bei den Vögeln und ist für diese von großer functioneller Bedeutung, da sie sehr schnell über den ganzen Augapfel gezogen werden kann. Sie findet sich auch bei manchen Reptilien und Amphibien und bei gewissen Fischen, wie z. B. bei Haifischen. Sie ist ziemlich gut entwickelt in den beiden unteren Abtheilungen der Säugethiere, nämlich bei den Monotremen und Marsupialien und in einigen wenigen unter den höheren Säugethieren, wie beim Walroß. Beim Menschen und den Quadrumanen dagegen, wie bei den meisten übrigen Säugethieren existiert sie, wie alle Anatomen annehmen, nur als ein bloßes Rudiment, als die sogenannte halbmondförmige Falte. *J. Müller*, Handbuch der Physiologie. 4. Aufl. Bd. 2, p. 312. Owen, Anatomy of Vertebrates. Vol. III, p., 260; derselbe über das Walroß: Proceed. Zool. Soc. 8. Novbr. 1854. s. auch *R. Knox*, Great Artists and Anatomists, p. 106. Dies Rudiment ist, wie es scheint, bei Negern und Australiern etwas größer als bei Europäern. s. *C. Vogt*, Vorlesungen über den Menschen. Bd. I, p. 162.

Der Geruchssinn ist für die größere Zahl der Säugethiere von der höchsten Wichtigkeit, für einige, wie die Wiederkäuer, dadurch, daß er dieselben vor Gefahren warnt, für andere, wie die Carnivoren, daß er sie die Beute finden läßt, für noch andere, wie den wilden Eber, zu beiden Zwecken. Der Geruchssinn ist aber von äußerst untergeordnetem Nutzen, wenn überhaupt von irgendwelchem, selbst für die dunkelfarbigen Rassen, bei denen er allgemein noch höher entwickelt ist als bei den civilisierten Rassen; Sehr bekannt und auch von Andern bestätigt ist der Bericht, den *Al. von Humboldt* von dem Geruchsvermögen der Eingeborenen von Süd-Amerika giebt. *Houzeau* behauptet (Études sur les Facultés Mentales etc. Tom. I. 1872, p. 91), wiederholt Versuche angestellt und constatiert zu haben, daß Neger und Indianer im Dunkeln Personen an ihrem Geruche erkennen können. Dr. *W. Ogle* hat einige merkwürdige Beobachtungen über den Zusammenhang des Riechvermögens mit dem Farbstoff der Schleimhaut des riechenden Theils der Nasenhöhle ebenso wie der Körperhaut gemacht. Ich habe daher im Texte von den dunkelfarbigen Rassen als von den mit feinerem Geruchssinn, als die Weißen, begabten gesprochen. s. *Ogle's* Aufsatz in: Medico-chirurgical Transactions, London. Vol. LIII. 1870, p. 276. doch warnt er sie weder vor Gefahren, noch leitet er sie zur Nahrung; auch verhindert er nicht, daß die Eskimos in der übelriechendsten Atmosphäre schlafen, oder daß viele Wilde halbfaules Fleisch essen. Bei Europäern ist das Geruchsvermögen bei verschiedenen Individuen sehr verschieden, wie mir ein ausgezeichneter Naturforscher versichert hat, bei dem dieser Sinn sehr hoch entwickelt ist und der dem Gegenstande seine Aufmerksamkeit zugewandt hat. Wer an das Princip einer stufenweisen Entwicklung glaubt, wird nicht leicht zugeben, daß dieser Sinn in seinem jetzigen Zustande ursprünglich vom Menschen, wie er jetzt existiert, erlangt wurde. Er erbte die Fähigkeit in einem abgeschwächten und insofern rudimentären Zustande von irgend einem früheren Vorfahren, dem sie äußerst nutzbar war und von dem sie beständig gebraucht wurde. Bei den Thieren, welche diesen Sinn in hoher Entwicklung besitzen, wie bei Hunden und Pferden, ist die Erinnerung an Personen und Orte entschieden mit ihrem Geruche vergesellschaftet; und es läßt sich vielleicht hierdurch verstehen, woher es kommt, daß, wie Dr. *Maudsley* richtig bemerkt hat, The Physiology and Pathology of Mind. 2. Edit. 1868, p. 134. der Geruchssinn beim Menschen »in einer merkwürdig wirksamen Weise Ideen und Bilder bereits vergessener Scenen und Orte wieder erweckt«.

Der Mensch weicht auffallend von allen übrigen Primaten darin ab, daß er fast nackt ist. Doch finden sich wenige kurze steife Haare über den größeren Theil des Körpers beim männlichen Geschlecht und feine dunenartige an dem des weiblichen. Die verschiedenen Rassen weichen sehr in dem Behaartsein von einander ab; bei Individuen, welche zu derselben Rasse gehören, sind die Haare äußerst variabel, nicht bloß in der Menge, sondern auch in der Stellung. So sind bei manchen Europäern die Schultern völlig nackt, während sie bei anderen dicke Haarbüschel tragen. *Eschricht*, Über die Richtung der Haare am menschlichen Körper, in: Müller's Archiv für Anat. und Phys. 1837, p. 47. Ich werde mich oft auf diese sehr interessante Arbeit zu beziehen haben. Es läßt sich wohl kaum bezweifeln, daß die in dieser Weise über den Körper zerstreuten Haare die Überbleibsel des gleichförmigen Haarkleids der niederen Thiere sind. Diese Ansicht wird dadurch um so wahrscheinlicher, daß, wie bekannt ist, feine, kurze und hellgefärbte Haare an den Gliedmaßen und anderen Theilen des Körpers sich gelegentlich zu dicht stehenden langen und im Ganzen groben dunklen Haaren entwickeln, wenn sie in der Nähe alter, entzündeter Oberflächen abnorm ernährt werden. *Paget*, Lectures on Surgical Pathology. 1853. Vol. I, p. 71.

Sir *James Paget* theilt mir mit, daß Personen, welche zu einer und derselben Familie gehören, oft in ihren Augenbrauen einzelne wenige Haare haben, die viel länger als die übrigen sind, so daß diese unbedeutende Eigentümlichkeit vererbt zu werden scheint. Auch diese Haare scheinen ihre Repräsentanten zu haben; denn an einem jungen Schimpanse, und bei gewissen Arten von *Macacus,* finden sich zerstreut stehende, beträchtlich lange Haare auf der nackten Haut oberhalb der Augen, die unsern Augenbrauen entsprechen; ähnliche lange Haare springen aus der Haarbekleidung der Augenbrauenleisten bei manchen Pavianen vor.

Das feine, wollähnliche Haar oder der sogenannte Lanugo, mit welchem der menschliche Foetus während des sechsten Monats dicht bedeckt ist, bietet einen noch merkwürdigeren Fall dar. Er entwickelt sich zuerst während des fünften Monats an den Augenbrauen und dem Gesicht und besonders um den Mund, wo er viel länger als auf dem Kopfe ist. Ein Schnurrbart dieser Art wurde von *Eschricht*Eschricht, a. a. O. p. 40, 47. an einem weiblichen Foetus beobachtet. Doch ist dies kein so auffallender Umstand, wie es auf den ersten Blick erscheinen mag; denn die beiden Geschlechter gleichen einander in allen äußeren Merkmalen während der früheren Wachsthumsperioden sehr. Die Richtung und Anordnung der Haare auf allen Theilen des Embryonalkörpers sind dieselben wie beim erwachsenen Körper, unterliegen aber bedeutender Variabilität. So ist die ganze Oberfläche, selbst mit Einschluß der Stirn und der Ohren, dicht bekleidet; es ist aber eine bezeichnende Thatsache, daß die Handflächen und Fußsohlen völlig nackt sind, wie es die unteren Flächen aller vier Extremitäten der niederen Thiere sind. Da dies kaum eine zufällige Übereinstimmung sein kann, so stellt die wollige Bedeckung des Foetus wahrscheinlich das erste bleibende Haarkleid derjenigen Säugethiere dar, welche behaart geboren werden. Es sind Berichte von drei oder vier Fällen veröffentlicht worden, wo Personen über ihren ganzen Körper und das Gesicht dicht mit feinem langen Haar bedeckt geboren waren; und dieser merkwürdige Zustand wird streng vererbt und steht mit einer abnormen Entwicklung der Zähne in Correlation. s. mein »Variiren der Thiere u. Pflanzen im Zustande der Domestication« 2. Aufl. Bd. II, p. 373. Prof. *Alex. Brandt* hat mir vor Kurzem einen weitern Fall mitgetheilt von einem Vater und Sohn, die in Rußland mit denselben Eigenthümlichkeiten geboren wurden. Ich habe Zeichnungen von beiden aus Paris erhalten. Prof. *Alex. Brandt* hat, wie er mir mittheilt, das Haar vom Gesicht eines in dieser Weise ausgezeichneten, fünfunddreißigjährigen Menschen mit dem Lanugo eines Foetus verglichen und beides in der Textur völlig ähnlich gefunden; er bemerkt dazu, daß deshalb der Fall wohl einer Entwicklungshemmung des Haares in Verbindung mit einem fortbestehenden Wachsthum zugeschrieben werden könne. Wie mir ein Arzt an einem Kinderhospital versichert hat, ist der Rücken vieler zarten Kinder mit langem seidenartigem Haar bedeckt, welche Fälle wahrscheinlich in dieselbe Categorie gehören.

Es scheint, als wenn der hinterste Backzahn, der sogenannte Weisheitszahn, bei den civilisierten Menschenrassen rudimentär zu werden strebte. Diese Zähne sind meistens kleiner als die anderen Backzähne, wie es gleichfalls mit den entsprechenden Zähnen beim Schimpanse und Orang der Fall ist; auch haben sie nur zwei getrennte Wurzeln. Sie durchbrechen das Zahnfleisch nicht eher als im siebzehnten Jahre ungefähr, und man hat mir versichert, daß sie viel mehr der Zerstörung ausgesetzt sind und früher verloren werden, als die anderen Zähne; doch widersprechen dem ausgezeichnete Zahnärzte. Auch sind sie viel mehr, sowohl in ihrer Bildung, als in der Zeit ihrer Entwicklung, zu variieren geneigt als die anderen Zähne. Dr. *Webb*, Teeth in Man and the Anthropoid Apes. Citiert von *C. Carter Blake* in

Anthropolog. Review, July, 1867, p. 299. Bei den schwarzen Rassen sind dagegen die Weisheitszähne gewöhnlich mit drei getrennten Wurzeln versehen und meist gesund; auch weichen sie von den anderen Backzähnen weniger in der Größe ab, als bei den kaukasischen Rassen. *Owen*, Anatomy of Vertebrates. Vol. III, p. 320, 321, 325. Professor *Schaaffhausen* erklärt diese Verschiedenheit zwischen den Rassen dadurch, daß »der hintere zahntragende Abschnitt der Kiefer« bei den civilisierten Rassen Über die primitive Form des Schädels. Übers. in Anthropolog. Review. Oct. 1868, p. 426. »immer verkürzt« ist; und ich meine, diese Verkürzung kann man ruhig dem Umstande zuschreiben, daß civilisierte Menschen sich gewöhnlich von weichen, gekochten Speisen ernähren und daher ihre Kinnladen weniger gebrauchen. Mr. *Brace* theilt mir mit, daß es in den Vereinigten Staaten eine durchaus gewöhnliche Operation werde, bei Kindern einige Backzähne zu entfernen, da die Kinnladen nicht groß genug wachsen für die vollständige Entwicklung der normalen Zahl. Prof. *Mantegazza* schreibt mir aus Florenz, daß er neuerdings den letzten Backzahn bei den verschiedenen Menschenrassen untersucht habe und zu dem gleichen Resultate, wie das im Texte mitgetheilte, gekommen sei, daß er nämlich bei den höheren oder civilisierten Rassen auf dem Wege der Atrophie oder Elimination sei.

In Bezug auf den Verdauungscanal ist mir nur ein einziges Beispiel von einem Rudimente vorgekommen, nämlich der wurmförmige Anhang des Blinddarms. Der Blinddarm ist eine Abzweigung oder ein Divertikel des Darms, welcher mit einem Blindsack endigt, und bei vielen niedrigeren pflanzenfressenden Säugethieren ist er außerordentlich lang, bei dem marsupialen Koala ist er factisch über dreimal so lang wie der ganze Körper. *Owen*, Anatomy of Vertebrates. Vol. III, p. 416, 434, 441. Zuweilen ist er in einen langen, sich allmählich zuspitzenden Fortsatz ausgezogen und zuweilen in Abtheilungen abgeschnürt. Es scheint, als wenn in Folge veränderter Ernährung oder Lebensweise der Blindsack bei verschiedenen Thieren sehr verkürzt worden sei, wo dann der wurmförmige Anhang als Rudiment des verkürzten Theils übrig blieb. Daß dieser Anhang ein Rudiment ist, können wir aus seiner unbedeutenden Größe und aus den Beweisen für seine Veränderlichkeit beim Menschen schließen, welche Professor *Canestrini* Annuario della Soc. dei Natur. Modena, 1867, p. 94. gesammelt hat. Er fehlt gelegentlich vollständig oder ist wiederum bedeutend entwickelt; seine Höhle ist zuweilen vollständig für die Hälfte oder zwei Drittel seiner Länge verschlossen, wobei dann der

Endtheil aus einer abgeplatteten, soliden Ausbreitung besteht. Beim Orang ist dieser Anhang lang und gewunden; beim Menschen entspringt er vom Ende des kurzen Blinddarms und ist gewöhnlich 4-5 Zoll lang, während er nur ein Drittel Zoll im Durchmesser hat. Er ist nicht bloß nutzlos, sondern wird zuweilen Todesursache, von welcher Thatsache mir vor Kurzem zwei Fälle bekannt geworden sind. Es rührt dies daher, daß kleine, harte Körper in den Canal eindringen und dadurch Entzündung verursachen. *Ch. Martins* (De l'unité organique, in: Revue des Deux Mondes. 15 Juin, 1862, p. 16) und *Haeckel* (Generelle Morphologie. Bd. II, p. 278) haben beide bemerkt, daß dies eigenthümliche Rudiment zuweilen den Tod verursacht.

Bei einigen niederen Vierhändern, bei den Lemuriden und bei den Carnivoren, ebenso bei vielen Beutelthieren findet sich in der Nähe des unteren Endes des Oberarmbeins ein Canal, das sogenannte supracondyloide Loch, durch welches der große Nerv der vorderen Gliedmaßen und zuweilen auch die große Arterie hindurchtritt. Nun findet sich am Oberarmbein des Menschen gewöhnlich eine Spur dieses Canals; zuweilen ist er aber ziemlich vollständig entwickelt, indem er von einem überhängenden hakenförmigen Knochenfortsatze gebildet wird, der sich dann durch einen Bandstreifen zu einem Loche vervollständigt. *Dr. Struthees*, In Bezug auf die Vererbung s. *Dr. Struthees* in der »Lancet«, Febr. 15., 1873, und einen andern wichtigen Aufsatz, ebenda Jan. 24., 1863, p. 83. *Dr. Knox* war, wie mir gesagt wurde, der erste Anatom, der die Aufmerksamkeit auf dieses eigenthümliche Gebilde beim Menschen lenkte; s. seine Great Artists and Anatomists, p. 63; s. auch einen wichtigen Aufsatz über diesen Fortsatz von *Gruber* im Bulletin de l'Acad. Imp. de St. Pétersbourg. Tom. XII, 1867, p. 448. welcher sorgfältig auf den Gegenstand geachtet hat, hat jetzt gezeigt, daß diese Eigenthümlichkeit zuweilen vererbt wird, da sie bei einem Vater und unter sieben seiner Kinder bei nicht weniger als vieren vorgekommen ist. Ist der Canal vorhanden, so tritt unveränderlich der große Armnerv durch ihn hindurch, und dies beweist deutlich, daß er das Homologon und Rudiment des supracondyloiden Lochs der niederen Säugethiere ist. Nach einer Schätzung von Professor *Turner* kommt er, wie mir derselbe mittheilte, an ungefähr einem Procent frischer Skelette vor. Wenn aber die gelegentliche Entwicklung dieser Bildung beim Menschen, wie es als wahrscheinlich erscheint, Folge eines Rückschlags ist, so ist sie ein Rückschlag auf einen sehr alten Zustand der Dinge, da sie bei den höhern Vierhändern fehlt.

Es findet sich am Oberarmbein noch eine andere Durchbohrung oder ein Loch, welches gelegentlich beim Menschen vorhanden ist und das intercondyloide genannt werden kann. Dieses kommt, wenn auch nicht constant, bei verschiedenen anthropomorphen und anderen Affen, Mr. *St. George Mivart*, in: Philosoph. Transact. 1867, p. 310. aber gleichfalls bei vielen der niederen Säugethiere vor.

Es ist merkwürdig, daß dies Loch während alter Zeiten viel häufiger vorhanden gewesen zu sein scheint, als in neuerer Zeit. Mr. *Busk* On the Caves of Gibraltar, in Transact. Internat. Congress of prehist. Arch. Third Session. 1869, p. 159. Professor *Wyman* hat vor Kurzem gezeigt (Fourth Annual Report, Peabody Museum, 1871, p. 20), daß diese Durchbohrung sich bei 31 % der menschlichen Überreste aus einigen alten Grabhügeln in den westlichen Vereinigten Staaten und in Florida findet. Sie kommt häufig bei Negern vor. hat über diesen Gegenstand die folgenden Beweisstücke gesammelt: Professor *Broca* »beobachtete die Durchbohrung an 4½ % der von ihm auf der Cimetière du Sud in Paris gesammelten Armknochen, und in der Höhle von Orrony, deren Inhalt der Bronzeperiode zugeschrieben wird, fand sie sich selbst an acht Oberarmbeinen unter zweiunddreißig. Dieses außerordentliche Verhältnis glaubt er aber dem Umstande zuschreiben zu müssen, daß die Höhle vielleicht eine Art ›Familiengruft‹ gewesen ist. Ferner fand Mr. *Dupont* 30 % durchbohrter Armknochen in den Höhlen des Lesse-Thals, welche der Rennthierperiode angehören, während Mr. *Leguay* in einer Art von Dolmen in Argenteuil 25 % perforiert fand; und *Pkuner-Bey* fand von den Knochen von Vauréal 26 % in diesem Zustande. Auch darf man nicht unbeachtet lassen, daß *Pruner-Bey* angiebt, dieser Zustand sei bei Guanchenskeletten der gewöhnliche.« Die Thatsache, daß alte Rassen, in diesem Falle wie in mehreren anderen, häufiger als neuere Rassen Bildungen darbieten, welche denen niederer Thiere gleichen, ist interessant. Eine hauptsächliche Ursache hiervon scheint die zu sein, daß ältere Rassen in der langen Descedenzreihe ihren entfernten, thierähnlichen Urerzeugern etwas näher stehen als moderne Rassen.

Obgleich das Schwanzbein, mit gewissen anderen später zu beschreibenden Wirbeln, beim Menschen als Schwanz keine Function hat, so wiederholt es doch offenbar diesen Theil anderer Wirbelthiere. Auf einer früheren Embryonalperiode ist es frei und springt, wie wir gesehen haben, über die unteren Extremitäten vor, wie in der Zeichnung eines menschlichen Embryo zu sehen ist. In gewissen seltenen und anomalen Fällen *Quaterefages* hat neuerdings die Beweise über diesen Punkt gesammelt. Revue des Cours Scientifiques. 18671868, p. 625. Im Jahre 1840 zeigte *Fleischmann* einen menschlichen Foetus, der einen frei vorspringenden Schwanz besaß, mit selbständigen Wirbelkörpern, was nicht immer der Fall ist. Dieser Schwanz wurde von den vielen, bei der Naturforscherversammlung in Erlangen anwesenden Anatomen kritisch untersucht (s. *Marshall*, in: Niederländ. Archiv für Zoologie. December, 1871). hat man gefunden, daß es selbst noch nach der Geburt ein kleines äußeres Rudiment eines Schwanzes bildet. Das Schwanzbein ist kurz und enthält gewöhnlich nur vier Wirbel in einem rudimentären Zustande; sie bestehen mit Ausnahme des obersten nur aus dem Wirbelkörper. *Owen*, On the nature of Limbs. 1849, p. 114. Sie sind mit einigen kleinen Muskeln versehen, von denen, wie mir Professor *Turner* mittheilt, der eine ausdrücklich von *Theile* als eine rudimentäre Wiederholung des Extensor des Schwanzes beschrieben worden ist. welcher bei vielen Säugethieren so kräftig entwickelt ist.

Das Rückenmark erstreckt sich beim Menschen nur bis zum letzten Rückenoder ersten Lendenwirbel nach abwärts; doch läuft ein fadenartiges Gebilde (das filum terminale) in der Achse des Kreuztheils des Rückenmarkskanals und selbst dem Rücken der Schwanzwirbel entlang noch hinab. Der obere Theil dieses Gebildes ist, wie mir Professor *Turner* mittheilt, unzweifelhaft mit dem Rückenmarke homolog, der untere Theil besteht aber offenbar nur aus der pia mater oder der gefäßreichen Hüllmembran. Selbst in diesem Falle kann man sagen, daß das Schwanzbein eine Spur eines so wichtigen Gebildes wie des Rückenmarks trägt, wenngleich es nicht mehr in einen knöchernen Canal eingeschlossen ist. Die folgende Thatsache, für deren Mittheilung ich gleichfalls Professor *Turner* zu Dank verpflichtet bin, zeigt, wie genau das Schwanzbein dem wirklichen Schwanze bei niederen Thieren entspricht: *Luschka* hat nämlich neuerdings an der Spitze der Schwanzknochen einen sehr eigenthümlich gewundenen Körper entdeckt, welcher mit der mittleren Kreuzbeinarterie im Zusammenhang steht; diese Entdeckung veranlaßte dann *Krause* und *Meyer*, den Schwanz eines Affen *(Macacus)* und einer Katze zu untersuchen; bei Beiden fanden sie, wenn auch nicht gerade an der Spitze, einen ähnlich gewundenen Körper.

Die Fortpflanzungsorgane bieten verschiedene rudimentäre Bildungen dar; diese weichen aber in einer bedeutungsvollen Hinsicht von den vorstehenden Fällen ab. Wir haben es hier nicht mit dem Überbleibsel eines Theiles zu thun, welcher der Species nicht mehr in einem functionsfähigen Zustande angehört, vielmehr mit einem Theile, welcher beständig bei dem einen Geschlecht vorhanden und in Function ist, während er in dem anderen durch ein bloßes Rudiment vertreten wird. Nichtsdestoweniger ist das Vorkommen solcher Rudimente ebenso schwer unter Zugrundelegung des Glaubens an die besondere Schöpfung jeder einzelnen Species zu erklären, wie die vorhin erörterten Fälle von Rudimenten. Ich werde später auf diese Rudimente zurückzukommen haben und werde zeigen, daß ihr Vorhandensein allgemein nur auf Erblichkeit beruht, insofern nämlich, als das eine Geschlecht Theile erlangt hat, welche zum Theil auch dem anderen überliefert worden sind. An dieser Stelle will ich nur einige Beispiele solcher Rudimente anführen. Es ist allgemein bekannt, daß bei den Männchen aller Säugethiere, mit Einschluß des Menschen, rudimentäre Brustdrüsen vorhanden sind; diese haben sich in mehreren Fällen vollständig entwickelt und haben eine reichliche Menge von Milch gegeben. Ihre wesentliche Identität bei beiden Geschlechtern zeigt sich gleichfalls durch ihre sympathische Vergrößerung bei beiden während der Masern. Die sogenannte Vesicula prostatica, welche bei vielen männlichen Säugethieren beobachtet worden ist, ist jetzt ganz allgemein für das Homologon des weiblichen Uterus in Verbindung mit dem damit verbundenen Canal anerkannt worden. Man kann unmöglich *Leuckart's* klare Beschreibung des Organs und seine Betrachtungen darüber lesen, ohne die Richtigkeit seiner Folgerungen zuzugeben. Dies wird besonders bei denjenigen Säugethieren deutlich, bei welchen der weibliche Uterus sich gabelförmig theilt; denn bei den Männchen derselben ist die Vesicula prostatica in gleicher Weise getheilt. *Leuckart*, in Todd's Cyclopaedia of Anatomy. 1849-52. Vol. IV, p. 1415. Beim Menschen ist dies Organ nur von drei bis sechs Linien lang, ist aber, wie so viele anderen rudimentären Organe, in Bezug auf seine Entwicklung, wie auf andere Merkmale, variabel. Es ließen sich noch andere rudimentäre Bildungen, die zu dem Fortpflanzungssystem gehören, hier anführen. s. hierüber *Owen*, Anatomy of Vertebrates. Vol. III, p. 675, 676, 706.

Die Tragweite der drei großen, jetzt mitgetheilten Classen von Thatsachen ist nicht mißzudeuten. Es würde aber überflüssig sein, hier die ganzen Folgerungen, welche ich im Einzelnen in meiner »Entstehung der Arten« gegeben habe, zu wiederholen. Die homologe Bildung des ganzen Körpers bei den Gliedern einer und derselben Classe ist sofort verständlich, wenn wir ihre Abstammung von einem gemeinsamen Urerzeuger und gleichzeitig ihre spätere Anpassung an verschieden gewordene Bedingungen annehmen. Nach jeder anderen Ansicht ist die Ähnlichkeit der Form zwischen der Hand eines Menschen oder eines Affen und dem Fuße eines Pferdes, der Flosse einer Robbe, dem Flügel einer Fledermaus u. s. w. völlig unerklärlich.

In einem neuerdings erschienenen und mit ausgezeichneten Illustrationen ausgestatteten Werke (La Théorie Darwinienne et la création dite indépendante. 1874) bemüht sich Prof. *Bianconi*, nachzuweisen, daß in den obigen wie in andern Fällen homologe Bildungen vollständig nach mechanischen Grundsätzen unter Berücksichtigung ihres Gebrauchs erklärt werden können. Niemand hat so gut gezeigt, wie wunderbar derartige Bildungen ihren Zwecken angepaßt sind; diese Anpassung lässt sich, wie ich glaube, durch natürliche Zuchtwahl erklären. Bei Betrachtung des Fledermausflügels wendet er (p. 218) etwas an, was mir wie ein (um *Auguste Comte's* Worte zu brauchen) bloß methaphysisches Princip erscheint, nämlich »die Erhaltung der Säugethiernatur des Thieres in ihrer Integrität«. Nur in einigen wenigen Fällen bespricht er Rudimente und dann auch nur solche Theile, welche theilweise rudimentär sind, wie die Afterklauen des Schweins und Ochsen, welche den Boden nicht berühren; von diesen weist er klar nach, daß sie dem Thiere von Nutzen sind. Unglücklicherweise betrachtet er solche Fälle gar nicht, wie die kleinen nie das Zahnfleisch durchbrechenden Zähne des Ochsen, oder die Milchdrüsen männlicher Säugethiere, oder die Flügel gewisser Käfer, die unter den verwachsenen Flügeldecken liegen, oder die Rudimente der Pistille und Staubfäden in gewissen Blüthen, und viele andere derartige Fälle. Obgleich ich Professor *Bianconi's* Werke große Bewunderung zolle, scheint mir doch die jetzt von den meisten Naturforschern getheilte Ansicht, daß homologe Bildungen nach dem Principe einfacher Anpassung unerklärlich seien, unerschüttert geblieben zu sein.

Es ist keine wissenschaftliche Erklärung, wenn man sagt, daß sie alle nach demselben ideellen Plane gebaut seien. In Bezug auf die Entwicklung können wir nach dem Princip, daß Abänderungen auf einer im Ganzen späteren embryonalen Periode auftreten und zu entsprechenden Altern vererbt werden, deutlich verstehen, woher es kommt, daß die Embryonen sehr verschiedener Formen doch mehr oder weniger vollkommen den Bau ihres gemeinsamen Urerzeugers beibehalten. Von keinem anderen Standpunkte aus ist je eine Erklärung der wunderbaren Thatsache gegeben worden, daß die Embryonen eines Menschen, Hundes, einer Robbe, Fledermaus, eines Reptils u. s. w. anfangs kaum von einander unterschieden werden können.

Um das Vorhandensein rudimentärer Organe zu verstehen, haben wir nur anzunehmen, daß ein früherer Vorfahre die in Frage stehenden Theile in vollkommenem Zustande besessen hat und daß dieselben unter veränderten Lebensgewohnheiten bedeutend reducirt wurden, und zwar entweder in Folge einfachen Nichtgebrauchs oder mittelst der natürlichen Zuchtwahl derjenigen Individuen, welche am wenigsten mit überflüssigen Organen belastet waren, letzteres mit Unterstützung durch die früher angegebenen Vorgänge.

Wir können hiernach verstehen, woher es gekommen ist, daß der Mensch und alle übrigen Wirbelthiere nach demselben allgemeinen Plane gebaut sind, warum sie die gleichen Stufen früherer Entwicklung durchlaufen und warum sie gewisse Rudimente gemeinsam beibehalten haben. Folgerecht sollten wir offen die Gemeinsamkeit ihrer Abstammung zugeben: irgend eine andere Ansicht sich zu bilden, hieße annehmen, daß unser eigener Bau und der sämmtlicher Thiere um uns her nur eine Falle sei, um unser Urtheil gefangen zu nehmen. Die Richtigkeit dieser Folgerung wird noch bedeutend verstärkt, wenn wir die Glieder der ganzen Thierreihe und die Thatsachen ihrer Verwandtschaft oder Classification, ihrer geographischen Verbreitung und geologischen Aufeinanderfolge betrachten. Es ist nur unser natürliches Vorurtheil und jene Anmaßung, die unsere Vorfahren erklären hieß, daß sie von Halbgöttern abstammten, welche uns gegen diese Schlußfolgerung einnehmen. Es wird aber nicht lange dauern, und die Zeit wird da sein, wo man sich darüber wundern wird, daß Naturforscher, welche mit dem Bau und der Entwicklung des Menschen und anderer Säugethiere in Folge eingehender Vergleichungen bekannt waren, haben glauben können, daß jedes derselben die Folge eines besonderen Schöpfungsactes gewesen sei.

Über die Art der Entwicklung des Menschen aus einer niederen Form

Variabilität des Körpers und Geistes beim Menschen. – Vererbung. – Ursachen der Variabilität. – Die Gesetze der Abänderung sind dieselben beim Menschen wie bei den niederen Thieren. – Directe Wirkung der Lebensbedingungen. – Wirkungen des vermehrten Gebrauchs und des Nichtgebrauchs von Theilen. – Entwicklungshemmungen. – Rückschlag. – Correlative Abänderung. – Verhältnis der Zunahme. – Hindernisse der Zunahme. – Natürliche Zuchtwahl. – Der Mensch das herrschendste Thier auf der Erde. – Bedeutung seines Körperbaues. – Ursachen, welche zu seiner aufrechten Stellung führten; von dieser abhängende Änderungen des Baues. – Größenabnahme der Eckzähne. – Größenzunahme und veränderte Gestalt des Schädels – Nacktheit. – Fehlen eines Schwanzes. – Vertheidigungsloser Zustand des Menschen.

Offenbar unterliegt der Mensch gegenwärtig einer bedeutenden Variabilität. Nicht zwei Individuen einer und derselben Rasse sind völlig gleich. Wir mögen Millionen Gesichter unter einander vergleichen, jedes wird vom andern verschieden sein. Ein gleich großer Betrag von Verschiedenheit besteht in den Proportionen und Dimensionen der verschiedenen Theile seines Körpers. Die Länge der Beine ist einer der variabelsten Punkte. Investigations in Military and Anthropological Statistics of American Soldiers by *B. A. Gould*, 1869, p. 256. Wenn auch in einigen Theilen der Erde ein langer Schädel, in anderen Theilen ein kurzer Schädel vorherrscht, so besteht doch eine große Verschiedenheit der Form selbst innerhalb der Grenzen einer und derselben Rasse, wie bei den Ureinwohnern von Amerika und Süd-Australien – und die letzteren bilden »wahrscheinlich dem Blute, den Gewohnheiten und der Sprache nach eine so homogene Rasse, wie irgend eine existierende« – und selbst bei den Einwohnern eines so beschränkten Gebiets wie der Sandwich-Inseln. In Bezug auf die Schädelform der Eingeborenen von Nord-Amerika s. Dr. *Aitken Meigs* in: Proceed. Acad. Natur. Sc. Philadelphia. May, 1868. Über die Australier s. *Huxley* in *Lyell*, Alter des Menschengeschlechts. 1863, p. 51. Über die SandwichInsulaner: Prof. *J. Wyman*, Observations on Crania. Boston, 1868, p. 18. Ein ausgezeichneter Zahnarzt versicherte mich, daß die Zähne fast ebenso viele Verschiedenheiten darbieten wie die Gesichtszüge. Die Hauptarterien haben so häufig einen abnormen

Verlauf, daß man es zu chirurgischen Zwecken für nützlich erkannt hat, aus 1040 Leichen zu berechnen, wie oft jede Verlaufsart vorkommt. Anatomy of the Arteries von *R. Quain*. Vorrede, Vol. I, 1844. Die Muskeln sind ausserordentlich variabel; so fand Professor *Turner*, Transact. Roy. Soc. Edinburgh. Vol. XXIV, p. 175, 189. daß die des Fußes nicht in zwei unter 50 Leichen einander genau gleich sind, und bei einigen waren die Abweichungen beträchtlich. Professor *Turner* fügt noch hinzu, daß die Fähigkeit, die passenden Bewegungen auszuführen, in Übereinstimmung mit den verschiedenen Abweichungen modificiert sein muß. Mr. *J. Wood* hat das Vorkommen von 295 Muskel-Varietäten an sechsunddreißig Leichen mitgetheilt Proceed. Roy. Soc. 1867, p. 544, auch 1868, p. 483, 524; ebenso ein früherer Aufsatz 1866, p. 229. und bei einer andern Reihe von derselben Zahl nicht weniger als 558 Varietäten, die an beiden Seiten des Körpers vorkommenden für eine gerechnet. Bei der letzten Reihe fehlen nicht an einem einzigen Körper unter den sechsunddreißig »Abweichungen von den gültigen Beschreibungen des Muskelsystems, welche die anatomischen Handbücher geben, vollständig.« Eine einzige Leiche bot die außerordentliche Zahl von fünfundzwanzig verschiedenen Abnormitäten dar. Derselbe Muskel variiert zuweilen auf vielerlei Weise; so beschreibt Professor *Macalister*Proceed. Roy. Irish Academy. Vol. X. 1868, p. 141. nicht weniger als zwanzig verschiedene Abweichungen an dem Palmaris accessorius.

Der alte berühmte Anatom *Wolff*Acta Acad. Petropolit. 1878. Ps. II, p. 217. hebt hervor, daß die inneren Eingeweide variabler sind als die äußeren Theile: »Nulla particula est, quae non aliter et aliter in aliis se habeat hominibus.« Er hat selbst eine Abhandlung über die Auswahl typischer Exemplare der Eingeweide zu deren Darstellung geschrieben. Eine Erörterung über das ideal Schöne der Leber, Lungen, Nieren u. s. w., wie man das Ideal des göttlich schönen menschlichen Antlitzes erörtert, klingt für unsere Ohren wohl fremdartig. Die Variabilität oder Verschiedenartigkeit der geistigen Fähigkeiten bei Menschen einer und derselben Rasse, der noch größeren Verschiedenheiten zwischen Menschen verschiedener Rassen gar nicht zu gedenken, ist so notorisch, daß es nicht nöthig ist, hier noch ein Wort darüber zu sagen. Dasselbe gilt für die niederen Thiere. Alle die Leute, welche Menagerien geleitet haben, geben diese Thatsache zu, und wir sehen dieselbe auch deutlich bei unseren Hunden und anderen domesticierten Thieren. Besonders *Brehm* legt auf die Thatsache Nachdruck, daß jeder individuelle Affe unter denen, welche er in

Afrika in Gefangenschaft hielt, seine eignen ihm eigenthümlichen Anlagen und Launen gehabt habe; er erwähnt vorzugsweise einen Pavian wegen seiner hohen Intelligenz; und die Wärter im zoologischen Garten zeigten mir ein zu der Abtheilung der Affen der neuen Welt gehöriges Individuum, welches gleichfalls wegen seiner Intelligenz merkwürdig war. Auch *Rengger* betont die Verschiedenheit der einzelnen geistigen Eigenschaften bei Affen derselben Species, die er in Paraguay hielt, und fügt hinzu, daß diese Verschiedenheit zum Theil angeboren, zum Theil das Resultat der Art und Weise sei, in welcher die Thiere behandelt oder erzogen wären. *Brehm*, Thierleben, 2. Aufl. Bd. I, p. 119, 162. *Rengger*, Säugethiere von Paraguay, p. 57.

Ich habe an einem andern Orte Variiren der Thiere und Pflanzen im Zustande der Domestication. 2. Aufl. Bd. II, Cap. 12. das Thema der Vererbung so ausführlich erörtert, daß ich hier kaum irgend etwas hinzuzufügen nöthig habe. Eine große Anzahl von Thatsachen sind in Bezug auf die Überlieferung sowohl der äußerst unbedeutenden, als der bedeutungsvollsten Charaktere gesammelt worden, und zwar eine viel größere Anzahl in Bezug auf den Menschen als in Bezug auf irgend eines der niederen Thiere; doch sind in Bezug auf die letzteren die Thatsachen immer noch reichlich genug. Was z. B. die Überlieferung geistiger Eigenschaften betrifft, so ist dieselbe bei unsern Hunden, Pferden und anderen domesticierten Thieren offenbar. Außer den speciellen Neigungen und Gewohnheiten werden ein allgemein intelligentes Wesen, Muth, schlechtes und gutes Temperament u. s. w. sicher überliefert. In Bezug auf den Menschen sehen wir ähnliche Thatsachen fast in jeder Familie; und wir wissen jetzt durch die ausgezeichneten Arbeiten Mr. *Galton's*, Hereditary Genius, an Inquiry into its Laws and Consequences. 1869. daß das Genie, welches eine wunderbar complicierte Combination höherer Fähigkeiten umfaßt, zur Erblichkeit neigt; andererseits ist es nur zu gewiß, daß Verrücktheit und beschränkte geistige Kräfte gleichfalls durch ganze Familien gehen.

Was die Ursachen der Variabilität betrifft, so sind wir in allen Fällen in großer Unwissenheit; wir sehen nur, daß dieselbe beim Menschen wie bei den niederen Thieren in irgend einer Beziehung zu den Lebensbedingungen stehen, welchen eine jede Species mehrere Generationen hinter einander ausgesetzt gewesen ist. Domesticierte Thiere variieren mehr als Thiere im Naturzustande; und dies ist offenbar Folge der verschiedenartigen und wechselnden Lebensbedingungen, denen sie ausgesetzt gewesen sind. Die verschiedenen Menschenrassen gleichen in dieser Hinsicht domesticierten Thieren, und dasselbe gilt von den Individuen einer und derselben Rasse, sobald sie einen sehr großen Bezirk, wie z. B. Amerika bewohnen. Den Einfluß verschiedenartiger Bedingungen sehen wir an den civilisierten Nationen; denn deren Glieder gehören verschiedenen Rangclassen an und haben verschiedene Beschäftigungen, wodurch sie eine größere Verschiedenartigkeit von Eigenthümlichkeiten darbieten als die Glieder barbarischer Nationen. Andererseits ist aber die Gleichförmigkeit unter den Wilden bedeutend übertrieben worden, und in manchen Fällen kann man kaum sagen, daß sie überhaupt existiere. Mr. *Bates* bemerkt (The Naturalist on the Amazons. 1863. Vol. II, p. 159) in Bezug auf die Indianer eines und desselben südamerikanischen Stammes; »nicht zwei von ihnen waren in der Form des Kopfes einander überhaupt ähnlich; der eine hatte ein ovales Gesicht mit schönen Zügen, ein anderer war »völlig mongolisch in der Breite und dem Vorspringen der Backen, der Öffnung der Nasenlöcher und der Schiefheit der Augen.« Nichtsdestoweniger ist es ein Irrthum, selbst wenn wir nur auf die Lebensbedingungen sehen, denen er unterworfen gewesen ist, vom Menschen so zu sprechen, als sei er »weit mehr domesticiert« *Blumenbach*, Treatises on Anthropology, engl. Übers. 1865, p. 205. als irgend ein anderes Thier. Einige wilde Rassen, z. B. die Australier, sind keinen mannigfaltigeren Bedingungen ausgesetzt als viele Species, welche sehr weite Verbreitungsbezirke haben. In einer andern und noch bedeutungsvolleren Beziehung weicht der Mensch sehr weit von jedem im strengen Sinn domesticierten Thier ab; die Nachzucht ist nämlich bei ihm weder durch methodische noch durch unbewußte Zuchtwahl controliert worden. Keine Rasse oder größere Zahl von Menschen ist von anderen Menschen so vollständig unterworfen worden, daß gewisse Individuen, weil sie in irgendwelcher Weise ihren Herren von größerem Nutzen gewesen wären, erhalten und so unbewußt zur Nachzucht ausgewählt worden wären. Auch sind sicherlich nicht gewisse männliche und weibliche Individuen absichtlich ausgewählt und mit einander verbunden worden mit Ausnahme des bekannten Falles der preußischen Grenadiere, und in diesem Falle folgte, wie man von vornherein erwarten konnte, der Mensch dem Gesetze methodischer Zuchtwahl; denn es wird ausdrücklich angeführt, daß in den Dörfern, welche die Grenadiere mit ihren großen Weibern bewohnten, viele ebenso große Menschen aufgezogen worden sind. Auch in Sparta wurde eine Art Zuchtwahl ausgeübt; denn es war vorgeschrieben, daß alle Kinder bald nach der Geburt untersucht wurden; die wohlgebildeten und kräftigen wurden erhalten, die andern dem Tode überlassen.

Mitford, History of Greece, Vol. I, p. 282. Aus einer Stelle in Xenophon's Memorabilien 2. Buch, 4. (auf welche mich Mr. *J. N. Hoare* aufmerksam gemacht hat) scheint hervorzugehen, daß es ein bei den Griechen geltender Grundsatz war, daß die Männer die Frauen mit einem Hinblick auf die Gesundheit und Kraft ihrer Kinder wählen sollten. Der griechische Dichter Theognis, welcher 550 v. Chr. lebte, erkannte deutlich, wie bedeutungsvoll die Zuchtwahl, wenn sie sorgfältig angewandt würde, für die Veredelung der Menschheit sein würde. Er sah auch, daß Reichthum häufig die gehörige Wirksamkeit der geschlechtlichen Zuchtwahl störte. Er schreibt so:

Widder zur Zucht und Esel erspäh'n wir, Kyrnos, und edle Ross', und ein Jeglicher will solche von wack'rem Geschlecht Aufzieh'n; aber zu freien die schuftige Tochter des Schuftes, Kümmert den Edlen nicht, bringt sie nur Schätze zu ihm. Auch nicht weigert ein Weib sich, des Schufts Eh'gattin zu werden, Ist er nur reich; weit vor zieht sie der Tugend das Geld. Schätze nur achtet man hoch. Mit dem Schufte versippt sich der Edle Und mit dem Edlen der Schuft: Habe vermischt das Geschlecht. (Darum wund're dich nicht, Polypaedes, wenn in's Gemeine Sinket der Bürger Geschlecht, Edles mit Schuft'gem sich mengt.) Ob er nun selbst wohl weiß, daß ein Schurke von Vater sie zeugte, Führt er sie gleichwohl heim, weil der Besitz ihn verlockt: Er, der erlaucht, die Verrufne, dieweil die gewaltige Noth ihn Antreibt, welche des Manns Sinn, sich zu schicken, gewöhnt. (Die Elegien des Theognis. Übers. von *W. Binder*. Stuttgart 1859. p. 15.)

Betrachten wir alle Menschenrassen als eine einzige Art bildend, so ist ihre Verbreitung ganz enorm; aber schon einzelne verschiedene Rassen, wie die Amerikaner und Polynesier, haben sehr weite Verbreitungsbezirke. Es ist ein bekanntes Gesetz, daß weitverbreitete Species viel variabler sind als Species mit beschränkter Verbreitung; und man kann weit zutreffender, die Variabilität des Menschen mit der weitverbreiteter Species als mit der domesticirter Thiere vergleichen.

Die Variabilität erscheint nicht bloß beim Menschen und den niederen Thieren durch die nämlichen allgemeinen Ursachen veranlaßt worden zu sein, sondern in beiden Fällen werden auch dieselben Körpertheile in einer streng analogen Weise afficirt. Dies ist mit so ausführlichen Details von *Godron* und *Quatrefages* erwiesen worden, daß ich hier nur auf deren Werke zu verweisen habe. *Godron*, De l'espèce. 1859. Tom. II. Buch 3. *Quatrefages*, Unité de l'espèce humaine. 1861; auch die Vorlesungen über Anthropologie, mitgetheilt in der Revue des Cours Scientifiques, 1866-68. Monstrositäten, weiche allmählich in unbedeutende Varietäten übergehen, sind gleichfalls beim Menschen und den niederen Thieren einander so ähnlich, daß für beide eine und dieselbe Classification und dieselben Bezeichnungen gebraucht werden können, wie man aus *Isidore Geoffroy St. Hilaire's* großem Werk sehen kann. Histoire génér. et partic. des Anomalies de l'Organisation. Tom. I. 1832. In meinem Buche über das Variiren domesticierter Thiere habe ich den Versuch gemacht, in einer skizzenartigen Weise die Gesetze des Variierens unter die folgenden Punkte zu ordnen: Die directe und bestimmte Wirkung veränderter Bedingungen, wie sich dieselben bei allen oder fast allen Individuen einer und derselben Species zeigt, welche unter denselben Umständen in einer und derselben Art und Weise abändern; – die Wirkungen lange fortgesetzten Gebrauchs oder Nichtgebrauchs von Theilen; – die Verwachsung homologer Theile; – die Variabilität in Mehrzahl vorhandener Theile; – Compensation des Wachsthums, doch habe ich von diesem Gesetz beim Menschen kein entscheidendes Beispiel gefunden; – die Wirkungen des mechanischen Drucks eines Theils auf einen andern, wie der Druck des Beckens auf den Schädel des Kindes im Mutterleibe; – Entwicklungshemmungen, welche zur Verkleinerung oder Unterdrückung von Theilen führen; – das Wiedererscheinen lange verlorener Eigentümlichkeiten durch Rückschlag; – und endlich correlative Abänderung. Alle diese sogenannten Gesetze gelten in gleicher Weise für den Menschen, wie für die niederen Thiere, und die meisten derselben sogar für Pflanzen. Es wäre hier überflüssig, sie alle zu erörtern; Ich habe diese Gesetze ausführlich in dem Buche »Das Variiren der Thiere und Pflanzen im Zustande der Domestication«. 2. Aufl., Bd. II, Cap. 22 und 23 erörtert. *J. P. Durand* hat vor nicht langer Zeit (1868) eine werthvolle Abhandlung veröffentlicht: De l'Influence des Milieux etc. Er legt, was die Pflanzen betrifft, auf die Beschaffenheit des Bodens großes Gewicht. mehrere sind aber für uns von solcher Bedeutung, daß sie mit ziemlicher Ausführlichkeit behandelt werden müssen.

Die directe und bestimmte Wirkung veränderter Bedingungen. – Dies ist ein äußerst verwickelter Gegenstand. Es läßt sich nicht leugnen, daß veränderte Bedingungen irgendwelchen Einfluß und gelegentlich sogar eine beträchtliche Wirkung auf Organismen aller Arten äußern; auch scheint es auf den ersten Blick wahrscheinlich, daß, wenn man hinreichend Zeit gestattete, ein solches Resultat unabänderlich eintreten würde. Doch ist mir's nicht gelungen, deutliche Beweise zu Gunsten dieser Folgerung zu erhalten; es lassen sich auch auf der andern Seite gültige Gründe für das Gegentheil anführen, mindestens soweit die zahllosen Bildungs-Eigenthümlichkeiten in Betracht kommen, welche speciellen Zwecken angepaßt sind. Es kann indessen kein Zweifel sein, daß veränderte Bedingungen fluctuierende Variabilität in fast endloser Ausdehnung veranlassen, wodurch die ganze Organisation in gewissem Grade plastisch gemacht wird.

In den Vereinigten Staaten wurden über eine Million Soldaten, welche während des letzten Krieges dienten, gemessen und die Staaten, in denen sie geboren und erzogen waren, notiert. Investigations in Military and Anthropological Statistics by B. A. Gould 1869, p. 93, 107, 126, 131, 134. Aus dieser staunenswerthen Zahl von Beobachtungen ergiebt sich als bewiesen, daß locale Einflüsse irgendwelcher Art direct auf die Größe wirken; und wir lernen ferner, »daß der Staat, in dem das körperliche Wachsthum zum großen Theil stattgehabt hat, und der Staat der Geburt, welcher die Abstammung ergiebt, einen ausgesprochenen Einfluß auf die Größe auszuüben scheinen«. So ist z. B. als feststehend ermittelt worden, daß »ein Aufenthalt in den westlichen Staaten während der Jahre des Wachsthums eine Zunahme der Größe hervorzubringen neigt«. Andrerseits ist es sicher, daß bei Matrosen die Lebensweise das Wachsthum hemmt, wie sich »aus der bedeutenden Verschiedenheit der Größe von Soldaten und Matrosen im Alter von 17 und 18 Jahren ergiebt«. Mr. *B. A. Gould* versuchte die Natur dieser Einflüsse festzustellen, welche hiernach auf die Größe einwirken; er gelangte indeß nur zu negativen Resultaten, nämlich daß sie weder im Klima noch in der Bodenerhebung des Landes, noch selbst »in irgendwelchem controlierbarem Grade« in der Reichlichkeit oder dem Mangel der Lebensannehmlichkeiten liegen. Diese letzte Schlußfolgerung steht im directen Gegensatz zu der, zu welcher *Villermé* nach der Statistik der Körpergröße der in verschiedenen Theilen Frankreichs Conscribierten gelangte. Wenn wir die Verschiedenheit in der Körpergröße zwischen den polynesischen Häuptlingen und den niedrigen Volksstämmen derselben Inselgruppen, oder zwischen den Einwohnern der fruchtbaren vulkanischen und der niedrigen unfruchtbaren Koralleninseln desselben Oceans, In Bezug auf Polynesier siehe *Prichard*, Physical History of Mankind. Vol. V. 1847, p. 145, 283; auch *Godron*, De l'espèce, Tom. II., p. 289. Es besteht auch eine merkwürdige Verschiedenheit in der äußeren Erscheinung zwischen den nahe verwandten Hindus des oberen Ganges und Bengalens, s. *Elphinstone*, History of India. Vol. I, p. 234. oder ferner zwischen den Feuerländern der östlichen und westlichen Küsten ihres Heimatlandes, wo die Subsistenzmittel sehr verschieden sind, mit einander vergleichen, so ist es kaum möglich, den Schluß zu umgehen, daß bessere Nahrung und größerer Comfort die Körpergröße beeinflussen. Die voranstehenden Angaben zeigen aber, wie schwierig es ist, zu irgend einem präcisen Resultate zu gelangen. Dr. *Beddoe* hat vor Kurzem nachgewiesen, daß bei den Einwohnern Großbritanniens der Aufenthalt in Städten und gewisse Beschäftigungen einen die Körpergröße beeinträchtigenden Einfluß haben; und er schließt ferner, daß das Resultat in einer gewissen Ausdehnung vererbt wird, wie es auch in den Vereinigten Staaten der Fall ist. Weiter glaubt auch Dr. *Beddoe*, daß, wo nur immer»eine Rasse das Maximum ihrer physischen Entwicklung erlangt, sie auch an Energie und moralischer Kraft sich am höchsten erhebt«. Memoirs Anthropolog. Soc. Vol. III. 1867–1869, p. 561, 565, 567.

Ob äußere Bedingungen irgend eine andre directe Wirkung auf den Menschen äußern, ist nicht bekannt. Es hätte sich erwarten lassen, daß Verschiedenheiten des Klima einen ausgesprochenen Einfluß haben würden, da bei einer niederen Temperatur die Lungen und Nieren zu größerer Thätigkeit und bei einer höheren Temperatur die Leber und die Haut zu einer solchen herangezogen werden. Dr. *Brakenridge*, Theory of Diathesis, in: Medical Times, June 19., und July 17., 1869. Man meinte früher, daß die Hautfarbe und die Beschaffenheit des Haares durch Licht oder Wärme bestimmt würden; und obgleich sich kaum leugnen läßt, daß eine gewisse Wirkung hierdurch ausgeübt wird, so stimmen fast alle Beobachter jetzt darin überein, daß die Wirkung nur sehr gering gewesen ist, selbst nach viele Generationen dauernder Einwirkung. Doch wird dieser Gegenstand besser noch dann erörtert werden, wenn wir von den verschiedenen Rassen des Menschen reden. In Bezug auf unsere domesticirten Thiere haben wir Gründe zu der Annahme, daß Kälte und Feuchtigkeit direct das Wachsthum der Haare afficiren; für den Menschen ist mir aber kein entscheidender Beweis hierfür begegnet.

Wirkung des vermehrten Gebrauchs und Nichtgebrauchs von Theilen. – Es ist allgemein bekannt, daß der Gebrauch die Muskeln des Individuums kräftigt und daß völliger Nichtgebrauch oder die Zerstörung des betreffenden Nerven sie schwächt. Wird das Auge zerstört, so wird der Sehnerv häufig atrophisch; wenn eine Arterie unterbunden wird, so nehmen die seitlichen Blutgefäße nicht bloß an Durchmesser, sondern auch an Dicke und Kraft ihrer Wandungen zu. Hört in Folge von Krankheit die eine Niere auf zu wirken, so nimmt die andere an Größe zu und verrichtet doppelte Arbeit. Knochen nehmen nicht bloß an Dicke, sondern auch an Länge zu, wenn sie größere Gewichte zu tragen haben. Ich habe Gewährsmänner für diese verschiedenen Angaben angeführt in meinem »Variiren der Thiere und Pflanzen im Zustande der Domestication«. 2. Aufl. Bd. II, p. 340, 341. Dr. *Jäger*, Über das Längenwachsthum der Knochen in der Jenaischen Zeitschrift. Bd. V, Heft 1.] Verschiedene gewohnheitsgemäß ausgeübte Beschäftigungen bringen veränderte Verhältnisse zwischen verschiedenen Theilen des Körpers hervor. So wurde durch die Commission der Vereinigten Staaten mit Bestimmtheit festgestellt, Investigations etc. von *B. A. Gould*, 1869, p. 288. daß die Beine der im letzten Kriege verwendeten Matrosen um 0,217 Zoll länger waren, als die der Soldaten, trotzdem daß die Matrosen im Mittel kleiner waren; dagegen waren ihre Arme um 1,09 kürzer und daher außer Verhältnis kürzer in Bezug auf ihre geringere Körperhöhe. Diese Kürze der Arme ist offenbar Folge ihres stärkeren Gebrauchs und ist ein ganz unerwartetes Resultat; doch benutzen Matrosen ihre Arme hauptsächlich zum Ziehen und nicht zum Tragen von Lasten. Der Umfang des Nackens und die Höhe des Spanns sind bei Matrosen größer, während der Umfang der Brust, der Taille und der Hüften geringer ist als bei Soldaten.

Ob die verschiedenen hier angeführten Modificationen erblich werden würden, wenn dieselbe Lebensweise während vieler Generationen befolgt würde, ist unbekannt, aber wahrscheinlich. *Rengger-*Säugethiere von Paraguay. 1830, p. 4. schreibt die dünnen Beine und die dicken Arme der Payaguas-Indianer dem Umstande zu, daß sie Generationen hindurch fast ihr ganzes Leben in Canoes zugebracht haben, wobei ihre unteren Gliedmaßen bewegungslos waren. Andere Schriftsteller sind in Bezug auf andere analoge Fälle zu einem ähnlichen Schlusse gelangt. Nach *Cranz*, History of Groenland. 1767, Vol. I, p. 230. welcher lange Zeit unter den Eskimos lebte, »glauben die Eingeborenen, daß der Scharfsinn und das Geschick zum Robbenfangen (ihre höchste Kunst und Tugend) erblich sind, und jedenfalls ist etwas Wahres hieran; denn der Sohn eines berühmten Robbenfängers wird sich auszeichnen, auch wenn er seinen Vater in der Kindheit schon verloren hat«. Doch ist es in diesem Falle die geistige Anlage, welche ebenso wie die körperliche Bildung offenbar vererbt wird. Es wird angeführt, daß die Hände englischer Arbeiter schon bei der Geburt größer sind als die der besitzenden Classen. Intermarriage, by *Alex. Walker*. 1838, p. 377. Nach der Correlation, welche wenigstens in manchen Fällen Variiren der Thiere und Pflanzen. 2. Aufl. Bd. I, p. 193. zwischen der Entwicklung der Gliedmaßen und der Kiefer besteht, ist es möglich, daß bei den Classen, welche nicht viel mit ihren Händen und Füßen arbeiten, die Kiefer schon aus diesem Grunde an Größe abnehmen. Daß sie allgemein bei veredelten und civilisierten Menschen kleiner sind als bei harte Arbeit verrichtenden oder Wilden, ist sicher. Doch wird, wie Mr. *Herbert Spencer* Die Principien der Biologie (übers. von *Vetter*). 1. Bd., p. 497. bemerkt hat, bei Wilden der bedeutendere Gebrauch der Kiefer zum Kauen grober, ungekochter Nahrung in einer directen Weise auf die Kaumuskeln, und auf die Knochen, an welchen diese befestigt sind, einwirken. Bei Kindern ist schon lange vor der Geburt die Haut an den Fußsohlen dicker als an irgend einem andern Theile des Körpers; *Paget*, Lectures on Surgical Pathology. Vol. I. 1853, p. 209. und es läßt sich kaum zweifeln, daß dies eine Folge der vererbten Wirkungen des eine lange Reihe von Generationen hindurch stattgefundenen Drucks ist. Es ist eine allgemein bekannte Thatsache, daß Uhrmacher und Kupferstecher sehr leicht kurzsichtig werden, während Leute, die viel im Freien leben, und besonders Wilde meist weitsichtig sind. Es ist eine eigenthümliche und unerwartete Thatsache, daß Seeleute den Festlandsbewohnern in Bezug auf die mittlere Größe der deutlichen Sehweite nachstehen. Dr. *B. A. Gould* hat nachgewiesen, daß dies der Fall ist (Sanitary Memoirs of the War of the Rebellion, 1869, p. 530); er erklärt es dadurch, daß bei Seeleuten die gewöhnliche Entfernung des Sehens »auf die Länge des Schiffes und die Höhe der Masten beschränkt ist«. Kurzsichtigkeit und Weitsichtigkeit neigen sicher zur Vererbung. Variiren der Thiere und Pflanzen im Zustande der Domestication. 2. Aufl. Bd. II, S. 9. Die Inferiorität der Europäer in Bezug auf das Gesicht und die anderen Sinne im Vergleich mit Wilden ist ohne Zweifel die gehäufte und vererbte Wirkung eines viele Generationen hindurch verminderten Gebrauchs; denn Rengger führt an, Säugethiere von Paraguay, p. 8, 10. Ich habe reichlich Gelegenheit gehabt, das außerordentliche Sehvermögen der Feuerländer zu beobachten, s. auch *Lawrence* (Lectures on Physiology etc. 1822, p. 404) über denselben Gegenstand. Mr. *Giraud-Teulon* hat neuerdings (Revue des Cours scientifiques, 1870, p. 625) eine große und werthvolle Zahl von Beweisen gesammelt, welche zeigen, daß die Ursache der Kurzsichtigkeit »c'est le travail assidu, de près« daß er wiederholt Europäer beobachtet hat, welche unter wilden Indianern aufgezogen waren und ihr ganzes Leben dort verbracht hatten, und welche nichtsdestoweniger es ihnen an Schärfe ihrer Sinne nicht gleichthun konnten. Derselbe Naturforscher macht die Bemerkung, daß die zur Aufnahme der verschiedenen Sinnesorgane am Schädel vorhandenen Höhlen bei den amerikanischen Ureinwohnern größer sind als bei Europäern; und dies weist ohne Zweifel auf eine entsprechende Verschiedenheit in den Dimensionen der Organe selbst hin. Auch *Blumenbach* hat über die bedeutende Größe der Nasenhöhlen in den Schädeln amerikanischer Eingeborener Bemerkungen gemacht und bringt diese Thatsache mit ihrem merkwürdig scharfen Geruchsinn in Beziehung. Die Mongolen der weiten Ebenen von Nord-Asien haben *Pallas* zufolge wunderbar vollkommene Sinne; und *Prichard* glaubt, daß die große Breite ihrer Schädel, von einem Backenknochen zum andern, Folge ihrer höchst entwickelten Sinnesorgane sei. *Prichard*, Physic. Hist. of Mankind (nach der Autorität von *Blumenbach*). Vol. I. 1851, p. 311; die Angabe von *Pallas* ebenda. Vol. IV. 1844, p. 407.

Die Quechua-Indianer bewohnen die Hochplateaux von Peru; und *Alcide d'Orbigny* führt an, Citiert v. *Prichard*, Researches into the phys. hist. of Mankind. Vol. V, p. 463. daß sie in Folge des Umstands, daß sie beständig eine sehr verdünnte Luft einathmen, Brustkasten und Lungen von außerordentlichen Durchmessern erlangt haben. Auch sind die Lungenzellen größer und zahlreicher als bei Europäern. Diese Beobachtungen sind in Zweifel gezogen worden; aber Mr. *D. Forbes* hat sorgfältig viele Aymaras, von einer verwandten Rasse, gemessen, welche in der Höhe von zehn- und fünfzehntausend Fuß leben; er theilt mir mit, Mr. *Forbes'* werthvolle Arbeit ist jetzt publiciert in: Journal of the Ethnological Soc. of London. New Ser. Vol. Tl. 1870, p. 193. daß sie von den Menschen aller andern Rassen, welche er gesehen habe, auffällig in dem Umfang und der Länge ihrer Körper abweichen. In seiner Tabelle von Maßen wird die Größe jedes Menschen zu tausend genommen und die andern Maßangaben auf diese Zahl bezogen. Es zeigt sich hier, daß die ausgestreckten Arme der Aymaras kürzer als die der Europäer und viel kürzer als die der Neger sind. Die Beine sind gleichfalls kürzer und sie bieten die merkwürdige Eigenthümlichkeit dar, daß bei jedem durchgemessenen Aymara der Oberschenkel factisch kürzer als das Schienbein ist. Im Mittel verhält sich die Länge des Oberschenkels zu der des Schienbeins wie 211 : 252, während, bei zwei zu derselben Zeit gemessenen Europäern die Oberschenkel zu den Schienbeinen sich wie 244:230

und bei drei Negern wie 258 : 241 verhielten. Auch der Oberarm ist im Verhältnis zum Unterarm kürzer. Diese Verkürzung des Theils der Gliedmaßen, welche dem Körper am nächsten ist, scheint mir, wie Mr. *Forbes* vermuthungsweise andeutet, ein Fall von Compensation im Verhältnis zu der bedeutend vergrößerten Länge des Rumpfs zu sein. Die Aymaras bieten noch einige andre eigenthümliche Punkte in ihrem Körperbau dar, so z. B. das sehr geringe Vorspringen ihrer Fersen.

Diese Menschen sind so vollständig an ihren kalten und hohen Aufenthaltsort akklimatisiert, daß sie sowohl früher, als sie von den Spaniern in die niedrigeren, östlichen Ebenen hinabgeführt, als auch später, wo sie durch die hohen Lohnsätze versucht wurden, die Goldwäschereien aufzusuchen, eine schreckenerregende Sterblichkeitsziffer darboten. Nichtdestoweniger fand Mr. *Forbes* ein paar rein im Blut erhaltene Familien, welche zwei Generationen hindurch leben geblieben waren, und machte die Beobachtung, daß sie noch immer ihre charakteristischen Eigenthümlichkeiten vererbten. Aber selbst ohne Messung fiel es auf, daß diese Eigenthümlichkeiten sich alle vermindert hatten, und nach der Messung zeigte sich, daß ihre Körper nicht in dem Maße verlängert waren, wie die der Menschen auf dem Hochplateau, während ihre Oberschenkel sich etwas verlängert hatten, ebenso wie ihre Schienbeine, wenn auch in geringerem Grade. Die Maßangaben selbst kann man in Mr. *Forbes*' Abhandlung nachsehen. Nach diesen werthvollen Beobachtungen läßt sich, wie ich meine, nicht daran zweifeln, daß ein viele Generationen lange dauernder Aufenthalt in einer sehr hoch gelegenen Gegend sowohl direct als indirect erbliche Modifikationen in den Körperproportionen herbeizuführen neigt. Dr. *Wilckens* (Landwirthschaftliches Wochenblatt, No. 10, 1869) hat vor Kurzem eine interessante Abhandlung veröffentlicht, worin er zeigt, wie domesticirte Thiere, welche in bergigen Gegenden leben, einen modificirten Körperbau haben. Mag auch der Mensch während der späteren Zeiten seiner Existenz in Folge des vermehrten oder verminderten Gebrauchs von Theilen nicht sehr modificirt worden sein, so zeigen doch die hier gegebenen Thatsachen, daß er die Eigenschaft, hierdurch beeinflußt zu werden, nicht verloren bat, und wir wissen positiv, daß dasselbe Gesetz für die Thiere Gültigkeit hat. In Folge hiervon können wir schließen, daß, als zu einer sehr frühen Epoche die Urerzeuger des Menschen sich in einem Übergangszustand befanden und sich aus Vierfüßern zu Zweifüßern umwandelten, die natürliche Zuchtwahl wahrscheinlich in

hohem Maße durch die vererbten Wirkungen des vermehrten oder
verminderten Gebrauchs der verschiedenen Theile des Körpers unterstützt worden sein mag.

Vergleichung der Geisteskräfte des Menschen mit denen der niederen Thiere

Die Verschiedenheit in den geistigen Kräften zwischen dem höchsten Affen und dem niedrigsten Wilden ist ungeheuer. – Gewisse Instincte sind gemeinsam. – Gemüthsbewegungen. – Neugierde. – Nachahmung. – Aufmerksamkeit. – Gedächtnis. – Einbildung. – Verstand. – Progressive Vervollkommnung. – Von Thieren gebrauchte Werkzeuge und Waffen. – Abstraction, Selbstbewußtsein. – Sprache. – Schönheitssinn. – Glaube an Gott, spirituelle Kräfte; Aberglauben.

Wir haben in den ersten beiden Capiteln gesehen, daß der Mensch in seiner körperlichen Bildung deutliche Spuren seiner Abstammung von irgend einer niederen Form darbietet; man könnte aber behaupten, daß sich bei dieser Folgerung irgend ein Irrthum eingeschlichen haben müsse, da der Mensch in seinen Geisteskräften so bedeutend von allen andern Thieren abweicht. Die Verschiedenheit in dieser Hinsicht ist ohne Zweifel enorm, selbst wenn man die Seele eines der niedrigsten Wilden, welcher kein Wort besitzt, eine höhere Zahl als vier auszudrücken, und welcher keine abstracten Bezeichnungen für die gewöhnlichsten Gegenstände oder Affecte s. die Belege über diese Punkte bei Sir *J. Lubbock*, Prehistoric Times p. 354 u. flgde. gebraucht, mit der des höchstorganisierten Affen vergleicht. Ohne Zweifel würde der Unterschied selbst dann immer noch ungeheuer bleiben, wenn einer der höheren Affen soweit veredelt oder civilisiert wäre, wie es ein Hund ist im Vergleiche mit seiner Stammform, dem Wolfe oder Schakal. Die Feuerländer gehören zu den niedersten Barbaren; ich habe mich aber fortwährend darüber verwundern müssen, wie genau die drei an Bord des Beagle befindlichen Feuerländer, welche einige Jahre in England lebten und etwas Englisch sprechen konnten, uns in der ganzen Anlage und den meisten unserer geistigen Fähigkeiten glichen. Wenn kein organisches Wesen außer dem Menschen irgendwelche geistige Fähigkeiten besessen hätte, oder wenn seine Fähigkeiten von einer völlig verschiedenen Natur wären im Vergleich mit denen der niederen Thiere, so würden wir nie im Stande gewesen sein, uns zu überzeugen, daß unsere hohen Fähigkeiten allmählich entwickelt worden sind. Es läßt sich aber deutlich nachweisen, daß kein fundamentaler Unterschied dieser Art besteht. Wir müssen auch zugeben, daß ein viel weiterer Abstand in den geistigen Fähigkeiten zwischen einem der niedrigsten Fische, wie der Pricke oder einem *Amphioxus*, und dem der höheren Affen besteht, als zwischen dem Affen und dem Menschen: und doch wird diese Lücke durch zahllose Abstufungen ausgefüllt.

Auch in Bezug auf die moralischen Anlagen ist der Unterschied zwischen einem Barbaren, wie dem von dem alten Seefahrer *Byron* beschriebenen Mann, welcher sein Kind an den Felsen zerschlug, weil es einen Korb mit Seeigeln hatte fallen lassen, und einem *Howard* oder *Clarkson* nicht klein, ebensowenig der Unterschied, in Bezug auf den Verstand, zwischen einem Wilden, der keine abstracten Ausdrücke gebraucht, und einem *Newton* oder *Shakespeare*. Verschiedenheiten dieser Art zwischen den größten Männern der höchsten Rassen und den niedrigsten Wilden werden durch die feinsten Abstufungen mit einander verbunden. Es ist daher auch möglich, daß sie in einander übergehen und aus einander sich entwickeln können.

Ich beabsichtige in diesem Capitel nun zu zeigen, daß zwischen dem Menschen und den höheren Säugethieren kein fundamentaler Unterschied in Bezug auf ihre geistigen Fähigkeiten besteht. Jeder Abschnitt dieses Gegenstandes hätte sich zu einer besonderen Abhandlung ausdehnen lassen, muß aber hier nur kurz behandelt werden. Da keine Eintheilung der geistigen Fähigkeiten ganz allgemein angenommen worden ist, werde ich meine Bemerkungen in einer meinen Zwecken am meisten dienenden Weise anordnen und werde diejenigen Thatsachen auswählen, welche mich am meisten frappiert haben, in der Hoffnung, daß sie auch auf den Leser ihre Wirkung äußern werden.

In Bezug auf die sehr tief auf der Stufenleiter stehenden Thiere werde ich noch einige weitere Thatsachen in dem Abschnitt über geschlechtliche Zuchtwahl zu geben haben, welche zeigen werden, daß ihre geistigen Fähigkeiten viel bedeutender sind, als man hätte erwarten können. Die Veränderlichkeit dieser Fähigkeiten bei Individuen einer und derselben Art ist ein bedeutungsvoller Punkt für uns, und einige wenige Erläuterungen hierüber mögen hier gegeben werden. Es würde aber überflüssig sein, hier auf viele Einzelheiten über diesen Gegenstand einzugehen; denn nach häufigen Erkundigungen habe ich gefunden, daß alle Diejenigen, welche lange Zeit Thiere vieler Arten, mit Einschluß der Vögel, aufmerksam beobachtet haben, der Meinung sind, daß die Individuen in jedem geistigen Charakterzuge bedeutend von einander abweichen. Zu untersuchen, in welcher Weise die geistigen Fähigkeiten zuerst in den niedrigsten Organismen sich entwickelt haben, ist eine ebenso hoffnungslose Untersuchung als die, wie das Leben zuerst entstand. Dies sind Probleme für eine ferne Zukunft, wenn sie überhaupt je von Menschen gelöst werden können.

Da der Mensch dieselben Sinne wie die niederen Thiere besitzt, so müssen seine fundamentalen Anschauungen dieselben sein. Der Mensch hat auch einige wenige Instincte mit den Thieren gemeinsam, wie den der Selbsterhaltung, der geschlechtlichen Liebe, der Liebe der Mutter für ihr Neugeborenes, den Trieb des Letzteren zu saugen u. s. w. Doch hat vielleicht der Mensch etwas weniger Instincte als diejenigen Thiere, welche zunächst in der Stufenreihe auf ihn folgen. Der Orang auf den indischen Inseln und der Schimpanse in Afrika bauen Plattformen, auf denen sie schlafen, und da beide Arten dieselbe Gewohnheit haben, so könnte man schließen, daß dies die Folge eines Instincts sei; wir sind aber nicht sicher, ob es nicht das Resultat des Umstandes ist, daß beide Thiere ähnliche Bedürfnisse und die gleiche Fähigkeit der Überlegung haben. Wir können annehmen, daß diese Affen die vielen giftigen Früchte der Tropen vermeiden, und der Mensch besitzt diese Kenntnisse nicht. Da aber unsere Hausthiere, wenn sie in fremde Länder gebracht und zuerst im Frühjahr hinausgetrieben werden, oft giftige Pflanzen fressen, welche sie später vermeiden, so sind wir nicht sicher, ob die Affen nicht nach ihrer eigenen Erfahrung oder nach der ihrer Eltern lernen, welche Früchte sie zu wählen haben. Indessen ist es gewiß, wie wir sofort sehen werden, daß die Affen eine instinctive Furcht vor Schlangen und wahrscheinlich auch vor anderen gefährlichen Thieren haben.

Die geringe Zahl und vergleichsweise Einfachheit der Instincte bei den höheren Thieren ist merkwürdig contrastierend mit denen der niederen Thiere. *Cuvier* behauptete, daß Instinct und Intelligenz in umgekehrtem Verhältnis zu einander stehen, und manche Schriftsteller haben gemeint, daß die intellectuellen Fähigkeiten der höheren Thiere sich allmählich aus deren Instincten entwickelt haben. Es hat aber *Pouchet* in einem interessanten Aufsatze L'instinct chez les Insectes, in: Revue des Deux Mondes. Febr. 1870, p. 690. gezeigt, daß ein derartiges umgekehrtes Verhältnis factisch nicht besteht. Diejenigen Insecten, welche die wunderbarsten Instincte besitzen, sind sicher auch die intelligentesten. Unter den Wirbelthieren besitzen die am wenigsten intelligenten Glieder, nämlich die Fische und Amphibien, keine complexen Instincte; und unter den Säugethieren ist das Thier, welches wegen seiner Instincte merkwürdig ist, nämlich der Biber, sehr intelligent, was Jeder zugeben wird, welcher *Morgan*'s ausgezeichnete Beschreibung dieses Thieres The American Beaver and his Works. 1868. gelesen hat.

Obgleich sich die ersten Spuren der Intelligenz nach *Herbert Spencer*The Principles of Psychology. 2. edit. 1870, p. 418-443. durch die Vervielfältigung und Coordination von Reflexwirkungen entwickelt haben, und obschon viele der einfacheren Instincte in Wirkungen dieser Art übergehen und kaum von ihnen unterschieden werden können, wie bei dem Saugen junger Thiere, so scheinen doch die complicierteren Instincte unabhängig von irgend einer Intelligenz entstanden zu sein. Ich möchte aber durchaus nicht leugnen, daß instinctive Thätigkeiten ihren fixierten und nicht angelernten Charakter verlieren und durch andere Thätigkeiten ersetzt werden können, welche mit Hülfe des freien Willens ausgeführt werden. Andererseits werden aber Handlungen des Verstandes, wie z. B. wenn Vögel auf oceanischen Inseln zuerst sich vor Menschen zu fürchten lernen, in Instincte umgewandelt und als solche vererbt, wenn sie mehrere Generationen hindurch ausgeführt worden sind. Man kann dann von diesen Handlungen sagen, daß sie im Charakter verderbt sind, denn sie werden nun nicht mehr durch den Verstand oder nach der Erfahrung ausgeführt. Dagegen scheint die größere Zahl der complicierten Instincte in einer völlig verschiedenen Weise erlangt worden zu sein, nämlich durch die natürliche Zuchtwahl von Variationen einfacher instinctiver Handlungen. Derartige Variationen scheinen aus denselben unbekannten Ursachen, welche hier auf die Organisation des Gehirns wirken, zu entstehen, wie solche unbedeutende Abänderungen oft individuelle Verschiedenheiten in anderen Theilen des Körpers hervorrufen; und in Folge unserer Unwissenheit sagen wir dann häufig, daß diese Variationen spontan auftreten. Ich glaube, wir können auch mit Bezug auf den Ursprung der complicierteren Instincte zu keinem anderen Schlusse gelangen, wenn wir an die wunderbaren Instincte steriler Arbeiterameisen und Bienen uns erinnern, welche keine Nachkommen hinterlassen, denen sie die Wirkungen der Erfahrung und veränderten Lebensweise überliefern könnten.

Obschon ein hoher Grad von Intelligenz mit dem Vorhandensein complicierter Instincte verträglich ist, wie wir bei den eben genannten Insecten und beim Biber gesehen haben, und obgleich Handlungen, welche zuerst willkürlich erlernt wurden, in Folge von Gewohnheit bald mit der Schnelligkeit und Sicherheit einer Reflexthätigkeit ausgeführt werden können, so ist es doch nicht unwahrscheinlich, daß freie Intelligenz und Instinct (welcher eine gewisse vererbte Modification des Gehirns in sich begreift) sich in einer gewissen Ausdehnung in ihrer gegenseitigen Entwicklung stören. Über die Functionen des Gehirns ist nur wenig bekannt; aber wir beobachten, daß in dem Maße, wie die intellectuellen Fähigkeiten höher entwickelt werden, auch die verschiedenen Theile des Gehirns durch die feinst verwobenen Canäle gegenseitigen Austausches mit einander in Verbindung gebracht werden müssen; und als Folge hiervon würde jeder einzelne Theil vermuthlich weniger geschickt werden, besondere Empfindungen oder Associationen in einer bestimmten und vererbten, das ist instinctiven, Weise zu entwickeln. Es scheint selbst eine gewisse Beziehung zwischen einem niedern Intelligenzgrade und einer starken Neigung zur Bildung fixierter, wennschon nicht vererbter Gewohnheiten zu bestehen; wenigstens hat ein scharfsinniger Arzt gegen mich geäußert, daß in geringem Grade schwachsinnige Personen in allem nach Routine und Gewohnheit zu handeln streben, und daß man sie viel glücklicher macht, wenn man sie darin ermuthigt.

Ich hielt es für der Mühe werth, diese Abschweifung hier einzuschalten, weil wir die geistigen Fähigkeiten der höheren Thiere und besonders des Menschen leicht unterschätzen können, wenn wir ihre auf die Erinnerung vergangener Ereignisse, auf Vorsicht, Nachdenken und Einbildungskraft gegründeten Handlungen mit den vollständig ähnlichen Handlungen vergleichen, welche von niederen Thieren instinctiv ausgeführt werden. In diesem letzteren Falle ist die Fähigkeit zur Ausführung solcher Handlungen Schritt für Schritt durch Variabilität der psychischen Organe und natürliche Zuchtwahl erreicht worden, ohne daß eine bewußte Intelligenz von Seiten des Thieres während einer jeden der aufeinanderfolgenden Generationen dazu gekommen wäre. Ohne Zweifel ist viel von der intelligenten Thätigkeit, die der Mensch ausführt, auf Nachahmung und nicht auf Überlegung zu schieben, wie Mr. *Wallace* bemerkt hat, Contribution to the Theory of Natural Selection. 1870, p. 212. aber zwischen seinen Handlungen und vielen der von niederen Thieren ausgeführten besteht der große Unterschied, daß der Mensch beim ersten Versuche nicht im Stande ist, z. B. ein steinernes Beil oder ein Boot durch seine Fähigkeit der Nachahmung zu fertigen. Er hat seine Arbeit durch Übung zu erlernen. Ein Biber dagegen kann seinen Damm oder Canal, ein Vogel sein Nest genau so oder nahezu so gut, eine Spinne ihr wunderbares Gewebe vollständig so gut Wegen der Belege hierzu s.

das äußerst interessante Buch von *J. Traherne Moggridge*, Harvesting Ants and Trap-door Spiders. 1873, p. 126, 128. das erste Mal, wo sie's versuchen, bauen, wie wenn sie alt und erfahren sind.

Doch kehren wir zu unserem vorliegenden Gegenstande zurück. Die niederen Thiere empfinden offenbar wie der Mensch Freude und Schmerz, Glück und Unglück. Das Glück giebt sich nirgends besser zu erkennen, als bei jungen Thieren, wie bei jungen Hunden, Katzen, Lämmern u. s. w., wenn sie zusammen spielen, wie unsere eigenen Kinder. Selbst Insecten spielen zusammen, wie jener ausgezeichnete Beobachter *P. Huber* beschrieben hat, Recherches sur les moeurs des Fourmis. 1810, p. 173. welcher sah, wie Ameisen sich jagten und thaten, als wenn sie einander bissen, genau so, als wenn es junge Hunde gewesen wären.

Die Thatsache, daß die niederen Thiere durch dieselben Gemüthsbewegungen betroffen werden wie wir, ist so sicher festgestellt, daß es nicht nöthig ist, den Leser durch viele Einzelnheiten zu ermüden. Der Schreck wirkt auf sie in derselben Weise wie auf uns, er macht ihre Muskeln erzittern, ihr Herz schlagen, die Schließmuskeln erschlaffen und das Haar sich aufrichten. Verdacht, das Kind der Gefahr, drückt sich äußerst charakteristisch bei vielen wilden Thieren aus. Es ist, denke ich, unmöglich, die Beschreibung, welche Sir *E. Tennent* von dem Betragen der weiblichen, als Lockthiere dienenden Elefanten giebt, zu lesen, ohne zu der Überzeugung zu kommen, daß sie den Betrug bewußterweise und absichtlich ausführen und wohl wissen, um was es sich handelt. Muth und Furchtsamkeit sind bei Individuen einer und derselben Species äußerst veränderliche Eigenschaften, wie wir bei unseren Hunden deutlich sehen. Manche Hunde und Pferde sind schlechten Temperaments und werden leicht bös, andere sind guten Temperaments, und diese Eigenschaften werden sicher vererbt. Jedermann weiß, wie leicht Thiere wüthend werden und wie deutlich sie es zeigen. Viele und wahrscheinlich wahre Anekdoten hat man von der lange verschobenen und überlegten Rache verschiedener Thiere veröffentlicht. Der zuverlässige *Rengger* und *Brehm*Alle die folgenden Angaben, welche nach der Autorität dieser beiden Naturforscher gemacht sind, sind entnommen aus *Rengger*, Naturgesch. der Säugethiere von Paraguay, 1830, p. 41-57 und aus *Brehm*'s Thierleben, 2. Aufl. Bd. 1, p. 49-173. geben an, daß die amerikanischen und afrikanischen Affen, welche sie zahm besaßen, sich sicher rächten. Sir *Andrew Smith*, ein Zoolog, dessen scrupulöse Genauigkeit von vielen Leuten ausdrücklich anerkannt wurde, hat mir die folgende, von ihm selbst persönlich erlebte Geschichte erzählt: Am Cap der guten Hoffnung hatte ein Officier einen bestimmten Pavian häufig geneckt. Als das Thier ihn eines Sonntags zur Parade gehen sieht, gießt es Wasser in ein Loch, macht schnell etwas dicken Schlamm zurecht und spritzt diesen ganz geschickt und zum Amüsement vieler Zuschauer über den Officier, als er vorüberging. Noch lange Zeit nachher freute sich und triumphierte der Pavian, so oft er das Opfer seiner Rache sah.

Die Liebe eines Hundes für seinen Herrn ist eine notorische Thatsache; so sagt ein alter Schriftsteller: Citiert von Dr. *Lauder Lindsay* in seiner: Physiology of Mind in the Lower Animals; Journal of Mental Science, April, 1871, p. 38. »ein Hund ist das einzige »Ding in der Welt, das Dich mehr liebt, als sich selbst«.

Man hat von einem Hunde berichtet, der noch im Todeskampfe seinen Herrn geliebkost hat, und Alle haben davon gehört, wie ein Hund, an dem man die Vivisection ausführte, die Hand seines Operateurs leckte. Wenn nicht dieser Mann ein Herz von Stein hatte, so muß er, wenn die Operation nicht durch Erweiterung unserer Erkenntnis völlig gerechtfertigt war, bis zur letzten Stunde seines Lebens Gewissensbisse gefühlt haben.

Whewell, Bridgewater Treatise, p. 263. hat sehr richtig gefragt: »Wer nur die rührenden Beispiele mütterlicher Liebe liest, die so oft von Frauen aller Nationen und von den Weibchen aller Thiere erzählt worden sind, kann der wohl zweifeln, daß der Beweggrund der Handlung in beiden Fällen derselbe ist?« Wir sehen mütterliche Zuneigung in den unbedeutendsten Zügen sich äußern; so beobachtete *Rengger* einen amerikanischen Affen (einen *Cebus*), welcher sorgfältig die Fliegen verscheuchte, die sein Junges peinigten, und *Duvaucel* sah einen *Hylobates*, welcher seinen Jungen in einem Flusse die Gesichter wusch. Der Kummer weiblicher Affen um den Verlust ihrer Jungen war so intensiv, daß er ohne Ausnahme den Tod gewisser Arten verursachte, welche *Brehm* in Nord-Afrika in Gefangenschaft hielt. Verwaiste Affen wurden stets von den anderen Affen, sowohl Männchen als Weibchen, adoptiert und sorgfältig bewacht. Ein weiblicher Pavian hatte ein so weites Herz, daß er nicht bloß junge Affen anderer Arten adoptierte, sondern auch noch junge Hunde und Katzen stahl, welche er beständig mit sich herumführte. Doch ging seine Liebe nicht so weit, mit seinen adoptierten Nachkommen die Nahrung zu theilen, worüber sich *Brehm* deshalb verwundert, weil seine Affen stets Alles gewissenhaft mit ihren Jungen theilten. Ein adoptiertes Kätzchen kratzte den ebenerwähnten liebevollen Pavian; dieser, welcher sicher einen feinen Verstand besaß, war sehr erstaunt, gekratzt zu werden, untersuchte sofort die Füße des Kätzchens und biß ihm, ohne sich viel zu besinnen, die Krallen ab. Ohne allen Grund bestreitet ein Kritiker (Quarterly Review, July, 1871, p. 72) die Möglichkeit dieses Actes, wie ihn *Brehm* beschrieben hat, nur um mein Buch zu discreditieren. Ich habe daher den Versuch gemacht und gefunden, daß ich mit meinen eigenen Zähnen die kleinen scharfen Krallen eines beinahe fünf Wochen alten Kätzchens fassen konnte. Im zoologischen Garten hörte ich von einem Wärter, daß ein alter Pavian (*C. Chacma*) einen *Rhesus*-Affen adoptiert hatte: als aber ein junger Drill und Mandrill in den Käfig gethan wurden, schien er zu bemerken, daß diese Affen, trotzdem sie verschiedenen Arten angehörten, doch noch näher mit ihm verwandt wären, denn er verstieß sofort den *Rhesus* und adoptierte jene Beiden. Ich sah dann, daß der *Rhesus* sehr unzufrieden damit war, in dieser Weise verstoßen zu werden; er neckte und attakierte den jungen Drill und Mandrill, wie ein ungezogenes Kind, so oft er es mit Sicherheit thun konnte, welches Betragen bei dem alten Pavian große Indignation erregte. Nach *Brehm* vertheidigen auch Affen ihre Herren, wenn diese von irgend Jemand angegriffen werden, ebensogut wie sie Hunde, denen sie zugethan sind, gegen die Angriffe anderer Hunde vertheidigen. Wir berühren aber hiermit den Gegenstand der Sympathie und Treue, auf welchen ich noch zurückkommen werde. Einige von Brehm's Affen amüsierten sich damit, einen gewissen alten Hund, den sie nicht leiden konnten, und ebenso andere Thiere in verschiedenen ingeniösen Weisen zu necken.

Die meisten der complicierteren Gemüthsbewegungen sind den höheren Thieren und uns gemeinsam. Jedermann hat gesehen, wie eifersüchtig ein Hund auf die Liebe seines Herrn ist, wenn diese noch irgend einem anderen Wesen erwiesen wird, und ich habe dieselbe Thatsache bei Affen beobachtet. Dies zeigt, daß die Thiere nicht bloß Liebe fühlen, sondern auch die Sehnsucht haben, geliebt zu werden. Die Thiere haben offenbar Ehrgeiz; sie lieben Anerkennung und Lob, und ein Hund, welcher seinem Herrn einen Korb trägt, zeigt Selbstgefälligkeit und Stolz in hohem Grade. Ich glaube, es kann kein Zweifel sein, daß ein Hund Schamgefühl, und zwar verschieden von Furcht, besitzt, ebenso etwas der Bescheidenheit sehr Ähnliches, wenn er zu oft um Nahrung bettelt. Ein großer Hund verachtet das Knurren eines kleinen Hundes, und dies könnte man Großmuth nennen. Mehrere Beobachter haben angegeben, daß Affen es sicher nicht leiden können, ausgelacht zu werden, und sie erfinden zuweilen eingebildete Beleidigungen. Im zoologischen Garten sah ich einen Pavian, der jedesmal in grenzenlose Wuth gerieth, wenn sein Wärter einen Brief oder ein Buch herausholte und ihm laut vorlas; und diese Wuth war so heftig, daß er bei einer Gelegenheit, bei welcher ich selbst zugegen war, sein eigenes Bein biß, bis das Blut kam. Hunde zeigen auch etwas, was ganz gut ein Sinn für Humor genannt werden kann, verschieden vom bloßen Spielen; wenn irgend etwas, ein Stock oder dergl., einem Hunde hingeworfen wird, trägt er es oft eine kurze Strecke weit fort; dann kommt er wieder, legt den Gegenstand nahe vor sich auf den Boden und wartet bis sein Herr dicht heran kommt, um jenen aufzuheben. Nun ergreift aber der Hund das Ding schnell und läuft im Triumph damit fort, wiederholt dasselbe Stückchen und erfreut sich offenbar des Scherzes.

Wir wollen uns nun den intellectuelleren Erregungen und Fähigkeiten zuwenden, welche von großer Bedeutung sind, da sie die Grundlage zur Entwicklung der höheren geistigen Kräfte bilden. Die Thiere freuen sich offenbar der Anregung und leiden unter der Langeweile, wie man bei Hunden, und nach Rengger, bei Affen sehen kann. Alle Thiere empfinden *Verwunderung* und viele zeigen *Neugierde*. Von dieser letzteren Eigenschaft haben sie zuweilen zu leiden, so wenn der Jäger Grimassen schneidet und sie dadurch anlockt. Ich habe dies beim Reh selbst gesehen und dasselbe gilt für die behutsamen Gemsen und manche Arten von wilden Enten. *Brehm* theilt eine merkwürdige Erzählung von der instinctiven Furcht mit, welche seine Affen vor Schlangen zeigten; ihre Neugierde war aber so groß, daß sie sich nicht enthalten konnten, gelegentlich ihre Neugierde in einer äußerst menschlichen Art und Weise zu befriedigen, dadurch, daß sie den Deckel des Kastens, in dem die Schlangen gehalten wurden, aufhoben. Mich frappierte diese Erzählung so, daß ich eine ausgestopfte und zusammengerollte Schlange in das Affenhaus im zoologischen Garten mitnahm, und die dadurch verursachte Aufregung war eines der merkwürdigsten Schauspiele, was ich jemals zu Gesicht bekommen habe. Drei Arten von *Cercopithecus* waren am meisten beunruhigt, sie flogen in ihrem Käfig herum und stießen scharfe Warnungsrufe aus, welche von den anderen Affen verstanden wurden. Nur wenige junge Affen und ein alter *Anubis*-Pavian nahmen von der Schlange keine Notiz. Ich legte dann das ausgestopfte Exemplar in einem der größeren Behälter auf den Boden. Nach einiger Zeit hatten sich alle Affen rings um dasselbe in weitem Kreise versammelt und boten, dasselbe anstierend, einen äußerst lächerlichen Anblick dar. Sie wurden äußerst nervös, und als z. B. eine hölzerne Kugel, welche ein ihnen vollständig vertrautes Spielzeug war, zufällig im Stroh, unter dem sie theilweise verhüllt war, bewegt wurde, stoben sie sofort auseinander. Diese Affen benahmen sich sehr verschieden, wenn ein todter Fisch, eine Maus Ich habe eine kurze Schilderung ihres Benehmens bei dieser Gelegenheit in meinem »Ausdruck der Gemüthsbewegungen« gegeben. 4. Aufl. 1884, p. 125. oder irgend andere neue Gegenstände in ihre Käfige gebracht wurden. Denn obwohl sie zuerst erschreckt waren, näherten sie sich doch bald, nahmen dieselben in die Hände und untersuchten sie. Ich brachte dann eine lebendige Schlange in einem Papiersack, dessen Öffnung lose verschlossen war, in einen der größeren Behälter. Einer der Affen näherte sich sofort, öffnete vorsichtig den Sack ein wenig, guckte hinein und schoß sofort weg. Dann beobachtete ich, was *Brehm* beschrieben hat; denn einer von den Affen nach dem anderen, mit hocherhobenem und auf die Seite gewandtem Kopf, konnte der Versuchung nicht widerstehen, von Zeit zu Zeit in den aufrechtstehenden Sack und auf den schreckenerregenden Gegenstand, der ruhig auf seinem Boden lag, einen flüchtigen Blick zu werfen. Es möchte fast scheinen, als wenn die Affen irgend eine Vorstellung von zoologischer Verwandtschaft hätten, denn diejenigen, welche *Brehm* hielt, zeigten eine merkwürdige und doch nicht mißzudeutende instinctive Furcht vor unschuldigen Eidechsen und Fröschen. Auch ist beobachtet worden, daß ein Orang von dem ersten Anblick einer Schildkröte sehr beunruhigt wurde. *W. C. L. Martin*, Natur. Hist. of Mammalia. 1841, p. 405.

Das Princip der *Nachahmung* ist beim Menschen sehr stark und besonders, wie ich selbst beobachtet habe, beim Wilden. Bei gewissen krankhaften Zuständen des Gehirns wird diese Neigung zu einem außerordentlichen Grade gesteigert; manche hemiplegische Personen und andere, im Anfangsstadium der entzündlichen Gehirnerweichung sprechen unbewußt jedes gehörte Wort aus ihrer eignen oder einer fremden Sprache nach und ahmen auch jede Geberde oder Handlung nach, die in ihrer Gegenwart ausgeführt wird. Dr. *Bateman*, on Aphasia; 1870, p. 110.*Desor*Angeführt von *C. Vogt*, Mémoires sur les Microcéphales. 1867, p. 168. hat bemerkt, daß kein niederes Thier willkürlich eine vom Menschen verrichtete Handlung nachahmt, bis wir, in der Stufenleiter aufsteigend, zu den Affen kommen, von denen ja sehr bekannt ist, daß sie in lächerlicher Weise nachahmen. Thiere ahmen aber zuweilen ihre Handlungen unter einander nach; so lernten zwei Arten von Wölfen, welche von Hunden aufgezogen worden waren, zu bellen, wie es zuweilen auch der Schakal thut. Variiren der Thiere und Pflanzen im Zustande der Domestication. 2. Aufl. Bd. I, p. 29. Ob dies indessen eine willkürliche Nachahmung genannt werden kann, ist eine andere Frage. Vögel ahmen den Gesang ihrer Eltern und zuweilen den anderer Vögel nach; Papageien sind wegen ihrer Nachahmung jedes, oft von ihnen gehörten Lautes notorisch. *Dureau de la Malle*Annales des Sciences natur. 1. Série, Tom. XXII, p. 397. theilt den Fall eines von einer Katze aufgezogenen Hündchens mit, welches die so bekannte Gewohnheit der Katzen nachzuahmen lernte, sich die Füße zu lecken und, sich damit das Gesicht und die Ohren zu reinigen; dasselbe hat auch der bekannte *Audouin* gesehen. Ich habe noch mehrere bestätigende Berichte erhalten; in einem dieser Fälle wurde ein Hund nicht von der Katze aufgesäugt, wohl aber bei einer solchen in Gesellschaft junger Kätzchen aufgezogen; hierdurch hatte er die erwähnte Gewohnheit erlernt, die er während seines ganzen Lebens von dreizehn Jahren ausübte. *Dureau de la Malle*'s Hund lernte auch von den Kätzchen mit einem Balle zu spielen, ihn mit den Vorderpfoten zu rollen und danach zu springen. Einer meiner Correspondenten versichert mir, daß eine Katze in seinem Hause ihre Pfoten in den Hals einer Milchkanne zu stecken pflegte, die eine für ihren Hals zu enge Öffnung hatte. Ein Junges dieser Katze lernte sehr bald denselben Streich ausführen und benutzte dies später stets, so oft sich nur eine Gelegenheit dazu bot.

Man kann wohl sagen, daß die Eltern vieler Thiere im Vertrauen auf das in ihren Jungen thätig werdende Princip der Nachahmung und noch besonders auf ihre instinctiven oder erblichen Anlagen dieselben »erziehen«. Wir sehen dies, wenn eine Katze ihrem Kätzchen eine lebendige Maus bringt; und *Dureau de la Malle* hat (in dem oben citierten Aufsatze) eine merkwürdige Schilderung seiner Beobachtungen an Habichten gegeben, welche ihre Jungen Geschicklichkeit ebenso wie Beurtheilung der Entfernung lehrten, dadurch, daß sie erst todte Mäuse und Sperlinge durch die Luft fallen, welche die Jungen meist nicht fangen konnten, und dann lebendige Vögel fliegen ließen.

Kaum irgend eine Fähigkeit ist für den intellectuellen Fortschritt des Menschen von größerer Bedeutung, als die Fähigkeit der *Aufmerksamkeit*. Thiere zeigen diese Fähigkeit offenbar, so wenn eine Katze vor einer Höhle wartet und sich vorbereitet, auf ihre Beute zu springen. Wilde Thiere werden zuweilen hierdurch so befangen, daß man sich ihnen leicht annähern kann. Mr. *Bartlett* hat mir ein merkwürdiges Beispiel mitgetheilt, wie variabel diese Fähigkeit bei den Affen ist. Ein Mann, welcher Affen abrichtete, pflegte die gewöhnlichen Arten von der zoologischen Gesellschaft zum Preise von 5 Pfund (Sterling) das Stück zu kaufen; er erbot sich aber, die doppelte Summe zu zahlen, wenn ihm erlaubt sei, drei oder vier derselben ein paar Tage lang bei sich zu halten, um einen auszuwählen. Als er gefragt wurde, wie es möglich sei, daß er so bald schon sehe, ob ein besonderer Affe sich als ein guter Schauspieler herausstellen werde, antwortete er, daß alles von ihrer Fähigkeit, aufzumerken, abhänge. Würde die Aufmerksamkeit des Affen, während er mit ihm spräche und ihm irgend etwas erklärte, leicht abgezogen, sei es durch eine Fliege an der Wand oder irgend einen anderen unbedeutenden Gegenstand, so sei der Fall hoffnungslos. Versuche er einen unaufmerksamen Affen durch Strafe zum Agieren zu bringen, so werde er böse. Andererseits meinte er, daß ein Affe, welcher aufmerksam auf ihn merke, immer abgerichtet werden könne.

Es ist fast überflüssig, noch zu erwähnen, daß Thiere ein ausgezeichnetes *Gedächtnis* für Personen und Orte haben. Mir hat Sir *Andrew Smith* mitgetheilt, daß ihn ein Pavian am Cap der guten Hoffnung voller Freude nach einer Abwesenheit von neun Monaten wieder erkannt habe. Ich habe einen Hund gehabt, welcher wild und unwirsch gegen alle Fremden war, und habe absichtlich sein Gedächtnis nach einer Abwesenheit von fünf Jahren und zwei Tagen auf die Probe gestellt. Ich ging zu dem Stall, wo er war, und rief ihn an in meiner alten Weise; er zeigte keine Freude, aber folgte mir augenblicklich, kam heraus und gehorchte mir so genau, als wenn ich ihn erst vor einer halben Stunde verlassen hätte. Ein Strom alter Ideenverbindungen, welche fünf Jahre lang geschlummert hatten, war hierdurch in seiner Seele augenblicklich angeregt worden. Selbst Ameisen erkannten, wie *P. Huber*Les Moeurs des Fourmis. 1810, p. 150. entschieden nachgewiesen hat, ihre Genossen, die demselben Haufen angehörten, nach einer Trennung von vier Monaten wieder. Thiere können sicher durch irgend welche Mittel die Zeitintervalle zwischen wiederkehrenden Ereignissen beurtheilen.

Die *Einbildungskraft* ist eine der höchsten Prärogativen des Menschen. Durch dieses Vermögen verbindet er unabhängig vom Willen frühere Eindrücke und Ideen und erzeugt damit glänzende und neue Resultate. *Jean Paul Friedrich Richter* bemerkt: Citiert in *Maudsley*, Physiology and Pathology of Mind. 1868, p. 19,220. »ein Dichter, welcher erst überlegen muß, ob er einen seiner Charaktere Ja oder Nein sagen lassen soll – zum Teufel mit ihm. Er ist nur ein seelenloser Körper«. Das Träumen giebt uns die beste Idee von dieser Fähigkeit, wie ebenfalls *Jean Paul* sagt: »Der Traum ist eine unwillkürliche Kunst der Dichtung.« Der Werth der Producte unserer Einbildungskraft hängt natürlich von der Zahl, Genauigkeit und Klarheit unserer Eindrücke ab, ferner von dem Urtheil und dem Geschmack bei der Auswahl und dem Zurückweisen der unwillkürlich sich darbietenden Combinationen und in einer gewissen Ausdehnung von unserer Fähigkeit, sie willkürlich zu combinieren. Da Hunde, Katzen, Pferde und wahrscheinlich alle höheren Thiere, selbst Vögel, wie nach gewichtigen Autoritäten *Jerdon*, Birds of India. Vol. I. 1862, p. XXI. *Houzeau* erzählt, daß seine Parakitten und Canarienvögel träumten: Facultés Mentales, Tom. II, p. 136. angeführt wird, lebhafte Träume haben und sich dies durch ihre Bewegungen und ihre Stimme zeigt, so müssen wir auch zugeben, daß sie eine gewisse Einbildungskraft haben. Es muß etwas Specielles dabei sein, was die Hunde veranlaßt, in der Nacht und besonders bei Mondschein in einer so merkwürdigen und melancholischen Weise zu heulen. Es thun dies nicht alle Hunde; nach *Houzeau*-Facultés Mentales des Animaux. 1872. Tom. II, p. 181. sehen sie dabei nicht den Mond an, sondern einen bestimmten Punkt am Horizont. *Houzeau* glaubt, daß ihre Vorstellungen durch die undeutlichen Umrisse der umgebenden Gegenstände gestört werden, wodurch phantastische Bilder vor ihnen heraufbeschworen werden. Ist dies der Fall, dann könnte man ihre Empfindungen beinahe abergläubisch nennen.

Unter allen Fähigkeiten des menschlichen Geistes steht, wie wohl allgemein zugegeben wird, der *Verstand* oben an. Es bestreiten nur wohl wenige Personen noch, daß die Thiere eine gewisse Fähigkeit des Nachdenkens haben. Fortwährend kann man sehen, daß Thiere zuwarten, überlegen und sich entschließen. Es ist eine bezeichnende Thatsache, daß, je mehr die Lebensweise irgend eines besonderen Thieres von einem Naturforscher beobachtet wird, dieser ihm desto mehr Verstand zuschreibt und desto weniger die Handlungen nicht angelernten Instincten beilegt. *L. H. Morgan*'s Buch über »The American Beaver« 1868 bietet eine gute Erläuterung dieser Bemerkung dar. Ich kann mich indessen der Ansicht nicht erwehren, daß er die Kraft des Instincts viel zu sehr unterschätzt. In späteren Capiteln werden wir sehen, daß Thiere, welche äußerst niedrig in der Stufenleiter stehen, offenbar einen gewissen Grad von Verstand zeigen. Es ist ohne Zweifel oft schwierig, zwischen den Äußerungen des Verstandes und denen des Instincts zu unterscheiden. So bemerkt Dr. *Hayes* in seinem

Werke über das »offene Polarmeer« wiederholt, daß seine Hunde, statt die Schlitten in einer compacten Masse zu ziehen, auseinandergingen und sich trennten, wenn sie auf dünnes Eis kamen, so daß ihr Gewicht gleichmäßiger vertheilt wurde. Dies war oft das erste Warnungszeichen, welches die Reisenden erhielten, daß das Eis dünn und gefährlich wurde. Handelten nun die Hunde nach der Erfahrung jedes einzelnen Individuums so oder nach dem Beispiele der älteren und gescheidteren Hunde oder nach einer ererbten Gewohnheit, d. h. nach einem Instincte? Dieser Instinct könnte wohl in jener Zeit entstanden sein, als vor langen Jahren Hunde zuerst von den Eingeborenen dazu benutzt wurden, Schlitten zu ziehen, oder es könnten die arctischen Wölfe, die Urväter der Eskimohunde, diesen Instinct erlangt haben, der sie zwang, ihre Beute nicht in einer geschlossenen Masse anzugreifen, wenn sie sich auf dünnem Eise befanden.

Wir können nur nach den Umständen, unter welchen gewisse Handlungen vollzogen werden, beurtheilen, ob sie Folge eines Instinctes oder eine Verstandesäußerung oder nur Folgen einer bloßen Ideenassociation sind: doch steht ja das letztere mit Verstand im engsten Zusammenhange. Einen merkwürdigen Fall hat Prof. *Moebius*Die Bewegungen der Thiere etc. 1873, p. 11. von einem Hechte erzählt, welcher durch eine Glasplatte von dem benachbarten, mit Fischen besetzten Aquarium getrennt war und sich bei den Versuchen, die andern Fische zu fangen, oft mit solcher Heftigkeit gegen das Glas anstieß, daß er zuweilen ganz betäubt war. Drei Monate hindurch that er dies beständig; endlich lernte er aber vorsichtig sein und that es nicht mehr. Nun wurde die Glasplatte entfernt; der Hecht griff aber diese besonderen Fische nicht an, obschon er andre, die später eingesetzt waren, verschlang: so stark war die Idee des Stoßes in seinem schwachen Verstande mit den Angriffen auf seine früheren Nachbarn associirt. Wenn ein Wilder, welcher niemals eine große Fensterscheibe gesehen hat, auch nur ein einziges Mal gegen eine solche angerannt wäre, so würde er für eine geraume Zeit nachher einen Stoß mit einem Fensterrahmen associiren, wahrscheinlich aber sehr verschieden vom Hechte, würde er über die Natur des Hindernisses Überlegungen anstellen und unter analogen Umständen vorsichtig sein. Wie wir nun gleich sehen werden, genügt es bei Affen zuweilen, daß sie in Folge einer einmal ausgeführten Handlung einen schmerzhaften oder andern unangenehmen Eindruck erhalten, um sie von einer Wiederholung derselben abzuhalten. Wenn wir diesen Unterschied zwischen dem Affen und dem Hechte einfach dem zuschreiben, daß die Ideenassociation bei dem einen um so viel stärker und dauernder ist als bei dem andern, trotzdem daß der Hecht den so viel schwereren Schaden erlitt, können wir wohl in Bezug auf den Menschen behaupten, daß ein ähnlicher Unterschied den Besitz eines fundamental verschiedenen Geistes bedingt?

Houzeau erzählt, Facultés Mentales des Animaux. 1872. Tom. II, p. 265. daß beim Übergang über eine weite und dürre Ebene in Texas seine Hunde sehr vom Durst litten und daß sie zwischen dreißig und vierzig mal Vertiefungen hinabjagten, um nach Wasser zu suchen. Diese Vertiefungen waren keine Thäler, auch waren weder Bäume darin, noch zeigten sie irgend eine andre Verschiedenheit der Vegetation; da sie absolut trocken waren, konnte auch kein Geruch nach feuchter Erde dagewesen sein. Die Hunde benahmen sich so, als wüßten sie, daß eine Vertiefung in dem Boden ihnen die beste Chance Wasser zu finden darböte; *Houzeau* hat dasselbe Benehmen auch bei anderen Thieren beobachtet.

Ich habe es gesehen, – und ich bin überzeugt, Andere auch, – daß wenn irgend ein kleiner Gegenstand vor einem der Elefanten im zoologischen Garten auf den Boden geworfen wird, zu weit für ihn um ihn zu erreichen, er dann mit seinem Rüssel jenseits des Gegenstandes auf den Boden bläst, um durch den, dort von allen Seiten reflectierten Luftstrom den Gegenstand in seinen Bereich treiben zu lassen. Ferner theilte mir ein bekannter Ethnolog, Herr *Westropp*, mit, daß er in Wien beobachtet habe, wie ein Bär mit seiner Pfote in dicht an seinem Käfig stehendem Wasser eine Strömung zu erregen suchte, um ein Stückchen auf dem Wasser schwimmenden Brodes in seinen Bereich zu bringen. Diese Handlungen des Elefanten und Bären können kaum dem Instinct oder vererbter Gewohnheit zugeschrieben werden, da sie für die Thiere im Naturzustande nur von wenig Nutzen sein würden. Was ist nun der Unterschied zwischen solchen Handlungen, wenn sie ein uncultivierter Mensch ausfuhrt, und wenn sie eines der höheren Thiere verrichtet?

Der Wilde und der Hund haben oft an niedrigen Stellen Wasser gefunden und das Zusammentreffen unter solchen Umständen wurde in ihrem Geiste associert. Ein cultivierter Mensch würde vielleicht irgend einen allgemeinen Satz über die Sache aufstellen; nach allem aber, was wir von Wilden wissen, ist es äußerst zweifelhaft, ob sie dies thun, und ein Hund thut es sicherlich nicht. Ein Wilder wird aber ebenso wie ein Hund in derselben Weise suchen, aber auch häufig enttäuscht werden, und bei beiden scheint es in gleicher Weise eine Handlung des Verstandes zu sein, mag nun irgend ein allgemeiner Satz über den Gegenstand bewußtermaßen dem Geiste vorgestellt werden oder nicht. Prof. *Huxley* hat mit wunderbarer Klarheit die geistigen Schritte analysiert, durch welche ein Mensch, ebensogut wie ein Hund, zu einem, dem im Texte gegebenen analogen Schlusse gelangt, s. seinen Artikel: »Mr. *Darwin*'s Critics« in der »Contemporaneus Review, Nov. 1871, p. 462,« und in seinen »Critiques and Essays«, 1873, p. 279. Dasselbe wird auch für den Elefanten und den Bären gelten, welche Strömungen in der Luft oder im Wasser erzeugen. Der Wilde würde sicherlich weder wissen, noch sich darum kümmern, nach welchen Gesetzen die gewünschten Bewegungen hervorgebracht werden; und doch würde die Handlung durch einen rohen Proceß der Überlegung geleitet werden, und zwar so sicher wie es ein Philosoph in der längsten Kette seiner Deductionen wird. Ohne Zweifel würde der Unterschied zwischen ihm und einem der höheren Thiere darin bestehen, daß er viel geringfügigere Umstände und Bedingungen beachten und jeden Zusammenhang zwischen ihnen nach einer viel kürzeren Erfahrung beobachten würde; und dies ist von einer durchgreifenden Bedeutung. Ich hielt ein sorgfältiges Tagebuch über die Handlungen eines meiner Kinder; und als es ungefähr elf Monate war und ehe es noch ein einziges Wort sprechen konnte, wurde ich beständig von der, verglichen mit dem intelligentesten Hunde, den ich je gesehen, so bedeutenderen Schnelligkeit frappiert, mit welcher alle Arten von Gegenständen und Lauten in seinem Geiste associiert wurden. Die höheren Thiere weichen aber in genau derselben Weise in Bezug auf dies Associationsvermögen von den niedriger stehenden, wie z. B. dem Hechte, ab, und ebenso auch in Bezug auf das Ziehen von Schlüssen und auf Beobachtung.

Die nach einer sehr kurzen Erfahrung sich einstellenden Verstandesschlüsse zeigen sich schon gut in der nachfolgend geschilderten Handlungsweise amerikanischer Affen, welche in ihrer Ordnung ziemlich tief stehen. *Rengger*, ein höchst sorgfältiger Beobachter, giebt an, daß, als er seinen Affen in Paraguay zuerst Eier gab, sie dieselben zerbrachen und daher viel von ihrem Inhalt verloren. Später schlugen sie vorsichtig das eine Ende an einem harten Körper ein und nahmen die Schalenstückchen mit ihren Fingern heraus. Hatten sie sich einmal mit irgend einem scharfen Werkzeuge geschnitten, so wollten sie es nicht wieder berühren oder es nur mit der größten Vorsicht behandeln. Stücke Zuckers wurden ihnen oft in Papier eingewickelt gegeben, und *Rengger* that zuweilen eine lebendige Wespe in das Papier, so daß sie beim hastigen Entfalten gestochen wurden. War dies aber einmal der Fall gewesen, so hielten sie stets das Päckchen zuerst an ihre Ohren, um irgend eine Bewegung im Innern zu entdecken. Auch Mr. *Belt* beschreibt in seinem sehr interessanten Buche (The Naturalist in Nicaragua, 1874, p. 119) verschiedene Handlungen eines zahmen *Cebus*, welche, wie ich glaube, deutlich beweisen, daß dies Thier eine gewisse Überlegungskraft besitzt.

Die folgenden Fälle beziehen sich auf Hunde. Mr. *Colquhoun* The Moor and the Loch p. 45. *Hutchinson*, Dog Breaking. 1850, p. 46. schoß zwei wilde Enten flügellahm, welche auf das jenseitige Ufer eines Flusses fielen. Sein Wasserhund versuchte Beide auf einmal herüberzubringen, es gelang ihm aber nicht. Trotzdem man wußte, daß er nie vorher auch nur eine Feder gekrümmt hätte, biß er die eine Ente todt, brachte die andere herüber und ging nun zu dem todten Vogel zurück. Oberst *Hutchinson* erzählt, daß zwei Rebhühner auf einmal geschossen wurden, das eine wurde getödtet, das andere verwundet. Das Letztere rannte fort und wurde vom Hunde gefangen, welcher auf dem Rückwege beim todten Vogel vorbeikam. »Er blieb stehen, offenbar sehr in Verlegenheit, und nach ein- oder zweimaligem Versuchen, wobei er fand, daß er es nicht mitnehmen konnte, ohne das flügellahm geschossene entwischen zu lassen, überlegte er einen Augenblick, biß dann dieses mit einem kräftigen Ruck absichtlich todt und brachte dann beide Vögel auf einmal. Es war dies das einzige bekannte Beispiel, daß er je mit Absicht irgend welches Wildpret verletzt hätte.« Hier haben wir Verstand, wenn auch nicht durchaus vollkommenen. Denn der Hund hätte den verwundeten Vogel zuerst bringen und dann nach dem todten zurückkehren können, wie es in dem Falle mit den zwei wilden Enten geschah. Ich führe die vorstehenden Fälle an, da für sie die Gewähr zweier unabhängiger Zeugen spricht, weil in beiden Beispielen die Wasserhunde nach Überlegung eine von ihnen ererbte Gewohnheit durchbrachen (die, das apportirte Wild nicht zu tödten), und weil sie zeigen, wie stark die Fähigkeit der Überlegung gewesen sein muß, daß sie eine fixierte Gewohnheit überwand.

Ich will mit der Anführung einer Bemerkung *Humboldt's* schließen: Personal Narrative. Vol. III, p. 106.

»Der Maulthiertreiber in Süd-Amerika sagt: ›ich will Ihnen nicht das Maulthier geben, dessen Schritt am leichtesten ist, sondern ›la mas racional, das, welches es sich am besten überlegt›,« und *Humboldt* fügt hinzu, »dieser populäre Ausdruck, den lange Erfahrung dictiert, widerspricht der Annahme von belebten Maschinen vielleicht besser, als alle Argumente der speculativen Philosophie«. Nichtsdestoweniger leugnen selbst jetzt noch einige Schriftsteller, daß die höheren Thiere auch nur eine Spur von Verstand haben; sie versuchen, wie es scheint, durch bloße Wortklauberei Ich freue mich, zu sehn, daß ein so scharfsinniger Denker wie *Leslie Stephen*, da, wo er von der vermeintlich unübersteiglichen Schranke zwischen dem Geiste des Menschen und der niedern Thiere spricht (Darwinism and Divinity, Essays on Freethinking, 1873, p. 80), das Folgende sagt: »In der That scheinen uns die aufgestellten Unterschiede auf keinem besseren Grunde zu ruhen als eine große Zahl anderer metaphysischer Distinctionen, auf der Annahme nämlich, daß, weil man zwei Dingen zwei verschiedene Namen geben kann, sie deshalb auch verschiedener Natur sein müssen. Es ist schwer zu verstehen, wie Jemand, der nur irgend jemals einen Hund gehalten oder einen Elefanten gesehen hat, an dem Vermögen eines Thieres zweifeln kann, die wesentlichen Processe des Nachdenkens auszuüben«. alle die oben angeführten Thatsachen wegzuexplicieren.

Ich glaube, es ist nun gezeigt worden, daß der Mensch und die höheren Thiere, besonders die Primaten, einige wenige Instincte gemeinsam haben. Alle haben dieselben Sinneseindrücke und Empfindungen, ähnliche Leidenschaften, Affecte und Erregungen, selbst die complexeren, wie Eifersucht, Verdacht, Ehrgeiz, Dankbarkeit und Großherzigkeit; sie üben Betrug und rächen sich; sie sind empfindlich für das Lächerliche und haben selbst einen Sinn für Humor. Sie fühlen Verwunderung und Neugierde, sie besitzen dieselben Kräfte der Nachahmung, Aufmerksamkeit, Überlegung, Wahl, Gedächtnis, Einbildung, Ideenassociation, Verstand, wenn auch in sehr verschiedenen Graden. Die Individuen einer und derselben Species zeigen gradweise Verschiedenheit im Intellect von absoluter Schwachsinnigkeit bis zu großer Trefflichkeit. Sie sind auch dem Wahnsinn ausgesetzt, wenn schon sie weit weniger oft daran leiden als der Mensch. s. Madness in Animals, by Dr. *W. Lauder Lindsay*, in: Journal of Mental Science. July, 1871. Nichtsdestoweniger haben viele Schriftsteller behauptet, daß der Mensch durch seine geistigen Fähigkeiten von allen niederen Thieren durch eine unüberschreitbare Schranke getrennt sei. Ich habe mir früher eine Sammlung von über zwanzig solcher Aphorismen gemacht; sie sind aber beinahe wertlos, da ihre große Zahl und Verschiedenheit die Schwierigkeit, wenn nicht die Unmöglichkeit des Versuches darlegen. Es ist behauptet worden, daß nur der Mensch einer allmählichen Vervollkommnung fähig sei, daß er allein Werkzeuge und Feuer gebrauche, andere Thiere sich angewöhne, Eigenthum besitze, daß kein anderes Thier das Vermögen der Abstraction habe oder allgemeine Ideen besitze, Selbstbewußtsein habe und sich selbst verstehe, daß kein Thier eine Sprache gebrauche, daß nur der Mensch ein Gefühl für Schönheit habe, Launen ausgesetzt sei, das Gefühl der Dankbarkeit, des Geheimnisvollen u. s. w. besitze, daß er an Gott glaube oder mit einem Gewissen ausgerüstet sei. Ich will über die wichtigeren und interessanteren der angegebenen Punkte ein paar Bemerkungen zu geben versuchen.

Erzbischof *Sumner* behauptete früher, Citiert von Sir *Ch. Lyell*, das Alter des Menschengeschlechts. Original p. 497.(Der betreffende Abschnitt wurde in der Übersetzung weggelassen.) daß nur der Mensch einer fortschreitenden Veredelung fähig sei. Daß er einer unvergleichlich größeren und schnelleren Veredelung als irgend ein anderes Thier fähig ist, läßt sich nicht bestreiten; dies ist wesentlich eine Folge seines Vermögens zu sprechen und seine erworbene Kenntnis zu überliefern. Was die Thiere betrifft, so wollen wir zunächst das Individuum betrachten. Hier weiß Jeder, der nur irgend eine Erfahrung im Stellen von Fallen besitzt, daß junge Thiere viel leichter gefangen werden können als alte, sie lassen auch Feinde viel leichter sich annähern; und selbst in Bezug auf alte Thiere ist es unmöglich, viele an einer und derselben Stelle und in derselben Art von Fallen zu fangen oder durch dieselbe Art von Giften zu tödten. Und doch ist es unwahrscheinlich, daß Alle von dem Gifte genossen hätten, und unmöglich, daß Alle in der Falle gefangen worden wären. Sie müssen dadurch Vorsicht lernen, daß sie ihre Genossen gefangen oder vergiftet sehen. In Nord-Amerika, wo die pelztragenden Thiere lange Zeit verfolgt worden sind, zeigen sie nach dem einstimmigen Zeugnis aller Beobachter einen fast unglaublichen Grad von Scharfsinn, Vorsicht und List; es ist aber das Fallenstellen dort so lange schon ausgeführt worden, daß hier vielleicht Vererbung mit in's Spiel kommt. Es ist mir von mehreren Seiten mitgetheilt worden, daß, als Telegraphen zuerst angelegt wurden, sich in den betreffenden Gegenden viele Vögel dadurch tödteten, daß sie gegen die Drähte flogen, daß sie aber im Laufe sehr weniger Jahre diese Gefahr vermeiden lernten, wie es scheinen möchte, weil sie sahen, daß ihre Kameraden dadurch umkamen. Wegen weiterer Belege mit Details s. *Houzeau*, Les Facultés Mentales des Animaux.

Tom. II. 1872. p. 147.

Betrachten wir aufeinanderfolgende Generationen oder die Rasse, so ist keinem Zweifel unterworfen, daß Vögel und andere Thiere allmählich Vorsicht in Bezug auf den Menschen oder andere Feinde sowohl erlangen als verlieren. s. in Bezug auf die Vögel oceanischer Inseln meine »Reise eines Naturforschers um die Welt« (übers. von *J. V. Carus*). 1875, p. 457. »Entstehung der Arten«. 7. Aufl. p. 286. Und diese Vorsicht ist gewiß zum größten Theil eine angeerbte Gewohnheit oder ein Instinct, zum Theil aber das Resultat individueller Erfahrung. Ein guter Beobachter, *Leroy*, Lettres philos. sur l'Intelligence des Animaux. Nouv. édit. 1802, p. 86. führt an, daß in Districten, wo Füchse sehr viel gejagt werden, die Jungen, wenn sie zuerst ihre Höhlen verlassen, unstreitig viel schlauer sind als die Alten in Districten, wo sie nicht sehr gestört werden.

Unsere domesticierten Hunde stammen von Wölfen und Schakals s. die Belege hierfür im 1. Capitel des 1. Bds. von »Variiren der Thiere und Pflanzen im Zustande der Domestication«. ab, und trotzdem sie nicht an Verschlagenheit gewonnen und an Bedachtsamkeit und ängstlicher Vorsicht verloren haben mögen, so haben sie doch in gewissen moralischen Eigenschaften, wie Zuneigung, Zuverlässigkeit, Temperament und wahrscheinlich in allgemeiner Intelligenz Fortschritte gemacht. Die gemeine Ratte hat mehrere andere Species durch ganz Europa, in Theilen von Nord-Amerika, in Neu-Seeland und neuerdings in Formosa ebenso wie auf dem Festlande von China besiegt und zurückgetrieben. Mr. *Swinhoe*, Proceed. Zool. Soc. 1864, p. 186. welcher die beiden letzteren Fälle mittheilt, schreibt den Sieg der gemeinen Ratte über die größere *Mus coninga* ihrer überlegenen Schlauheit zu; und diese letztere Eigenschaft läßt sich wohl der beständigen Anstrengung aller ihrer Fähigkeiten zuschreiben, die sie der Verfolgung und Zerstörung durch den Menschen entgegengesetzt, ebenso wie dem Umstande, daß fast alle weniger schlauen oder schwachköpfigeren Ratten mit Erfolg vom Menschen vertilgt worden sind. Es ist indessen möglich, daß der Erfolg der gemeinen Ratte davon abhängt, daß sie schon zu der Zeit größere Schlauheit als die verwandten Arten besessen hat, in der sie noch nicht mit dem Menschen vergesellschaftet ward. Ohne Bezugnahme auf irgendwelche directen Beweise behaupten zu wollen, daß kein Thier im Verlaufe der Zeit in Bezug auf den Intellect oder andere geistige Fähigkeiten fortgeschritten sei, heißt die Frage von der Entwicklung der Arten überhaupt verneinen. Wir werden später sehen, daß nach Lartet jetzt lebende und zu mehreren

Ordnungen gehörende Säugethiere größere Gehirne haben, als ihre alten tertiären Prototypen.

Es ist oft gesagt worden, daß kein Thier irgend ein Werkzeug gebrauche. Der Schimpanse knackt aber im Naturzustande eine wilde Frucht, ungefähr einer Walnuß ähnlich, mit einem Steine. *Savage* and *Wyman*, in Boston Journal of Nat. Hist. Vol. IV. 1843-44, p. 383. *Rengger*Säugethiere von Paraguay. 1830, p. 51-56. lehrte sehr leicht einen amerikanischen Affen auf diese Weise harte Palmnüsse zu öffnen und später gebrauchte dieser dann auf eigenen Antrieb Steine, um andere Arten von Nüssen ebenso wie Kästen zu öffnen. Er entfernte auch die weiche Rinde einer Frucht, welche einen unangenehmen Geschmack hatte. Einem andern Affen wurde gelehrt, den Deckel einer großen Kiste mit einem Stocke zu öffnen, und später brauchte er den Stock als Hebel, um schwere Körper zu bewegen; und ich habe selbst gesehen, wie ein junger Orang einen Stock in einen Spalt steckte, seine Hände an das andere Ende brachte und ihn in der richtigen Weise als Hebel benutzte. Es ist bekannt, daß die zahmen Elefanten in Indien sich Zweige abbrechen, um die Fliegen abzuwehren; dasselbe Manœuvre ist bei einem wilden Elefanten beobachtet worden. The Indian Field, 4. March, 1871. Ich habe einen jungen weiblichen Orang gesehen, der sich, wenn er glaubte, er solle geschlagen werden, mit einer Decke oder mit Stroh zudeckte und schützte. In diesen verschiedenen Fällen werden Steine und Stöcke als Werkzeuge gebraucht; sie werden aber gleicherweise als Waffen benutzt. *Brehm*Thierleben. 2. Aufl. Bd. I, p. 163, 166. führt nach der Autorität des bekannten Reisenden *Schimper* an, daß, wenn in Abyssinien die zu der einen Art *(C. Gelada)* gehörenden Paviane truppenweise von den Bergen herabsteigen, um die Felder zu plündern, sie zuweilen Truppen einer anderen Species *(C. Hamadryas)* begegnen, und dann beginnt ein Kampf. Die Geladas rollen große Steine herab, welchen die Hamadryas auszuweichen suchen, und dann gehen beide Species mit großem Lärm wüthend auf einander los. Als *Brehm* den Herzog von *Coburg-Gotha* begleitete, stand er einem Angriff mit Feuerwaffen auf einen Trupp von Pavianen an dem Passe von Mensa in Abyssinien bei. Die Paviane wälzten ihrerseits so viele Steine, einige so groß wie ein Menschenkopf, den Berg herab, daß die Angreifer sich schnell zurückziehen mußten, und der Paß war thatsächlich eine Zeit lang für die Karawane verschlossen. Er verdient Beachtung, daß diese Paviane hier in Übereinstimmung handelten. Mr. *Wallace*The Malay Archipelago. Vol. I. 1869, p. 87. sah bei drei Gelegenheiten weibliche Orangs in

Begleitung ihrer Jungen »Zweige und die großen dornigen Früchte der Durianbäume mit allen Zeichen der Wuth abbrechen und einen solchen Schauer von Geschossen herabwerfen, daß es ihnen gelang, zu verhindern, daß er sich dem Baume zu sehr näherte«. Wie ich wiederholt gesehen habe, wirft ein Schimpanse jedes Ding, was ihm in die Hand kommt, nach seinem Beleidiger; und der oben erwähnte Pavian bereitete zu diesem Zwecke Schlamm.

Im zoologischen Garten gebrauchte ein Affe, welcher schwache Zähne hatte, einen Stein, um sich Nüsse zu öffnen; und mir versicherten die Wärter, daß das Thier, wenn es den Stein gebraucht habe, ihn im Stroh verberge und keinen anderen Affen ihn berühren lasse. Hier haben wir die Idee des Eigenthums: doch ist diese Idee jedem Hunde, der einen Knochen hat, und den meisten oder allen Vögeln in Bezug auf ihre Nester eigen.

Der Herzog von *Argyll*Primeval Man, p. 145, 147. bemerkt, daß das Formen eines Werkzeugs zu einem speciellen Zwecke dem Menschen absolut eigenthümlich sei, und er hält dies für einen unermeßlichen Abstand zwischen ihm und den Thieren. Es liegt ohne Zweifel ein sehr bedeutender Unterschied hierin, aber mir scheint in Sir *J. Lubbock's* Vermuthung Prehistoric Times. 1865, p. 473 flgde. viel Wahres zu liegen, daß, als die Urmenschen zuerst Feuersteine zu irgend welchem Zwecke benutzten, sie sie zufällig zerschlagen und dann die scharfen Bruchstücke benutzt haben werden. Von diesem Punkte aus bedurfte es dann nur eines kleinen Schrittes, um die Feuersteine absichtlich zu zerbrechen, und keines sehr großen Schrittes, um sie roh zu formen. Indessen dürfte der letztere Fortschritt sehr langer Zeit bedurft haben, wenn wir nach dem ungeheuren Zeitintervalle urtheilen, welcher verging, ehe der Mensch der neueren Steinperiode begann, seine Werkzeuge zu schleifen und zu poliren. Beim Zerbrechen der Feuersteine werden, wie Sir *J. Lubbock* gleichfalls bemerkt, Funken hervorgesprungen sein und beim Schleifen derselben wird sich Wärme entwickelt haben: »hierdurch können die beiden gewöhnlichen Methoden, Feuer zu erhalten, entstanden sein«. Die Natur des Feuers wird in den vielen vulkanischen Gegenden, wo Lava gelegentlich durch Wälder fließt, bekannt geworden sein. Die anthropomorphen Affen bauen sich, wahrscheinlich durch Instinct geleitet, flache temporäre Hütten auf Bäumen. Wie aber viele Instincte in großem Maße vom Verstande controllirt werden, so können auch die einfacheren, wie der, sich solche flache Nester zu bauen, leicht in einen willkürlichen, bewußten Act übergehen. Es ist bekannt, daß der Orang sich zur

Nachtzeit mit den Blättern des *Pandanus* zudeckt, und *Brehm* führt an, daß sich einer seiner Paviane gegen die Sonnenwärme dadurch schützte, daß er eine Strohmatte über den Kopf warf. In diesen letzteren Handlungen haben wir wahrscheinlich die ersten Schritte zu einigen der einfacheren Künste zu erblicken, nämlich zu einer rohen Architectur und Kleidung, wie sie unter den frühen Stammeltern des Menschen entstanden.

Vergleichung der Geisteskräfte des Menschen mit denen der niederen Thiere (Fortsetzung)

Das moralische Gefühl. – Fundamentalsatz. – Die Eigenschaften socialer Thiere. – Ursprung der Fähigkeit zum Geselligleben. – Kampf zwischen entgegengesetzten Instincten. – Der Mensch ein sociales Thier. – Die ausdauernderen socialen Instincte überwinden andere weniger beständige Instincte. – Sociale Tugenden von Wilden allein geachtet. – Tugenden, die das Individuum betreffen, erst auf späterer Entwicklungsstufe erlangt. – Große Bedeutung des Urtheils der Mitglieder derselben Gemeinschaft über das Benehmen. – Überlieferung moralischer Neigungen. – Zusammenfassung.

Ich unterschreibe vollständig die Meinung derjenigen Schriftsteller, s. z. B. über diesen Gegenstand: *Quatrefages*. Unité de l'espèce humaine, 1861, p. 21 etc. welche behaupten, daß von allen Unterschieden zwischen dem Menschen und den niederen Thieren das moralische Gefühl oder das Gewissen weitaus der bedeutungsvollste ist. Dieses Gefühl, wie *Mackintosh*Dissertation on Ethical philosophy. 1837, p. 231 etc. bemerkt, »beherrscht rechtmäßiger Weise jedes andere Princip menschlicher Thätigkeit«. Diese Gewalt wird in jenem kurzen, aber gebieterischen und so äußerst bezeichnenden Worte »soll« zusammengefaßt. Es ist das edelste aller Attribute des Menschen, welches ihn, ohne daß er sich einen Augenblick zu besinnen braucht, dazu führt, sein Leben für das eines Mitgeschöpfes zu wagen, oder ihn nach sorgfältiger Überlegung einfach durch das tiefe Gefühl des Rechts oder der Pflicht dazu treibt, sein Leben irgend einer großen Sache zu opfern. *Immanuel Kant* ruft aus: » *Pflicht!* du erhabener, großer Name, der du nichts Beliebtes, was Einschmeichelung bei sich führt, in dir fassest, sondern Unterwerfung verlangst, doch auch nichts drohest, was natürliche Abneigung im Gemüthe erregte und schreckte, um den Willen zu bewegen, sondern bloß ein Gesetz aufstellst, welches von selbst im Gemüthe Eingang findet, und doch sich selbst wider Willen Verehrung (wenn gleich nicht immer Befolgung) erwirbt, vor dem alle Neigungen verstummen, wenn sie gleich im Geheimen ihm entgegenwirken, welches ist der deiner würdige Ursprung und wo findet man die Wurzel deiner edlen Abkunft?«. Kritik der praktischen Vernunft (Sämmtliche Werke, herausgegeben von *Rosenkranz*; 8. Th. p. 214.)

Es haben diese Frage viele Schriftsteller von ausgezeichneter Befähigung Mr. *Bain* giebt (Mental and Moral Science, 1868, p. 543-725) eine Liste von sechsundzwanzig englischen Autoren, welche über diesen Gegenstand geschrieben haben und deren Namen hier allgemein bekannt sind; diesen lassen sich die Namen von *Bain* selbst, von *Lecky, Shadworth Hudgson*, Sir *J. Lubbock* und noch anderer beifügen. erörtert, und meine einzige Entschuldigung, sie hier nochmals zu berühren, ist sowohl die Unmöglichkeit, sie ganz zu übergehen, als auch der Umstand, daß, so weit es mir bekannt ist, ihr Niemand ausschließlich von naturhistorischer Seite her näher getreten ist. Es besitzt diese Untersuchung auch einiges selbständige Interesse, nämlich als ein Versuch, zu sehen, wie weit das Studium der niederen Thiere Licht auf eine der höchsten psychischen Fähigkeiten des Menschen werfen kann.

Der folgende Satz scheint mir in hohem Grade wahrscheinlich zu sein, nämlich daß jedes Thier, welches es auch sein mag, wenn es nur mit scharf ausgesprochenen socialen Instincten (die elterliche und kindliche Zuneigung hier mit eingeschlossen) versehen ist, Sir *B. Brodie* bemerkt, daß der Mensch ein sociales Thier sei (Psychological Enquiries, 1854, p. 192), und stellt dann die bezeichnende Frage auf: »sollte dies nicht die streitige Frage über die Existenz eines moralischen Gefühls beilegen?« Ähnliche Ideen sind wahrscheinlich Vielen schon gekommen, wie schon vor langer Zeit dem Marcus Aurelius. *J. S. Mill* spricht in seinem berühmten Buche über »Utilitarianism« (1864, p. 46) von den socialen Gefühlen als einer »kraftvollen natürlichen Empfindung« und als »dem natürlichen Grunde des Gefühls für utilitäre Moralität«. Ferner sagt er: »Gleich den andern erworbenen, oben erwähnten Fähigkeiten ist die moralische Kraft, wenn nicht ein Theil unserer Natur, so doch ein natürlicher Auswuchs aus ihr, wie jene fähig, in gewissem niedern Grade spontan hervorzutreten«. Im Gegensatze zu alle dem sagt er aber auch: »wenn nun, wie das meine eigene Überzeugung ist, die moralischen Gefühle nicht angeboren, sondern erlangt sind, so sind sie doch aus diesem Grunde nicht weniger natürlich«. Nur mit Zögern wage ich von einem so tiefen Denker abzuweichen; doch läßt sich kaum bestreiten, daß die socialen Gefühle bei den niederen Thieren instinctiv oder angeboren sind; und warum sollten sie dann beim Menschen es nicht ebenso sein? Mr. *Bain* (s. z. B. The Emotions and the Will. 1855, p. 481) und andere glauben, daß das moralische Gefühl von jedem Individuum während seiner Lebenszeit erlangt werde. Nach der allgemeinen Entwicklungstheorie ist dies mindestens äußerst unwahrscheinlich. Das Ignorieren aller überlieferten geistigen Eigenschaften wird, wie es mich dünkt, später als ein sehr ernster Fehler in den Werken *J. S. Mill*'s angesehen werden. unvermeidlich ein moralisches Gefühl oder Gewissen erlangen würde, wenn sich seine intellectuellen Kräfte so weit oder nahezu so weit wie beim Menschen entwickelt hätten. Denn *erstens* führen die socialen Instincte ein Thier dazu, Vergnügen an der Gesellschaft seiner Genossen zu haben, einen gewissen Grad von Sympathie mit ihnen zu fühlen und verschiedene Dienste für sie zu verrichten. Diese Dienste können von einer ganz bestimmten und offenbar instinctiven Natur sein; sie können aber auch, wie es bei den meisten der höheren socialen Thiere der Fall ist, ein bloßer Wunsch oder eine Bereitwilligkeit sein, ihren Genossen in gewisser allgemeiner Weise zu helfen. Diese Gefühle und Dienste erstrecken sich aber durchaus nicht auf alle Individuen derselben Species, sondern nur auf die derselben Gemeinschaft. *Zweitens*: sobald die geistigen Fähigkeiten sich hoch entwickelt haben, durchziehen Bilder aller vergangenen Handlungen und Beweggründe unaufhörlich das Gehirn eines jeden Individuums, und jenes Gefühl des Unbefriedigtseins, oder selbst Unglücks, welches, wie wir hernach sehen werden, unabänderlich die Folge irgend eines unbefriedigten Instincts ist, wird entstehen, so oft bemerkt wird, daß der andauernde und stets gegenwärtige sociale Instinct irgend einem anderen zu der Zeit stärkeren, aber weder seiner Natur nach dauernden, noch einen sehr lebhaften Eindruck zurücklassenden Instincte nachgegeben hat. Offenbar sind viele instinctive Begierden, wie die des Hungers, ihrer Natur nach nur von kurzer Dauer und werden, wenn sie einmal befriedigt sind, nicht leicht und nicht lebendig vor die Seele zurückgerufen. *Drittens*: nachdem die Fähigkeit der Sprache erlangt worden ist und die Wünsche der Mitglieder einer und derselben Gemeinschaft deutlich ausgedrückt werden können, wird die allgemeine Meinung darüber, wie ein jedes Mitglied zum allgemeinen Besten zu wirken hat, naturgemäß in einem ganz hervorragenden Grade das Bestimmende bei den Handlungen werden. Wir dürfen aber nicht vergessen, daß, ein wie großes Gewicht wir auch der öffentlichen Meinung einräumen, unsere Rücksicht auf die Billigung oder Mißbilligung unserer Genossen doch auf Sympathie beruht, die, wie wir sehen werden, einen wesentlichen Theil des socialen Instincts ausmacht und geradezu sein Grundstein ist. Endlich wird auch die Gewohnheit beim Individuum eine sehr wichtige Rolle in Bezug auf die Bestimmung der Handlungsweise jedes Mitglieds spielen; denn die socialen Instincte und Impulse werden, wie alle anderen

Instincte, durch die Gewohnheit bedeutend gekräftigt werden, wie es auch mit dem Gehorsam gegen die Wünsche und das Urtheil der Gesellschaft geschieht. Diese verschiedenen subordinierten Sätze müssen nun erörtert werden und zwar einige von ihnen in ziemlicher Ausführlichkeit.

Es dürfte zweckmäßig sein, zunächst vorauszuschicken, daß ich nicht behaupten will, daß jedes streng sociale Thier, wenn nur seine intellectuellen Fähigkeiten zu gleicher Thätigkeit und gleicher Höhe wie beim Menschen entwickelt wären, genau dasselbe moralische Gefühl wie der Mensch erhalten würde. In derselben Weise wie verschiedene Thiere ein gewisses Gefühl von Schönheit haben, trotzdem sie sehr verschiedene Gegenstände bewundern, können sie auch ein Gefühl von Recht und Unrecht haben, trotzdem sie durch dasselbe zu sehr verschiedenen Handlungsweisen veranlaßt werden. Um einen extremen Fall anzuführen: wäre z. B. der Mensch unter genau denselben Zuständen erzogen wie die Stockbiene, so dürfte sich kaum zweifeln lassen, daß unsere unverheirateten Weibchen es ebenso wie Arbeiterbienen für eine heilige Pflicht halten würden, ihre Brüder zu tödten, und die Mütter würden suchen, ihre fruchtbaren Töchter zu vertilgen und Niemand würde daran denken, dies zu verhindern. *H. Sidgwick* sagt in einer trefflichen Erörterung dieses Gegenstandes (The Academy, 15. June, 1872, p. 231): »eine höher entwickelte Biene würde, wie wir überzeugt sein können, eine mildere Lösung der Bevölkerungsfrage anstreben«. Nach den Gewohnheiten vieler oder der meisten Wilden zu urtheilen, löst indessen der Mensch das Problem durch weiblichen Kindermord, Polyandrie und völlig freies Vermischen; es ließe sich daher wohl zweifeln, ob es durch eine mildere Methode gelöst werde. Miss *Cobbe*, welche über dasselbe Beispiel Erörterungen anstellt (Darwinism in Morals, in: Theological Review, Apr., 1872, p. 188-191) sagt, die Grundsätze der socialen Pflicht würden dadurch umgekehrt werden. Damit meint sie, wie ich vermuthe, daß die Erfüllung einer socialen Pflicht die Individuen zu schädigen streben würde; sie übersieht aber die Thatsache, welche sie ohne Zweifel zugeben wird, daß die Instincte der Biene zum Besten der Gemeinschaft erlangt worden sind. Sie geht so weit, daß sie sagt, wenn die in diesem Capitel vertheidigte Theorie der Moral jemals allgemein angenommen würde, »könne sie nicht umhin zu glauben, daß in der Stunde ihres Triumphs die Tugend der Menschheit zu Grabe geläutet wird!« Es steht zu hoffen, daß der Glaube an die Dauer der Tugend auf dieser Erde nicht bei vielen Menschen an einem so schwachen Faden hängt.

Nichtsdestoweniger würde in unserem angenommenen Falle die Biene oder irgend ein anderes sociales Thier, wie es mir scheint, doch irgend ein Gefühl von Recht und Unrecht oder ein Gewissen erhalten. Denn jedes Individuum würde ein innerliches Gefühl von dem Besitze gewisser weniger starker und andauernder Instincte haben, so daß oft ein Kampf entstehen würde, welchem Impuls zu folgen wäre; es würde daher Befriedigung und Unbefriedigung gefühlt werden, da vergangene Eindrücke während ihres beständigen Zuges durch die Seele mit einander verglichen werden würden. In diesem Falle würde ein innerer Warner dem Thiere sagen, daß es besser gewesen wäre, eher dem einen Impuls als dem anderen zu folgen. Dem einen Zug hätte gefolgt werden »sollen«, der eine würde »recht«, der andere »unrecht« gewesen sein. Aber auf diese Ausdrücke werde ich sogleich zurückzukommen haben.

Neigung zur Geselligkeit. Sociabilitat. – Thiere vieler Arten sind gesellig; wir finden selbst, daß verschiedene Species zusammenleben, so einige amerikanische Affen und die sich vereinigenden Schaaren von Raben, Dohlen und Staaren. Der Mensch zeigt dasselbe Gefühl in der starken Liebe zum Hunde, welche der Hund mit Interesse erwidert. Jedermann muß beobachtet haben, wie unglücklich sich Pferde, Hunde, Schafe u. s. w. fühlen, wenn sie von ihren Genossen getrennt sind, und welche Freude sie, wenigstens die erstgenannten Arten, bei ihrer Wiedervereinigung zeigen. Es ist interessant, über die Gefühle eines Hundes zu speculiren, welcher stundenlang in einem Zimmer bei seinem Herrn oder irgend Einem der Familie ruhig daliegt, ohne daß von ihm die geringste Notiz genommen wird, sobald er aber eine kurze Zeit allein gelassen wird, bellt oder heult er schrecklich. Wir wollen unsere Aufmerksamkeit auf die höheren socialen Thiere beschränken mit Ausschluß der Insecten, obgleich mehrere derselben gesellig leben und einander in vielen wichtigen Beziehungen helfen. Der gewöhnlichste Dienst, welchen sich höhere Thiere gegenseitig erweisen, ist, daß sie mittelst der vereinigten Sinne Aller einander vor Gefahr warnen. Jeder Jäger weiß, wie Dr. Jäger bemerkt, Die Darwinsche Theorie, p. 101. wie schwer es ist, Thieren in Herden oder Gruppen nahezukommen. Wilde Pferde und Rinder geben, wie ich glaube, kein Warnungssignal, aber schon die Haltung eines Jeden, welches zuerst einen Feind wittert, warnt die Übrigen. Kaninchen stampfen laut mit den Hinterfüßen auf den Boden als Signal: Schafe und Gemsen thun dasselbe, aber mit den Vorderfüßen, und stoßen auch einen pfeifenden Ton aus. Viele Vögel und manche Säugethiere stellen Wachen aus, welches bei den Robben, wie man sagt, R. Browne in: Proceed. Zoolog. Soc. 1868, p. 409. gewöhnlich die Weibchen sind. Der Anführer einer Truppe Affen dient als Wache und stößt Rufe aus, die sowohl Gefahr als Sicherheit verkünden. Brehm, Thierleben. 2. Aufl. Bd. I. 1864, p. 115, 162. In Bezug auf die Affen, welche sich gegenseitig Dornen ausziehen, s. p. 116. In Bezug auf die *Hamadryas*-Paviane, welche Steine umdrehen, wird die Thatsache nach dem Zeugnis von Alvarez gegeben (p. 158), dessen Beobachtungen Brehm für völlig glaubwürdig hält. Wegen der Fälle, wo die alten Pavianmännchen die Hunde angreifen, s. p. 162, und wegen des Adlers p. 118 Sociale Thiere verrichten einander manche kleine Dienste: Pferde zwicken einander und Kühe lecken einander an jeder Stelle, wo sie ein Stechen fühlen; Affen suchen einander äußere Schmarotzer ab, und *Brehm* führt an, daß, nachdem ein Trupp des *Cercopithecus griseoviridis* durch ein dorniges Gebüsch geschlüpft war, jeder Affe sich auf einem Zweig ausstreckte und ein anderer sich zu ihm setzte, »gewissenhaft« seinen Pelz untersuchte und jeden Stachel auszog.

Thiere leisten sich auch noch wichtigere Dienste: so jagen Wölfe und andere Raubthiere in Truppen und helfen einander beim Angriff auf ihre Beute; Pelikane fischen in Gemeinschaft. Die *Hamadryas*-Paviane drehen Steine um, um Insecten zu suchen u. s. w., und wenn sie an einen großen kommen, wenden ihn so viele als herankommen können zusammen um und theilen die Beute. Sociale Thiere vertheidigen sich gegenseitig; Bison-Bullen in Nord-Amerika treiben bei Gefahren die Kühe und Kälber in die Mitte der Herde, während sie den Rand vertheidigen. In einem späteren Capitel werde ich auch Fälle anführen, wo zwei wilde Bullen in Chillingham einen alten gemeinsam angriffen und wo zwei Hengste zusammen versuchten, einen dritten von einer Herde Stuten wegzutreiben. *Brehm* begegnete in Abyssinien einer großen Herde von Pavianen, welche quer durch ein Thal zogen: einige hatten bereits den gegenüberliegenden Hügel erstiegen und einige waren noch im Thale. Die Letzteren wurden von den Hunden angegriffen, aber sofort eilten die alten Männchen von den Felsen herab und brüllten mit weit geöffnetem Munde so fürchterlich, daß die Hunde sich bestürzt zurückzogen. Sie wurden von Neuem zum Angriff angefeuert, aber diesmal waren alle Paviane wieder auf die Höhen hinaufgestiegen mit Ausnahme eines jungen, ungefähr sechs Monate alten, welcher laut um Hülfe rufend einen Felsblock erklettert hatte und umringt wurde. Jetzt kam eines der größten Männchen, ein wahrer Held, nochmals vom Hügel herab,

ging langsam zu dem jungen, liebkoste ihn und führte ihn triumphie-
rend weg, die Hunde waren zu sehr erstaunt, um ihn anzugreifen. Ich
kann der Versuchung nicht widerstehen, noch eine andere Scene mitzutheilen, welcher derselbe Naturforscher als Zeuge beiwohnte. Ein
Adler ergriff einen jungen *Cercopithecus*, konnte ihn aber, da sich jener
an einen Zweig klammerte, nicht sofort wegschleppen. Der Affe
schrie laut um Hülfe, worauf die anderen Thiere der Truppe mit vie-
lem Gebrüll zum Entsatz herbeieilten, den Adler umringten und ihm
so viel Federn ausrissen, daß er nicht länger an seine Beute dachte,
sondern daran, wie er wegkäme. Dieser Adler, bemerkt *Brehm*, wird
sicher niemals wieder einen einzelnen Affen in einer Herde angreifen.
Mr. *Belt* führt den Fall an, wo ein Affe, ein *Ateles*, in Nicaragua bald
zwei Stunden lang in dem Walde schreien gehört wurde und man
einen Adler dicht bei ihm auf dem Zweige sitzen fand. Der Vogel
fürchtete offenbar ihn anzugreifen, solange er ihm Aug' in Auge da-
saß. Nach dem, was *Belt* von der Lebensweise dieser Affen gesehen
hat, glaubt er, daß sie sich gegen die Angriffe der Adler dadurch
schützen, daß zwei oder drei zusammenhalten. The Naturalist in Nicaragua, 1874. p. 118.

Es ist gewiß, daß in Gesellschaft lebende Thiere ein Gefühl der
Liebe zu einander haben, welches erwachsene nicht sociale Thiere
nicht fühlen. Wie weit sie in den meisten Fällen thatsächlich mit den
Schmerzen und Freuden der Anderen sympathisieren, ist besonders
mit Rücksicht auf die letzteren zweifelhafter. Doch giebt Mr. *Buxton*,
welcher ausgezeichnete Gelegenheit zur Beobachtung hatte, Annals
and Magaz. of Natural History. 1868, Novbr., p. 382. an, daß seine
Macaws, welche in Norfolk frei lebten, ein »extravagantes Interesse«
an einem Paare mit einem Neste nahmen; so oft das Weibchen dasselbe verließ, wurde es von einer Schaar anderer umringt, welche »zu
seiner Ehre ein fürchterliches Geschrei erhoben«. Es ist oft schwer zu
entscheiden, ob Thiere Gefühl für die Leiden anderer haben. Aber wer
kann sagen, was Kühe fühlen, wenn sie um einen sterbenden oder
todten Genossen herumstehen und ihn anstarren? Allem Anscheine
nach fühlen sie indessen, wie *Houzeau* bemerkt, kein Mitleid. Daß
Thiere zuweilen weit davon entfernt sind, irgendwelche Sympathie zu
zeigen, ist nur zu sicher; denn sie treiben ein verwundetes Thier aus
der Herde oder stoßen und plagen es zu Tode. Dies dürfte beinahe
der schwärzeste Punkt in der Naturgeschichte sein, wenn nicht die
dafür aufgestellte Erklärung richtig ist, wonach der Instinct oder
Verstand der Thiere sie dazu antreibt, einen verwundeten Genossen

auszustoßen, damit nicht Raubthiere, mit Einschluß des Menschen, versucht würden, der Herde zu folgen. In diesem Falle ist ihr Betragen nicht viel schlimmer als das der nordamerikanischen Indianer, welche ihre schwachen Kameraden in den Steppen umkommen lassen, oder der Fiji-Insulaner, welche, wenn ihre Eltern alt oder krank werden, sie lebendig begraben. Sir *J. Lubbock*, Prehistoric Times. 2. edit. p. 446.

Es sympathisieren indessen sicher viele Thiere mit dem Unglück oder der Gefahr ihrer Genossen. Dies ist selbst bei Vögeln der Fall: Capt. *Stansbury*Wie *L. H. Morgan* in seiner Schrift: The American Beaver. 1878, p. 272 citiert. Capt. *Stansbury* giebt auch einen interessanten Bericht über die Art und Weise, wie ein sehr junger Pelikan, welcher von einer starken Strömung fortgetrieben wurde, in seinen Versuchen, das Ufer zu erreichen, von einem halben Dutzend alter Vögel geleitet und ermuthigt wurde. fand am Salzsee in Utah einen alten und vollständig blinden Pelikan, welcher sehr fett war und von seinen Genossen lange Zeit, und zwar sehr gut, gefüttert worden sein mußte. Mr. *Blyth* theilt mir mit, daß er sah, wie indische Krähen zwei oder drei ihrer Genossen, welche blind waren, fütterten; und ich habe von einem ähnlichen Falle bei unserem Haushuhne gehört. Wenn man will, kann man diese Handlungen instinctive nennen, doch sind derartige Fälle viel zu selten, um der Entwicklung irgend eines speciellen Instinctes zum Ausgangspunkte dienen zu können. Wie Mr. *Bain* bemerkt: »wirksame Hilfe einem Leidenden gebracht entspringt wirklicher Sympathie«. Mental and Moral Science. 1868, p. 245. Ich selbst habe einen Hund gesehen, welcher niemals bei einem seiner größten Freunde, nämlich der Katze, welche krank in einem Korbe lag, vorüberging, ohne sie ein paar Mal mit der Zunge zu belecken, das sicherste Zeichen von freundlicher Gesinnung bei einem Hunde.

Es muß Sympathie genannt werden, welche einen muthvollen Hund veranlaßt, sich auf Jeden zu stürzen, der seinen Herrn schlägt, wie er es sicher thun wird. Ich sah, wie Jemand die Bewegung machte, als schlüge er eine Dame, die einen sehr furchtsamen kleinen Hund auf ihrem Schoße hatte; auch war dieser Versuch noch nie zuvor gemacht worden. Das kleine Geschöpf sprang sofort auf und davon; sobald aber das vermeintliche Schlagen vorüber war, war es wirklich rührend zu sehen, wie unablässig es suchte, seiner Herrin Gesicht zu lecken und sie zu trösten. *Brehm*Thierleben. 2. Aufl. Bd. 1, p. 154. führt an, daß, als ein Pavian in der Gefangenschaft gehascht werden sollte, um gestraft zu werden, die anderen ihn zu beschützen suchten. In den oben angeführten Fällen muß es Sympathie gewesen sein, welche die

Paviane und Cercopitheken veranlaßte, ihre jungen Genossen gegen die Hunde und den Adler zu vertheidigen. Ich will nur noch ein einziges weiteres Beispiel eines sympathischen und heroischen Betragens bei einem kleinen amerikanischen Affen anführen. Vor mehreren Jahren zeigte mir ein Wärter im zoologischen Garten ein paar tiefe und kaum geheilte Wunden in seinem Genick, die ihm, während er auf dem Boden kniete, ein wüthender Pavian beigebracht hatte. Der kleine amerikanische Affe, welcher ein warmer Freund dieses Wärters war, lebte in demselben großen Behältnis und fürchtete sich schrecklich vor dem großen Pavian, sobald er aber seinen Freund, den Wärter, in Gefahr sah, stürzte er nichtsdestoweniger zum Entsatz herbei und zog durch Schreien und Beißen den Pavian so vollständig ab, daß der Mann im Stande war, sich zu entfernen, nachdem er, wie der ihn behandelnde Arzt später äußerte, in großer Lebensgefahr gewesen war.

Außer Liebe und Sympathie zeigen Thiere noch andere mit den socialen Instincten in Verbindung stehende Eigenschaften, welche man beim Menschen moralische nennen würde; und ich stimme mit *Agassiz*De l'Espèce et de la Classification. 1869, p. 97. überein, daß Hunde etwas dem Gewissen sehr Ähnliches besitzen.

Hunde besitzen sicherlich etwas Kraft der Selbstbeherrschung, und diese scheint nicht gänzlich Folge der Furcht zu sein. Wie *Braubach* bemerkt, Die Darwinsche Art-Lehre. 1869, p. 54. wird ein Hund sich des Stehlens von Nahrung in Abwesenheit seines Herrn enthalten. Hunde sind schon lange für den echten Typus der Treue und des Gehorsams genommen worden; aber auch der Elefant ist seinem Treiber oder Wärter sehr treu und betrachtet ihn als den Leiter der Herde. Dr. *Hooker* erzählte mir, daß ein Elefant, den er in Indien ritt, so tief in sumpfigem Boden einsank, daß er bis zum andern Tag fest stecken blieb, wo er von Männern mit Hülfe von Stricken erlöst wurde. Unter solchen Umständen ergreifen Elefanten mit ihren Rüsseln alle Gegenstände, todt und lebendig, um sie unter ihre Knie zu bringen und dadurch das tiefere Einsinken in den Schlamm zu verhindern. Der Treiber war nun schrecklich in Sorge, daß das Thier den Dr. *Hooker* ergreifen und ihn todt drücken möchte. Wie aber Dr. *Hooker* sagt, war der Treiber selbst durchaus nicht in Gefahr. Diese Nachsicht mitten in einer für ein schweres Thier so fürchterlichen Lage ist ein wunderbarer Zug einer edlen Treue. s. auch *Hooker*'s Himalayan Journals, Vol. II. 1854, p. 333.

Alle Thiere, welche in Massen zusammenleben und einander vertheidigen oder ihre Feinde gemeinsam angreifen, müssen in gewissem Grade einander treu sein, und Derjenige, welcher einem Anführer folgt, muß in einem gewissen Grade gehorsam sein. Wenn die Paviane in Abyssinien *Brehm*, Thierleben. 2. Aufl. Bd. I, p. 159. einen Garten plündern, so folgen sie schweigend ihrem Anführer, und wenn ein unkluges junges Thier ein Geräusch macht, so bekommt es von den Anderen eine Ohrfeige, um es Schweigen und Gehorsam zu lehren. Mr. *Galton*, der so ausgezeichnete Gelegenheit zur Beobachtung der halbwilden Rinder in Süd-Afrika gehabt hat, sagt, s. seinen äußerst interessanten Aufsatz über Geselligkeit beim Rinde und Menschen in: Macmillan's Magazine. Febr. 1871, p. 353. daß sie selbst eine momentane Trennung von der Heerde nicht ertragen können. Sie sind wesentlich sclavisch und nehmen ruhig die allgemeine Bestimmung hin, ohne ein besseres Loos zu suchen, als von einem Ochsen angeführt zu werden, der Selbstvertrauen genug besitzt, diese Stellung anzunehmen. Die Leute, welche diese Thiere für das Geschirr zähmen, achten sorgsam auf die, welche besonders grasen und dadurch Anlage zu Selbstvertrauen zeigen; diese spannen sie dann als Vorochsen ein. Mr. *Galton* fügt hinzu, daß solche Thiere selten und werthvoll sind; würden viele solche geboren, so würden sie bald eliminiert werden, da die Löwen beständig nach solchen Individuen auf der Lauer liegen, welche sich von der Herde entfernen.

In Bezug auf den Impuls, welcher gewisse Thiere dazu führt, sich gesellig mit einander zu verbinden und einander auf viele Weisen zu helfen, kann man schließen, daß sie in den meisten Fällen durch dasselbe Gefühl der Befriedigung oder des Vergnügens dazu getrieben werden, welches sie bei der Ausübung anderer instinctiver Handlungen an sich erfahren, oder durch dasselbe Gefühl des Nichtbefriedigtsein, wie in anderen Fällen der Verhinderung instinctiver Handlungen. Wir sehen dies in zahllosen Beispielen, und es wird in auffallender Weise durch die erworbenen Instincte unserer domesticierten Thiere erläutert. So ergötzt sich ein junger Schäferhund an dem Treiben der Schafe und dem rund um die Herde Herumlaufen, aber nicht am Beißen; ein junger Fuchshund ergötzt sich am Jagen eines Fuchses, während manche andere Hundearten, wie ich selbst erfahren habe, Füchse vollständig unbeachtet lassen. Welches starke Gefühl innerer Befriedigung muß einen Vogel, ein Thier von so viel innerem Leben, dazu treiben, Tag für Tag über seinen Eiern zu sitzen! Zugvögel sind unglücklich, wenn man sie am Wandern hindert, und vielleicht freuen sie sich der Abreise zu ihrem langen Fluge; es läßt sich aber kaum glauben, daß die arme flügellahme Gans, welche, wie *Audubon* erzählt, rechtzeitig zu Fuß ihre lange Wanderung von wahrscheinlich mehr als tausend Meilen antrat, irgend eine Freude dabei empfunden habe. Einige Instincte werden nur durch schmerzliche Gefühle bestimmt, so durch die Furcht, welche zur Selbsterhaltung führt und sich in manchen Fällen auf specielle Feinde bezieht. Ich vermuthe, daß wohl Niemand die Empfindungen des Vergnügens oder des Schmerzes analysieren kann. Es ist indessen in vielen Fällen wahrscheinlich, daß Instincten durch die bloße Kraft der Vererbung ohne das Reizmittel weder von Vergnügen noch Schmerz gefolgt wird. Ein junger Vorstehhund kann, wenn er zuerst Wild wittert, scheinbar nicht anders, als er muß stehen, ein Eichhorn in einem Käfig, welches die Nüsse, die es nicht essen kann, beklopft, als wenn es dieselben im Boden vergraben wollte, wird kaum so angesehen werden können, als handle es dabei entweder aus Vergnügen oder aus Schmerz. Die gewöhnliche Annahme, nach welcher die Menschen zu jeder Handlung dadurch angetrieben werden müßten, daß sie irgend ein Vergnügen oder einen Schmerz dabei erfahren, dürfte daher irrig sein. Wird auch einer Gewohnheit blind und ohne weitere Überlegung und unabhängig von irgend einem im Augenblick gefühlten Vergnügen oder Schmerz nachgegeben, so wird doch, wenn dieselbe zwangsweise und plötzlich aufgehalten werden würde, ein unbestimmtes Gefühl des Unbefriedigtseins allgemein empfunden werden.

Es ist oft angenommen worden, daß die Thiere an erster Stelle gesellig gemacht wurden, und daß sie als Folge hiervon sich ungemüthlich fühlten, wenn sie von einander getrennt wurden, und gemüthlich, so lange sie zusammen waren. Eine wahrscheinlichere Ansicht ist aber die, daß diese letzteren Empfindungen zuerst entwickelt wurden, damit diejenigen Thiere, welche durch das Leben in Gesellschaft Nutzen hätten, veranlaßt würden, zusammen zu leben, in derselben Weise wie das Gefühl des Hungers und das Vergnügen am Essen ohne Zweifel zuerst erlangt wurden, um die Thiere zum Essen zu veranlassen. Das Gefühl des Vergnügens an Gesellschaft ist wahrscheinlich eine Erweiterung der elterlichen oder kindlichen Zuneigungen, da der sociale Instinct dadurch im Jungen entwickelt worden zu sein scheint, daß es lange bei seinen Eltern blieb; und diese Erweiterung dürfte zum Theil der Gewohnheit, hauptsächlich aber der natürlichen Zuchtwahl zuzuschreiben sein. Bei denjenigen Thieren, welche durch das Leben in enger Gemeinschaft bevorzugt wurden, werden diejenigen Individuen, welche das größte Vergnügen an der Gesellschaft empfanden, am besten verschiedenen Gefahren entgehen, während diejenigen, welche sich am wenigsten um ihre Kameraden kümmerten und einzeln lebten, in größerer Anzahl umkommen werden. Was den Ursprung der elterlichen und kindlichen Zuneigungen betrifft, welche, wie es scheint, den socialen Neigungen zu Grunde liegen, so kennen wir die Stufen ihrer Entwicklung nicht; wir können aber annehmen, daß sie zum großen Theil durch natürliche Zuchtwahl erlangt worden sind. So ist dies fast sicher der Fall gewesen bei den ungewöhnlichen und entgegengesetzten Gefühlen des Hasses gegen die nächsten Verwandten, wie bei den Arbeiterbienen, welche ihre Drohnenbrüder tödten, und bei den Bienenköniginnen, welche ihre Tochterköniginnen tödten. Es ist nämlich hier der Trieb, ihre nächsten Verwandten zu zerstören, statt sie zu lieben, für die Gemeinschaft von Nutzen gewesen. Elterliche Liebe oder irgend ein dieselbe ersetzendes Gefühl hat sich bei gewissen, außerordentlich tief stehenden Thieren entwickelt, z. B. bei Seesternen und Spinnen. Sie ist auch gelegentlich allein bei einigen wenigen Gliedern einer Thiergruppe vorhanden, so bei der Gattung *Forficula*, dem Ohrwurm. Das überaus wichtige Gefühl der Sympathie ist verschieden von dem der Liebe. Eine Mutter kann ihr schlafendes und passiv da liegendes Kind leidenschaftlich lieben, aber man kann kaum sagen, daß sie dann Sympathie für dasselbe fühle. Die Liebe eines Menschen zu seinem Hunde ist verschieden von Sympathie; in ähnlicher Weise ist es die Liebe eines Hundes für seinen Herrn. Wie früher *Adam Smith*, so hat neuerdings Mr. *Bain* behauptet, daß der Grund der Sympathie in der starken Nachwirkung liege, welche wir von früheren Zuständen des Leidens oder Vergnügens empfinden. In Folge dessen »erweckt der Anblick einer anderen Person, welche Hunger, Kälte, Ermüdung erduldet, in uns eine Erinnerung an dieselben Zustände, welche selbst in der Idee schmerzlich sind«. Wir werden auf diese Weise veranlaßt, die Leiden eines Anderen zu mildern, um zu gleicher Zeit auch unsere eigenen schmerzlichen Gefühle zu besänftigen. In gleicher Weise werden wir veranlaßt, an der Freude Anderer theilzunehmen. s. das erste wunderbare Capitel in Adam Smith, Theory of Moral Sentiments, auch *Bain*'s Mental and Moral Science. 1868, p. 244 und 275-282. Mr. *Bain* führt an, daß »Sympathie indirect eine Quelle des Vergnügens für den sie empfindenden sei«, und erklärt dies als eine Folge der Reciprocität. Er bemerkt, daß »die Person, welche Wohlthaten empfing, oder andere an ihrer Stelle, durch Sympathie oder gute Dienste für das Opfer sich erkenntlich zeigen können«. Wenn indessen Sympathie, wie es der Fall zu sein scheint, streng genommen ein Instinct ist, so würde ihre Ausübung direct Vergnügen machen, in derselben Weise wie die Ausübung fast jeden anderen Instinctes oben als solches dargestellt wurde. Ich kann aber nicht einsehen, wie diese Ansicht jene Thatsache erklärt, daß Sympathie in einem unmeßbar stärkeren Grade von einer geliebten Person als von einer indifferenten erregt wird. Der bloße Anblick des Leidens, ganz unabhängig von Liebe, würde ja schon hinreichen, lebhafte Erinnerungen und Associationen in uns zu erwecken. Die Erklärung dürfte in der Thatsache zu finden sein, daß bei allen Thieren Sympathie allein auf die Glieder einer und derselben Gemeinschaft, daher auf bekannte und mehr oder weniger geliebte Mitglieder, aber nicht auf alle Individuen einer und derselben Species sich bezieht. Diese Thatsache ist nicht überraschender, als die, daß die Furcht bei vielen Thieren sich nur auf gewisse Feinde bezieht. Arten, welche nicht gesellig leben, wie Löwen und Tiger, fühlen ohne Zweifel Sympathie mit dem Leiden ihrer Jungen, aber nicht mit dem irgend eines anderen Thieres. Beim Menschen verstärkt wahrscheinlich Selbstsucht, Erfahrung, Nachahmung, wie Mr. *Bain* gezeigt hat, die Kraft der Sympathie; denn die Hoffnung, in Erwiderung Gutes zu erfahren, treibt uns dazu, Handlungen sympathischer Freundlichkeit Anderen zu erweisen; und dann wird das Gefühl der Sympathie sehr durch die Gewohnheit verstärkt. Wie complicirt auch die Weise sein mag, in welcher dieses Gefühl zuerst entstanden sein mag, da es eines der bedeutungsvollsten für alle diejenigen Thiere ist, welche einander helfen und vertheidigen, so wird es durch natürliche Zuchtwahl vergrößert worden sein; denn diejenigen Gemeinschaften, welche die größte Zahl der sympathischsten Mitglieder umfassen, werden am besten gedeihen und die größte Anzahl von Nachkommen erzielen.

In vielen Fällen ist es indessen unmöglich, zu entscheiden, ob gewisse sociale Instincte durch natürliche Zuchtwahl erlangt worden sind, oder ob sie das indirecte Resultat anderer Instincte und Fähigkeiten sind, wie der Sympathie, des Verstandes, der Erfahrung und einer Neigung zur Nachahmung, oder ferner, ob sie einfach das Resultat lange fortgesetzter Gewohnheit sind. Ein so merkwürdiger Instinct wie der, Wachen aufzustellen, um die ganze Gemeinschaft vor Gefahr zu warnen, kann kaum das indirecte Resultat irgend einer jener Fähigkeiten gewesen sein; er muß daher direct erlangt worden sein. Auf der anderen Seite mag die Gewohnheit, nach welcher die Männchen einiger socialen Thiere die Herde zu vertheidigen und ihre

Feinde oder ihre Beute gemeinsam anzugreifen pflegen, vielleicht aus gegenseitiger Sympathie entstanden sein; aber Muth, und in den meisten Fällen auch Kraft, muß schon vorher und wahrscheinlich durch natürliche Zuchtwahl erlangt worden sein.

Von den verschiedenen Instincten und Gewohnheiten sind einige viel stärker als andere, d. h. einige verursachen entweder mehr Vergnügen, wenn sie ausgeführt werden, und mehr Unbehagen, wenn sie verhindert werden, als andere, oder, und dies ist wahrscheinlich völlig ebenso bedeutungsvoll, sie werden viel beständiger in Folge der Vererbung befolgt, ohne irgend ein specielles Gefühl der Freude oder des Schmerzes zu erregen. Wir selbst sind uns dessen wohl bewußt, daß manche Gewohnheiten viel schwerer zu heilen oder zu ändern sind, als andere. Man kann daher auch oft bei Thieren einen Kampf zwischen verschiedenen Instincten beobachten, oder zwischen einem Instinct und einer gewohnheitsgemäßen Neigung: so wenn ein Hund auf einen Hasen losstürzt, gescholten wird, pausiert, zweifelt, wieder hinausjagt oder beschämt zu seinem Herrn zurückkehrt; oder wenn eine Hündin zwischen der Liebe zu ihren Jungen und zu ihrem Herrn kämpft, denn man sieht sie sich zu jenen wegschleichen, gewissermaßen als schäme sie sich, nicht ihren Herrn zu begleiten. Das merkwürdigste mir bekannte Beispiel aber von einem Instinct, welcher einen anderen bezwingt, ist der Wanderinstinct, welcher den mütterlichen überwindet. Der erstere ist wunderbar stark; ein gefangener Vogel schlägt zu der betreffenden Zeit seine Brust gegen den Draht seines Käfigs, bis sie nackt und blutig ist; er veranlaßt junge Lachse, aus dem Süßwasser herauszuspringen, wo sie ruhig weiter leben könnten, und führt sie damit unabsichtlich zum Selbstmord. Jedermann weiß, wie stark der mütterliche Instinct ist, welcher selbst furchtsame Vögel ermuthigt, größerer Gefahr sich auszusetzen, doch immer mit Zaudern und im Widerstreit mit dem Instincte der Selbsterhaltung. Nichtsdestoweniger ist der Wanderinstinct so mächtig, daß spät im Herbst Ufer- und Hausschwalben häufig ihre zarten Jungen verlassen und sie elendiglich in ihren Nestern umkommen lassen. Diese Thatsache wurde nach der Angabe *L. Jenyns'* (s. dessen Ausgabe von *White*'s Natural History of Selborne. 1853, p. 204) zuerst von dem berühmten *Jenner* berichtet in den Philos. Transact. für 1824, und ist seit jener Zeit von mehreren Beobachtern, besonders von Mr. *Blackwall* bestätigt worden. Der letztgenannte sorgfältige Beobachter untersuchte zwei Jahre hintereinander spät im Herbst sechsunddreißig Nester. Er fand, daß zwölf davon junge todte Vögel, fünf dem Ausschlüpfen nahe Eier und drei nur eine Zeit lang bebrütete Eier enthielten. Es werden auch viele Vögel, welche zu einem so langen Fluge noch nicht alt genug sind, gleichfalls aufgegeben und zurückgelassen, s. Blackwall, Researches in Zoology. 1834, p. 108, 118. Für weitere Beweise, deren kaum welche nöthig sind, s. *Leroy*, Lettres philos. 1802. p. 217. In Bezug auf Schwalben s. *Gould*'s Introduction to the Birds of Great Britain, 1873, p. 5. Ähnliche Fälle sind von Mr. *Adams* auch in Canada beobachtet worden; s. Popular Science Review, July, p. 283.

Wir können wohl sehen, daß ein instinctiver Antrieb, wenn er in irgendwelcher Weise einer Species vortheilhafter ist als irgend ein anderer oder entgegengesetzter Instinct, durch natürliche Zuchtwahl der kräftigere von beiden werden kann; denn diejenigen Individuen, welche ihn am stärksten entwickelt haben, werden in größerer Zahl andere überleben. Ob dies aber der Fall ist mit dem Wanderinstinct in Vergleich mit dem mütterlichen, ließe sich wohl bezweifeln. Die größere Beständigkeit und ausdauernde Wirkung des Ersteren zu gewissen Zeiten des Jahres und zwar während des ganzen Tages, dürften ihm eine Zeit lang eine überwiegende Kraft verleihen.

Über die Entwicklung der intellectuellen und moralischen Fähigkeiten während der Urzeit und der civilisierten Zeiten

Fortbildung der intellectuellen Kräfte durch natürliche Zuchtwahl. – Bedeutung der Nachahmung. – Sociale und moralische Fähigkeiten. – Ihre Entwicklung innerhalb der Grenzen eines und desselben Stammes. – Natürliche Zuchtwahl in ihrem Einfluß auf civilisierte Nationen. – Beweise, daß civilisierte Nationen einst barbarisch waren.

Die in diesem Capitel zu erörternden Gegenstände sind von dem höchsten Interesse, werden aber nur in einer sehr unvollkommenen und fragmentaren Weise behandelt werden. In einem schon vorhin erwähnten ausgezeichneten Aufsatze sucht Mr. *Wallace* zu beweisen, Anthropological Review. May 1864, p. CLVIII. daß der Mensch, nachdem er zum Theil jene intellectuellen und moralischen Fälligkeiten erlangt hatte, welche ihn von den niederen Thieren unterscheiden, nur in geringem Maße eine weitere, durch natürliche Zuchtwahl oder irgend welche andere Mittel bewirkte Modification seiner körperlichen Bildung erfahren haben dürfte. Denn durch seine geistigen Fähigkeiten ist der Mensch in den Stand gesetzt, »sich bei einem nicht weiter veränderten Körper mit dem sich verändernden Universum in Harmonie zu erhalten«. Er hat eine bedeutende Fähigkeit, seine Gewohnheiten neuen Lebensbedingungen anzupassen; er erfindet Waffen, Werkzeuge und denkt sich verschiedene Pläne aus, um sich Nahrung zu verschaffen und sich zu vertheidigen. Wenn er in ein kälteres Klima wandert, so benutzt er Kleider, baut sich Hütten und macht Feuer, und mit Hülfe des Feuers bereitet er sich durch Kochen Nahrung aus sonst unverdaulichen Stoffen. Er hilft seinen Mitmenschen in mannichfacher Weise und schließt auf zukünftige Ereignisse. Selbst in einer sehr weit zurückliegenden Zeit schon führte er eine Theilung der Arbeit aus.

Andererseits müssen die niederen Thiere Modificationen ihres Körperbaues erleiden, um unter bedeutend veränderten Bedingungen leben bleiben zu können. Sie müssen stärker gemacht werden, oder müssen wirksamere Zähne oder Klauen erhalten, um sich gegen neue Feinde zu vertheidigen; oder sie müssen an Größe reducirt werden, um weniger leicht entdeckt werden zu können und Gefahren zu entgehen. Wandern sie in ein kälteres Klima aus, so müssen sie mit dickerem Pelze bekleidet werden oder ihre Constitution muß sich ändern. Werden sie nicht in dieser Weise modificiert, so werden sie aufhören, zu existieren.

Wie indessen Mr. *Wallace* mit Recht betont hat, liegt der Fall in Bezug auf die intellectuellen und moralischen Fähigkeiten des Menschen sehr verschieden. Diese Fähigkeiten sind variabel, und wir haben allen Grund zu glauben, daß die Abweichungen zur Vererbung neigen. Wenn sie daher früher für den Urmenschen und seine affenähnlichen Urerzeuger von großer Bedeutung waren, so werden sie durch natürliche Zuchtwahl vervollkommnet oder fortgeschritten sein. Über die große Bedeutung der intellectuellen Fähigkeiten kann kein Zweifel bestehen, denn der Mensch verdankt ihnen hauptsächlich seine hervorragende Stellung auf der Erde. Wir sehen ein, daß auf dem rohesten Zustande der Gesellschaft diejenigen Individuen, welche die scharfsinnigsten waren, welche die besten Waffen oder Fallen erfanden und benutzten und welche am besten im Stande waren, sich zu vertheidigen, die größte Zahl von Nachkommen erzogen haben werden. Diejenigen Stämme, welche die größte Anzahl von so begabten Menschen umfaßten, werden an Zahl zugenommen und andere Stämme unterdrückt haben. Die Zahl hängt an erster Stelle von den Subsistenzmitteln ab und diese wieder theilweise von der physikalischen Beschaffenheit des Landes, aber in einem bedeutend höheren Grade von den daselbst ausgeübten Künsten. In dem Maße wie ein Stamm sich ausdehnt und siegreich ist, wird er sich oft noch weiter durch die Absorption anderer Stämme vergrößern. Wenn die Glieder eines Stammes oder ganze Stämme in einen andern Stamm aufgegangen sind, so nehmen sie, wie Mr. *Maine* bemerkt (Ancient Law, 1861, p. 131), nach einiger Zeit an, daß sie Nachkommen derselben Voreltern wie die Glieder des letzteren seien. Die Körpergröße und Kraft der Menschen eines Stammes sind gleichfalls für seinen Erfolg von ziemlicher Bedeutung und hängen zum Theil von der Beschaffenheit und der Menge der Nahrung ab, welche erlangt werden kann. In Europa wurden die Menschen der Bronzeperiode von einer kräftigeren und, nach ihren Schwertgriffen zu urtheilen, auch großhändigeren Rasse verdrängt; *Morlot*, Soc. Vaud. Scienc. Nat. 1860, p. 294. der Erfolg dieser war aber wahrscheinlich in einem bedeutend höheren Grade eine Folge ihrer Überlegenheit in den Künsten.

Alles was wir über Wilde wissen oder was wir aus ihren Traditionen und alten Denkmälern, deren Geschichte von den jetzigen Bewohnern der betreffenden Länder vollständig vergessen ist, schließen können, weist darauf hin, daß von den entferntesten Zeiten an erfolgreiche Stämme andere Stämme verdrängt haben. Überreste ausgestorbener oder vergessener Stämme sind in allen civilisierten Gegenden der Erde, auf den wilden Steppen von Amerika und auf den isolierten Inseln des stillen Oceans entdeckt worden. Noch heutigen Tages verdrängen überall civilisierte Nationen barbarische, ausgenommen da, wo das Klima eine Grenze für die Entwicklung des Lebens zieht, und sie haben hauptsächlich, wenn auch nicht ausschließlich, ihren Erfolg ihren Kunstfertigkeiten zu danken, welche wiederum das Product ihres Verstandes sind. Es ist daher höchst wahrscheinlich, daß beim Menschen die intellectuellen Fähigkeiten allmählich durch natürliche Zuchtwahl vervollkommnet worden sind, und dieser Schluß genügt für unseren vorliegenden Zweck. Unzweifelhaft würde es sehr interessant gewesen sein, die Entwicklung jeder einzelnen Fähigkeit von dem Zustande an, in welchem sie bei niederen Thieren existierte, zu dem, in welchem sie beim Menschen vorhanden ist, zu verfolgen; doch gestatten mir weder meine Fähigkeit noch meine Kenntnisse, diesen Versuch zu machen.

Es verdient Beachtung, daß, sobald die Urerzeuger des Menschen social geworden waren (und dies trat wahrscheinlich zu einer sehr frühen Periode ein), die Fortschritte der intellectuellen Fähigkeiten durch das Princip der Nachahmung in Verbindung mit Verstand und Erfahrung in einer Weise unterstützt und motiviert sein werden, von welcher wir jetzt bei den niederen Thieren nur Spuren sehen. Affen ahmen sehr gern alles nach, wie es auch die niedrigsten Wilden thun; und die einfache, früher schon erwähnte Thatsache, daß nach einer gewissen Zeit kein Thier an demselben Ort durch dieselbe Art von Fallen gefangen werden kann, zeigt, daß Thiere durch Erfahrung lernen und die Vorsicht ihrer Genossen nachahmen. Wenn nun in einem Stamme irgend ein Mensch, welcher scharfsinniger ist als die Übrigen, eine neue Finte oder Waffe oder irgend ein anderes Mittel des Angriffs oder der Verteidigung erfindet, so wird das offenbarste eigene Interesse, ohne die Unterstützung großer Verstandesthätigkeit, die andern Glieder des Stammes dazu bringen, ihm nachzuahmen, und hierdurch werden Alle Vortheile haben. Die gewohnheitsgemäße Übung einer jeden neuen Kunst muß gleichfalls in einem unbedeutenden Grade den Verstand kräftigen. Ist die neue Erfindung von großer Bedeutung, so wird der Stamm an Zahl zunehmen, sich verbreiten und andere Stämme verdrängen. In einem hierdurch zahlreicher gewordenen Stamme wird auch die Wahrscheinlichkeit immer größer sein, daß andere ausgezeichnete und erfinderische Glieder geboren werden. Hinterließen solche Leute Kinder, welche deren geistige Überlegenheit erben konnten, so wird die Wahrscheinlichkeit der Geburt von noch ingeniöseren Mitgliedern wieder größer geworden sein und besonders bei einem sehr kleinen Stamme ganz entschieden größer. Selbst wenn sie keine Kinder hinterließen, wird doch der Stamm wenigstens Blutverwandte von ihnen noch enthalten, und es ist von Landwirthen Beispiele habe ich in meinem »Variiren der Thiere und Pflanzen im Zustande der Domestication«. 2. Aufl. Bd. II, p. 224 gegeben. nachgewiesen worden, daß durch das Erhalten einer Familie und das Nachzüchten von ihr, wenn sich überhaupt nur ein Thier aus derselben beim Schlachten als ein werthvolles herausstellte, die gewünschte Beschaffenheit erlangt worden ist.

Wenden wir uns nun zu den socialen und moralischen Fähigkeiten. Damit die Urmenschen oder die affenähnlichen Urerzeuger des Menschen social würden, mußten sie dieselben instinctiven Gefühle erlangt haben, welche andere Thiere dazu treiben, in Menge beisammen zu leben; und sie boten ohne Zweifel dieselbe allgemeine Disposition dazu dar. Sie werden sich ungemüthlich gefühlt haben, wenn sie von ihren Kameraden getrennt waren, für welche sie einen gewissen Grad von Liebe gefühlt haben; sie werden einander vor Gefahr gewarnt haben und werden sich gegenseitig beim Angriff oder bei der Vertheidigung unterstützt haben. Alles dies setzt einen gewissen Grad von Sympathie, von Treue und von Muth voraus. Derartige sociale Eigenschaften, deren wichtige Bedeutung für die niederen Thiere Niemand bestritten hat, wurden ohne Zweifel von den Urerzeugern des Menschen auch in einer ähnlichen Weise erlangt, nämlich durch natürliche Zuchtwahl mit Unterstützung einer vererbten Gewohnheit. Kamen zwei Stämme des Urmenschen, welche in demselben Lande wohnten, mit einander in Concurrenz, so wird, wenn der eine Stamm bei völliger Gleichheit aller übrigen Umstände eine größere Zahl muthiger, sympathischer und treuer Glieder umfaßte, welche stets bereit waren, einander vor Gefahr zu warnen, einander zu helfen und zu vertheidigen, dieser Stamm ohne Zweifel am besten gediehen sein und den andern besiegt haben. Man darf nicht vergessen, von welcher unendlichen Bedeutung bei den nie aufhörenden Kriegen der Wilden Treue und Muth sein müssen. Die Überlegenheit, welche disciplinierte Soldaten über undisciplinierte Massen zeigen, ist hauptsächlich eine Folge des Vertrauens, welches ein Jeder in seine Kameraden setzt. Gehorsam ist, wie Mr. Bagehot sehr gut entwickelt hat, s. eine

Reihe merkwürdiger Artikel »on Physics and Politics« in: Fortnightly Review. Nov. 1867, 1. Apr. 1868, 1. July 1869: seitdem separat erschienen. von der höchsten Bedeutung, denn irgend eine Form von Regierung ist besser als gar keine. Selbstsüchtige und streitsüchtige Leute werden nicht zusammenhalten, und ohne Zusammenhalten kann nichts ausgerichtet werden. Ein Stamm, welcher die obengenannte Eigenschaft in hohem Grade besitzt, wird sich verbreiten und anderen Stämmen gegenüber siegreich sein; aber im Laufe der Zeit wird, nach dem Zeugnis der ganzen vergangenen Geschichte, auch er an seinem Theil von irgend einem andern und noch höher begabten Stamme überflügelt werden. Hierdurch werden die socialen und moralischen Eigenschaften sich langsam zu erhöhen und über die ganze Erde zu verbreiten neigen.

Man könnte aber nun fragen: woher kam es, daß innerhalb der Grenzen eines und desselben Stammes eine größere Anzahl seiner Glieder zuerst mit socialen und moralischen Eigenschaften begabt wurde und wodurch wurde der Maßstab der Vorzüglichkeit erhöht? Es ist äußerst zweifelhaft, ob Nachkommen der sympathischeren und wohlwollenderen Eltern oder derjenigen, welche ihren Kameraden am treuesten waren, in einer größeren Anzahl aufgezogen wurden als Kinder selbstsüchtiger und verrätherischer Eltern desselben Stammes. Wer bereit war, sein Leben eher zu opfern als seine Kameraden zu verrathen, wie es gar mancher Wilde gethan hat, der wird oft keine Nachkommen hinterlassen, welche seine edle Natur erben könnten. Die tapfersten Leute, welche sich stets willig fanden, sich im Krieg an die Spitze ihrer Genossen zu stellen, und welche bereitwillig ihr Leben für Andere in die Schanze schlugen, werden im Durchschnitt in einer größeren Zahl umkommen als andere Menschen. Es scheint daher kaum wahrscheinlich, daß die Zahl mit solchen Tugenden ausgerüsteter Menschen oder der Maßstab ihrer Vortrefflichkeit durch natürliche Zuchtwahl, d. h. durch das Überleben des Passendsten erhöht werden könnte; denn davon sprechen wir hier nicht, daß ein Stamm aus einem Kampfe mit einem andern siegreich hervorgeht.

Wenngleich die Umstände, welche zu einer Zahlenzunahme derartig begabter Leute innerhalb eines und desselben Stammes führen, zu complicirt sind, um einzeln deutlich verfolgt werden zu können, so sind wir doch im Stande, einige der wahrscheinlichen Schritte zu erkennen. So wird an erster Stelle in der Weise wie die Verstandeskräfte und die Voraussicht der einzelnen Glieder sich verbessern, jeder Mensch bald lernen, daß, wenn er seine Mitmenschen unterstützt, er auch gewöhnlich in Erwiderung Hülfe von ihnen erfahren wird. Aus diesem niedrigen Motiv dürfte er die Gewohnheit, seinen Genossen zu helfen, erlangen; und die Gewohnheit, wohlwollende Handlungen auszuüben, kräftigt sicherlich das Gefühl der Sympathie, welches den ersten Antrieb zu wohlwollenden Handlungen abgiebt, Überdies neigen Gewohnheiten, welchen mehrere Generationen hindurch die Menschen gefolgt sind, wahrscheinlich zur Vererbung.

Es giebt aber noch einen andern und noch kräftigeren Antrieb zur Entwicklung der socialen Tugenden, nämlich das Lob und der Tadel unserer Mitmenschen. Wie wir bereits gesehen haben, ist es zunächst eine Folge des Instincts der Sympathie, daß wir beständig Andern beides, sowohl Lob als Tadel ertheilen, während wir, wenn beides auf uns bezogen wird, das Lob lieben und den Tadel fürchten, und dieser Instinct wurde ohne Zweifel ursprünglich wie alle übrigen socialen Instincte durch natürliche Zuchtwahl erlangt. Wie früh in ihrer Entwicklung die Urerzeuger des Menschen fähig wurden, das Lob oder den Tadel ihrer Mitgeschöpfe zu fühlen und durch sie beeinflußt zu werden, können wir natürlich nicht sagen; aber es scheint, daß selbst Hunde Ermuthigung, Lob und Tadel wohl zu schätzen wissen. Die rohesten Wilden kennen das Gefühl des Ruhms, wie sie deutlich durch das Aufbewahren der Trophäen ihrer Tapferkeit, durch die Gewohnheit des excessiven Sich-Rühmens und selbst durch die extreme Sorgfalt zeigen, welche sie auf ihre persönliche Erscheinung und Decoration verwenden. Denn wenn sie die Meinung ihrer Kameraden gar nicht beachteten, so würden derartige Gewohnheiten sinnlos sein.

Gewiß empfinden sie Scham bei dem Verletzen einiger ihrer einfacheren Gesetze, und allem Anscheine nach auch Gewissensbisse, wie durch den Fall des Australiers bewiesen wird, welcher abmagerte und nicht ruhen konnte, weil er versäumt hatte, zur Besänftigung des Geistes seiner verstorbenen Frau ein anderes Weib zu ermorden. Wenn mir auch kein Bericht irgend eines anderen Falles vorgekommen ist, so ist es doch kaum glaublich, daß ein Wilder, welcher sein Leben eher opfert, als daß er seinen Stamm verräth, oder daß Einer, der sich selbst eher als Gefangenen überliefert, als daß er sein Wort bricht, Mr. Wallace führt Fälle hiervon an in seinen »Contributions to the Theory of Natural Selection«. 1870, p. 354. nicht in seiner innersten Seele Gewissensbisse fühlen sollte, sobald er eine Pflicht versäumt hat, welche er für heilig hält.

Wir können daher schließen, daß der Urmensch in einer äußerst weit zurückliegenden Zeit durch das Lob und den Tadel seiner Genossen beeinflußt worden sein wird. Offenbar werden die Mitglieder eines und desselben Stammes ein Benehmen, welches ihnen als ein das allgemeine Beste förderndes erschien, lobend anerkennen und ein solches verwerfen, welches ihnen übelbringend erschien. Andern Gutes zu thun, – Andern zu thun, wie ihr wollt, daß man Euch thue – ist der Grundstein der Moralität. Es ist daher kaum möglich, die Bedeutung der Sucht nach Lob und der Furcht vor Tadel während der Zeiten der Rohheit zu überschätzen. Ein Mensch, welcher durch kein tiefes instinctives Gefühl dazu getrieben wurde, sein Leben für das Beste Anderer zu opfern, dagegen zu solchen Handlungen durch ein Gefühl des Ruhms veranlaßt wurde, würde durch sein Beispiel denselben Wunsch nach Ruhm bei anderen Menschen erregen und würde durch Übung das edle Gefühl der Bewunderung kräftigen. Er kann auf diese Weise seinem Stamme viel mehr Gutes thun als durch Erzeugung einer Nachkommenschaft, in der Absicht, seinen eigenen edeln Charakter zu vererben.

Mit der Zunahme der Erfahrung und des Verstandes lernt der Mensch die entfernter liegenden Wirkungen seiner Handlungen erkennen und lernt auch die das Individuum betreffenden Tugenden, wie Mäßigkeit, Keuschheit u. s. w. welche während sehr früher Zeiten, wie wir vorher gesehen haben, vollständig unbeachtet geblieben sein werden, nun sehr hochschätzen oder selbst für heilig halten. Ich brauche indessen nicht zu wiederholen, was ich im vierten Capitel über diesen Gegenstand gesagt habe. Zuletzt wird sich dann unser moralisches Gefühl oder Gewissen gebildet haben, jene äußerst complicierte Erscheinung, die ihren ersten Ursprung in den socialen Instincten hat, die in großem Maße von der Anerkennung unserer Mitmenschen geleitet, von dem Verstand, dem eigenen Interesse und in späteren Zeiten von tiefreligiösen Gefühlen beherrscht und durch Unterricht und Gewohnheit befestigt wird.

Es darf nicht vergessen werden, daß, wenn auch eine hohe Stufe der Moralität nur einen geringen oder gar keinen Vortheil für jeden individuellen Menschen und seine Kinder über die anderen Menschen in einem und demselben Stamme darbietet, doch eine Zunahme in der Zahl gut begabter Menschen und ein Fortschritt in dem allgemeinen Maßstab der Moralität sicher dem einen Stamm einen unendlichen Vortheil über einen andern verleiht. Ein Stamm, welcher viele Glieder umfaßt, die in einem hohen Grade den Geist des Patriotismus, der

Treue, des Gehorsams, Muthes und der Sympathie besitzen und daher stets bereit sind, einander zu helfen und sich für das allgemeine Beste zu opfern, wird über die meisten anderen Stämme den Sieg davontragen, und dies würde natürliche Zuchtwahl sein. Zu allen Zeiten haben über die ganze Erde einzelne Stämme andere verdrängt, und da die Moralität ein bedeutungsvolles Element bei ihrem Erfolg ist. so wird der Maßstab der Moralität sich zu erhöhen und die Zahl gut begabter Menschen überall zuzunehmen streben.

Es ist indessen sehr schwer, sich irgend ein Urtheil darüber zu bilden, warum ein besonderer Stamm und nicht ein anderer erfolgreich gewesen und in der Civilisationsstufe gestiegen ist. Viele Wilde sind noch in demselben Zustande, in welchem sie sich vor mehreren Jahrhunderten befanden, als sie entdeckt wurden. Wie Mr. Bagehot bemerkt hat, sind wir geneigt, den Fortschritt als das Normale im Leben der menschlichen Gesellschaft zu betrachten; aber die Geschichte widerlegt dies. Die Alten hatten nicht einmal diese Idee, ebensowenig wie die orientalischen Nationen sie heutigen Tages haben. Eine andere bedeutende Autorität, Sir Henry Maine, sagt: Ancient Law. 1861, p. 22. Wegen Bagehot's Bemerkungen s. Fortnightly Review, 1. Apr. 1868, p. 452. der »größte Theil der Menschheit hat niemals auch nur eine Spur eines Wunsches gezeigt, daß seine bürgerlichen Institutionen verbessert werden sollten«. Fortschritt scheint von vielen zusammenwirkenden günstigen Bedingungen abzuhängen, die viel zu complicirt sind, um hier einzeln verfolgt zu werden. Es ist aber oft bemerkt worden, daß ein kühles Klima, weil es zur Industrie und den verschiedenen Kunstfertigkeiten führt, zu jenem Zwecke äußerst günstig gewesen ist. Die Eskimos haben, von starrer Nothwendigkeit bedrückt, viele ingeniöse Erfindungen gemacht, aber ihr Klima ist zu rauh gewesen, um einen beständigen Fortschritt zu gestatten. Nomadisches Leben, mag es auf weiten Ebenen oder in den dichten Wäldern der Tropenländer oder den Seeküsten entlang geführt worden sein, ist in allen Fällen äußerst nachtheilig gewesen. Bei Beobachtung der barbarischen Einwohner des Feuerlandes drängte sich mir die Überzeugung auf, daß der Besitz irgendwelchen Eigenthums, ein fester Wohnsitz und die Verbindung vieler Familien unter einem Häuptlinge die unentbehrlichen Erfordernisse zur Civilisation sind. Derartige Gebräuche fordern fast mit Nothwendigkeit die Cultur des Bodens; und die ersten Fortschritte im Landbau, sind wahrscheinlich, wie ich an einem andern Orte gezeigt habe, Das Variiren der Thiere und Pflanzen im Zustande der Domestication. 2. Aufl.

Bd. I, p. 342, 343. das Resultat irgend eines Zufalls gewesen, wie beispielsweise, wenn die Samenkörner eines Fruchtbaumes auf einen Abraumhaufen fallen und eine ungewöhnlich schöne Varietät hervorbringen. Indessen ist das Problem des ersten Fortschritts der Wilden, nach ihrer Civilisation hin, vorläufig viel zu schwer, um gelöst zu werden.

Über die Verwandtschaften und die Genealogie des Menschen

Stellung des Menschen in der Thierreihe. – Das natürliche System ist genealogisch. – Adaptive Charaktere von geringer Bedeutung. – Verschiedene kleine Punkte der Übereinstimmung zwischen dem Menschen und den Quadrumanen. – Rang des Menschen in dem natürlichen System. – Geburtsstelle und Alter des Menschen. – Fehlen von fossilen Übergangsgliedern. – Niedere Stufen in der Genealogie des Menschen, wie sie sich erstens aus seinen Verwandtschaften und zweitens aus seinem Baue ergeben. – Früher hermaphroditer Zustand der Wirbelthiere. – Schluß.

Selbst wenn zugegeben wird, daß die Verschiedenheit zwischen dem Menschen und seinen nächsten Verwandten in Bezug auf seine körperliche Bildung so groß ist, wie es einige Naturforscher behaupten, und obgleich wir zugeben müssen, daß die Verschiedenheit zwischen ihnen in Bezug auf die geistigen Kräfte ungeheuer ist, so zeigen doch, wie mir scheint, die in den vorangehenden Capiteln mitgetheilten Thatsachen in der deutlichsten Weise, daß der Mensch von irgend einer niedrigeren Form abstammt, trotzdem daß verbindende Zwischenglieder bis jetzt noch nicht entdeckt worden sind.

Der Mensch bietet zahlreiche unbedeutende und mannichfaltige Abänderungen dar, welche durch dieselben allgemeinen Ursachen herbeigeführt und nach denselben allgemeinen Gesetzen bestimmt und überliefert werden wie bei den niederen Thieren. Der Mensch hat sich in einem so rapiden Verhältnisse vervielfältigt, daß er nothwendig einem Kampfe um's Dasein und in Folge hiervon der natürlichen Zuchtwahl ausgesetzt worden ist. Er hat viele Rassen entstehen lassen, von denen einige so verschieden von einander sind, daß sie oft von Naturforschern als distincte Arten classificirt worden sind. Sein Körper ist nach demselben homologen Plane gebaut wie der anderer Säugethiere. Er durchläuft dieselben Zustände embryonaler Entwicklung. Er behält viele rudimentäre und nutzlose Bildungen bei, welche ohne Zweifel einstmals eine Function verrichteten. Gelegentlich erscheinen Merkmale wieder bei ihm, welche, wie wir allen Grund zu glauben haben, im Besitze seiner früheren Urerzeuger waren. Wäre der Ursprung des Menschen von dem aller übrigen Thiere völlig verschieden gewesen, so wären diese verschiedenen Erscheinungen bloße nichtssagende Täuschungen; eine solche Annahme ist indessen unglaublich. Auf der andern Seite aber sind sie wenigstens in einer großen Ausdehnung verständlich unter der Annahme, daß der Mensch mit anderen Säugethieren von irgend einer unbekannten und niederen Form abstammt.

In Folge des tiefen Eindrucks, welchen die geistigen und seelischen Kräfte des Menschen gemacht haben, haben einige Naturforscher die ganze organische Welt in drei Reiche eingetheilt, das Menschenreich, das Thierreich und das Pflanzenreich, womit sie also dem Menschen ein besonderes Reich einräumen. *Isidore Geoffroy Saint-Hilaire* giebt einen detaillierten Bericht über die Stellung, welche dem Menschen von verschiedenen Naturforschern in ihren Classificationen eingeräumt worden ist, in seiner Hist. natur. génér. Tom. II. 1859, p. 170-189. Geistige Kräfte können von dem Naturforscher nicht verglichen oder classificiert werden; er kann aber zu zeigen versuchen, wie ich es gethan habe, daß die geistigen Fähigkeiten des Menschen und der niederen Thiere nicht der Art nach, wenn schon ungeheuer dem Grade nach von einander abweichen. Eine Verschiedenheit des Grades, so groß sie auch sein mag, berechtigt uns nicht dazu, den Menschen in ein besonderes Reich zu stellen, wie vielleicht am besten durch eine Vergleichung der geistigen Kräfte zweier Insecten gezeigt wird, nämlich eines *Coccus* oder Schildlaus und einer Ameise, welche unzweifelhaft zu einer und derselben Classe gehören. Die Verschiedenheit ist hier größer, wenn auch von einer etwas verschiedenen Art, als zwischen dem Menschen und dem höchsten Säugethiere. Der weibliche *Coccus* befestigt sich, während er jung ist, mit seinem Rüssel an eine Pflanze, saugt deren Saft, aber bewegt sich nicht wieder, wird befruchtet und legt Eier; und dies ist seine ganze Geschichte. Andererseits aber die Gewohnheiten und geistigen Kräfte einer Arbeiterameise zu beschreiben, würde, wie *Pierre Huber* gezeigt hat, einen ganzen Band füllen. Ich möchte indessen kurz einige wenige Punkte anführen. Ameisen tauschen sicher unter einander Mittheilungen aus und mehrere vereinigen sich zu derselben Arbeit oder zum Spielen. Sie erkennen die Mitglieder ihres Haufens selbst nach monatelanger Abwesenheit wieder und fühlen Sympathie mit einander. Sie errichten große Gebäude, halten sie reinlich, schließen am Abend die Thüren und stellen Wachen aus. Sie bauen Straßen und selbst Tunnels unter Flüssen und temporäre Brücken über dieselben dadurch, daß sie sich an einander hängen. Sie sammeln Nahrung für die ganze Genossenschaft, und wenn ein für das Einbringen zu großer Gegenstand an das Nest gebracht wird, so erweitern sie die Thüre und bauen sie nachher wieder auf. Sie legen Vorräthe von Samenkörnern an, deren Keimung sie verhindern, und welche sie, wenn sie feucht wurden, zum Trocknen an die Luft bringen. Sie halten sich Blattläuse und andere Insecten als Milchkühe. Sie ziehen in regelmäßigen Reihen zum Kampfe aus und opfern ohne Besinnen ihr Leben für das allgemeine Wohl. Sie wandern nach einem vorher gefaßten Plane aus. Sie fangen sich Sclaven. Sie bewegen die Eier ihrer Aphiden ebenso wie ihre eigenen Eier und Cocons nach den wärmeren Theilen des Nests, damit sie schneller zum Auskriechen gelangen; und es ließen sich noch endlose ähnliche Thatsachen anführen. Einige der interessantesten Thatsachen über die Lebensweise der Ameisen, die je veröffentlicht worden sind, hat *Mr. Belt* gegeben in seinem »Naturalist in Nicaragua«, 1874. s. auch Mr. *Moggridge*'s treffliches Buch »Harvesting Ants« etc. 1873, auch den Artikel »L'Instinct chez les Insectes« von *George Pouchet* in: Revue des Deux Mondes. Febr. 1870, p. 682. Im Ganzen ist der Unterschied in den geistigen Kräften zwischen einer Ameise und einem *Coccus* ganz ungeheuer, und doch hat sich Niemand auch nur im Traume einfallen lassen, beide in verschiedene Classen und noch viel weniger in verschiedene Reiche zu stellen. Ohne Zweifel wird dieser Abstand von den zwischenliegenden Graden geistiger Kräfte vieler andern Insecten überbrückt, und dies ist beim Menschen und den höheren Affen nicht der Fall. Wir haben aber allen Grund zu glauben, daß die Unterbrechungen der Reihe einfach das Resultat des Umstands sind, daß viele Formen ausgestorben sind.

Professor *Owen* hat die Säugethierreihe mit besonderer Berücksichtigung der Bildung ihres Gehirns in vier Unterclassen eingetheilt. Eine derselben umfaßt den Menschen, in eine andere stellt er die beiden Abtheilungen der Marsupialien und Monotremen, so daß er den Menschen allen übrigen Säugethieren gegenüber als so verschieden hinstellt wie die beiden letzten Gruppen zusammengenommen. Soviel mir bekannt ist, ist diese Ansicht von keinem Naturforscher angenommen worden, welcher der Bildung eines unabhängigen Urtheils fähig ist, und braucht daher hier nicht weiter betrachtet zu werden.

Wir können wohl einsehen, warum eine Classification, welche auf irgend ein einzelnes Organ oder Merkmal – selbst auf ein Organ von einer so wunderbaren Compliciertheit oder von solcher Bedeutung wie das Gehirn – oder auf hohe Entwicklung der geistigen Fähigkeiten sich gründet, sich fast mit Gewißheit als unbefriedigend herausstellen wird. Der Versuch, nach diesem Principe einzutheilen, ist in der That bei den Hymenopteren unter den Insecten angestellt worden. Wurden aber diese nach ihrer Lebensweise oder ihren Instincten classificiert, so erwies sich die Anordnung als durchaus künstlich. *Westwood*, Modern Classification of Insects. Vol. II. 1840, p. 87. Die Classificationen können natürlich auf irgendwelches Merkmal basiert werden, so auf die Größe, die Farbe oder das Element, welches die Thiere bewohnen. Es haben aber die Naturforscher schon seit langer Zeit die tiefe Überzeugung gehabt, daß es ein natürliches System gebe. Wie jetzt allgemein zugegeben wird, muß dieses System soweit wie nur möglich genealogisch in seiner Anordnung sein, – d. h. die verschiedenen Nachkommen einer und derselben Form müssen in einer Gruppe zusammengehalten werden und zwar getrennt von den verschiedenen Nachkommen einer andern Form. Sind aber die Stammformen mit einander verwandt, so werden es auch deren Nachkommen sein, und die beiden Gruppen zusammen werden dann eine gemeinsame größere Gruppe bilden. Die Größe der Verschiedenheit zwischen den verschiedenen Gruppen, – welche den Betrag der Modificationen, denen eine jede derselben unterlegen ist, bezeichnet, – wird durch derartige Ausdrücke wie Gattungen, Familien, Ordnungen und Classen angegeben. Da wir keine Urkunden über die Descedenzreihen besitzen, so können die Stammbäume nur durch Beobachtung der Ähnlichkeitsgrade zwischen den einzelnen zu classificierenden Wesen entdeckt werden. Zu diesem Zwecke sind zahlreiche einzelne Punkte der Übereinstimmung von viel größerer Bedeutung als der Betrag von Ähnlichkeit oder Unähnlichkeit in einigen wenigen Punkten. Wenn nachgewiesen würde, daß zwei Sprachen einander in einer Menge von Worten und Constructionsweisen glichen, so würden sie ganz allgemein als aus einer gemeinsamen Quelle stammend anerkannt werden, trotzdem sie in einigen wenigen Punkten oder Constructionsweisen bedeutend von einander abweichen. Aber bei organischen Wesen dürfen die Punkte der Übereinstimmung nicht aus Anpassungen an ähnliche Lebensgewohnheiten bestehen. Es können z. B. zwei Thiere ihren ganzen Körperbau zum Leben im Wasser modificiert haben und werden doch trotzdem in keine irgend nähere Verbindung miteinander im natürlichen Systeme gebracht werden. Wir können hieraus erkennen, woher es kommt, daß Übereinstimmungen in unbedeutenden Bildungen, in nutzlosen und in rudimentären Organen und in Theilen, welche jetzt nicht functionell thätig sind oder sich in einem embryonalen Zustande befinden, für die Classification bei Weitem die zweckdienlichsten sind; denn sie können kaum Folgen von Anpassungen sein, die in einer späteren Zeit etwa eingetreten wären. Sie offenbaren uns daher die alten Descendenzlinien oder die eigentliche Verwandtschaft.

Wir können ferner einsehen, warum ein großer Betrag von Modification an einem und demselben Merkmale uns nicht veranlassen darf, zwei Organismen deshalb weit von einander zu trennen. Ein Theil, welcher bereits von demselben Theile bei anderen verwandten Formen sehr verschieden ist, hat nach der Entwicklungstheorie bereits bedeutend variirt; und solange der Organismus denselben anregenden Bedingungen ausgesetzt ist, würde folglich jener Theil auch noch weiterer Abweichungen derselben Art unterliegen, und diese würden, wenn sie wohlthätig sind, erhalten und dadurch beständig vergrößert werden. In vielen Fällen, wie z. B. bei dem Schnabel eines Vogels oder bei dem Zahne eines Säugethieres, würde die beständige Weiterentwicklung dieses einen Theiles für die Species von keinem Vortheil zur Erlangung ihrer Nahrung oder zu irgend einem anderen Zwecke sein; beim Menschen indessen können wir keine bestimmte Grenze für die fortgesetzte Entwicklung des Gehirns und der geistigen Fähigkeiten sehen, soweit ein Vortheil für die Art dabei in Rede kommt. Bei der Bestimmung der Stellung des Menschen in dem natürlichen oder genealogischen Systeme darf daher die extreme Entwicklung des Gehirns nicht schwerer wiegen als eine Menge von Übereinstimmungen in anderen weniger bedeutungsvollen oder völlig bedeutungslosen Punkten.

Die größere Zahl der Naturforscher, welche die ganze Structur des Menschen mit Einschluß seiner geistigen Fähigkeiten in Betracht gezogen haben, ist *Blumenbach* und *Cuvier* gefolgt und hat den Menschen in eine besondere Ordnung unter dem Titel der Zweihänder gebracht und daher auf gleiche Classificationsstufe mit den Ordnungen der Vierhänder, Fleischfresser u. s. w. Neuerdings sind viele unserer besten Naturforscher zu der zuerst von *Linné*, der so merkwürdig wegen seines Scharfsinns war, ausgesprochenen Ansicht zurückgekehrt und haben den Menschen in eine und dieselbe Ordnung mit den Quadrumanen unter dem Titel der *Primaten* gebracht. Die Richtigkeit dieser Folgerung wird zugegeben werden, wenn man an erster Stelle die soeben gemachten Bemerkungen über die vergleichsweise geringe Bedeutung der großen Entwicklung des Gehirns beim Menschen für seine Classification im Auge behält und wenn man sich ferner daran erinnert, daß die scharf ausgesprochenen Verschiedenheiten zwischen den Schädeln des Menschen und der Quadrumanen, welche neuerdings von *Bischoff*, *Aeby* und Anderen hervorgehoben worden sind, offenbar Folge ihrer verschieden entwickelten Gehirne sind. An zweiter Stelle müssen wir uns aber erinnern, daß fast alle die anderen und bedeutungsvolleren Verschiedenheiten zwischen dem Menschen und den Quadrumanen offenbar ihrer Natur nach adaptiv sind und sich hauptsächlich auf die aufrechte Stellung des Menschen beziehen. Dahin gehört die Bildung seiner Hände, seines Fußes und Beckens, die Krümmung seines Rückgrats und die Stellung seines Kopfes. Die Familie der Robben bietet eine gute Erläuterung für die geringe Bedeutung adaptiver Charaktere in Bezug auf die Classification dar. Diese Thiere weichen von allen anderen Fleischfressern in der Form ihres Körpers und in der Bildung ihrer Gliedmaßen viel mehr ab, als der Mensch von den höheren Affen abweicht; und doch werden in den meisten Systemen, von dem *Cuvier*'s bis zu dem neuesten von Mr. *Flower*, Proceed. Zoolog. Soc. 1869, p. 4. die Robben als eine bloße Familie in der Ordnung der Carnivoren angesehen. Wäre der Mensch nicht in der Lage gewesen, sich selbst zu classificiren, so würde er niemals auf den Gedanken gekommen sein, eine besondere Ordnung zur Aufnahme seiner selbst zu errichten.

Es würde über die mir gesteckten Grenzen und auch völlig über meine Kenntnisse gehen, die zahllosen Bildungsverhältnisse auch nur namentlich anzuführen, in welchen der Mensch mit den anderen Primaten übereinstimmt. Unser großer Anatom und Philosoph, Professor *Huxley*, hat diesen Gegenstand ausführlich erörtert Zeugnisse für die Stellung des Menschen in der Natur. Übers. p. 79 und an anderen Orten. und ist zu dem Schlusse gekommen, daß der Mensch in allen Theilen seiner Organisation weniger von den höheren Affen abweicht, als diese von den niedrigerem Gliedern derselben Gruppe verschieden sind. Folglich »ist es nicht gerechtfertigt, den Menschen in eine besondere Ordnung zu stellen«.

In einem früheren Theile dieses Bandes habe ich verschiedene Thatsachen angeführt, welche zeigten, wie eng der Mensch in seiner Constitution mit den höheren Säugethieren übereinstimmt, und diese Übereinstimmung muß von der großen Ähnlichkeit unseres Körpers mit dem jener Thiere in der mikroskopischen Structur und chemischen Zusammensetzung abhängen. Ich führte das Beispiel an, daß wir denselben Krankheiten und den Angriffen verwandter Parasiten ausgesetzt sind; ferner unsere gemeinsame Neigung zu denselben Reizmitteln und die ähnlichen durch diese ebenso wie durch verschiedene Arzneimittel hervorgerufenen Wirkungen und andere derartige Thatsachen.

Da geringe und nicht weiter bedeutungsvolle Punkte der Übereinstimmung zwischen dem Menschen und den höheren Affen in den systematischen Werken gewöhnlich nicht erwähnt werden und da dieselben, wenn sie zahlreich sind, deutlich unsere Verwandtschaft aufdecken, will ich einige wenige dieser Punkte speciell anführen. Die relative Stellung der Gesichtszüge ist offenbar beim Menschen und den Quadrumanen dieselbe; und die verschiedenen Gemüthserregungen werden von nahezu ähnlichen Bewegungen der Muskeln und der Haut hauptsächlich oberhalb der Augenbrauen und um den Mund herum ausgedrückt. Einige wenige Gesichtsausdrücke sind in der That fast ganz dieselben, wie das Weinen bei gewissen Affenarten und das lärmende Lachen anderer, wobei die Mundwinkel rückwärts gezogen und die unteren Augenlider gerunzelt werden. Die äußeren Ohren sind merkwürdig gleich. Beim Menschen ist die Nase in viel höherem Maße hervorstehend als bei den meisten Affen; wir können aber den Anfang zur Krümmung einer Adlernase an der Nase des Hoolock-Gibbons sehen; und dies ist bei dem *Semnopithecus nasica* bis zu einem lächerlichen Extrem geführt.

Das Gesicht vieler Affen ist mit Bärten, Backenbärten oder Schnurrbärten, geziert. Bei manchen Arten von *SemnopithecusIsid. Geoffroy Saint-Hilaire*, Hist. natur. génér. Tom. II. 1859, p. 217. wächst das Haar auf dem Kopf zu einer bedeutenden Länge und bei den Mützenaffen (*Macacus radiatus*) strahlt es von einem Punkte auf dem Scheitel aus, mit einer auf der Mitte herablaufenden Scheitelung wie beim Menschen. Es wird gewöhnlich gesagt, daß die Stirn dem Menschen sein edles und intellectuelles Ansehen giebt; aber das dichte Haar auf dem Kopfe des Mützenaffen endet nach unten ganz plötzlich und es folgt ihm hier so kurzes und feines Haar, daß von einer geringen Entfernung aus die Stirn mit Ausnahme der Augenbrauen vollständig nackt erscheint. Man hat irrthümlicher Weise behauptet, daß Augenbrauen bei keinem Affen vorhanden wären. In der eben genannten Species ist der Grad von Nacktheit an der Stirn bei verschiedenen Individuen verschieden, und Eschricht Über die Richtung der Haare u. s. w. in: Müller's Archiv für Anat. und Physiol. 1837, p. 51. giebt an, daß die Grenze zwischen der behaarten Kopfhaut und der nackten Stirn bei unsern Kindern zuweilen nicht scharf bestimmt ist, so daß wir hier, wie es scheint, einen beiläufigen Fall von Rückschlag auf einen Urerzeuger vor uns haben, bei welchem die Stirn noch nicht völlig nackt geworden war.

Es ist eine bekannte Thatsache, daß die Haare an unsern Armen

von oben und unten her am Ellbogen in eine Spitze zusammenzu-
kommen streben. Diese merkwürdige Anordnung, welche der bei den
meisten niederen Säugethieren so ungleich ist, findet sich in gleicher
Weise beim Gorilla, dem Schimpanse, dem Orang, einigen Arten von
Hylobates und selbst einigen wenigen amerikanischen Affen. Aber bei
Hylobates agilis ist das Haar am Unterarm abwärts gerichtet, oder nach
der gewöhnlichen Weise nach der Hand zu, und bei *H. Lar* ist es fast
aufrecht mit einer nur sehr geringen Neigung nach vorn, so daß in
dieser letzteren Art das Haar sich in einem Übergangszustand befindet. Es kann kaum bezweifelt werden, daß bei den meisten Säugethieren die Dichte des Haars und seine Richtung auf dem Rücken dem
Zwecke angepaßt ist, den Regen abzuhalten; selbst die querstehenden
Haare auf den Vorderbeinen eines Hundes können zu diesem Zwecke
dienen, wenn er beim Schlafen sich zusammengerollt hat. Mr. *Wallace*
macht die Bemerkung, daß das Convergieren der Haare nach dem
Ellbogen zu an den Armen des Orang (dessen Lebensweise er sorgfältig studiert hat) dazu dient, den Regen abzuhalten, wenn das Thier bei
Regenwetter, wie es sein Gebrauch ist, mit gebogenen Armen und mit
um einen Zweig oder selbst auf seinem eigenen Kopf zusammengefal-
teten Händen dasitzt. Der Angabe *Livingstone*'s zufolge sitzt auch der
Gorilla »im strömenden Regen mit den Händen über seinem Kopfe«
da. Citiert von *Reade*, The African Sketch Book. Vol. I. 1873, p. 152. Ist
die eben gegebene Erklärung, wie es wahrscheinlich der Fall zu sein
scheint, correct, so bietet das Haar an unsern Vorderarmen ein merkwürdiges Zeugnis für unsern früheren Zustand dar; denn Niemand
kann die Vermuthung hegen, daß es jetzt von irgendwelchem Nutzen
ist zur Abhaltung des Regens; es wäre auch bei unserer jetzigen aufrechten Stellung für diesen Zweck entschieden nicht passend gerichtet.

Es würde indessen voreilig sein, dem Principe der Anpassung in
Bezug auf die Richtung der Haare beim Menschen oder seinen frühen
Urerzeugern zu sehr zu vertrauen; denn es ist unmöglich, die von
Eschricht über die Anordnung der Haare am menschlichen Fœtus
(und diese ist dieselbe wie beim Erwachsenen) gegebenen Figuren zu
betrachten, ohne mit diesem ausgezeichneten Beobachter darin über-
einzustimmen, daß noch andere und noch complicertere Ursachen
dazwischen getreten sind. Die Convergenzpunkte scheinen in einer
gewissen Beziehung zu denjenigen Punkten beim Embryo zu stehen,
welche sich während seiner Entwicklung zuletzt geschlossen haben.
Es scheint auch irgendwelche Beziehung zwischen der Anordnung

der Haare an den Gliedmaßen und dem Verlaufe der Markarterien zu bestehen. Über das Haar bei *Hylobates* s. C. L. Martin, Natur. Hist. of Mammals. 1841, p. 415, auch Isid. Geoffroy Saint-Hilaire, über die amerikanischen Affen und andere Arten in: Hist. natur. génér. Tom. II. 1859, p. 212, 243. Eschricht, a. a. O. p. 46, 55, 61. Owen, Anatomy of Vertebrates. Vol. III, p. 619. Wallace, Contributions to the Theory of Natural Selection. 1870, p. 344.

Man darf nun aber auch nicht etwa annehmen, daß die Ähnlichkeit, in den eben genannten und vielen anderen Punkten, zwischen dem Menschen und gewissen Affen – wie der Besitz einer nackten Stirn, eines wallenden Haarwuchses auf dem Kopfe u. s. w. – sämmtlich nothwendig das Resultat einer ununterbrochenen Vererbung von einem mit diesem Merkmalen versehenen Urerzeuger oder eines später eingetretenen Rückschlags sind. Viele von diesen Übereinstimmungen sind wahrscheinlich eine Folge analoger Abänderungen, welche, wie ich an einem anderen Orte zu zeigen versucht habe, Entstehung der Arten (Übers.). 7. Aufl. p. 179. Das Variiren der Thiere und Pflanzen etc. 2. Aufl. Bd. II, p. 395. daher rühren, daß von gemeinsamen Stammformen ausgehende Organismen eine ähnliche Constitution haben und von ähnlichen, Variabilität hervorrufenden Ursachen beeinflußt worden sind. In Bezug auf die ähnliche Richtung der Haare am Vorderarme des Menschen und gewisser Affen läßt sich, da dieses Merkmal fast allen anthropomorphen Affen gemeinsam zukommt, wohl annehmen, daß es wahrscheinlich auf Vererbung zu beziehen ist; indessen ist dies doch nicht sicher, da auch einige sehr weit abstehende amerikanische Affen in gleicher Weise charakterisiert sind.

Obgleich nun, wie wir jetzt gesehen haben, der Mensch kein begründetes Recht hat, eine besondere Ordnung für sich zu bilden, so könnte er doch vielleicht eine besondere Unterordnung oder Familie beanspruchen. Professor Huxley theilt in seinem neuesten Werk An Introduction to the Classification of Animals. 1869, p. 99. die Primaten in drei Unterordnungen; die Anthropiden mit allein dem Menschen, die Simiaden, welche die Affen aller Arten umfassen, und die Lemuriden mit den mannichfaltigen Gattungen der Lemuren. Soweit Verschiedenheiten in gewissen wichtigen Theilen des Baues in Betracht kommen, kann der Mensch ohne Zweifel mit Recht den Rang einer Unterordnung beanspruchen, und diese Stellung ist zu niedrig, wenn wir hauptsächlich auf seine geistigen Fähigkeiten blicken. Nichtsdestoweniger scheint es von einem genealogischen Gesichtspunkte aus, als sei dieser Rang zu hoch und als dürfe der Mensch nur eine Familie oder möglicherweise selbst nur eine Unterfamilie bilden. Stellen wir uns vor, es gingen drei Descendenzlinien von einer gemeinsamen Stammform aus, so ist es völlig begreiflich, daß zwei von ihnen nach dem Verlauf langer Zeiten so unbedeutend verändert sein könnten, daß sie noch immer Species einer und derselben Gattung blieben, während die dritte Descendenzlinie so bedeutend modificiert sein könnte, daß sie den Rang einer bestimmten Unterfamilie oder selbst Ordnung verdiente. Aber in diesem Falle ist es fast sicher, daß die dritte Linie noch immer in Folge der Vererbung zahlreiche kleine Punkte der Übereinstimmung mit den andern beiden Linien darbieten würde. Hier würde denn nun die für jetzt unlösliche Schwierigkeit eintreten, wie viel Gewicht wir in unsern Classificationen auf scharf ausgesprochene Verschiedenheiten in einigen wenigen Punkten, d. h. auf die Größe der eingetretenen Modification legen sollen und wie viel auf eine nahe Übereinstimmung in zahlreichen bedeutungslosen Punkten als Andeutung der Descendenzreihe oder der Genealogie. Den wenigen, aber starken Verschiedenheiten großes Gewicht beizulegen, ist der nächstliegende und vielleicht auch der sicherste Weg, obgleich es correcter zu sein scheint, den vielen kleinen Übereinstimmungen große Aufmerksamkeit zu widmen, da sie eine wirkliche natürliche Classification geben.

Um uns in Bezug auf den Menschen ein Urtheil über diesen Punkt zu bilden, müssen wir einen Blick auf die Classification der Simiaden werfen. Diese Familie wird fast von allen Zoologen in die Gruppe der Catarhinen oder Affen der alten Welt und in die Gruppe der Platyrhinen oder Affen der neuen Welt getheilt. Die erstere ist in ihren sämmtlichen Gliedern, wie schon ihr Name ausdrückt, durch die eigentümliche Structur ihrer Nasenlöcher und durch den Besitz von vier falschen Backzähnen in jeder Kinnlade charakterisiert; die letztere, welche zwei sehr verschiedene Untergruppen enthält umfaßt Formen, welche sämmtlich durch verschieden gebaute Nasenlöcher und durch den Besitz von sechs falschen Backzähnen in jeder Kinnlade charakterisiert sind. Es lassen sich noch einige andere kleinere Verschiedenheiten anführen. Der Mensch gehört nun ohne Frage rücksichtlich seiner Bezahnung, des Baues seiner Nasenlöcher und in einigen anderen Beziehungen zu der Abtheilung der Catarhinen oder der altweltlichen Formen, und den Platyrhinen gleicht er nicht mehr als die Catarhinen in irgend welchen Merkmalen, mit Ausnahme einiger weniger von nicht besonderer Bedeutung und offenbar von einer adaptiven Natur. Es würde daher gegen alle Wahrscheinlichkeit sein, wollte man annehmen, daß irgend eine alte Species der neuweltlichen Gruppe variiert und dadurch ein menschenähnliches Wesen mit allen den distinctiven Merkmalen, welche der altweltlichen Abtheilung eigen sind, hervorgebracht habe, wobei sie gleichzeitig auch ihre sämmtlichen eigenen Unterscheidungsmerkmale verloren haben müßte. Es läßt sich folglich kaum irgend bezweifeln, daß der Mensch ein Zweig des altweltlichen Simiadenstammes ist und daß er von einem genealogischen Gesichtspunkte aus in die Abtheilung der Catarhinen einzuordnen ist. Dies ist so ziemlich dieselbe Classification wie die provisorisch von St. George Mivart angenommene (Philos. Transact. Roy. Soc. 1867, p. 300), welcher nach Abscheidung der Lemuriden die übrigen Primaten in die Hominiden, die Simiaden, den Catarhinen entsprechend, die Cebiden und die Hapaliden theilt, wobei die beiden letzteren Gruppen den Platyrhinen entsprechen. Mr. Mivart ist noch immer derselben Ansicht: s. »Nature«, 1871, p. 481.

Die anthropomorphen Affen, nämlich der Gorilla, Schimpanse, Orang und *Hylobates*, werden von den meisten Zoologen als eine besondere Untergruppe von den übrigen Affen der alten Welt getrennt. Es ist mir wohl bekannt, daß Gratiolet unter Bezugnahme auf die Bildung des Gehirns das Vorhandensein dieser Untergruppe nicht zugiebt, und sie ist auch ohne Zweifel eine unterbrochene. So ist der Orang, wie Mr. St. George Mivart bemerkt, Transact. Zoolog. Soc. Vol. VI. 1867, p. 214. »eine der eigenthümlichsten »und aberrantesten Formen, die sich in der ganzen Ordnung finden läßt«. Die übrigen, nicht anthropomorphen Affen der alten Welt werden ferner von einigen Zoologen in zwei oder drei kleinere Untergruppen getheilt. Die Gattung *Semnopithecus* mit ihrem eigenthümlich zusammengesetzten Magen bildet den Typus der einen dieser Untergruppen. Es scheint aber aus den wunderbaren Entdeckungen Mr. Gaudry's in Griechenland hervorzugehen, daß dort während der Miocenperiode eine Form existierte, welche *Semnopithecus* und *Macacus* verband, und dies erläutert wahrscheinlich die Art und Weise, in welcher die andern und höheren Gruppen einst mit einander zusammenhingen.

Wird zugegeben, daß die anthropomorphen Affen eine natürliche Untergruppe bilden, so kann man auch schließen, daß irgend ein altes Glied dieser anthropomorphen Untergruppe dem Menschen Entstehung gegeben habe. Denn der Mensch stimmt mit ihnen nicht bloß in allen denjenigen Merkmalen überein, welche er mit der ganzen Gruppe der Catarhinen in Gemeinschaft besitzt, sondern auch in anderen eigenthümlichen Charakteren, so in der Abwesenheit eines Schwanzes und der Gesäßschwielen und in der ganzen äußeren Erscheinung. Es ist nicht wahrscheinlich, daß ein Glied einer der anderen niederen Untergruppen durch das Gesetz analoger Abänderungen ein menschenähnliches Geschöpf, welches den höheren anthropomorphen Affen in so vielen Beziehungen gleicht, hätte entstehen lassen können. Ohne Zweifel ist der Mensch im Vergleich mit den meisten seiner Verwandten einem außerordentlichen Betrage von Modification unterlegen, und zwar hauptsächlich in Folge seines bedeutend entwickelten Gehirns und seiner aufrechten Stellung. Nichtsdestoweniger dürfen wir nicht vergessen, daß er nur »eine der verschiedenen exceptionellen »Formen der Primaten ist«. St. George Mivart, Philos. Transact. 1867, p. 410. Jeder Naturforscher, welcher an das Princip der Entwicklung glaubt, wird zugeben, daß die beiden Hauptabtheilungen der Simiaden, nämlich die catarhinen und platyrhinen Affen mit ihren Untergruppen, sämmtlich von einem äußerst weit zurückliegenden alten Urerzeuger ausgegangen sind. Die frühen Nachkommen dieses Urerzeugers werden, ehe sie in irgend einem beträchtlichen Grade von einander abgewichen waren, noch immer eine einzige natürliche Gruppe gebildet haben; aber einige dieser Arten oder dieser beginnenden Gattungen werden bereits angefangen haben, durch ihre divergierenden Merkmale die künftigen Unterscheidungszeichen der beiden Abtheilungen der Catarhinen und Platyrhinen anzudeuten. Es werden daher die Glieder dieser angenommenen alten Gruppe weder in ihrer Bezahnung noch in der Natur ihrer Nasenlöcher so gleichförmig gewesen sein, wie es auf der einen Seite die jetzt lebenden catarhinen, auf der andern die jetzt lebenden platyrhinen Affen sind, sondern sie werden in dieser Beziehung den verwandten Lemuriden geglichen haben, welche in der Form ihrer Schnauze Murie and St. George Mivart, On the Lemuridae, in: Transact. Zoolog. Soc. Vol. VII. 1869, p. 5. bedeutend und in Bezug auf ihre Bezahnung in einem ganz außerordentlichen Grade von einander abweichen.

Die catarhinen und platyrhinen Affen stimmen in einer Menge von Merkmalen mit einander überein, wie sich schon aus dem Umstande ergibt, daß sie ohne Frage in eine und dieselbe Ordnung gestellt werden. Die vielerlei Charaktere, welche sie in Gemeinschaft besitzen, können kaum von so vielen verschiedenen Species unabhängig erlangt worden sein, es müssen also diese Merkmale vererbt sein. Aber eine alte Form, welche Charaktere besaß, von denen viele den catarhinen und platyrhinen Affen gemeinsam eigen sind, von denen andere in einem intermediären Zustande und einige wenige in einer von den gegenwärtig in beiden Gruppen vorhandenen vielleicht ganz verschiedenen Weise vorhanden waren, würde unzweifelhaft, wenn sie ein Zoolog zu bestimmen hätte, als ein Affe bezeichnet werden. Und da der Mensch von dem genealogischen Standpunkte aus zu dem Stamme der catarhinen oder altweltlichen Formen gehört, so müssen wir schließen, wie sehr sich auch unser Stolz gegen diesen Schluß empören mag, daß unsere früheren Urerzeuger wahrscheinlich in dieser Weise bezeichnet worden wären. Haeckel ist zu demselben Schlusse gekommen, s. Über die Entstehung des Menschengeschlechts in Virchow's Samml. gemeinverst. wissensch. Vorträge. 1868, p. 61. s. auch seine »Natürliche Schöpfungsgeschichte«, in welcher er seine Ansichten über die Genealogie des Menschen im Einzelnen entwickelt. Wir dürfen aber nicht in den Irrthum verfallen, etwa anzunehmen, daß der frühere Urerzeuger des ganzen Stammes der Simiaden, mit Einschluß des Menschen, mit irgend einem jetzt existierenden Affen identisch oder ihm auch nur sehr ähnlich gewesen sei.

Über die Geburtsstätte und das Alter des Menschen. – Wir werden natürlich darauf geführt zu untersuchen, wo die Geburtsstätte des Menschen gewesen ist, d. h. auf derjenigen Stufe seiner Descendenzreihe, wo unsere Urerzeuger von dem Stamme der Catarhinen sich abzweigten. Die Thatsache, daß sie zu diesem Stamme gehörten, zeigt ganz entschieden, daß sie die alte Welt bewohnten, aber weder Australien noch irgend eine oceanische Insel, wie wir aus den Gesetzen der geographischen Verbreitung schließen können. In jeder großen Region der Erde sind die dort lebenden Säugethiere nahe mit den ausgestorbenen Arten derselben Region verwandt. Es ist daher wahrscheinlich, daß Afrika früher von jetzt ausgestorbenen Affen bewohnt wurde, welche dem Gorilla und dem Schimpanse nahe verwandt waren; und da diese beiden Species jetzt die nächsten Verwandten des Menschen sind, so ist es noch etwas wahrscheinlicher, daß unsere frühen Urerzeuger auf dem afrikanischen Festlande lebten. Es ist aber ganz unnütz, über diesen Gegenstand Speculationen anzustellen; denn zwei oder drei anthropomorphe Affen, einer fast so groß wie der Mensch, nämlich der *Dryopithecus* Dr. C. *Forsyth Major*, Sur les Singes fossiles trouvés en Italie, in: Soc. Ital. delle Scienz. Natur. Tom. XV. 1872. von *Lartet.* welcher mit dem *Hylobates* nahe verwandt war, existierten in Europa während der Miocenperiode, und seit dieser so entfernt liegenden Periode hat die Erde sicher viele große Revolutionen erfahren und es ist auch hinreichende Zeit für Wanderungen im größten Maßstabe vergangen.

Zu der Zeit und an dem Orte, wann und wo dies auch gewesen sein mag, als der Mensch zuerst sein Haarkleid verlor, bewohnte er wahrscheinlich ein warmes Land, und dies würde einer Ernährung von Früchten, von denen er nach Analogie zu urtheilen lebte, günstig gewesen sein. Wir sind weit davon entfernt, wirklich zu wissen, wann der Mensch zuerst von dem Stamme der Catarhinen abzweigte; indeß kann dies schon in einer so entfernten Periode eingetreten sein, wie der eocenen; denn die höheren Affen waren von den niedrigeren Formen der Ordnung bereits zu einer so frühen Zeit wie der oberen miocenen abgezweigt, wie durch die Existenz des *Dryopithecus* eben bewiesen wird. Wir sind auch vollständig unwissend darüber, in einem wie schnellen Verhältnisse Organismen überhaupt, mögen sie nun hoch oder niedrig in der Stufenleiter stehen, unter günstigen Umständen modificiert werden können; indessen wissen wir, daß einige Organismen eine und dieselbe Form während eines enormen Zeitraums beibehalten haben. Aus dem, was wir im Zustande der Domestication vor sich gehen sehen, erfahren wir, daß innerhalb einer und derselben Periode einige der gleichzeitigen Nachkommen einer und derselben Art gar nicht geändert zu haben brauchen, einige nur wenig und andere wieder bedeutend. So mag es mit dem Menschen der Fall gewesen sein, welcher im Vergleich mit den höheren Affen einen großen Betrag an Modifikationen in gewissen Merkmalen erfahren hat.

Die große Unterbrechung in der organischen Stufenreihe zwischen dem Menschen und seinen nächsten Verwandten, welche von keiner ausgestorbenen oder lebenden Species überbrückt werden kann, ist oft als ein schwer wiegender Einwurf gegen die Annahme vorgebracht worden, daß der Mensch von einer niederen Form abgestammt ist; für Diejenigen aber, welche durch allgemeine Gründe überzeugt an das allgemeine Princip der Entwicklung glauben, wird dieser Einwurf nicht als ein Einwurf von sehr großem Gewichte erscheinen. Solche Unterbrechungen treten unaufhörlich an allen Punkten der Reihe auf, einige sind weit, sehr scharf ausgeprägt und bestimmt, andere in verschiedenen Graden weniger nach diesen Beziehungen hin, so z. B. zwischen dem Orang und seinen nächsten Verwandten, – zwischen dem *Tarsius* und den andern Lemuriden, – zwischen dem Elefanten und in einer noch auffallenderen Weise zwischen dem *Ornithorhynchus* oder der *Echidna* und allen übrigen Säugethieren. Aber alle diese Unterbrechungen beruhen lediglich auf der

Zahl der verwandten Formen, welche ausgestorben sind. In irgend einer künftigen Zeit, welche nach Jahrhunderten gemessen nicht einmal sehr entfernt ist, werden die civilisierten Rassen der Menschheit beinahe mit Bestimmtheit auf der ganzen Erde die wilden Rassen ausgerottet und ersetzt haben. Wie Professor Schaaffhausen bemerkt hat, Anthropological Review. Apr. 1867, p. 236. werden zu derselben Zeit ohne Zweifel auch die anthropomorphen Affen ausgerottet sein. Der Abstand zwischen dem Menschen und seinen nächsten Verwandten wird dann noch weiter sein; denn er tritt dann zwischen dem Menschen in einem noch civilisierteren Zustande als dem kaukasischen, wie wir hoffen können, und irgend einem so tief in der Reihe stehenden Affen wie einem Pavian auf, statt daß er sich gegenwärtig zwischen dem Neger oder Australier und dem Gorilla findet.

Was das Fehlen fossiler Reste betrifft, welche den Menschen mit seinen affenähnlichen Urerzeugern zu verbinden dienen, so wird Niemand auf diese Thatsache viel Gewicht legen, welcher Sir C. Lyell's Erörterung Elements of Geology. 1865, p. 583–585. Das Alter des Menschengeschlechts (Übers.), p. 97. gelesen hat, worin er zeigt, daß in sämmtlichen Classen der Wirbelthierreihe die Entdeckung fossiler Reste ein äußerst langsamer und vom Zufall abhängiger Vorgang gewesen ist. Auch darf man nicht vergessen, daß diejenigen Gegenden, welche am wahrscheinlichsten solche Reste darbieten, die den Menschen mit irgend einem ausgestorbenen affenähnlichen Geschöpfe verbinden, bis jetzt von Geologen noch nicht untersucht sind.

Die niederen Stufen in der Genealogie des Menschen. – Wir haben gesehen, daß der Mensch sich als von der Abtheilung der Catarhinen oder altweltlichen Formen der Simiaden abgezweigt darstellt, welche Abzweigung also eintrat, nachdem diese Abtheilung von der der neuweltlichen Formen verschieden geworden war. Wir wollen jetzt versuchen, den noch entfernteren Zügen seiner Genealogie zu folgen, wobei wir an erster Stelle auf die gegenseitigen Verwandtschaften zwischen den verschiedenen Classen und Ordnungen und auch, wenn schon in untergeordneter Weise, auf die Perioden Rücksicht nehmen, in welchen dieselben, soweit bis jetzt ermittelt ist, nach einander auf der Oberfläche der Erde erschienen sind. Die Lemuriden stehen unter und nahe bei den Simiaden, indem sie eine sehr verschiedene Familie der Primaten oder nach *Haeckel* und Andern selbst eine besondere Ordnung bilden. Diese Gruppe ist in einem ganz außerordentlichen Grade verschiedenartig geworden und auseinandergefallen und umfaßt viele aberrante Formen. Sie hat daher wahrscheinlich viel von dem Aussterben einzelner Formen gelitten. Die meisten der Überbleibsel leben noch auf Inseln, namentlich auf Madagascar und auf den Inseln des malayischen Archipels, wo sie keiner so scharfen Concurrenz ausgesetzt gewesen sind, wie dies auf gut bevölkerten Continenten der Fall gewesen sein würde. Diese Gruppe bietet auch viele gradweise Verschiedenheiten dar, welche, wie *Huxley* bemerkt, Stellung des Menschen in der Natur, p. 119. »unmerklich von der Krone und Spitze der thierischen Schöpfung zu Geschöpfen herabführen, von denen scheinbar nur ein Schritt zu den niedrigsten, kleinsten und wenigst intelligenten Formen der placentalen Säugethiere ist«. Nach diesen verschiedenen Betrachtungen ist es wahrscheinlich, daß die Simiaden sich ursprünglich aus den Vorfahren der jetzt noch lebenden Lemuriden entwickelt haben und diese wiederum aus Formen, welche in der Reihe der Säugethiere sehr tief standen.

Die Beutelthiere stehen in vielen bedeutungsvollen Merkmalen unterhalb der placentalen Säugethiere. Sie erscheinen in einer früheren geologischen Periode und ihr Verbreitungsbezirk war früher ein viel ausgedehnterer, als sich derselbe jetzt darstellt. Es wird daher allgemein angenommen, daß die Placentalen sich von den Implacentalen oder den Beutelthieren heraus entwickelt haben, indessen nicht etwa von Formen, welche den jetzt existierenden Marsupialien sehr gleichen, sondern von deren früheren Urerzeugern. Die Monotremen sind ganz offenbar mit den Marsupialien verwandt, sie bilden eine dritte und noch niedrigere Abtheilung in der großen Reihe der Säugethiere. Heutigen Tages werden sie nur von dem *Ornithorhynchus* und der *Echidna* repräsentiert, und man kann diese beiden Formen ganz getrost als Überbleibsel einer bedeutend größeren Gruppe betrachten, welche in Folge des Zusammentreffens besonders günstiger Umstände in Australien erhalten worden sind. Die Monotremen sind ganz außerordentlich interessant, da sie in mehreren bedeutungsvollen Punkten ihres Körperbaus nach der Classe der Reptilien hinführen.

Wenn wir den Versuch machen, die Genealogie der Säugethiere und daher auch des Menschen noch weiter abwärts in der Thierreihe zu verfolgen, so kommen wir auf immer dunklere und dunklere Gebiete der Wissenschaft; wie aber ein äußerst fähiger Forscher, Mr. *Parker*, bemerkt hat, haben wir guten Grund anzunehmen, daß kein echter Vogel oder kein echtes Reptil in die Descendenzreihe eintritt. Wer hier zu erfahren wünscht, was Scharfsinn und Kenntnisse hervorbringen können, mag die Schriften Professor *Haeckel's* zu Rathe ziehen. Ausgeführte Tabellen sind mitgetheilt in seiner »Generellen Morphologie«, Bd. II, p. CLIII und p. 425, und mit speciellerer Beziehung auf den Menschen in seiner »Natürlichen Schöpfungsgeschichte« 1874. Bei der kritischen Anzeige des letzteren Werkes in The Academy, 1869, p. 42 sagt Prof. *Huxley*, daß er das Phylum oder die Descendenzlinien der Vertebraten für ausgezeichnet von *Haeckel* erörtert hält, wenngleich er von ihm in einigen Punkten abweicht. Er drückt auch seine hohe Werthschätzung der allgemeinen Haltung und des Geistes des ganzen Werkes aus. Ich will mich mit einigen allgemeinen Bemerkungen hier begnügen. Jeder Anhänger der Entwicklungstheorie wird zugeben, daß die fünf großen Wirbelthierclassen, nämlich Säugethiere, Vögel, Reptilien, Amphibien und Fische, sämmtlich von einem gemeinsamen Prototype oder von einer Stammform abgestammt sind; denn sie haben sehr viel, besonders während ihrer embryonalen Zustände, gemeinsam. Da die Classe der Fische die am niedrigsten organisierte ist und vor den übrigen auf der Erde erschienen ist. so können wir schließen, daß sämmtliche Glieder des Wirbelthierreichs von irgend einem fischähnlichen Thiere herrühren. Die Annahme, daß von einander so verschiedene Thiere, wie ein Affe, ein Elefant, ein Kolibri, eine Schlange, ein Frosch und ein Fisch u. s. w. sämmtlich von denselben Eltern entsprossen sein könnten, wird Denjenigen ganz monströs erscheinen, welche die neueren Fortschritte der Naturgeschichte nicht mit Aufmerksamkeit verfolgt haben; denn diese Annahme setzt die frühere Existenz von Zwischengliedern voraus, welche alle diese jetzt so völlig ungleichen Formen eng mit einander verbanden.

Nichtsdestoweniger ist es sicher, daß Thiergruppen existiert haben, oder selbst jetzt noch existieren, welche die verschiedenen großen Wirbelthierclassen mehr oder weniger eng mit einander zu verbinden geeignet waren oder sind. Wir haben gesehen, daß der *Ornithorhynchus* sich in mehreren Beziehungen den Reptilien nähert; und Professor *Huxley* hat die merkwürdige Entdeckung gemacht, welche Mr. *Cope* und Andere bestätigt haben, daß die alten Dinosaurier in vielen wichtigen Beziehungen mitten zwischen gewissen Reptilien und gewissen Vögeln inne stehen; die hier in Rede kommenden Vögel sind die straußartigen Vögel (offenbar selbst die weitverbreiteten Reste einer größeren Gruppe) und der *Archaeopteryx*, jener merkwürdige Vogel der Secundärzeit, welcher einen langen Schwanz hatte wie eine Eidechse. Ferner bieten nach Professor *Owen* Palaeontology. 1860, p. 199. die Ichthyosaurier – große Meereidechsen, die mit Ruderfüßen versehen waren – viele Verwandtschaften mit Fischen oder vielmehr, *Huxley* zufolge, mit Amphibien dar. Diese letztere Classe, welche in ihrer höchsten Abtheilung die Frösche und Kröten enthält, ist offenbar mit den ganoiden Fischen verwandt. Diese letzteren Fische wieder waren während der früheren geologischen Perioden sehr zahlreich und nach einem, wie man sich auszudrücken pflegt, bedeutend verallgemeinerten Plane gebaut, d. h. sie zeigten verschiedenartige Verwandtschaften mit andern Gruppen von Organismen. Der *Lepidosiren* ist wiederum so nahe mit den Amphibien und Fischen verwandt, daß die Zoologen sich lange gestritten haben, in welche dieser beiden Gruppen er zu stellen sei. Der *Lepidosiren* und einige wenige ganoide Fische sind dadurch vor völliger Zerstörung gerettet worden, daß sie Flüsse bewohnen, welche schützende Zufluchtshäfen bilden und dieselbe Beziehung zu den großen Wassermassen des Oceans darbieten, wie die Inseln zu den Continenten.

Endlich ist ein einziges Glied der ungeheuer großen und verschiedenartigen Classe der Fische, nämlich das Lanzettfischchen oder *Amphioxus*, so verschieden von allen übrigen Fischen, daß *Haeckel* behauptet, es müßte eine besondere Classe im Wirbelthierreiche bilden. Dieser Fisch ist wegen seiner negativen Merkmale merkwürdig; man kann kaum sagen, daß er ein Gehirn, eine Wirbelsäule, ein Herz u. s. w. besitzt, so daß er auch von den älteren Naturforschern unter die Würmer gestellt wurde. Vor vielen Jahren machte Professor *Goodsir* die Beobachtung, daß das Lanzettfischchen einige Verwandtschaften mit den Ascidien darbietet, welche wirbellose hermaphroditische und beständig fremden Körpern angeheftete marine Geschöpfe sind. Sie erscheinen kaum als Thiere und bestehen aus einem zähen lederartigen Sacke mit zwei kleinen vorspringenden Öffnungen. Sie gehören zu den Molluscoiden *Huxley*'s, einer niedrigen Abtheilung des großen Unterreichs der Mollusken; neuerdings sind sie aber von einigen Zoologen unter die Vermes oder Würmer gestellt worden. Ihre Larven sind der Form nach den Kaulquappen etwas ähnlich, Ich habe die Genugthuung gehabt, auf den Falkland-Inseln im April 1833 und daher mehrere Jahre vor irgend einem andern Naturforscher die locomotiven Larven einer zusammengesetzten Ascidie gesehen zu haben, welche mit *Synoicum* nahe verwandt, aber, wie es scheint, doch generisch von ihm verschieden war. Der Schwanz war ungefähr fünfmal so lang wie der oblonge Kopf und endete in einem feinen Faden. Er war, wie ich es unter einem einfachen Mikroskop gezeichnet habe, deutlich durch quere opake Scheidewände getheilt, welche, wie ich vermuthe, die großen von *Kowalevsky* abgebildeten Zellen darstellen. Auf einer früheren Entwicklungsstufe war der Schwanz dicht um den Kopf der Larve gewickelt. und haben das Vermögen frei herumzuschwimmen. *Kowalevsky*Mém. de l'Acad. des Sciences de St. Pétersbourg. Tom. X, No. 15, 1866. hat neuerdings beobachtet, daß die Larven der Ascidien den Wirbelthieren verwandt sind und zwar in der Weise ihrer Entwicklung, in der relativen Lage ihres Nervensystems und in dem Besitze eines Gebildes, welches der Chorda dorsalis der Wirbelthiere sehr ähnlich ist. Dies ist von Prof. *Kupffer* bestätigt worden. Mr. *Kowalevsky* schreibt mir von Neapel, daß er diese Beobachtungen jetzt noch weiter geführt hat; sollten seine Resultate sicher begründet werden, so würden sie eine Entdeckung von dem größten Werthe darstellen. Dürfen wir uns nun auf Embryologie verlassen, welche sich stets als der sicherste Führer bei der Classification erwiesen hat, so scheint es hiernach, als hätten wir endlich einen Schlüssel zu jener Quelle gefunden, aus welcher die Wirbelthiere herstammen. Bemerken muß ich aber doch, daß einige competente Männer diese Folgerung bestreiten; so z. B. *M. Giard* in einer Reihe von Aufsätzen in den »Archives de Zoologie Expérimentale«, 1872. Trotzdem sagt aber derselbe Forscher p. 281: »L'organisation de la larva ascidienne en dehors de toute hypothèse et de toute théorie nous montre comment la nature peut produire la disposition fondamentale du type vertébré (l'existence d'une corde dorsale) chez un invertébré par la seule condition vitale de l'adaptation, et cette simple possibilité du passage supprime l'abîme entre les deux sous-règnes, encore bien qu'on ignore par où le passage s'est fait en réalité«. Wir würden darnach zu der Annahme berechtigt sein, daß in einer äußerst frühen Periode eine Gruppe von Thieren existierte, in vielen Beziehungen den Larven unserer jetzt lebenden Ascidien ähnlich, welche in zwei große Zweige auseinanderging; von diesen ging der eine in der Entwicklung zurück und brachte die jetzige Classe der Ascidien hervor, während der andere sich zu der Krone und Spitze des ganzen Thierreichs erhob, dadurch, daß er die Wirbelthiere entstehen ließ.

SIEBENTES CAPITEL.

Über die Rassen des Menschen

Die Natur und der Werth specifischer Merkmale.– Anwendung auf die Menschenrassen. – Argumente, welche der Betrachtung der sogenannten Menschenrassen als distincter Species günstig und entgegengesetzt sind – Subspecies. – Monogenisten und Polygenisten. – Convergenz des Charakters. – Zahlreiche Punkte der Übereinstimmung an Körper und Geist zwischen den verschiedensten Menschenrassen. – Der Zustand des Menschen, als er sich zuerst über die Erde verbreitete. – Jede Rasse stammt nicht von einem einzelnen Paare ab. – Das Aussterben von Rassen. – Die Bildung der Rassen. – Die Wirkung der Kreuzung. – Geringer Einfluß der directen Wirkung der Lebensbedingungen. – Geringer oder kein Einfluß der natürlichen Zuchtwahl. – Geschlechtliche Zuchtwahl.

Es ist nicht meine Absicht, hier die verschiedenen sogenannten Rassen des Menschen zu beschreiben, sondern ich will nur untersuchen, was der Werth der Unterschiede zwischen ihnen von einem classificatorischen Gesichtspunkte aus ist, und wie dieselben entstanden sind. Bei der Bestimmung des Umstands, ob zwei oder mehrere mit einander verwandte Formen als Species oder als Varietäten zu classificieren sind, werden die Naturforscher practisch durch die folgenden Betrachtungen geleitet: einmal nämlich durch den Betrag an Verschiedenheit zwischen ihnen, und ob derartige Verschiedenheiten sich auf wenige oder viele Punkte ihres Baues beziehen, und ob dieselben von physiologischer Bedeutung sind; aber noch specieller durch den Umstand, ob diese Verschiedenheiten constant sind. Constanz des Charakters ist das, was für besonders werthvoll gehalten und wonach von den Naturforschern gesucht wird. Sobald gezeigt oder wahrscheinlich gemacht werden kann, daß die in Frage stehenden Formen eine lange Zeit hindurch verschieden geblieben sind, so wird dies ein Argument von bedeutendem Gewichte zu Gunsten ihrer Behandlung als Species. Selbst ein unbedeutender Grad von Unfruchtbarkeit zwischen irgend zwei Formen bei ihrer ersten Kreuzung oder bei ihren Nachkommen wird allgemein als eine entscheidende Probe für ihre specifische Verschiedenheit angesehen; auch wird ihr beständiges Getrenntbleiben innerhalb eines und desselben Bezirks ohne Verschmelzung gewöhnlich als hinreichender Beweis angesehen entweder für einen gewissen Grad gegenseitiger Unfruchtbarkeit o-der, was die Thiere betrifft, eines gewissen Widerwillens gegen wechselseitige Paarung.

Unabhängig von einer Verschmelzung in Folge einer Kreuzung ist der vollständige Mangel von Varietäten, welche irgend zwei nahe verwandte Formen in einer sonst gut untersuchten Gegend mit einander verbinden, wahrscheinlich das bedeutungsvollste von allen Kennzeichen für ihre specifische Verschiedenheit. Und hier liegt ein von der Berücksichtigung der bloßen Constanz des Charakters etwas verschiedener Gedanke zu Grunde; denn zwei Formen können äußerst variabel sein und doch keine Zwischenvarietäten erzeugen. Geographische Verbreitung wird oft unbewußt und zuweilen bewußt als Zeugnis mit herangezogen, so daß Formen, welche in zwei weit von einander getrennten Bezirken leben, innerhalb deren die meisten andern Bewohner specifisch verschieden sind, gewöhnlich auch selbst als verschieden betrachtet werden; doch bietet dieser Umstand in Wahrheit keine Hülfe zur Unterscheidung geographischer Rassen von sogenannten guten oder echten Species dar.

Wir wollen nun diese allgemein angenommenen Grundsätze auf die Rassen des Menschen anwenden und ihn in demselben Sinne betrachten, in welchem ein Naturforscher irgend ein anderes Thier ansehen würde. Was den Betrag an Verschiedenheit zwischen den Rassen betrifft, so müssen wir unserem feinen Unterscheidungsvermögen etwas zu gute rechnen, welches wir durch die lange Übung der Selbstbeobachtung gewonnen haben. Obschon, wie *Elphinstone* bemerkt, ein neu in Indien angekommener Europäer zuerst die verschiedenen eingeborenen Rassen nicht unterscheiden kann, so erscheinen sie ihm doch bald äußerst unähnlich; History of India. 1841. Vol. I, p. 323. Der Pater *Ripa* macht genau dieselbe Bemerkung in Bezug auf die Chinesen. und ebenso kann der Hindu zuerst keine Verschiedenheit zwischen den verschiedenen europäischen Eingeborenen wahrnehmen. Selbst die verschiedensten Menschenrassen sind einander der Form nach viel ähnlicher, als zuerst angenommen werden würde; gewisse Negerstämme müssen ausgenommen werden, während andere, wie mir Dr. *Rohlfs* schreibt und wie ich selbst gesehen habe, kaukasische Gesichtszüge haben. Diese allgemeine Ähnlichkeit zeigt sich deutlich in den französischen Photographien in der Collection anthropologique du Muséum von Menschen, die verschiedenen Rassen angehören, von welchen die größere Zahl (wie viele Leute, denen ich sie gezeigt habe, bemerkt haben) für Europäer gelten kann. Nichtsdestoweniger würden diese Menschen, wenn man sie lebendig sähe, unzweifelhaft sehr verschieden erscheinen, so daß wir ganz entschieden in unserem Urtheile durch die bloße Farbe der Haut und des Haars, durch unbedeutende Verschiedenheiten in den Gesichtszügen und durch den Ausdruck sehr beeinflußt werden.

Es ist indessen zweifellos, daß die verschiedenen Rassen, wenn sie sorgfältig verglichen und gemessen werden, bedeutend von einander abweichen, – so in der Textur des Haars, den relativen Proportionen aller Theile des Körpers, Eine ungeheure Zahl von Maßangaben von Weißen, Schwarzen und Indianern sind mitgetheilt in den »Investigations in the Military and Anthropolog. Statistics of American Soldiers«, by B. A. *Gould*. 1869, p. 298-358, über die Capacität der Lungen, ebend. p. 471, s. auch die zahlreichen und werthvollen Tabellen von Dr. *Weisbach* nach den Beobachtungen des Dr. *Scherzer* und Dr. *Schwarz* in der Reise der Novara, Anthropolog. Theil. 1867. der Capacität der Lungen, der Form und dem Rauminhalte des Schädels und selbst in den Windungen des Gehirns. s. z. B. *Marshall*'s Bericht über das Gehirn eines Buschmann-Weibes Philos. Transact. 1864, p. 519. Es würde aber eine endlose Aufgabe sein, die zahlreichen Punkte der Verschiedenheiten des Baues einzeln durchzugehen. Die Rassen weichen auch in der Constitution, in der Acclimatisationsfähigkeit und in der Empfänglichkeit für verschiedene Krankheiten von einander ab; auch sind ihre geistigen Merkmale sehr verschieden, hauptsächlich allerdings, wie es scheinen dürfte, in der Form ihrer Gemüthserregungen, zum Theil aber auch in ihren intellectuellen Fähigkeiten. Ein Jeder, welcher die Gelegenheit zur Vergleichung gehabt hat, muß von dem Contraste überrascht gewesen sein zwischen dem schweigsamen, selbst morosen Eingeborenen von Süd-Amerika und dem leichtherzigen, schwatzhaften Neger. Ein ziemlich ähnlicher Contrast besteht zwischen den Malayen und Papuas, *Wallace*, The Malay Archipelago. Vol. II. 1869, p. 178. welche unter denselben physikalischen Bedingungen leben und nur durch einen sehr schmalen Meeresstrich von einander getrennt sind.

Wir wollen zuerst die Gründe betrachten, die man zu Gunsten einer Classification der Menschenrassen als besonderer Arten vorbringen kann, und dann die, welche für die gegenteilige Ansicht sprechen. Wenn ein Naturforscher, welcher noch niemals zuvor einen Neger, Hottentotten, Australier oder Mongolen gesehen hätte, diese mit einander zu vergleichen hätte, so würde er sofort bemerken, daß sie in einer Menge von Charakteren von einander abweichen, von denen einige unbedeutend, einige aber von ziemlicher Bedeutung sind. Bei näherer Erörterung würde er finden, daß diese Formen einem Leben unter sehr verschiedenen Klimaten angepaßt sind und daß sie auch in ihrer körperlichen Constitution und ihren geistigen Anlagen etwas von einander verschieden sind. Wenn man ihm dann sagte, daß Hunderte ganz ähnlicher Exemplare aus denselben Ländern herbeigebracht werden könnten, se würde er zuversichtlich erklären, daß sie so gute Species seien wie viele andere, welche er mit specifischen Namen zu versehen gewohnt wäre. Diese Folgerung würde noch bedeutend an Stärke gewinnen, sobald er sich vergewissert hätte, daß diese Formen dieselben Merkmale schon für viele Jahrhunderte beibehalten haben, und daß Neger, die allem Anscheine nach mit den jetzt lebenden identisch waren, mindestens schon vor viertausend Jahren gelebt haben. In Bezug auf die Abbildungen in den berühmten ägyptischen Höhlen von Abu-Simbel bemerkt *Pouchet* (The Plurality of the Human Races. Transl. 1864, p. 50), daß er die Repräsentanten der zwölf oder noch mehr Nationen, welche einige Autoren darin wiedererkennen zu können meinen, auch nicht entfernt wiedererkennbar finden könne. Selbst einige der am schärfsten markierten Rassen können nicht mit jenem Grade der Einstimmigkeit identificiert werden, welcher nach dem, was über diesen Gegenstand geschrieben worden ist, zu erwarten gewesen wäre. So führen Messrs. *Nott* and *Gliddon* (Types of Mankind, p. 148) an, daß Rameses II. oder der Große stolze europäische Gesichtszüge habe, während *Knox*, ein anderer überzeugter Anhänger der Meinung von der specifischen Verschiedenheit der Menschenrassen (Races of Man, 1850, p. 201) bei der Schilderung des jungen Memnon (wie mir Mr. *Birch* sagt, ein und dieselbe Person mit Rameses II.) in der entschiedensten Weise behauptet, daß er in seinen Merkmalen mit den Juden in Antwerpen identisch sei. Als ich ferner im British Museum mit zwei competenten Richtern, Beamten der Anstalt, die Statue des Amunoph III. betrachtete, stimmten wir darin überein, daß seine Gesichtszüge eine stark ausgesprochene Negerform haben. Die Herren *Nott* und *Gliddon* dagegen (a. a. O. p. 416, Fig. 53) beschreiben ihn als »einen Mischling, aber ohne Beimischung von Negerblut«. Er würde ferner von einem ausgezeichneten Beobachter, Dr. *Lund*, Citiert von *Nott* and *Gliddon*, Types of Mankind. 1854, p. 439. Sie führen auch noch weitere bestätigende Belege an; doch meint C. *Vogt*, daß der Gegenstand noch weiterer Untersuchung bedürfe. hören, daß die in den Höhlen von Brasilien gefundenen Menschenschädel, welche mit vielen ausgestorbenen Säugethieren dort begraben sind, zu demselben Typus gehören, welcher jetzt noch über den ganzen amerikanischen Continent vorherrscht.

Unser Naturforscher würde sich dann vielleicht zur geographischen Verbreitung wenden und würde wahrscheinlich erklären, daß Formen, welche nicht bloß dem äußeren Anscheine nach von einander abweichen, sondern welche einerseits für die heißesten, andererseits für die feuchtesten oder auch trockensten Länder und ebenso für arctische Gegenden angepaßt sind, distincte Species sein müssen. Er dürfte sich wohl auf die Thatsache berufen, daß keine einzige Species in der dem Menschen zunächst stehenden Thiergruppe, nämlich den Quadrumanen, einer niederen Temperatur oder einem einigermaßen beträchtlichen Wechsel des Klimas widerstehen kann, und daß diejenigen Species, welche dem Menschen am nächsten kommen, niemals selbst unter dem temperierten Klima von Europa bis zur Reife aufgezogen worden sind. Die zuerst von *Agassiz*Diversity of Origin of the Human Races, in Christian Examiner, July, 1850. erwähnte Thatsache würde einen tiefen Eindruck auf ihn machen, daß nämlich die verschiedenen Rassen über die ganze Erde in dieselben zoologischen Provinzen vertheilt sind, wie diejenigen sind, welche von unzweifelhaft verschiedenen Arten und Gattungen von Säugethieren bewohnt werden. Dies ist ganz offenbar der Fall mit den Australiern, den mongolischen und Neger-Rassen des Menschen, in einer weniger scharf ausgesprochenen Weise mit den Hottentotten, aber wieder deutlich mit den Papuas und Malayen, welche, wie Mr. *Wallace* gezeigt hat, ziemlich durch dieselbe Linie von einander geschieden werden, welche die beiden großen zoologischen Provinzen von einander trennt, die Malayische und Australische. Die Ureinwohner von Amerika haben ihren Verbreitungsbezirk über diesen ganzen Continent, und dies scheint zuerst der oben angegebenen Regel entgegen zu sein, denn die meisten Naturerzeugnisse der südlichen und nördlichen Hälfte sind sehr verschieden. Doch verbreiten sich einige wenige Lebensformen, wie das Opossum, von der einen Hälfte in die andere, wie es früher auch mit einigen der gigantischen Edentaten der Fall war. Die Eskimos erstrecken sich, wie andere arctische Thiere, rund um die ganze Polargegend herum. Man muß auch beachten, daß der Grad der Verschiedenheit zwischen den Säugethieren der verschiedenen zoologischen Provinzen nicht dem Grade der Trennung der letzteren von einander entspricht, so daß man es auch kaum als eine Anomalie betrachten kann, daß der Neger mehr und der Amerikaner viel weniger von den anderen Menschenrassen abweicht, als es die Säugethiere derselben Continente, Afrika und Amerika, von denen anderer Provinzen thun. Es kann auch noch hinzugefügt werden, daß allem Anscheine nach der Mensch ursprünglich keine oceanische Insel bewohnt hat; und in dieser Beziehung gleicht er den anderen Mitgliedern seiner Classe.

Wenn man zu bestimmen sucht, ob die angenommenen Varietäten einer und derselben Form von domesticierten Thieren als solche oder als specifisch verschieden classificiert werden sollen, d. h. ob einige von ihnen von verschiedenen wilden Species abgestammt sind, so würde jeder Zoolog viel Gewicht auf die Thatsache legen, wenn sie sich ermitteln ließe, ob ihre äußeren Parasiten specifisch verschieden sind. Es würde nur um so mehr Gewicht auf diese Thatsache gelegt werden, als sie eine ausnahmsweise sein würde; denn Mr. *Denny* hat mir mitgetheilt, daß die verschiedensten Arten von Hunden, Haushühnern und Tauben in England von denselben Species von Pediculinen oder Läusen heimgesucht werden. Nun hat Mr. A. *Murrey* sorgfältig die in verschiedenen Ländern von den verschiedenen Menschenrassen abgesuchten Pediculinen untersucht, Transact. Roy. Soc. Edinburgh. Vol. XXII. 1861, p. 567. und er findet, daß sie nicht bloß in der Farbe, sondern auch in der Structur ihrer Kiefern und Gliedmaßen von einander abweichen. In jedem Falle, wo zahlreiche Exemplare erlangt wurden, waren die Verschiedenheiten constant. Der Arzt eines Walfischfängers im Stillen Ocean hat mir versichert, daß wenn die Läuse, welche einige Sandwich-Insulaner an Bord dieses Schiffes zahlreich bedeckten, sich auf die Körper der englischen Matrosen verirrten, sie im Verlauf von drei oder vier Tagen starben. Diese Pediculinen waren dunkler gefärbt und schienen von denen verschieden zu sein, welche den Eingeborenen von Chiloë in Südamerika eigenthümlich waren und von welchen man mir einige Exemplare gab. Diese wiederum scheinen viel größer und weicher zu sein als europäische Läuse. Mr. *Murrey* verschaffte sich vier Arten aus Afrika, nämlich von den Negern der Ost- und Westküste, von den Hottentotten und von den Kaffern, zwei Arten von den Eingeborenen von Australien, zwei von Nord-Amerika und zwei von Süd-Amerika. In diesen letzten Fällen darf vermuthet werden, daß die Läuse von Eingeborenen kamen, welche verschiedene Districte bewohnten. Bei Insecten werden unbedeutende Verschiedenheiten des Baues, wenn sie nur constant sind, allgemein als von specifischem Werthe angesehen, und die Thatsache, daß die Menschenrassen von Parasiten heimgesucht werden, welche specifisch verschieden zu sein scheinen, könnte ganz ruhig als Argument betont werden, daß die Rassen selbst als distincte Species classificiert werden sollen.

Wäre unser angenommener Zoolog in seiner Untersuchung bis

hierher gekommen, so würde er zunächst untersuchen, ob die Menschenrassen, wenn sie sich kreuzen, in irgend einem Grade steril seien. Er dürfte das Werk eines vorsichtigen und philosophischen Beobachters, Professor Broca, On the Phenomena of Hybridity in the genus Homo. Engl. transl. 1864. zu Rathe ziehen, und darin würde er gute Belege dafür finden, daß einige Rassen völlig fruchtbar unter einander sind, aber in Bezug auf andere Rassen auch Belege einer entgegengesetzten Natur. So ist behauptet worden, daß die eingeborenen Frauen von Australien und Tasmanien selten mit europäischen Männern Kinder hervorbrächten; indessen sind die Angaben gerade über diesen Punkt jetzt als fast werthlos erwiesen worden. Die Mischlinge werden von den reinen Schwarzen getödtet; so ist kürzlich ein Bericht veröffentlicht worden über einen Fall, wo elf junge Leute einer Mischlingsrasse zu gleicher Zeit ermordet und verbrannt wurden, deren Überbleibsel dann von der Polizei gefunden wurden. s. den interessanten Brief von T. A. Murray in der Anthropolog. Review. Apr. 1868, p. LIII. In diesem Briefe wird die Angabe des Grafen Strzelecki widerlegt, daß australische Frauen, welche mit einem weißen Manne Kinder gehabt haben, später mit ihrer eigenen Rasse unfruchtbar wären. A. de Quatrefages hat gleichfalls zahlreiche Belege dafür gesammelt (Revue des Cours scientifiques. Mars 1869, p. 239), daß Australier und Europäer bei einer Kreuzung nicht unfruchtbar sind. Ferner ist oft gesagt worden, daß, wenn Mulatten unter einander heirathen, sie wenig Kinder erzeugen. Auf der andern Seite behauptet aber Dr. Bachman von Charlestown An Examination of Prof. Agassiz's Sketch of the Natural Provinces of the Animal World. Charleston, 1855, p. 44. positiv, daß er Mulattenfamilien gekannt habe, welche mehrere Generationen hindurch unter einander geheirathet hatten und im Mittel genau so fruchtbar waren wie sowohl rein Weiße als rein Schwarze. Früher von Sir C. Lyell angestellte Untersuchungen über diesen Gegenstand haben ihn, wie er mir mittheilt, zu derselben Schlußfolgerung geführt. Dr. Rohlfs schreibt mir, daß er die aus Arabern, Berbern und Negern hervorgegangenen Mischlingsrassen der Sahara außerordentlich fruchtbar gefunden habe. Auf der andern Seite theilt mir aber Mr. Winwood Reade mit, daß die Neger an der Goldküste, trotzdem sie Weiße und Mulatten sehr bewundern, doch den Grundsatz haben, Mulatten sollten nicht unter einander heirathen, da die Kinder nur gering an Zahl und kränklich wären. Wie Mr. Reade bemerkt, verdient diese Annahme Beachtung, da Weiße schon seit vierhundert Jahren die Goldküste besucht und sich dort niedergelassen haben, so daß die Eingeborenen hinreichend Zeit gehabt haben, sich durch Erfahrung hierüber zu unterrichten.

Die Volkszählung für das Jahr 1854 in den Vereinigten Staaten umfaßte Dr. Bachman zufolge 405751 Mulatten, und diese Zahl scheint unter Berücksichtigung aller bei dem Falle in Frage kommenden Umstände gering zu sein; sie dürfte aber zum Theil durch die herabgekommene und anomale Stellung der Classe und durch das ausschweifende Leben der Frauen zu erklären sein. In einem gewissen Grade muß eine Absorption von Mulatten rückwärts in die Neger immer im Fortschreiten begriffen sein, und dies würde zu einer offenbaren Verringerung der Zahl der Ersteren führen. Die geringere Lebensfähigkeit der Mulatten wird in einem zuverlässigen Werke Military and Anthropolog. Statistics of American Soldiers by B. A. Gould 1869, p. 319. als eine wohlbekannte Erscheinung besprochen; doch wäre dies eine von der verringerten Fruchtbarkeit etwas verschiedene Thatsache und könnte kaum als ein Beweis für die specifische Verschiedenheit der beiden elterlichen Rassen vorgebracht werden. Ohne Zweifel sind sowohl thierische als pflanzliche Bastarde, wenn sie von äußerst verschiedenen Species hervorgebracht sind, einem frühzeitigen Tode ausgesetzt; aber die Eltern der Mulatten können nicht in die Kategorie äußerst verschiedener Species gebracht werden. Das gewöhnliche Maulthier, dessen langes Leben und Lebenskraft und doch so große Unfruchtbarkeit notorisch sind, zeigt, wie wenig nothwendig bei Bastarden eine Verbindung zwischen verringerter Fruchtbarkeit und Lebensfähigkeit besteht, und andere analoge Fälle könnten noch angeführt werden.

Selbst, wenn später noch bewiesen werden sollte, daß alle Menschenrassen vollkommen fruchtbar unter einander wären, so dürfte doch derjenige, welcher aus anderen Gründen geneigt wäre, sie für distincte Species zu halten, mit vollem Rechte schließen, daß Fruchtbarkeit und Unfruchtbarkeit keine sicheren Kriterien specifischer Verschiedenheit darbieten. Wir wissen, daß diese Eigenschaften durch veränderte Lebensbedingungen oder durch nahe Inzucht leicht afficirt und daß sie von sehr complicirten Gesetzen beherrscht werden, z. B. von dem der ungleichen Fruchtbarkeit wechselseitiger Kreuzungen zwischen denselben zwei Species. Bei Formen, welche als unzweifelhafte Species classificirt werden müssen, besteht eine vollkommene Reihenfolge von denen an, welche bei einer Kreuzung absolut steril sind, bis zu denen, welche fast ganz oder vollkommen fruchtbar sind. Die Grade der Unfruchtbarkeit fallen nicht scharf mit den Graden der Verschiedenheit im äußeren Bau oder in der Lebensweise zusammen.

Der Mensch kann in vielen Beziehungen mit denjenigen Thieren ver- glichen werden, welche schon seit langer Zeit domesticiert worden sind, und eine große Menge von Belegen kann zu Gunsten der *Pallas*- schen Theorie Das Variiren der Thiere und Pflanzen im Zustande der Domestication. 2. Aufl. Bd. II, p. 126. Ich möchte hier den Leser daran erinnern, daß die Unfruchtbarkeit der Arten bei ihrer Kreuzung keine speciell erlangte Eigenschaft, sondern wie die Unfähigkeit gewisser Bäume auf einander gepfropft zu werden, Folge anderer erlangter Verschiedenheiten ist. Die Natur dieser Verschiedenheiten ist unbe- kannt; sie stehen aber in einer specielleren Weise mit dem Reproduc- tionssystem und viel weniger mit der äußeren Structur oder mit den gewöhnlichen Verschiedenheiten der Constitution in Beziehung. Ein für die Unfruchtbarkeit gekreuzter Species bedeutungsvolles Element liegt allem Anscheine nach darin, daß die eine oder beide seit langer Zeit an fest stehende Lebensbedingungen gewöhnt waren; denn wir wissen, daß veränderte Lebensbedingungen einen speciellen Einfluß auf das Reproductionssystem äußern; auch haben wir, wie vorhin bemerkt, zu der Annahme guten Grund, daß die fluctuierenden Zu- stände der Domestication jene Unfruchtbarkeit zu eliminieren streben, welche bei Species im Naturzustande ihrer Kreuzung so allgemein folgt. Es ist an anderen Orten von mir gezeigt worden (Variiren der Thiere und Pflanzen u. s. w. 2. Aufl. Bd. II, p. 212, und Entstehung der Arten. 7. Aufl. p. 334), daß die Unfruchtbarkeit gekreuzter Arten nicht durch natürliche Zuchtwahl erlangt worden ist. Man sieht ja ein, daß es, wenn zwei Formen bereits sehr unfruchtbar geworden sind, kaum möglich ist, daß ihre Unfruchtbarkeit durch die Erhaltung oder das Überleben der immer mehr und mehr unfruchtbaren Individuen ver- mehrt werden könnte; denn in dem Maße, wie die Unfruchtbarkeit zunimmt, werden immer weniger und weniger Nachkommen erzeugt werden, welche die Art fortpflanzen könnten, und endlich werden nur in großen Zwischenräumen einzelne Individuen hervorgebracht werden. Es giebt aber selbst einen noch höheren Grad von Unfrucht- barkeit als diesen. Sowohl *Gärtner* als *Kölreuter* haben nachgewiesen, daß bei Pflanzengattungen, welche zahlreiche Species umfassen, sich eine Reihe bilden läßt von Arten, welche bei ihrer Kreuzung immer weniger und weniger Samen erzeugen, aber doch vom Pollen der andern Arten afficiert werden, da ihr Keim zu schwellen beginnt. Hier ist es offenbar unmöglich, die sterileren Individuen, welche bereits aufgehört haben, Samen zu producieren, zur Nachzucht zu wählen, so daß also der Gipfel der Unfruchtbarkeit, wo nur der Keim afficiert wird, nicht durch Zuchtwahl erreicht worden sein kann. Dieser höchste Grad und zweifelsohne auch die andern Grade der Unfruchtbarkeit sind Folgezustände, welche mit gewissen unbekannten Verschiedenheiten in der Constitution des Reproductionssystems der gekreuzten Arten zusammenhängen. vorgebracht werden, daß die Domestication die Unfruchtbarkeit, welche ein so allgemeines Resultat der Kreuzung von Species im Naturzustande ist, zu eliminieren strebt. Nach diesen verschiedenen Betrachtungen kann man mit Recht betonen, daß die vollkommene Fruchtbarkeit der mit einander gekreuzten Rassen des Menschen, wenn sie festgestellt wäre, uns nicht absolut daran hindern könnte, sie als distincte Species aufzuführen.

Abgesehen von der Fruchtbarkeit hat man zuweilen geglaubt, daß die Charaktere der Nachkommen aus einer Kreuzung Beweise dafür darböten, ob die elterlichen Formen als Species oder als Varietäten einzuordnen seien; aber nach einer sorgfältigen Erwägung der Belege bin ich zu der Folgerung gekommen, daß keiner allgemeinen Regel dieser Art getraut werden kann. Das gewöhnliche Resultat einer Kreuzung ist die Erzeugung einer gemischten oder intermediären Form; in gewissen Fällen schlagen aber manche der Nachkommen auffallend nach dem einen Erzeuger, und manche nach dem anderen. Dies tritt dann besonders gern ein, wenn die Eltern in Charakteren von einander verschieden sind, welche zuerst als plötzliche Abänderungen oder Monstrositäten aufgetreten sind. Das Variiren der Thiere und Pflanzen im Zustande der Domestication. 2. Aufl. Bd. II, p. 106. Ich erwähne diesen Punkt, weil mir Dr. *Rohlfs* mittheilt, daß er in Afrika häufig gesehen habe, wie die Nachkommen von Negern, die sich mit Menschen anderer Rassen gekreuzt hatten, entweder vollkommen schwarz oder vollkommen weiß, und nur selten gescheckt waren. Andererseits ist es aber notorisch, daß in Amerika die Mulatten gewöhnlich ein intermediäres Aussehen darbieten.

Wir haben nun gesehen, daß ein Naturforscher sich für völlig berechtigt halten könnte, die Menschenrassen als distincte Species einzuordnen; denn er hat gefunden, daß sie in zahlreichen Charakteren des Baues und der Constitution, von denen einige von großer Bedeutung sind, von einander verschieden sind. Auch sind diese Verschiedenheiten in sehr langen Zeiträumen nahezu constant geblieben. Unser Zoolog wird auch in einem gewissen Grade von dem enormen Verbreitungsverhältnisse des Menschen beeinflußt worden sein, welches in der Classe der Säugethiere eine große Anomalie sein würde, wenn das menschliche Geschlecht als eine einzige Species angesehen werden sollte. Er wird von der Verbreitung der verschiedenen sogenannten Rassen überrascht gewesen sein, welche mit der anderer, zweifellos distincter Species von Säugethieren übereinstimmt. Endlich dürfte er betonen, daß die wechselseitige Fruchtbarkeit aller Rassen noch nicht vollständig bewiesen ist, und daß sie, selbst wenn sie bewiesen wäre, noch keinen absoluten Beweis ihrer specifischen Identität darbieten würde.

ZWEITER THEIL.

GESCHLECHTLICHE ZUCHTWAHL.

ACHTES CAPITEL.

Grundsätze der geschlechtlichen Zuchtwahl

Secundäre Sexualcharaktere. – Geschlechtliche Zuchtwahl. – Art und Weise der Wirksamkeit. – Überwiegen der Männchen. – Polygamie. – Allgemein ist nur das Männchen durch geschlechtliche Zuchtwahl modificiert. – Begierde des Männchens. – Variabilität des Männchens. – Wahl vom Weibchen ausgeübt. – Geschlechtliche Zuchtwahl verglichen mit der natürlichen. – Vererbung zu entsprechenden Lebensperioden, zu entsprechenden Jahreszeiten und durch das Geschlecht beschränkt. – Beziehungen zwischen den verschiedenen Formen der Vererbung. – Ursachen, weshalb das eine Geschlecht und die Jungen nicht durch geschlechtliche Zuchtwahl modificiert werden.

Anhang: Über die proportionalen Zahlen der beiden Geschlechter durch das ganze Thierreich. – Die Verhältniszahlen der beiden Geschlechter in Bezug auf natürliche Zuchtwahl.

Bei Thieren mit getrenntem Geschlechte weichen die Männchen nothwendig von den Weibchen in ihren Reproductionsorganen ab; diese bieten daher die primären Geschlechtscharaktere dar. Die Geschlechter weichen aber oft auch in dem ab, was *Hunter* secundäre Sexualcharaktere genannt hat, welche in keiner directen Verbindung mit dem Acte der Reproduction stehen. Es besitzen z. B. die Männchen gewisse Sinnesorgane oder Locomotionsorgane, welche den Weibchen völlig fehlen, oder sie haben dieselben höher entwickelt, damit sie die Weibchen leicht finden oder erreichen können; oder ferner es besitzt das Männchen besondere Greiforgane, um das Weibchen sicher halten zu können. Diese letzteren Organe von unendlich mannichfacher Art gehen allmählich in diejenigen über und können in manchen Fällen kaum von denselben unterschieden werden, welche gewöhnlich für primäre angesehen werden, so z. B. die complicierten Anhänge an der Spitze des Hinterleibs bei männlichen Insecten. In der That, wenn wir nicht den Ausdruck »primär« auf die Generationsdrüsen beschränken, ist es kaum möglich, wenigstens soweit die Greiforgane in Betracht kommen, zu entscheiden, welche derselben primär und welche secundär genannt werden sollen.

Das Weibchen weicht oft vom Männchen dadurch ab, daß es Organe zur Ernährung oder zum Schutze seiner Jungen besitzt, wie die Milchdrüsen der Säugethiere und die Abdominaltasche der Marsupialien. Auch die Männchen besitzen in einigen wenigen Fällen ähnliche Organe, welche den Weibchen fehlen, wie die Taschen zur Aufnahme der Eier, welche die Männchen gewisser Fische besitzen, und die temporär entwickelten Bruttaschen gewisser männlicher Frösche. Die Weibchen der meisten Bienen haben einen speciellen Apparat zum Sammeln und Eintragen des Pollen, und ihre Legeröhre ist zu einem Stachel für die Vertheidigung ihrer Larven und der ganzen Genossenschaft modificirt worden. Zahlreiche ähnliche Fälle könnten angeführt werden, doch berühren sie uns hier nicht. Es giebt indessen andere geschlechtliche Verschiedenheiten, die uns hier besonders angehen und welche mit den primären Organen in gar keinem Zusammenhange stehen, so die bedeutendere Größe, Stärke und Kampflust der Männchen, ihre Angriffswaffen oder Vertheidigungsmittel gegen Nebenbuhler, ihre auffallendere Färbung und verschiedene Ornamente, ihr Gesangsvermögen und andere derartige Charaktere.

Außer den vorgenannten primären und secundären geschlechtlichen Differenzen weichen die Männchen von den Weibchen zuweilen in Bildungen ab, welche zu verschiedenen Lebensgewohnheiten in Beziehung stehen und entweder gar nicht oder nur indirect auf die Reproductionsfunctionen Bezug haben. So sind die Weibchen gewisser Fliegen (Culicidae und Tabanidae) Blutsauger, während die Männchen von Blüthen leben und keine Kiefer an ihrer Mundöffnung haben. *Westwood*, Modern Classification of Insects. Vol. II. 1840, p. 541. In Bezug auf die Angaben über *Tanais*, welche weiterhin erwähnt werden, bin ich *Fritz Müller* zu Dank verbunden. Nur die Männchen gewisser Schmetterlinge und einiger Crustaceen (z. B. *Tanais*) haben unvollkommene, geschlossene Mundöffnungen und können keine Nahrung aufnehmen. Die complementären Männchen gewisser Cirripeden leben wie epiphytische Pflanzen entweder auf der weiblichen oder der hermaphroditischen Form und entbehren einer Mundöffnung und der Greiffüsse. In diesen Fällen ist es das Männchen, welches modificirt worden ist und gewisse bedeutungsvolle Organe verloren hat, welche die Weibchen besitzen. In andern Fällen ist es das Weibchen, welches derartige Theile verloren hat. So ist z. B. der weibliche Leuchtkäfer ohne Flügel, wie es auch viele weibliche Schmetterlinge sind; von diesen verlassen einige niemals ihre Cocons. Viele weibliche parasitische Crustaceen haben ihre Schwimmfüsse verloren. Bei einigen Rüsselkäfern (Curculionidae) besteht eine bedeutende Verschiedenheit zwischen dem Männchen und Weibchen in der Länge des Rostrums oder des Rüssels. *Kirby* and *Spenge*, Introduction to Entomology. Vol. III. 1826, p. 309. Doch ist die Bedeutung dieser und vieler anderer Verschiedenheiten durchaus nicht erklärt. Verschiedenheiten der Structur zwischen den beiden Geschlechtern, welche zu verschiedenen Lebensgewohnheiten in Beziehung stehen, sind meist auf die niederen Thiere beschränkt; aber auch bei einigen wenigen Vögeln weicht der Schnabel des Männchens von dem des Weibchens ab. Beim Huia von Neu-Seeland ist der Unterschied merkwürdig groß wir erfahren von Dr. *Buller*, The Birds of New Zealand, 1872, p. 66. daß das Männchen seinen starken Schnabel dazu benutzt, die Insectenlarven aus faulendem Holze auszumeiseln, während das Weibchen mit seinem weit längeren, bedeutend gekrümmten und biegsamen Schnabel die weicheren Theile sondiert; sie helfen sich auf diese Weise gegenseitig. In den meisten Fällen stehen die Verschiedenheiten im Bau in einer mehr oder weniger directen Beziehung zu der Fortpflanzung der Art. So wird ein Weibchen, welches eine Menge Eier zu ernähren hat, mehr Nahrung erfordern als das Männchen und wird in Folge dessen specieller Mittel bedürfen, sich dieselben zu verschaffen. Ein männliches Thier, welches nur eine sehr kurze Zeit lebt, kann ohne Schaden in Folge von Nichtgebrauch seine Organe zur Beschaffung von Nahrung verlieren, es wird aber seine locomotiven Organe in vollkommenem Zustande behalten, damit es das Weibchen erreichen kann. Andererseits kann das Weibchen getrost seine Organe zum Fliegen, Schwimmen oder Gehen verlieren, wenn es allmählich Gewohnheiten annimmt, welche ein derartiges Vermögen nutzlos machen.

Wir haben es indessen hier nur mit geschlechtlicher Zuchtwahl zu thun. Dieselbe hängt von dem Vortheile ab, welchen gewisse Individuen über andere Individuen desselben Geschlechts und derselben Species erlangen in ausschließlicher Beziehung auf die Reproduction. Wenn die beiden Geschlechter in ihrer Structur in Bezug auf die verschiedenen Lebensgewohnheiten, wie in den oben erwähnten Fällen, von einander abweichen, so sind sie ohne Zweifel durch natürliche Zuchtwahl modificiert worden in Verbindung mit einer auf ein und dasselbe Geschlecht beschränkten Vererbung. Es fallen ferner die primären Geschlechtsorgane und die Organe zur Ernährung und Beschützung der Jungen unter diese selbe Kategorie. Denn diejenigen

Individuen, welche ihre Nachkommen am besten erzeugten oder ernährten, werden ceteris paribus die größte Anzahl hinterlassen, diese Superiorität zu erben, während diejenigen, welche ihre Nachkommen nur schlecht erzeugten oder ernährten, auch nur wenige hinterlassen werden, dieses ihr schwächeres Vermögen zu erben. Da das Männchen das Weibchen aufzusuchen hat, so braucht es für diesen Zweck Sinnes- und Locomotionsorgane. Wenn aber diese Organe für die anderen Zwecke des Lebens nothwendig sind, wie es meistens der Fall ist, so werden sie durch natürliche Zuchtwahl entwickelt worden sein. Hat das Männchen das Weibchen gefunden, so sind ihm zuweilen Greiforgane, um dasselbe fest zu halten, absolut nothwendig. So theilt mir Dr. *Wallace* mit, daß die Männchen gewisser Schmetterlinge sich nicht mit den Weibchen verbinden können, wenn ihre Tarsen oder Füße gebrochen sind. Die Männchen vieler oceanischer Crustaceen haben ihre Füße und Antennen in einer außerordentlichen Weise zum Ergreifen des Weibchens modificiert. Wir dürfen daher vermuthen, daß diese Thiere wegen des Umstandes, daß sie von den Wellen des offenen Meeres umhergeworfen werden, jene Organe absolut nöthig haben, um ihre Art fortpflanzen zu können; und wenn dies der Fall ist, so wird deren Entwicklung das Resultat der gewöhnlichen oder natürlichen Zuchtwahl sein. Einige in der ganzen Reihe äußerst niedrig stehende Thiere sind zu dem nämlichen Zwecke modificiert worden; so ist die untere Fläche des hinteren Endes ihres Körpers bei gewissen parasitischen Würmern in erwachsenem Zustande wie eine Raspel rauh geworden; damit winden sie sich um die Weibchen und halten sie beständig. Mr. *Perrier* führt diesen Fall an (Revue Scientifique, 1. Fevr., 1873, p. 865) als einen, der den Glauben an geschlechtliche Zuchtwahl völlig untergrabe; er glaubt nämlich, daß ich alle Verschiedenheiten zwischen den Geschlechtern der geschlechtlichen Zuchtwahl zuschreibe. Es hat sich daher dieser ausgezeichnete Naturforscher, wie so viele Franzosen, nicht die Mühe genommen, auch nur die ersten Grundsätze der geschlechtlichen Zuchtwahl zu verstehen. Ein englischer Zoolog behauptet, daß die Klammerorgane gewisser männlicher Thiere sich nicht hätten durch die Wahl des Weibchens entwickeln können! Hätte ich nicht diese Bemerkung gefunden, so würde ich es nicht für möglich gehalten haben, daß irgend Jemand, der dies Capitel gelesen hat, sich hätte einbilden können, ich behauptete, daß die Wahl des Weibchens mit der Entwicklung von Greiforganen beim Männchen irgend etwas zu thun habe.

Wenn die beiden Geschlechter genau denselben Lebensgewohnheiten folgen und das Männchen hat höher entwickelte Sinnes- oder Locomotionsorgane als das Weibchen, so kann es wohl sein, daß diese in ihrem vervollkommneten Zustand für das Männchen zum Finden des Weibchens unentbehrlich sind; aber in der ungeheuren Mehrzahl der Fälle dienen sie nur dazu, dem einen Männchen eine Überlegenheit über ein anderes zu geben. Denn die weniger gut ausgerüsteten Männchen werden, wenn ihnen Zeit gelassen wird, auch noch dazu kommen, sich mit den Weibchen zu paaren, und sie werden in allen übrigen Beziehungen, nach der Structur des Weibchens zu urtheilen, gleichmäßig ihrer gewöhnlichen Lebensweise gut angepaßt sein. In derartigen Fällen muß geschlechtliche Zuchtwahl in Thätigkeit getreten sein. Denn die Männchen haben ihre jetzige Bildung nicht dadurch erreicht, daß sie zum Überleben in dem Kampfe ums Dasein besser ausgerüstet sind, sondern dadurch, daß sie einen Vortheil über andere Männchen erlangt und diesen Vortheil nur auf ihre männlichen Nachkommen überliefert haben. Es war gerade die Bedeutung dieses Unterschieds, welche mich dazu führte, diese Form der Zuchtwahl als »geschlechtliche Zuchtwahl« zu bezeichnen. Wenn ferner der hauptsächlichste Dienst, welchen die Greiforgane dem Männchen leisten, darin besteht, das Entschlüpfen des Weibchens noch vor der Ankunft anderer Männchen oder während des Angriffs von solchen zu verhüten, so werden diese Organe durch geschlechtliche Zuchtwahl vervollkommnet worden sein, d. h. durch den Vortheil, welchen gewisse Männchen über ihre Nebenbuhler erlangt haben. Es ist aber in den meisten derartigen Fällen unmöglich, zwischen den Wirkungen der natürlichen und der geschlechtlichen Zuchtwahl zu unterscheiden. Es ließen sich leicht ganze Capitel mit Einzelnheiten über die Verschiedenheiten zwischen den Geschlechtern in ihren Sinnes-, Locomotions- und Greiforganen füllen. Da indessen diese Bildungen von nicht mehr Interesse als andere den gewöhnlichen Lebenszwecken angepaßte sind, so will ich sie fast ganz übergehen und nur einige wenige Beispiele von jeder Classe anführen.

Es giebt viele andere Bildungen und Instincte, welche durch geschlechtliche Zuchtwahl entwickelt worden sein müssen, – so die Angriffswaffen und die Vertheidigungsmittel, welche die Männchen zum Kampfe mit ihren Nebenbuhlern und zum Zurücktreiben derselben besitzen – ihr Muth und ihre Kampflust, – ihre Ornamente verschiedener Art, – ihre Organe zur Hervorbringung von Vocal- und Instrumentalmusik – und ihre Drüsen zur Absonderung riechbarer

Substanzen. Die meisten dieser letzteren Bildungen dienen nur dazu, das Weibchen anzulocken oder aufzuregen. Daß diese Auszeichnungen das Resultat geschlechtlicher und nicht gewöhnlicher Zuchtwahl sind, ist klar, da unbewaffnete, nicht mit Ornamenten verzierte oder keine besonderen Anziehungspunkte besitzende Männchen in dem Kampfe um's Dasein gleichmäßig gut bestehen und eine zahlreiche Nachkommenschaft hinterlassen würden, wenn nicht besser begabte Männchen vorhanden wären. Wir dürfen schließen, daß dies der Fall sein würde; denn die Weibchen, welche ohne Waffen und Ornamente sind, sind doch im Stande, leben zu bleiben und ihre Art fortzupflanzen. Secundäre Geschlechtscharaktere von der eben erwähnten Art werden in den folgenden Capiteln ausführlich erörtert werden, da sie in vielen Beziehungen von Interesse sind, aber ganz besonders, da sie von dem Willen, der Wahl und der Rivalität der Individuen jedes der beiden Geschlechter abhängen. Wenn wir zwei Männchen sehen, welche um den Besitz des Weibchens kämpfen, oder mehrere männliche Vögel, welche ihr stattliches Gefieder entfalten und die fremdartigsten Gesten vor einer versammelten Menge von Weibchen anstellen, so können wir nicht daran zweifeln, daß sie, wenn auch nur durch Instinct dazu getrieben, doch wissen, was sie thun, und mit Bewußtsein ihre geistigen und körperlichen Kräfte anstrengen.

In derselben Art und Weise, wie der Mensch die Rasse seiner Kampfhähne durch die Zuchtwahl derjenigen Vögel verbessern kann, welche in den Hahnenkämpfen siegreich sind, so haben auch, wie es den Anschein hat, die stärksten und siegreichsten Männchen oder diejenigen, welche mit den besten Waffen versehen sind, im Naturzustande den Sieg davon getragen und haben zur Verbesserung der natürlichen Rasse oder Species geführt. Im Verlaufe der wiederholten Kämpfe auf Tod und Leben wird ein geringer Grad von Variabilität, wenn derselbe nur zu irgend einem Vortheile, wenn auch noch so unbedeutend, führt, zu der Wirksamkeit der geschlechtlichen Zuchtwahl genügen; und es ist sicher, daß secundäre Sexualcharaktere außerordentlich variabel sind. In derselben Weise wie der Mensch je nach seiner Ansicht von Geschmack seinem männlichen Geflügel Schönheit geben oder, richtiger ausgedrückt, die ursprünglich von der elterlichen Species erlangte Schönheit modificiren kann, – wie er den Sebright-Bantam-Hühnern ein neues und elegantes Gefieder, eine aufrechte und eigenthümliche Haltung geben kann, – so haben auch allem Anscheine nach im Naturzustande die weiblichen Vögel die Schönheit oder andere anziehende Eigenschaften ihrer Männchen dadurch erhöht, daß sie lange Zeit hindurch die anziehenderen Männchen sich erwählt haben. Ohne Zweifel setzt dies ein Vermögen der Unterscheidung und des Geschmacks von Seiten des Weibchens voraus, welches auf den ersten Blick äußerst unwahrscheinlich erscheint; doch hoffe ich durch die später anzuführenden Thatsachen zu zeigen, daß die Weibchen factisch dies Vermögen besitzen. Wenn indessen gesagt wird, daß die niedern Thiere einen Sinn für Schönheit haben, so darf nicht etwa vermuthet werden, daß ein solcher Sinn mit dem eines cultivierten Menschen mit seinen vielgestaltigen und complicierten associierten Ideen vergleichbar ist. Richtiger würde es sein, den Geschmack am Schönen bei Thieren mit dem bei den niedrigsten Wilden zu vergleichen, welche sich mit allen möglichen brillanten, glänzenden oder merkwürdigen Gegenständen bedecken und dies bewundern.

Nach unserer Unwissenheit in Bezug auf mehrere Punkte ist die genaue Art und Weise, in welcher geschlechtliche Zuchtwahl wirkt, etwas unsicher zu bestimmen. Wenn trotzdem diejenigen Naturforscher, welche bereits an die Veränderlichkeit der Arten glauben, die folgenden Capitel lesen wollen, so werden sie, denke ich, mit mir darüber übereinstimmen, daß geschlechtliche Zuchtwahl in der Geschichte der organischen Welt eine bedeutende Rolle gespielt hat. Es ist sicher, daß bei fast allen Thieren ein Kampf zwischen den Männchen um den Besitz des Weibchens besteht. Diese Thatsache ist so notorisch, daß es überflüssig sein würde, hier Beispiele anzuführen. Es können daher die Weibchen unter der Voraussetzung, daß ihre geistigen Fähigkeiten für die Ausübung einer solchen Wahl hinreichen, eines von mehreren Männchen auswählen. In zahlreichen Fällen aber machen besondere Umstände den Kampf zwischen den Männchen besonders heftig. So kommen bei unsern Zugvögeln allgemein die Männchen vor den Weibchen auf den Brüteplätzen an, so daß viele Männchen bereit sind, um jedes einzelne Weibchen zu kämpfen. Die Vogelfänger behaupten, daß dies unabänderlich bei der Nachtigall und dem Plattmönche der Fall ist, wie mir Mr. *JennerWeir* mitgetheilt hat, welcher die Angabe in Bezug auf die letztere Species selbst bestätigen kann.

Mr. *Swaysland* von Brighton, welcher während der letzten vierzig Jahre unsere Zugvögel bei ihrem ersten Eintreffen zu fangen pflegte, hat niemals die Erfahrung gemacht, daß die Weibchen irgend einer Art vor ihren Männchen ankämen. Während eines Frühlings schoß er neununddreißig Männchen von Ray's Bachstelze (*Budytes Raii*), ehe er ein einziges Weibchen sah. Mr. *Gould* hat durch die Section der zuerst in England ankommenden Becassinen ermittelt, daß die männlichen Vögel vor den weiblichen ankommen. Dasselbe gilt für die meisten Zugvögel der Vereinigten Staaten. *J. A. Allen*, On the Mammals and Winter Birds of East Florida, in: Bull. Mus. Comp. Zoology, Harvard College. Vol. II, p. 268. In der Periode, in welcher der Lachs in unseren Flüssen aufsteigt, ist die Majorität der Männchen vor den Weibchen zur Brut bereit. Allem Anscheine nach ist dasselbe bei Fröschen und Kröten der Fall. In der ganzen großen Classe der Insecten schlüpfen die Männchen fast immer vor dem anderen Geschlechte aus dem Puppenzustande aus, so daß sie meistens eine Zeit lang schwärmen, ehe irgendwelche Weibchen sichtbar sind. Selbst bei denjenigen Pflanzen, bei denen die Geschlechter getrennt sind, werden die männlichen Blüthen allgemein vor den weiblichen reif. Viele hermaphroditische Pflanzen sind, wie zuerst *C. K. Sprengel* gezeigt hat, dichogam, d. h. ihre männlichen und weiblichen Organe sind nicht zu derselben Zeit fortpflanzungsfähig, so daß sie sich nicht selbst befruchten können. In solchen Pflanzen ist nun allgemein der Pollen in derselben Blüthe früher reif, als die Narbe, obschon einige exceptionelle Fälle vorkommen, bei denen die weiblichen Organe vor den männlichen die Reife erlangen. Die Ursache dieser Verschiedenheit zwischen der Periode der Ankunft der Männchen und der Weibchen und deren Reifeperiode ist hinreichend klar. Diejenigen Männchen, welche jährlich zuerst in ein Land einwandern oder welche im Frühjahre zuerst zur Brut bereit sind oder die eifrigsten sind, werden die größte Anzahl von Nachkommen hinterlassen, und diese werden ähnliche Instincte und Constitutionen zu vererben neigen. Man muß im Auge behalten, daß es unmöglich gewesen wäre, die Zeit der geschlechtlichen Reife bei den Weibchen wesentlich zu ändern, ohne gleichzeitig die Periode der Hervorbringung der Jungen zu stören – eine Periode, welche durch die Jahreszeiten bestimmt werden muß. Im Ganzen läßt sich nicht daran zweifeln, daß fast bei allen Thieren, bei denen die Geschlechter getrennt sind, ein beständig wiederkehrender Kampf zwischen den Männchen um den Besitz der Weibchen stattfindet.

Die Schwierigkeit in Bezug auf geschlechtliche Zuchtwahl liegt für uns darin, zu verstehen, wie es kommt, daß diejenigen Männchen, welche andere besiegen, oder diejenigen, welche sich als den Weibchen am meisten anziehend erweisen, eine größere Zahl von Nachkommen hinterlassen, um ihre Superiorität zu erben, als die besiegten und weniger anziehenden Männchen. Wenn dieses Resultat nicht erlangt wird, so können die Charaktere, welche gewissen Männchen einen Vortheil über andere verleihen, nicht durch geschlechtliche Zuchtwahl vervollkommnet und angehäuft werden. Wenn die Geschlechter in genau gleicher Anzahl existieren, so werden doch die am schlechtesten ausgerüsteten Männchen schließlich auch Weibchen finden (mit Ausnahme der Fälle, wo Polygamie herrscht) und dann ebenso viele und für ihre allgemeinen Lebensgewohnheiten gleichmäßig gut ausgerüstete Nachkommen hinterlassen wie die bestbegabten Männchen. In Folge verschiedener Thatsachen und Betrachtungen war ich früher zu dem Schlusse gekommen, daß bei den meisten Thieren, bei denen secundäre Sexualcharaktere gut entwickelt sind, die Männchen den Weibchen an Zahl beträchtlich überlegen sind; dies ist aber durchaus nicht immer richtig. Verhielten sich die Männchen zu den Weibchen wie zwei zu eins oder drei zu zwei oder selbst in einem noch etwas geringeren Verhältnisse, so würde die ganze Angelegenheit einfach sein. Denn die besser bewaffneten oder größere Anziehungskraft darbietenden Männchen würden die größte Zahl von Nachkommen hinterlassen. Nachdem ich aber, soweit es möglich ist, die numerischen Verhältnisse der Geschlechter untersucht habe, glaube ich nicht, daß irgend welche bedeutende Ungleichheit der Zahl für gewöhnlich existiert. In den meisten Fällen scheint die geschlechtliche Zuchtwahl in der folgenden Art und Weise in Wirksamkeit gekommen zu sein.

Wir wollen irgend eine Species, z. B. einen Vogel, annehmen und die Weibchen, welche einen Bezirk bewohnen, in zwei gleiche Massen theilen; die eine bestehe aus den kräftigeren und besser genährten Individuen, die andere aus den weniger kräftigen und weniger gesunden. Es kann darüber kaum ein Zweifel bestehen, daß die ersteren im Frühjahre vor den letzteren zur Brut bereit sein werden; und das ist auch die Meinung von Mr. *Jenner Weir*, welcher viele Jahre hindurch die Lebensweise der Vögel aufmerksam beobachtet hat. Auch darüber kann kein Zweifel bestehen, daß die kräftigsten, am besten genährten und am frühesten brütenden Weibchen im Mittel es erreichen werden, die größte Zahl tüchtiger Nachkommen aufzuziehen. Das Folgende ist ein ausgezeichnetes, von einem erfahrenen Ornithologen erwähntes Zeugnis von dem Charakter der Nachkommen. Mr. *J. A. Allen* spricht (Mammals and Winter Birds of East Florida, p. 229) von den späteren Bruten nach der zufälligen Zerstörung der ersten, und sagt, daß man diese »kleiner und blasser gefärbt finde, als die zeitiger in der Saison ausgebrüteten. In Fällen, wo mehrere Bruten in jedem Jahre erzogen werden, sind der allgemeinen Regel zufolge die Vögel der früheren Bruten in jeder Beziehung die vollkommensten und kräftigsten«. Wie wir gesehen haben, sind allgemein die Männchen schon vor den Weibchen zum Fortpflanzungsgeschäft bereit; von den Männchen treiben nun die stärksten und bei einigen Species die am besten bewaffneten die schwächeren Männchen fort, und die ersteren werden sich dann mit den kräftigeren und am besten genährten Weibchen verbinden, da diese die ersten sind, welche zur Brut bereit sind. *Hermann Müller* ist in Bezug auf diejenigen weiblichen Bienen, welche zuerst in jedem Jahre ausschlüpfen, zu demselben Schlusse gelangt, s. seinen bemerkenswerthen Aufsatz: »Anwendung der Darwin'schen Lehre auf Bienen«, in: Verhandl. d. naturhist. Ver. der preuß. Rheinl. XXIX. Jahrg., 1872, p. 45. Derartige kräftige Paare werden sicher eine größere Zahl von Nachkommen aufziehen, als die zurückgebliebenen Weibchen, welche unter der Voraussetzung, daß die Geschlechter numerisch gleich sind, gezwungen werden, sich mit den besiegten und weniger kräftigen Männchen zu paaren; und hier findet sich denn Alles, was nöthig ist, um im Verlaufe aufeinander folgender Generationen die Größe, Stärke und den Muth der Männchen zu erhöhen oder ihre Waffen zu verbessern. Aber in einer großen Menge von Fällen gelangen die Männchen, welche andere Männchen besiegen, nicht unabhängig von einer Wahl seitens der Weibchen in den Besitz derselben. Die Bewerbung der Thiere ist durchaus keine so einfache und kurz abgemachte Angelegenheit, wie man wohl denken möchte. Die Weibchen werden durch die geschmückteren oder die sich als die besten Sänger zeigenden oder die am besten gesticulierenden Männchen am meisten angeregt oder ziehen vor, sich mit solchen zu paaren. Es ist aber offenbar wahrscheinlich, wie es auch in manchen Fällen factisch beobachtet worden ist, daß diese Männchen in derselben Weise es auch vorziehen werden, sich mit den kräftigeren und lebendigeren Weibchen zu begatten. Ich habe Mittheilungen in diesem Sinne in Bezug auf die Hühner erhalten, welche ich später noch erwähnen werde. Selbst bei solchen Vögeln, welche sich, wie der Tauber, für ihre Lebenszeit paaren, verläßt, wie ich von Mr. *Jenner Weir* höre, das Weibchen seinen Genossen, wenn er krank oder schwach wird. Es werden daher die kräftigeren Weibchen, welche zuerst zum Brutgeschäfte kommen, die Auswahl unter vielen Männchen haben; und wenn sie auch nicht immer die stärksten und am besten bewaffneten wählen werden, so werden sie sich doch diejenigen aussuchen, welche überhaupt kräftig und gut bewaffnet sind und in manchen anderen Beziehungen am meisten Anziehungskraft ausüben. Beide Geschlechter solcher zeitigen Paare werden daher beim Aufziehen von Nachkommen, wie oben auseinandergesetzt wurde, einen Vortheil über andere haben; und dies hat offenbar während eines langen Verlaufes aufeinander folgender Generationen hingereicht, nicht bloß die Stärke und das Kampfvermögen der Männchen zu erhöhen, sondern auch ihre verschiedenen Zierathen und andere Punkte der Anziehung reicher entwickeln zu lassen.

In dem umgekehrten und viel selteneren Falle, wo die Männchen besondere Weibchen auswählen, ist es klar, daß diejenigen, welche die kräftigsten sind und andere besiegt haben, die freieste Wahl haben; und es ist beinahe gewiß, daß sie ebensowohl kräftigere als mit gewissen Anziehungsreizen versehene Weibchen sich wählen werden.

Derartige Paare werden bei der Erziehung von Nachkommen einen Vortheil haben, und dies wird noch besonders dann der Fall sein, wenn das Männchen die Kraft besitzt, das Weibchen während der Paarungszeit zu vertheidigen, wie es bei einigen der höheren Thiere vorkommt, oder wenn es das Weibchen bei der Sorge um das Junge unterstützt. Dieselben Grundsätze werden gelten, wenn beide Geschlechter gegenseitig gewisse Individuen des anderen Geschlechts vorzogen und auswählten, unter der Voraussetzung allerdings, daß sie nicht bloß die mit größeren Reizen versehenen, sondern gleichzeitig auch die kräftigeren Individuen auswählten.

131

Secundäre Sexualcharaktere in den niederen Classen des Thierreichs

Derartige Charaktere fehlen in den niedersten Classen. – Glänzende Farben. – Mollusken. – Anneliden. – Crustaceen, secundäre Sexualcharaktere hier stark entwickelt; Dimorphismus; Farbe; Merkmale, welche nicht vor der Reife erlangt werden. – Spinnen, Geschlechtsfarben derselben; Stridulation der Männchen. – Myriapoden.

In den niedersten Classen des Thierreichs sind die beiden Geschlechter nicht selten in einem und demselben Individuum vereinigt und in Folge hiervon können natürlich secundäre Sexualcharaktere nicht entwickelt werden. In vielen Fällen, wo die beiden Geschlechter getrennt sind, sind die einzelnen verschiedengeschlechtlichen Individuen an irgend eine Unterlage dauernd befestigt, so daß das eine nicht das andere suchen oder um dasselbe kämpfen kann. Überdies ist es beinahe sicher, daß diese Thiere zu unvollkommene Sinne und viel zu niedrige Geisteskräfte haben, um die Schönheit und andere Anziehungspunkte des andern Geschlechts würdigen, oder Rivalität fühlen zu können.

In so niedrigen Classen wie den Protozoen, Coelenteraten, Echinodermen und niederen Würmern kommen daher secundäre Sexualcharaktere von der Art, wie wir sie zu betrachten haben, nicht vor; und diese Thatsache stimmt zu der Annahme, daß derartige Charaktere in den höheren Classen durch geschlechtliche Zuchtwahl erlangt worden sind, welche von dem Willen, den Begierden und der Wahl der beiden Geschlechter abhängt. Nichtsdestoweniger kommen dem Anscheine nach einige wenige Ausnahmen vor; so höre ich z. B. von Dr. *Baird*, daß die Männchen gewisser Eingeweidewürmer von den Weibchen unbedeutend in der Färbung abweichen. Wir haben aber keinen Grund zu der Vermuthung, daß derartige Verschiedenheiten durch geschlechtliche Zuchtwahl gehäuft worden seien. Einrichtungen, mittelst deren das Männchen das Weibchen hält und welche für die Fortpflanzung der Species unentbehrlich sind, sind unabhängig von geschlechtlicher Zuchtwahl und sind durch gewöhnliche Zuchtwahl erlangt worden.

Viele von den niederen Thieren, mögen sie hermaphroditisch oder getrennt geschlechtlich sein, sind mit den glänzendsten Farbtönen geziert oder in einer eleganten Art und Weise schattiert oder gestreift. Dies ist z. B. der Fall bei vielen Corallen und See-Anemonen (Actiniae), bei einigen Quallen (Medusae, Porpita u. s. w.), bei manchen Planarien, Ascidien, zahlreichen Seesternen, Seeigeln u. s. w.; wir können aber aus den bereits angeführten Gründen, nämlich aus der Vereinigung der beiden Geschlechter bei einigen dieser Thiere, dem dauernd festgehefteten Zustande anderer und den niedrigen Geisteskräften aller, schließen, daß solche Farben nicht als geschlechtliche Anziehungsreize dienen und nicht durch geschlechtliche Zuchtwahl erlangt worden sind. Man muß im Auge behalten, daß wir in keinem einzigen Falle hinreichende Beweise dafür haben, daß Färbungen in dieser Weise erlangt worden sind, ausgenommen wenn das eine Geschlecht glänzender oder auffallender gefärbt ist als das andere und wenn keine Verschiedenheit in den Lebensgewohnheiten der beiden Geschlechter besteht, welche diese Abweichungen erklären könnte. Der Beweis hierfür wird aber nur dann so vollständig, wie er je sein kann, wenn die bedeutender verzierten Individuen, welche fast immer die Männchen sind, ihre Reize willkürlich vor dem andern Geschlechte entfalten; denn wir können nicht annehmen, daß eine derartige Entfaltung nutzlos ist; und ist sie von Vortheil, so wird auch fast unvermeidlich geschlechtliche Zuchtwahl die Folge sein. Wir können indessen diese Folgerung auch auf beide Geschlechter, wenn sie gleich gefärbt sind, in dem Falle ausdehnen, daß ihre Färbung derjenigen des in gewissen andern Species derselben Gruppe allein so gefärbten Geschlechts offenbar analog ist.

Wie haben wir denn nun die schönen oder selbst prachtvollen Farben vieler Thiere der niedersten Classen zu erklären? Es erscheint sehr zweifelhaft, ob derartige Färbungen häufig zum Schutze dienen; doch sind wir in dieser Hinsicht äußerst leicht einem Irrthum ausgesetzt, wie jeder zugeben wird, welcher Mr. *Wallace*'s ausgezeichnete Abhandlung über diesen Gegenstand gelesen hat. Es würde z. B. auf den ersten Blick wohl Niemand der Gedanke kommen, daß die vollkommene Durchsichtigkeit der Quallen oder Medusen von dem höchsten Nutzen für sie als ein Schutzmittel sei; wenn wir aber von *Haeckel* daran erinnert werden, daß nicht bloß die Medusen, sondern auch viele oceanische Mollusken, Crustaceen und selbst kleine oceanische Fische dieselbe glasähnliche Beschaffenheit, häufig von prismatischen Farben begleitet, darbieten, so können wir kaum daran zweifeln, daß sie durch dieselbe der Aufmerksamkeit pelagischer Vögel und anderer Feinde entgehen. Mr. *Giard* ist auch überzeugt, Archives de Zoologie expérimentale. Tom. I. 1872, p. 563. daß die hellen Farben gewisser Spongien und Ascidien ihnen zum Schutze dienen. Auffallende Färbungen sind für viele Thiere auch in so fern wohlthätig, als sie die Thiere, welche sie zu verschlingen Lust hätten, warnen, daß sie widrig sind, oder daß sie gewisse specielle Vertheidigungsmittel besitzen; dieser Gegenstand wird aber besser später erörtert werden.

In unserer Unwissenheit über die meisten niedern Thiere können wir nur sagen, daß ihre prachtvollen Farben das directe Resultat entweder der chemischen Beschaffenheit oder der feineren Structur ihrer Körpergewebe sind und zwar unabhängig von irgend einem daraus fließenden Vortheile. Kaum irgend eine Farbe ist schöner als das arterielle Blut; es ist aber kein Grund vorhanden zu vermuthen, daß die Farbe des Blutes an sich irgend ein Vortheil sei; und wenn sie auch dazu beiträgt, die Schönheit der Wangen eines Mädchens zu erhöhen, so wird doch Niemand behaupten wollen, daß sie zu diesem Zwecke erlangt worden sei. So ist ferner bei vielen Thieren, und besonders bei den niederen, die Galle intensiv gefärbt; in dieser Weise ist z. B. die außerordentliche Schönheit der Eoliden (nackter Seeschnecken), wie mir Dr. *Hancock* mitgetheilt hat, hauptsächlich eine Folge der durch die durchscheinenden Hauptbedeckungen hindurch gesehenen Gallendrüsen; und wahrscheinlich ist diese Schönheit von keinem Nutzen für diese Thiere. Die Färbungen der absterbenden Blätter in einem amerikanischen Walde werden von Allen, die sie gesehen haben, als prachtvoll beschrieben; und doch nimmt Niemand an, daß diese Färbungen für die Bäume von dem allergeringsten Nutzen sind. Erinnert man sich daran, wie viele Substanzen neuerlich von Chemikern gebildet worden sind, welche natürlichen organischen Verbindungen äußerst analog sind und welche die prachtvollsten Farben darbieten, so müßten wir es doch für eine befremdende Thatsache erklären, wenn nicht ähnlich gefärbte Substanzen oft auch unabhängig von einem dadurch erreichten nützlichen Zwecke in dem complicierten Laboratorium der lebenden Organismen entstanden wären.

Secundäre Sexualcharaktere der Insecten

Verschiedenartige Bildungen, welche die Männchen zum Ergreifen der Weibchen besitzen. – Verschiedenheiten zwischen den Geschlechtern, deren Bedeutung nicht einzusehen ist. – Verschiedenheit zwischen den Geschlechtern in Bezug auf die Größe. – *Thysanura*. – *Diptera*. – *Hemiptera*. – *Homoptera*; Vermögen, Töne hervorzubringen, nur im Besitze der Männchen. – *Orthoptera*; Stimmorgane der Männchen, verschiedenartig in ihrer Structur; Kampfsucht; Färbung. – *Neuroptera*; sexuelle Verschiedenheiten in der Färbung. – *Hymenoptera*; Kampfsucht und Färbung. – *Coleoptera*; Färbung; mit großen Hörnern versehen, wie es scheint, zur Zierde; Kämpfe; Stridulationsorgane allgemein beiden Geschlechtern eigen.

In der ungeheuer großen Classe der Insecten sind die Geschlechter zuweilen in ihren Locomotionsorganen von einander verschieden und oft auch in ihren Sinnesorganen, wie in den kammförmigen und sehr schön gefiederten Antennen der Männchen vieler Species. Bei einer der Ephemeren, nämlich *Chloëon*, hat das Männchen große, säulenförmig vorspringende Augen, welche dem Weibchen vollständig fehlen. Sir *J. Lubbock*, Transact. Linnean Soc. Vol. XXV. 1866, p. 484. In Bezug auf die Mutilliden s. *Westwood*, Modern Classification of Insects. Vol. II, p. 213. Die Punktaugen fehlen bei den Weibchen gewisser anderer Insecten, wie bei den Mutilliden, welche auch der Flügel entbehren. Wir haben es aber hier hauptsächlich mit Bildungen zu thun, durch welche das eine Männchen in den Stand gesetzt wird, ein anderes zu besiegen, und zwar entweder im Kampfe oder in der Bewerbung, durch seine Kraft, Kampfsucht, Zierathen oder Musik. Die unzähligen Veranstaltungen, durch welche das Männchen fähig wird, das Weibchen zu ergreifen, können daher kurz übergangen werden. Außer den complicierten Gebilden an der Spitze des Hinterleibs, welche vielleicht als primäre Organe Diese Organe der Männchen sind häufig bei nahe verwandten Species verschieden und bieten ausgezeichnete specifische Merkmale dar. Doch ist von einem functionellen Gesichtspunkte aus, wie mir Mr. R. *Mac Lachlan* bemerkt hat, ihre Bedeutsamkeit wahrscheinlich überschätzt worden. Es ist die Vermuthung aufgestellt worden, daß unbedeutende Verschiedenheiten in diesen Organen genügen würden, die Kreuzung gut ausgesprochener Varietäten oder beginnender Species zu verhindern, und daher die

Entwicklung solcher befördern würden. Daß dies aber schwerlich der Fall sein kann, können wir aus den vielen mitgetheilten Fällen schließen, wo verschiedene Species in der Begattung gesehen worden sind (s. z. B. *Bronn*, Geschichte der Natur. Bd. II 1843, p. 164 und *Westwood*, in: Transact. Entomol. Soc. Vol. III. 1842, p. 195). Mr. Mac Lachlan theilt mir mit (s. Stettiner Entomolog. Zeitung. 1867, p. 155), daß, als von Dr. *Aug. Meyer* mehrere Species von Phryganiden, welche scharf ausgesprochene Verschiedenheiten dieser Art darbieten, zusammen gefangen gehalten wurden, sie sich begatteten und daß das eine Paar befruchtete Eier producierte. angesehen werden müssen, »ist es«, wie Mr. B.D. *Walsh*The Practical Entomologist. Philadelphia. Vol. II. May, 1867, p. 88. bemerkt hat, » erstaunlich, wie viele verschiedene Organe von der Natur zu dem scheinbar unbedeutenden Zwecke umgestaltet worden sind, daß das Männchen das Weibchen festzuhalten im Stande sei«. Die Kinnladen oder Mandibeln werden zuweilen zu diesem Zwecke benutzt. So hat das Männchen von *Corydalis cornuta*, einem mit den Libellen u. s. w. ziemlich nahe verwandten Insect aus der Ordnung der Neuroptern, ungeheure gekrümmte Kiefer, welche viele Male länger als die des Weibchens sind; auch sind sie glatt, statt gezähnt zu sein, wodurch das Männchen in den Stand gesetzt wird, das Weibchen ohne Verletzung festzuhalten. Mr. *Walsh*, a. a. O p. 107. Einer der Hirschkäfer von Nord-Amerika (*Lucanus elaphus*) gebraucht seine Kiefer, welche viel größer als die des Weibchens sind, zu demselben Zwecke, aber wahrscheinlich auch zum Kampfe. Bei einer der Sandwespen (*Ammophila*) sind die Kiefer in beiden Geschlechtern nahezu gleich, werden aber für verschiedene Zwecke gebraucht. Die Männchen sind, wie Professor *Westwood* bemerkt, »außerordentlich hitzig und ergreifen ihre Genossen mit ihren sichelförmigen Kiefern um den Hals«, Modern Classification of Insects. Vol. II. 1840, p. 205, 206. Mr. *Walsh*, welcher meine Aufmerksamkeit auf diesen doppelten Gebrauch der Kinnladen lenkte, sagt, daß er wiederholt diese Thatsache beobachtet habe. während die Weibchen diese Organe zum Graben in Sandbänken und zum Bauen ihrer Nester benutzen.

Die Tarsen der Vorderfüße sind bei vielen männlichen Käfern verbreitert oder mit breiten Haarpolstern versehen, und bei vielen Gattungen von Wasserkäfern sind sie mit einem runden platten Saugapparate ausgerüstet, so daß das Männchen sich an dem schlüpfrigen Körper des Weibchens festhalten kann. Es ist ein viel ungewöhnlicheres Vorkommen, daß die Weibchen mancher Wasserkäfer (*Dytiscus*) ihre Flügeldecken tief gefurcht und bei *Acilius sulcatus* dicht mit Haaren besetzt haben, als Halt für das Männchen. Die Weibchen einiger anderer Wasserkäfer (*Hydroporus*) haben ihre Flügeldecken zu demselben Zweck punctiert. Wir haben hier einen merkwürdigen und unerklärlichen Fall von Dimorphismus; denn einige von den Weibchen vier europäischer Species von *Dytiscus* und gewisser Species von *Hydroporus* haben glatte Flügeldecken; und intermediäre Abstufungen zwischen gefurchten oder punctierten und völlig glatten Flügeldecken sind nicht beobachtet worden, s. Dr. *H. Schaum*, citiert im »Zoologist« Vol. V-VI, 1847-48, p.1896; auch *Kirby* und *Spence*, Introduction to Entomology. Vol. III. 1826, p. 305. Bei dem Männchen von *Crabro cribrarius* ist es die Tibia, welche in eine breite hornige Platte mit äußerst kleinen häutigen Flecken erweitert ist, wodurch sie ein eigenthümliches siebartiges Ansehen erhält. *Westwood*, Modern Classification of Insects. Vol. II, p. 193. Die folgende Angabe in Bezug auf *Penthe* und andere in Anführungszeichen mitgetheilte sind aus *Walsh*, Practical Entomologist, Philadelphia, Vol. II, p. 88, entnommen. Bei den Männchen von *Penthe* (einer Gattung der Käfer) sind einige wenige der mittleren Antennenglieder erweitert und an der unteren Fläche mit Haarkissen versehen, genau denen an den Tarsen der Carabiden gleich »und offenbar zu demselben Zwecke«. Bei männlichen Libellen sind die Anhänge an der Spitze des Schwanzes in »einer fast unendlichen Verschiedenartigkeit zu merkwürdigen Formen modificiert, um sie fähig zu machen, den Hals des Weibchens zu umfassen«. Endlich sind bei den Männchen vieler Insecten die Beine mit eigenthümlichen Dornen, Höckern oder Spornen besetzt oder das ganze Bein ist gebogen oder verdickt – (dies ist aber durchaus nicht unabänderlich ein sexueller Charakter); – oder ein Paar oder alle drei Paare sind, und zwar zuweilen zu einer ganz außerordentlichen Länge ausgezogen. *Kirby* and *Spence*, Introduction to Entomology. Vol. III, p. 332-336.

In allen Ordnungen bieten die Geschlechter vieler Species Verschiedenheiten dar, deren Bedeutung nicht zu erklären ist. Ein merkwürdiger Fall ist der von einem Käfer, dessen Männchen die linke Mandibel bedeutend vergrößert hat, so daß der Mund in hohem Maße verzerrt ist. Bei einem andern carabiden Käfer, dem *Eurygnathus*insecta Maderensia. 1854, p. 20. haben wir den, soweit es Mr. *Wollaston* bekannt ist, einzigen Fall, daß der Kopf des Weibchens, allerdings in einem variablen Grade, viel breiter und größer ist als der des Männchens. Derartige Fälle ließen sich in beliebiger Zahl anführen. Sie sind auch unter den Schmetterlingen unendlich zahlreich; einer der außerordentlichsten ist der, daß gewisse männliche Schmetterlinge mehr oder weniger atrophierte Vorderbeine haben, wobei die Tibien und Tarsen zu bloßen rudimentären Höckern reduciert sind. Auch weichen die Flügel in den beiden Geschlechtern oft in der Vertheilung der Adern E. *Doubleday*, in: Annals and Magaz. of Natur. Hist. Vol. I. 1848, p.379. Ich will hier noch hinzufügen, daß bei gewissen Hymenoptern (s. *Shuckard*, Fossorial Hymenoptera. 1837, p. 39-43) die Flügel nach dem Geschlechte in der Aderung verschieden sind. und zuweilen auch beträchtlich in dem Umrisse von einander ab, so bei *Aricoris epitus*, wie mir im British Museum Mr. A. *Butler* gezeigt hat. Die Männchen gewisser südamerikanischer Schmetterlinge haben Haarbüschel an den Rändern der Flügel und hornige Auswüchse auf den Flächen des hinteren Paars. H. W. *Bates*, in: Journal of Proceed. Linnean Soc. Vol. VI. 1862, p. 74. Mr. *Wonfor's* Beobachtungen werden citiert in: Popular Science Review. 1868, p. 343. Bei mehreren britischen Schmetterlingen sind, wie mir Mr. *Wonfor* gezeigt hat, nur die Männchen theilweise mit eigentümlichen Schuppen bekleidet.

Der Zweck der Leuchtkraft beim weiblichen Leuchtkäfer ist vielfach Gegenstand der Erörterung gewesen. Das Männchen leuchtet schwach, ebenso die Larven und selbst die Eier. Einige Schriftsteller haben vermuthet, daß das Licht dazu diene, die Feinde fortzuschrecken, andere, daß es das Männchen zum Weibchen leite. Endlich scheint Mr. *Belt*The Naturalist in Nicaragua, 1874, p. 316-320. Über das Phosphorescieren der Eier s. Annals and Mag. of Nat. Hist. 1871, Nov., p. 372. die Schwierigkeit gelöst zu haben: er findet, daß alle Lampyriden, welche er darauf untersucht hat, allen insectenfressenden Säugethieren und Vögeln äußerst widerwärtig sind. Es steht nun mit der später mitzutheilenden Ansicht des Mr. *Bates* in Einklang, daß viele Insecten die Lampyriden streng nachahmen, um für solche gehalten zu werden und der Zerstörung zu entgehen. Er glaubt ferner, daß die leuchtenden Arten davon Vortheil haben, daß sie sofort als ungenießbar erkannt werden. Wahrscheinlich läßt sich dieselbe Erklärung auf die Elateren ausdehnen, bei welchen beide Geschlechter stark leuchten. Es ist unbekannt, warum die Flügel des weiblichen Leuchtkäfers sich nicht entwickelt haben; in dem jetzigen Zustand gleicht derselbe aber sehr einer Larve, und da so viele Thiere von Larven sich ernähren, können wir wohl verstehen, warum das Weibchen so viel leuchtender und auffallender als das Männchen geworden ist und warum selbst die Larven auch leuchten.

Verschiedenheit in der Größe beider Geschlechter. – Bei Insecten aller Arten sind gewöhnlich die Männchen kleiner als die Weibchen; und diese Verschiedenheit kann oft schon im Larvenzustande nachgewiesen werden. Die Verschiedenheit zwischen den männlichen und weiblichen Cocons des Seidenschmetterlings (*Bombyx mori*) ist so beträchtlich, daß sie in Frankreich durch eine eigenthümliche Methode des Wägens von einander geschieden werden. *Robinet*, Vers à Soie. 1848, p. 207. In den niederen Classen des Thierreichs scheint die bedeutendere Größe der Weibchen allgemein davon abzuhängen, daß sie eine enorme Anzahl von Eiern entwickeln, und dies dürfte auch in einer gewissen Ausdehnung für die Insecten gelten. Dr. *Wallace* hat aber eine viel wahrscheinlichere Erklärung aufgestellt. Nach einer sorgfältigen Beobachtung der Entwicklung der Raupen von *Bombyx Cynthia* und *Yamamai* und besonders einiger zwerghafter, aus einer zweiten Zucht mit unnatürlicher Nahrung gezogener Raupen fand er, »daß in dem Verhältnis, als der individuelle Schmetterling schöner ist, auch die zu seiner Metamorphose erforderliche Zeit länger ist; und aus diesem Grunde geht dem Weibchen, welches das größere und schwerere Insect ist, weil es seine zahlreichen Eier mit sich herumzutragen hat, das Männchen voraus, welches kleiner ist und weniger zu zeitigen hat«. Transact. Entomol. Soc. 3. Series. Vol. V, p. 486. Da nun die meisten Insecten kurzlebig und vielen Gefahren ausgesetzt sind, so wird es offenbar für das Weibchen von Vortheil sein, sobald als möglich befruchtet zu werden. Dieser Zweck wird dadurch erreicht werden, daß die Männchen zuerst in großer Anzahl reif werden, bereit der Ankunft der Weibchen zu warten, und dies wird natürlich wiederum, wie Mr. A. R. *Wallace* bemerkt hat, Journal of Proceed. Entomol. Soc. 4. Febr. 1867, p. LXXI. eine Folge der natürlichen Zuchtwahl sein; denn die kleineren Männchen werden zuerst die Reife erlangen und werden daher eine große Zahl von Nachkommen hervorbringen, welche die verkümmerte Größe ihrer männlichen Erzeuger erben werden, während die größeren Männchen, weil sie später reif werden, weniger Nachkommen hinterlassen werden.

Von der Regel, daß die männlichen Insecten kleiner sind als die weiblichen, giebt es indeß Ausnahmen, und einige dieser Ausnahmen sind auch verständlich. Größe und Körperkraft werden für Männchen von Vortheil sein, welche um den Besitz der Weibchen kämpfen, und in diesem Falle, wie z. B. bei dem Hirschkäfer (*Lucanus*), sind die Männchen größer als die Weibchen. Es giebt indeß auch andere Käfer, von denen man nicht weiß, daß sie mit einander kämpfen, und von denen doch die Männchen die Weibchen an Größe übertreffen; die Bedeutung dieser Thatsache ist unbekannt. Aber bei einigen dieser

Fälle, so bei den ungeheuren Formen der *Dynastes* und *Megasoma*, können wir wenigstens sehen, daß keine Nothwendigkeit vorliegt, daß die Männchen kleiner als die Weibchen sein müßten, damit sie vor ihnen den Reifezustand erreichen; denn diese Käfer sind nicht kurzlebig und es würde demnach auch hinreichende Zeit zum Paaren der beiden Geschlechter vorhanden sein. So sind ferner männliche Libelluliden zuweilen nachweisbar größer und niemals kleiner als die weiblichen, In Bezug auf diese und andere Angaben über die Größe der Geschlechter s. *Kirby* and *Spence*, Introduction etc. Vol. III, p. 300; über die Lebensdauer bei Insecten s. ebenda p. 344. und wie Mr. *Mac Lachlan* glaubt, paaren sie sich allgemein mit den Weibchen nicht eher, als bis eine Woche oder vierzehn Tage verflossen sind und bis sie ihre eigenthümlichen männlichen Färbungen erhalten haben. Aber den merkwürdigsten Fall, welcher zeigt, von welch' complicierten und leicht zu übersehenden Beziehungen ein so unbedeutender Charakter, wie eine Verschiedenheit in der Größe zwischen den beiden Geschlechtern, abhängen kann, bieten die mit Stacheln versehenen Hymenoptern dar. Mr. *Fred. Smith* theilt mir mit, daß fast in dieser ganzen großen Gruppe die Männchen in Übereinstimmung mit der allgemeinen Regel kleiner als die Weibchen sind und ungefähr eine Woche früher als diese ausschlüpfen; aber unter den Bienen sind die Männchen von *Apis mellifica*, *Anthidium manicatum* und *Anthophora acervorum*, und unter den grabenden Hymenoptern die Männchen der *Methoca ichneumonides* größer als die Weibchen. Die Erklärung dieser Anomalie liegt darin, daß bei diesen Species ein Hochzeitsflug absolut nothwendig ist und daß die Männchen größerer Kraft und bedeutenderer Größe bedürfen, um die Weibchen durch die Luft zu führen. Die bedeutendere Größe ist hier im Widerspruche mit der gewöhnlichen Beziehung zwischen der Größe und der Entwicklungsperiode erlangt worden; denn trotzdem die Männchen größer sind, schlüpfen sie doch vor den kleineren Weibchen aus.

Wir wollen nun die verschiedenen Ordnungen durchgehen und dabei solche Thatsachen auswählen, wie sie uns besonders hier angehen. Die Lepidoptern (Tag- und Nachtschmetterlinge) sollen für ein besonderes Capitel aufgespart bleiben.

Ordnung: *Thysanura*. – Die Glieder dieser Ordnung sind für ihre Classe niedrig organisiert. Sie sind flügellose, trüb gefärbte, sehr kleine Insecten mit häßlichen, beinahe mißförmigen Köpfen und Körpern. Die Geschlechter sind nicht von einander verschieden; sie bieten aber eine interessante Thatsache dar dadurch, daß sie zeigen, wie die

Männchen selbst auf einer tiefen Stufe des Thierreichs den Weibchen eifrig den Hof machen können. Sir J. *Lubbock*Transact. Linnean Soc. Vol. XXVI. 1868, p. 296. beschreibt den *Sminthurus luteus* und sagt: »Es ist sehr unterhaltend, diese kleinen Wesen mit einander coquettieren zu sehen. Das Männchen, welches viel kleiner als das Weibchen ist, läuft um dasselbe herum; sie stoßen sich einander, stellen sich gerade gegen einander über und bewegen sich vorwärts und rückwärts wie zwei spielende Lämmer. Dann thut das Weibchen, als wenn es davonliefe, und das Männchen läuft hinter ihm her mit einem komischen Ansehen des Ärgers, überholt es und stellt sich ihm wieder gegenüber. Dann dreht sich das Weibchen spröde herum, aber das Männchen, schneller und lebendiger, schwenkt gleichfalls rundum und scheint es mit seinen Antennen zu peitschen. Dann stehen sie für ein Weilchen wieder Auge in Auge, spielen mit ihren Antennen und scheinen durchaus nur einander anzugehören.«

Ordnung: Diptera (Fliegen). – Die Geschlechter weichen in der Farbe wenig von einander ab. Die größte Verschiedenheit, die Mr. *Fr. Walker* bekannt geworden ist, bietet die Gattung *Bibio* dar, bei welcher die Männchen schwärzlich oder vollkommen schwarz und die Weibchen dunkel bräunlich-orange sind. Die Gattung *Elaphomyia*, welche Mr. *Wallace*The Malay Archipelago. Vol. II. 1869, p. 313. in Neu-Guinea entdeckt hat, ist äußerst merkwürdig, da die Männchen mit Hörnern versehen sind, welche dem Weibchen vollständig fehlen. Die Hörner entspringen von unterhalb der Augen und sind in einer merkwürdigen Weise denen der Hirsche ähnlich, indem sie entweder verzweigt oder handförmig verbreitet sind. Bei einer der Arten sind sie an Länge der des ganzen Körpers gleich. Man könnte meinen, daß sie zum Kampfe dienen; da sie aber in einer Species von einer schönen rosenrothen Farbe sind, mit Schwarz gerändert und mit einem blassen Streifen in der Mitte, und da diese Insecten überhaupt eine sehr elegante Erscheinung haben, so ist es vielleicht wahrscheinlicher, daß die Hörner zur Zierde dienen. Daß die Männchen einiger Diptern mit einander kämpfen, ist gewiß denn Professor *Westwood*Modern Classification of Insects. Vol. II. 1840, p. 526. hat dies mehrere Male bei einigen Arten von *Tipula* gesehen. Die Männchen andrer Diptern versuchen allem Anscheine nach die Weibchen durch ihre Musik zu gewinnen; *H. Müller*Anwendung der Darwinschen Lehre etc., in: Verhandl. d. nat. Ver. d. preuß. Rheinl. 29. Jahrg., p. 80. *Mayer*, in: American Naturalist, 1874, p. 236. beobachtete eine Zeit lang zwei Männchen einer *Eristalis*, die einem Weibchen den Hof machten; sie schwebten über ihr, flogen von der einen auf die andere Seite und machten gleichzeitig ein hohes summendes Geräusch. Mücken und Mosquitos (Culicidae) scheinen einander gleichfalls durch Summen anzulocken. Prof. *Mayer* hat neuerdings ermittelt, daß die Haare an den Antennen der Männchen im Einklang mit den Tönen einer Stimmgabel schwingen, die innerhalb der Reihe von Tönen liegen, welche das Weibchen giebt. Die längeren Haare schwingen sympathisch mit den tieferen, die kürzeren Haare mit den höheren Tönen. Auch *Landois* versichert, wiederholt einen ganzen Schwarm von Mücken durch das Hervorbringen eines besonderen Tones herangelockt zu haben. Es mag noch bemerkt werden, daß die geistigen Fähigkeiten der Zweiflügler wahrscheinlich höher als bei den meisten andern Insecten sind, in Übereinstimmung damit, daß ihr Nervensystem so hoch entwickelt ist. s. Mr. *B. T. Lowne*'s sehr interessantes Werk: On the Anatomy of the Blow-Fly, Musca vomitoria. 1870, p. 14. Er bemerkt (p. 33), daß »die gefangenen Fliegen einen eigenthümlichen klagenden Ton ausstoßen und daß dieser Ton das Verschwinden anderer Fliegen verursacht«.

Insecten. (Fortsetzung.) Ordnung: Lepidoptera

Geschlechtliche Werbung der Schmetterlinge. – Kämpfe. – Klopfende Geräusche. – Farben beiden Geschlechtern gemeinsam oder glänzender bei den Männchen. – Beispiele. – Sind nicht Folge der indirecten Wirkung der Lebensbedingungen. – Farben als Schutzmittel angepaßt. – Färbungen der Nachtschmetterlinge. – Entfaltung. – Wahrnehmungsvermögen der Lepidoptern. – Variabilität. – Ursachen der Verschiedenheiten in der Färbung zwischen den Männchen und Weibchen. – Mimicry; weibliche Schmetterlinge glänzender gefärbt als die Männchen. – Helle Farben der Raupen. – Zusammenfassung und Schlußbemerkungen über die secundären Sexualcharaktere der Insecten. – Vögel und Insecten mit einander verglichen.

Der interessanteste Punkt für uns ist bei dieser großen Ordnung die Verschiedenheit in der Färbung zwischen den Geschlechtern einer und derselben Species und zwischen den verschiedenen Species einer und derselben Gattung. Beinahe dieses ganze Capitel wird diesem Gegenstande gewidmet sein; ich will aber zuerst einige wenige Bemerkungen über einen oder zwei andere Punkte machen. Oft kann man mehrere Männchen sehen, welche ein Weibchen verfolgen oder sich um dasselbe versammeln. Ihre Bewerbung scheint eine sich sehr in die Länge ziehende Angelegenheit zu sein, denn ich habe häufig ein oder mehrere Männchen beobachtet, wie sie um ein Weibchen herumtanzten, bis ich ermüdet wurde, ohne das Ende der Bewerbung auch nur vorauszusehen. Auch theilt mir Mr. *A. G. Butler* mit, daß er mehrere Male eine volle Viertelstunde lang ein Männchen in seinen Bewerbungen um ein Weibchen beobachtet habe; dasselbe wies es aber hartnäckig zurück und ließ sich zuletzt auf die Erde nieder, schloß seine Flügel und entging so seinen Annäherungen.

Obgleich Schmetterlinge so schwache und zerbrechliche Wesen sind, so sind sie doch kampfsüchtig; man hat eine Iris *Apatura Iris*: The Entomologist's Weekly Intelligencer. 1850, p. 139. In Bezug auf die Schmetterlinge von Borneo s. *C. Collingwood*, Rambles of a Naturalist. 1868, p. 183. gefangen, deren Flügelspitzen in Folge eines Kampfes mit einem anderen Männchen gebrochen waren. Mr. *Collingwood* erzählt von den häufigen Kämpfen zwischen den Schmetterlingen von Borneo und sagt: »sie drehen sich mit der größten Schnelligkeit um einander herum und scheinen von der größten Wuth erregt zu sein.«

Die *Ageronia feronia* bringt ein Geräusch hervor wie das eines Zahnrades, welches unter einem federnden Sperrhaken läuft, und welches in der Entfernung von mehreren Yards gehört werden kann. Bei Rio de Janeiro hörte ich dieses Geräusch nur, als zwei Schmetterlinge sich einander in unregelmäßigem Laufe jagten, so daß es wahrscheinlich während der Bewerbung der Geschlechter hervorgebracht wird. s. meine »Reise eines Naturforschers«, übers. von *V. Carus*, p. 37. Mr. *Doubleday* hat einen eigenthümlichen häutigen Sack an der Basis der Vorderflügel entdeckt, welcher wahrscheinlich zur Hervorbringung des Lautes in Beziehung steht (Proceed. Entomolog. Soc, 3. March, 1845, p. 123). Wegen der *Thecophora* s. Zoological Record, 1869, p. 401. Die Beobachtungen Mr. *Buchanan White's* finden sich in: The Scottish Naturalist. July 1872, p. 214.

Auch einige Nachtschmetterlinge bringen Laute hervor, z. B. die Männchen von *Thecophora fovea*. Bei zwei Gelegenheiten hörte Mr. *Buchanan White*, The Scottish Naturalist. July 1872, p. 213. wie das Männchen von *Hylophila prasinana* ein scharfes schnelles Geräusch erzeugte, welches, wie er meint, in derselben Weise hervorgebracht wird, wie bei *Cicada*, nämlich durch eine mit einem Muskel versehene elastische Membran. Er citiert auch *Guenee* dafür, daß *Setina* ein Geräusch hervorbringt wie das Ticken einer Uhr, wie es scheint »mit Hülfe zweier großer paukenförmiger Blasen in der Brustgegend; dieselben sind beim Männchen viel mehr entwickelt als beim Weibchen«. Es scheinen daher die lauterzeugenden Organe bei den Lepidoptern in einer gewissen Beziehung zu den Sexualfunctionen zu stehen. Das bekannte Geräusch des Todtenkopfschwärmers will ich nicht erwähnen; es wird meist bald, nachdem der Schmetterling die Puppenhülle verlassen hat, gehört.

Girard hat immer beobachtet, daß der moschusartige Geruch, welchen zwei Arten von Sphinx-Schwärmern von sich geben, den Männchen eigenthümlich ist: Zoological Record. 1869, p. 347. in den höheren Thierclassen werden wir viele Beispiele dafür finden, daß allein die Männchen Geruch geben.

Jedermann muß die außerordentliche Schönheit vieler Tag- und Nachtschmetterlinge bewundert haben; und wir werden zu der Frage veranlaßt: sind diese Färbungen und verschiedenen Zeichnungen das Resultat der directen Wirkung der physikalischen Bedingungen, denen diese Insecten ausgesetzt gewesen sind, ohne irgendwelchen dar-

aus fließenden Vortheil? oder sind nach einander auftretende Abänderungen angehäuft und entweder als Schutzmittel oder für irgend
einen unbekannten Zweck festgehalten worden, oder dazu, daß das
eine Geschlecht dem anderen anziehend gemacht werde? Und ferner,
was ist die Bedeutung davon, daß bei den Männchen und Weibchen
gewisser Species die Färbungen sehr verschieden und bei den beiden
Geschlechtern anderer Species gleich sind? Ehe wir versuchen, diese
Fragen zu beantworten, muß eine Anzahl von Thatsachen hier mitgetheilt werden.

Bei unseren schönen englischen Schmetterlingen, dem Admiral,
dem Pfauenauge, den Füchsen (*Vanessae*), und vielen andern sind die
Geschlechter einander gleich. Dies ist auch der Fall bei den prachtvollen Heliconiden und den meisten Danaiden der Tropenländer. Aber
bei gewissen andern tropischen Gruppen und bei einigen unserer
englischen Schmetterlinge, so bei der *Iris*, dem Aurorafalter u. s. w.
(*Apatura Iris* und *Anthocharis cardamines*), weichen die Geschlechter
entweder bedeutend oder nur unbedeutend in der Farbe von einander
ab. Es ist unmöglich den Glanz der Männchen einiger tropischen Species mit Worten zu schildern. Selbst innerhalb einer und der näml-
chen Gattung finden wir oft Species, welche eine außerordentliche
Verschiedenheit zwischen den Geschlechtern darbieten, während bei
andern die Geschlechter nahezu gleich sind. So theilt mir Mr. *Bates*,
welchem ich für die meisten der folgenden Thatsachen ebenso wie
dafür, daß er diese ganze Erörterung nochmals durchgesehen hat,
sehr verbunden bin, mit, daß er von der südamerikanischen Gattung
Epicalia zwölf Species kennt, von denen die beiden Geschlechter an
denselben Orten schwärmen (und dies ist nicht immer bei Schmetterlingen der Fall), welche daher nicht durch die äußeren Bedingungen
verschieden beeinflußt worden sein können. s. auch den Aufsatz von
Mr. *Bates* in den Proceed. Entomolog. Soc. of Philadelphia. 1865, p.
206; auch Mr. *Wallace* über denselben Gegenstand in Bezug auf *Dia-
dema*, in Transact. Entomolog. Soc. of London. 1868, p. 278. Von neun
unter diesen zwölf Species gehören die Männchen zu den prachtvollsten von allen Schmetterlingen und weichen so bedeutend von den
vergleichweise einfachen Weibchen ab, daß sie früher in besondere
Gattungen gestellt wurden. Die Weibchen dieser neun Species sind
einander in dem allgemeinen Typus ihrer Färbung ähnlich und sind
gleichfalls beiden Geschlechtern der Arten mehrerer verwandten Gattungen ähnlich, welche sich in verschiedenen Theilen der Erde finden.
Wir können daher schließen, daß diese neun Species und wahrschein-

lich alle übrigen Arten dieser Gattung von einer vorelterlichen Form abstammen, welche in nahezu derselben Weise gefärbt war. Bei der zehnten Species behält das Weibchen noch immer dieselbe allgemeine Färbung, aber das Männchen ist ihm ähnlich, so daß dies in einer viel weniger auffallenden und abstechenden Art gefärbt ist als die Männchen der vorhergehenden Species. Bei der elften und zwölften Species weichen die Weibchen von dem bei ihrem Geschlechte in dieser Gattung gewöhnlichen Typus der Färbung ab, denn sie sind in nahezu derselben Weise lebhaft decoriert, beinahe wie die Männchen, aber in einem etwas geringeren Grade. Es scheinen also bei diesen beiden Arten die hellen Farben der Männchen auf die Weibchen übertragen worden zu sein, während das Männchen der zehnten Species die einfache Färbung sowohl des Weibchens als der elterlichen Form der Gattung entweder beibehalten oder wiedererlangt hat. Die beiden Geschlechter in diesen drei Fällen sind daher, wenn auch in einer entgegengesetzten Art und Weise, nahezu gleich gemacht worden. In der verwandten Gattung *Eubagis* sind beide Geschlechter einiger Species einfach gefärbt und einander nahezu gleich, während bei der größeren Zahl die Männchen mit schönen metallischen Färbungen in einer verschiedenartigen Weise verziert sind und bedeutend von ihren Weibchen abweichen. Durch die ganze Gattung hindurch behalten die Weibchen denselben allgemeinen Charakter, so daß sie gewöhnlich einander bedeutend ähnlicher sind als ihren eigenen Männchen.

Bei der Gattung *Papilio* sind alle Species der Gruppe *Aeneas* merkwürdig wegen ihrer auffallenden und stark contrastierenden Farben und sie erläutern die häufig vorhandene Neigung, in der Größe der Verschiedenheit zwischen den Geschlechtern gradweise Abstufungen eintreten zu lassen. In einigen wenigen Species, z. B. bei *P. ascanius*, sind die Männchen und Weibchen einander gleich; bei andern sind die Männchen entweder ein wenig heller oder sehr viel glänzender gefärbt als die Weibchen. Die unsern *Vanessae* verwandte Gattung *Junonia* bietet einen nahezu parallelen Fall dar; denn obgleich die Geschlechter der meisten ihrer Species einander ähnlich sind und satter Färbung entbehren, so ist doch in gewissen Species, wie z. B. bei *J. oenone*, das Männchen etwas glänzender gefärbt als das Weibchen, und bei einigen wenigen (z. B. *J. andremiaja*) ist das Männchen von dem Weibchen so verschieden, daß es leicht fälschlich für eine vollständig verschiedene Species genommen werden kann.

Auf einen andern merkwürdigen Fall machte mich im British

Museum Mr. *A. Butler* aufmerksam, nämlich auf die *Theclae* aus dem tropischen Amerika, bei denen beide Geschlechter nahezu gleich und wundervoll glänzend sind. Bei einer andern Art ist das Männchen in einer ähnlichen prächtigen Weise gefärbt, während die ganze obere Fläche des Weibchens von einem dunklen gleichförmigen Braun ist. Unsere gemeinen kleinen blauen englischen Schmetterlinge der Gattung *Lycaenà* erläutern die verschiedenen Differenzen in der Färbung zwischen den Geschlechtern fast ebensogut, wenn auch nicht in einer so auffallenden Weise, wie die eben genannten exotischen Gattungen. Bei *Lycaena agestis* haben beide Geschlechter braune, mit kleinen orangenen Augenflecken geränderte Flügel und sind folglich gleich. Bei *L. aegon* sind die Flügel des Männchens schön blau mit Schwarz gerändert, während die Flügel des Weibchens braun sind mit einem ähnlichen Rande und denen von *L. agestis* sehr ähnlich. Endlich sind bei *L. arion* beide Geschlechter von blauer Farbe und nahezu gleich, obschon beim Weibchen die Ränder der Flügel etwas trüber und die schwarzen Flecke deutlicher sind. Und in einer hellblauen indischen Species gleichen sich beide Geschlechter einander noch mehr.

Ich habe die vorstehenden Fälle in ziemlichem Detail mitgetheilt, um an erster Stelle zu zeigen, daß, wenn die Geschlechter bei Schmetterlingen von einander abweichen, der allgemeinen Regel nach das Männchen das schönste ist und am meisten von dem gewöhnlichen Typus der Färbung der Gruppe, zu welcher die Art gehört, abweicht. In den meisten Gruppen sind daher die Weibchen der verschiedenen Species einander viel ähnlicher, als es die Männchen sind. Indessen sind in einigen Fällen, auf welche ich später noch hinzuweisen haben werde, die Weibchen glänzender gefärbt als die Männchen. An zweiter Stelle sind die obigen Fälle mitgetheilt worden, um es dem Leser klar zu machen, daß innerhalb einer und der nämlichen Gattung die beiden Geschlechter häufig jede Abstufung von gar keiner Verschiedenheit in der Färbung bis zu einer so bedeutenden darbieten, daß es lange gedauert hat, ehe die beiden Geschlechter von den Entomologen in eine und dieselbe Gattung gestellt wurden. Wir haben aber drittens auch gesehen, daß, wenn die Geschlechter einander ziemlich ähnlich sind, dies allem Anscheine nach entweder die Folge davon ist, daß das Männchen seine Farben dem Weibchen überliefert hat, oder daß das Männchen die ursprünglichen Farben der Gattung, zu welcher die Art gehört, beibehalten oder vielleicht auch wiedererlangt hat. Auch verdient es Beachtung, daß in denjenigen Gruppen, bei denen die Geschlechter verschieden sind, die Weibchen gewöhnlich in einer gewissen Ausdehnung den Männchen ähnlich sind, so daß, wenn die Männchen in einem außerordentlichen Grade schön sind, auch die Weibchen fast ausnahmslos einen gewissen Grad von Schönheit ihrerseits darbieten. Aus den zahlreichen Fällen von Abstufung in dem Betrage an Verschiedenheit zwischen den Geschlechtern und aus dem Vorherrschen desselben allgemeinen Typus der Färbung durch die ganze Gruppe hindurch können wir schließen, daß es im Allgemeinen dieselben Ursachen gewesen sind, welche die brillante Färbung allein der Männchen bei manchen Species und beider Geschlechter in mehr oder weniger gleichem Grade bei anderen Species bestimmt haben.

Da so viele prachtvolle Schmetterlinge die Tropenländer bewohnen, so ist oft vermuthet worden, daß sie ihre Farben der großen Wärme und Feuchtigkeit dieser Zonen verdanken. Aber aus der Vergleichung verschiedener nahe verwandter Gruppen von Insecten aus den gemäßigten und den tropischen Ländern hat Mr. *Bates* gezeigt, The Naturalist on the Amazons. Vol. I. 1863, p. 19. daß diese Ansicht nicht aufrecht erhalten werden kann; und die Belege hierfür werden zwingend, sobald brillant gefärbte Männchen und einfach gefärbte Weibchen einer und derselben Species den nämlichen Bezirk bewohnen, sich von demselben Futter ernähren und genau dieselben Lebensbedingungen haben. Selbst wenn die Geschlechter einander ähnlich sind, können wir kaum glauben, daß ihre brillanten und schön angeordneten Farben das zwecklose Resultat einer besonderen Beschaffenheit der Gewebe und eine Folge der Einwirkung der umgebenden Bedingungen sind.

Sobald die Farbe zu irgend einem speciellen Zwecke modificirt worden ist, ist dies, und zwar bei Thieren aller Arten, soweit wir es beurtheilen können, zum Zwecke des Schutzes oder zur Bildung eines Anziehungsmittels der Geschlechter an einander geschehen. Bei vielen Arten von Schmetterlingen sind die oberen Flächen der Flügel dunkel gefärbt, und dies befähigt sie aller Wahrscheinlichkeit nach dazu, der Beobachtung und der Gefahr zu entgehen. Aber Schmetterlinge sind vorzüglich, wenn sie ruhen, den Angriffen ihrer Feinde ausgesetzt, und die meisten Arten erheben beim Ruhen ihre Flügel senkrecht über ihren Rücken, so daß nur die unteren Seiten dem Blicke ausgesetzt sind. Diese Seite ist es daher, welche in vielen Fällen in auffallender Weise so gefärbt ist, daß sie den Gegenständen gleicht, auf welche diese Insecten sich am häufigsten niederlassen. Ich glaube, es war Dr. *Rössler*, welcher zuerst die Ähnlichkeit der geschlossenen Flügel gewisser *Vanessae* und anderer Schmetterlinge mit der Rinde von Bäumen bemerkte. Viele analoge auffallende Fälle könnten hier noch mitgetheilt werden. Der interessanteste Fall ist der, den Mr. *Wallaces.* einen interessanten Artikel in der Westminster Review, July, 1867, p. 10. Ein Holzschnitt der *Kallima* ist von Mr. *Wallace* in Hardwicke's Science Gossip, Sept. 1867, p. 196, mitgetheilt worden. von einem gewöhnlichen indischen und sumatraner Schmetterlinge (*Kallima*) berichtet hat, welcher wie durch einen Zauber verschwindet, wenn er sich in einem Gebüsch niederläßt. Denn er verbirgt seinen Kopf und seine Antennen zwischen den geschlossenen Flügeln, und diese können in ihrer Form, Färbung und Aderung von einem verwelkten Blatte in Verbindung mit dessen Stiel nicht unterschieden werden. In einigen anderen Fällen ist die untere Fläche der Flügel brillant gefärbt, und doch dient sie als Schutzmittel. So sind die Flügel bei *Thecla rubi*, wenn sie geschlossen sind, smaragdgrün und gleichen den jungen Blättern des Himbeerstrauchs, auf welchem dieser Schmetterling im Frühjahr am häufigsten sitzend anzutreffen ist. Es ist auch merkwürdig, daß bei sehr vielen Arten, bei denen die Geschlechter in der Farbe der oberen Fläche bedeutend von einander abweichen, die untere Fläche in beiden Geschlechtern sehr ähnlich oder identisch gefärbt ist und als Schutzmittel dient. *G. Fraser* in : Nature, Apr. 1871, p. 489. Obgleich die dunklen Färbungen der oberen oder unteren Flächen vieler Schmetterlinge ohne Zweifel dazu dienen, sie zu verbergen, so können wir doch diese Ansicht nicht auf die glänzenden und auffallenden Färbungen der oberen Fläche solcher Arten ausdehnen, wie z. B. auf unsern Admiral und unser Pfauenauge, die *Vanessae*, unsern weißen Kohlschmetterling (*Pieris*) oder den großen schwalbenschwänzigen *Papilio*, welcher auf offenen Gründen schwärmt. Denn es sind diese Schmetterlinge durch jene Farben sichtbar für jedes lebende Wesen gemacht worden. Bei diesen Species sind beide Geschlechter einander gleich; aber bei dem gemeinen Citronenvogel (*Gonepterix rhamni*) ist das Männchen intensiv gelb, während das Weibchen viel blässer ist, und bei dem Aurorafalter (*Anthocharis cardamines*) haben nur die Männchen die glänzenden orangenen Spitzen an ihren Flügeln. In diesen Fällen sind die Männchen und Weibchen gleichmäßig in die Augen fallend, und es ist nicht glaubhaft, daß ihre Verschiedenheit in der Färbung in irgend einer Beziehung zu gewöhnlichen Schutzmitteln steht. Prof. *Weismann* bemerkt, Einfluß der Isolirung auf die Artbildung. 1872, p. 58. daß das Weibchen einer der Lycaenen ihre braunen Flügel ausbreitet, wenn es sich auf den Boden setzt, und dann beinahe unsichtbar ist; andererseits schließt das Männchen, wenn es ruht, seine Flügel, als wenn es wüßte, welche

Gefahr ihm das helle Blau der oberen Fläche derselben brächte. Dies zeigt, daß die blaue Farbe in keiner Weise protectiv sein kann. Nichtsdestoweniger ist es wahrscheinlich, daß die auffallenden Farben vieler Species in einer indirecten Weise wohlthätig sind und zwar dadurch, daß dieselben es sofort zu erkennen geben, daß sie ungenießbar sind. Denn in gewissen anderen Fällen ist die Schönheit durch die Nachahmung anderer schöner Species erreicht worden, welche denselben Bezirk bewohnen und vor Angriffen dadurch sicher geworden sind, daß sie in irgendwelcher Weise den Feinden offensiv sind; dann haben wir aber noch immer die Schönheit der nachgeahmten Species zu erklären.

Das Weibchen unseres Aurorafalters, welcher oben erwähnt wurde, und einer amerikanischen Species (*Anthocharis genutia*) bietet uns, wie Mr. *Walsh* gegen mich geäußert hat, wahrscheinlich die ursprünglichen Farben der elterlichen Art der ganzen Gattung dar; denn beide Geschlechter von vier oder fünf sehr weit verbreiteten Arten sind in nahezu derselben Art und Weise gefärbt. Wir können hier schließen, wie in mehreren der vorhergehenden Fälle, daß es die Männchen von *Anthocharis cardamines* und *genutia* sind, welche von dem gewöhnlichen Typus der Färbung ihrer Gattung abgewichen sind. Bei der *Anth. sara* von Californien sind die orangenen Spitzen beim Weibchen zum Theil entwickelt worden; sie sind aber blasser als beim Männchen und in einigen anderen Beziehungen unbedeutend verschieden. Bei einer verwandten indischen Form, der *Iphias glaucippe*, sind die orangenen Spitzen in beiden Geschlechtern völlig entwickelt. Bei dieser *Iphias* gleicht die untere Fläche der Flügel, worauf mich Mr. *A. Butler* aufmerksam gemacht hat, in merkwürdiger Weise einem blaßgefärbten Blatte; und bei unserem englischen Aurorafalter gleicht die untere Fläche dem Blüthenkopfe der wilden Petersilie, auf welchen man denselben häufig sich zur Nachtruhe niederlassen sehen kann. s. die interessanten Beobachtungen von Mr. *T. W. Wood*, »The Student«, Sept. 1868, p. 81. Dieselbe Beweiskraft, welche uns dazu zwingt, zu glauben, daß die untere Fläche in diesen Fällen zum Zwecke des Schutzes gefärbt worden ist, veranlaßt uns aber auch es zu leugnen, daß in den Fällen, wo die Flügel mit hellem Orange an der Spitze versehen worden sind, und besonders wenn dieser Charakter auf das Männchen beschränkt ist, dies zu demselben Zwecke geschehen sei.

Die meisten Nachtschmetterlinge ruhen während des ganzen Tages oder des größeren Theils desselben bewegungslos mit herabhängenden Flügeln, und die oberen Flächen der Flügel sind oft, wie Mr. *Wallace* bemerkt hat, in einer wunderbaren Weise schattiert und gefärbt, um der Entdeckung zu entgehen. Bei den Bombyciden und Noctuiden Mr. *Wallace* in: Hardwicke's Science Gossip, Sept. 1867, p. 193. bedecken im Ruhezustande die Vorderflügel die Hinterflügel und verbergen dieselben, so daß die letzteren ohne große Gefahr glänzend gefärbt sein können; und so sind sie in vielen Species beider Familien wirklich gefärbt. Während des Flugs sind diese Schmetterlinge oft im Stande, ihren Feinden zu entgehen; nichtsdestoweniger müssen, da die Hinterflügel beim Fliegen dem Blicke vollständig ausgesetzt sind, die glänzenden Farben derselben allgemein auf Kosten einer gewissen Gefahr erlangt worden sein. Aber die folgende Thatsache zeigt uns, wie vorsichtig wir sein müssen beim Ziehen von Schlüssen über einen derartigen Gegenstand. Die gemeinen Gelbbandeulen (*Triphaena*) fliegen oft während des Tages oder des frühen Abends herum und sind dann wegen der Farbe ihrer Hinterflügel sehr auffallend. Man würde natürlich hier denken, daß dies eine Quelle der Gefahr sei; aber Mr. *Jenner Weir* glaubt, daß dies factisch ein Mittel zur Sicherung ist. Denn die Vögel stoßen auf diese glänzend gefärbten und zerbrechlichen Flächen statt auf den Körper. So that z. B. Mr. *Weir* ein kräftiges Exemplar von *Triphaena pronuba* in seine Volière, welches sofort von einem Rothkehlchen verfolgt wurde; da aber die Aufmerksamkeit des Vogels sich auf die gefärbten Flügel richtete, so wurde die Motte nicht eher als nach ungefähr fünfzig Versuchen gefangen und nachdem kleine Partieen der Flügel wiederholt abgebrochen worden waren. Er versuchte dasselbe Experiment in freier Luft mit einer *Triphaena fimbria* und einer Schwalbe, aber die bedeutende Größe dieser Motte verhinderte wahrscheinlich ihr Gefangenwerden. s. auch über diesen Gegenstand Mr. *Weir's* Aufsatz in den Transact. Entomolog. Soc. 1869, p. 23. Wir werden hierdurch an eine von Mr. *Wallace* Westminster Review. July, 1867, p. 16. gemachte Angabe erinnert, nämlich daß in den brasilianischen Wäldern und auf den malayischen Inseln viele häufige und auffallend geschmückte Schmetterlinge nur schwache Flieger sind, trotzdem sie in ihren Flügeln eine große Fläche besitzen; und »oft werden sie mit durchbohrten und gebrochenen Flügeln gefangen, als wenn sie von Vögeln ergriffen worden wären. Wären die Flügel im Verhältnisse zum Körper viel kleiner gewesen, so würde das Insect, wie es scheint, wahrscheinlich häufiger an einem wichtigen Theile getroffen oder durchbohrt worden sein, und deshalb kann wohl die Zunahme der Flächenausdehnung der Flügel indirect eine Wohlthat für das Insect gewesen sein«.

Entfaltung der Reize. – Die hellen Farben vieler Tag- und einiger NachtSchmetterlinge sind besonders zur Entfaltung angeordnet worden, so daß sie leicht gesehen werden können. Helle Farben werden zur Nachtzeit nicht sichtbar sein; und es läßt sich nicht zweifeln, daß Nachtschmetterlinge im Ganzen genommen viel weniger lebhaft gefärbt sind als Tagschmetterlinge, welche alle ihrer Lebensweise nach Tagthiere sind. Aber die Nachtschmetterlinge gewisser Familien, so z. B. der Zygaeniden, mehrere Sphingiden, Uraniiden, einige Arctiiden und Saturniiden fliegen während des Tags oder des frühen Abends herum, und viele dieser Arten sind außerordentlich schön und viel glänzender gefärbt als die im strengen Sinne Nachts lebenden Arten. Einige wenige Ausnahmsfälle von glänzend gefärbten Nachtfliegern sind indessen beschrieben worden. So z. B. *Lithosia;* Prof. *Westwood* scheint aber (Modern Classification of Insects. Vol. II, p. 390) über diesen Fall überrascht gewesen zu sein. Über die relativen Färbungen der Tag- und Nachtschmetterlinge s. ebenda p. 333 und 392; auch *Harris*, Treatise on the Insects of New England. 1842, p. 315.

Wir haben auch noch einen Beweis anderer Art in Bezug auf diese Entfaltung. Wie vorhin erwähnt erheben die Tagschmetterlinge ihre Flügel im Ruhezustande; und während sie im Sonnenscheine ausruhen, erheben sie oft abwechselnd die Flügel und lassen sie wieder sinken, wodurch sie beide Oberflächen vollständig dem Blicke aussetzen; obschon nun die untere Fläche oft als Schutzmittel in einer dunklen Weise gefärbt ist, so ist sie doch in vielen Species ebenso glänzend gefärbt wie die Oberfläche, zuweilen auch in einer sehr verschiedenen Weise. Bei einigen tropischen Species ist die untere Fläche selbst noch brillanter gefärbt als die obere. Derartige Verschiedenheiten zwischen den oberen und unteren Flächen der Flügel bei mehreren Species von *Papilio* kann man auf den schönen Tafeln zu Mr. *Wallace's* Abhandlung »On the Papilionidae of the Malayan Region« sehen, in: Transact. Linnean Soc. Vol. XXV. Part I. 1865. Bei dem großen Perlmutterfalter, der *Argynnis aglaia*, ist nur die untere Fläche mit glänzenden Silberflecken verziert. Nichtsdestoweniger ist der allgemeinen Regel nach die obere Fläche, welche wahrscheinlich die vollständiger exponierte ist, glänzender und in einer verschiedenartigeren Weise gefärbt als die untere. Es bietet daher die untere Fläche im Allgemeinen den Entomologen die nützlichsten Merkmale dar zum Auffinden der Verwandtschaften der verschiedenen Arten. *Fritz Müller* theilt mir mit, daß in der Nähe seines Hauses in Süd-Brasilien drei Arten von *Castnia* gefunden werden; bei zweien von ihnen sind die Hinterflügel dunkel und stets von den Vorderflügeln bedeckt, wenn diese Schmetterlinge ruhen. Die dritte Art aber hat schwarze, schön mit Roth und Weiß gefleckte Hinterflügel, und diese werden vollständig ausgebreitet und entfaltet, sobald nur immer der Schmetterling ruht. Es könnten noch andere derartige Fälle hinzugefügt werden.

Wenn wir uns nun zu der enormen Gruppe der Nachtschmetterlinge wenden, welche, wie ich von Mr. *Stainton* höre, gewöhnlich die untere Fläche ihrer Flügel nicht vollständig dem Blicke aussetzen, so finden wir, daß diese Seite sehr selten glänzender gefärbt ist als die obere, oder auch nur mit gleichem Glanze. Einige Ausnahmen von dieser Regel, entweder wirkliche oder scheinbare, müssen angeführt werden, so die *Hypopyra*. s. *Wormald* über diese Thiere, in: Proceed. Entomolog. Soc. 2. March, 1868. Mr. *R. Trimen* theilt mir mit, daß in *Guenee's* großem Werke drei Motten abgebildet sind, bei denen die untere Fläche weitaus die brillanteste ist. So ist z. B. bei der australischen *Gastrophora* die obere Fläche der Vorderflügel blaß gräulich-ockergelb, während die untere Fläche prachtvoll mit einem Augenflecke von Kobaltblau verziert ist, welcher in der Mitte eines schwarzen, von Orangegelb und nach außen von Bläulichweiß geränderten Fleckes sich befindet. Aber die Lebensweise dieser drei Schmetterlinge ist unbekannt, so daß für diese ungewöhnliche Art der Färbung keine Erklärung gegeben werden kann. Auch theilt mir Mr. *Trimen* mit, daß die untere Fläche der Flügel gewisser anderer *Geometrae*s. auch eine Beschreibung der südamerikanischen Gattung *Erateina* (einer der Geometern) in : Transact. Entomolog. Soc. New Series. Vol. V, pl. XV und XVI. und viertheiliger *Noctuae* entweder bunter oder glänzender gefärbt ist als die obere Fläche; aber einige dieser Species haben die Gewohnheit, »ihre Flügel vollständig aufrecht über ihren Rücken zu halten und in dieser Stellung eine beträchtliche Zeit zu bleiben«, wobei sie die untere Fläche dem Blicke aussetzen. Andere Species haben, wenn sie sich auf den Boden oder auf Pflanzen niederlassen, die Gewohnheit, ihre Flügel dann und wann plötzlich leicht zu erheben. Es ist daher die Thatsache, daß die untere Fläche der Flügel bei manchen Motten glänzender gefärbt ist als die obere, kein so anomaler Umstand, wie es auf den ersten Blick erscheint. Die Saturniiden enthalten einige der schönsten unter allen Nachtschmetterlingen, ihre Flügel sind wie beim kleinen Nachtpfauenauge mit schönen Augenflecken verziert, und Mr. *T. W. Wood*Proceed. Entomolog. Soc. of London, July 6., 1868, p. XXVII. macht die Bemerkung, daß sie in manchen ihrer Bewegungen Tagschmetterlingen gleichen, »z. B. in dem sanften Auf-

und Abschwingen ihrer Flügel, als wenn es auf eine Entfaltung ihrer Schönheit ankäme, welches für die Tagschmetterlinge charakteristischer ist als für die Nachtschmetterlinge«.

Es ist eine eigenthümliche Thatsache, daß bei keinem britischen Nachtschmetterling, und kaum bei irgendwelchen ausländischen Arten, soweit ich es wenigstens nachweisen kann, sobald sie brillant gefärbt sind, die Geschlechter in Bezug auf die Färbung bedeutend von einander verschieden sind, trotzdem dies bei vielen glänzend gefärbten Tagschmetterlingen der Fall ist. Indeß wird das Männchen eines amerikanischen Nachtfalters, der *Saturnia Io*, beschrieben als im Besitze tiefgelber und merkwürdig mit purpurrothen Flecken gezeichneter Vorderflügel, während die Flügel des Weibchens purpurbraun und mit grauen Linien gezeichnet sind. *Harris*, Treatise on the Insects of New England, edited by *Flint*. 1862, p. 395. Die britischen Nachtschmetterlinge, welche in ihrer Färbung dem Geschlechte nach verschieden sind, sind alle braun oder haben verschiedene Farbennuancen von Schmuziggelb oder fast Weiß. Bei mehreren Species sind die Männchen viel dunkler als die Weibchen, Ich beobachtete z. B. in der Sammlung meines Sohnes, daß bei *Lasiocampa quercus*, *Odonestis potatoria*, *Hypogymna dispar*, *Dasychira pudibunda* und *Cycnia mendica* die Männchen dunkler sind als die Weibchen. Bei der zuletzt genannten Species ist die Verschiedenheit in der Farbe zwischen den beiden Geschlechtern scharf ausgesprochen; auch theilt mir Mr. *Wallace* mit, daß wir hier, wie er meint, einen Fall von protectiver Nachäffung oder Mimicry vor uns haben, welche auf das eine Geschlecht beschränkt ist, wie später noch ausführlich auseinandergesetzt werden wird. Das weiße Weibchen von *Cycnia* gleicht dem sehr allgemeinen *Spilosoma menthastri*, bei welchem beide Geschlechter weiß sind; und Mr. *Stainton* hat die Beobachtung gemacht, daß dieser letztere Schmetterling mit äußerstem Widerwillen von einer ganzen Brut junger Truthühner verschmäht wurde, welche andere Schmetterlinge sehr gern fressen. Wenn daher die *Cycnia* von britischen Vögeln gewöhnlich für ein *Spilosoma* gehalten würde, so würde sie dem Gefressenwerden entgehen und ihre täuschende weiße Farbe wäre daher eine außerordentliche Wohlthat für sie. und diese gehören Gruppen an, welche meistens während des Nachmittags fliegen. Auf der anderen Seite haben bei vielen Gattungen, wie mir Mr. *Stainton* mittheilt, die Männchen weißere Unterflügel als die Weibchen, für welche Thatsache *Agrotis exclamationis* ein gutes Beispiel darbietet. Bei dem Hopfenspinner *(Hepialus humuli)* ist die Verschiedenheit schärfer ausgesprochen, die Männchen sind weiß und die Weibchen gelb mit dunkleren Zeichnungen. Es ist merkwürdig, daß auf den Shetland-Inseln das Männchen dieses Spinners, anstatt vom Weibchen sehr verschieden zu sein, ihm häufig in der Färbung sehr ähnlich ist (s. *Mac Lachlan*, Transact. Entomol. Soc. Vol. II. 1866, p. 459). *G. Fraser* vermuthet (Nature, Apr. 1871, p. 489), daß in der Zeit des Jahres, wo der Hopfenspinner auf diesen nördlichen Inseln erscheint, die weiße Farbe der Männchen nicht nöthig sein würde, sie während der Dämmerungsnächte den Weibchen sichtbar zu machen. Wahrscheinlich werden hierdurch die Männchen in diesen Fällen auffallender und können von den Weibchen, während sie in der Dämmerung herumfliegen, leichter gesehen werden.

Nach den verschiedenen im Vorstehenden erwähnten Thatsachen ist es unmöglich anzunehmen, daß die brillanten Farben von Tagschmetterlingen und einigen wenigen Nachtfaltern im Allgemeinen zum Zwecke des Schutzes erlangt worden seien. Wir haben gesehen, daß ihre Färbungen und eleganten Zeichnungen so, als wenn es auf eine Entfaltung derselben abgesehen sei, angeordnet sind und dem Anblicke dargeboten werden. Ich werde daher zu der Vermuthung geleitet, daß die Weibchen im Allgemeinen die glänzender gefärbten Männchen vorziehen oder von diesen am meisten angeregt werden; denn nach jeder andern Annahme würden die Männchen, so weit wir sehen können, zu gar keinem Zwecke geschmückt sein. Wir wissen, daß Ameisen und gewisse lamellicorne Käfer eines Gefühls der Zuneigung für einander fähig sind und daß Ameisen ihre Genossen nach einem Verlaufe von mehreren Monaten wiedererkennen. Es liegt daher keine abstracte Unwahrscheinlichkeit vor, daß die Lepidoptern, welche in der Stufenleiter wahrscheinlich nahezu oder vollständig so hoch stehen wie jene Insecten, hinreichende geistige Fähigkeiten haben sollten, helle Färbungen zu bewundern. Sie finden sicher Blüthen durch deren Färbungen. Der Taubenschwanz (*Macroglossa stellatarum*) stürzt sich, wie oft beobachtet werden kann, aus einer ziemlichen Entfernung auf eine Gruppe Blüthen in der Mitte von grünem Laube, und zwei Personen haben mir versichert, daß dieser Schwärmer wiederholt an den Wänden eines Zimmers auf gemalte Blumen hinflog und vergebens versuchte, seinen Rüssel in dieselben einzuführen. *Fritz Müller* theilt mir mit, daß mehrere Arten von Schmetterlingen in Süd-Brasilien eine unverkennbare Vorliebe für gewisse Farben vor anderen zeigen: er beobachtete, daß sie die brillanten rothen Blüthen von fünf oder sechs Gattungen von Pflanzen sehr häufig aufsuchten, aber niemals die weiß oder gelb blühenden

Arten derselben oder anderer Gattungen, die in dem nämlichen Garten wuchsen; auch habe ich noch andere Berichte in demselben Sinne erhalten. Der gemeine weiße Schmetterling fliegt oft, wie ich von Mr. *Doubleday* höre, auf ein Stück Papier auf der Erde hinunter, indem er dasselbe ohne Zweifel für ein Insect seiner Art hält. Mr. *Collingwood*Rambles of a Naturalist in the Chinese Seas. 1868, p. 182. erzählt von der Schwierigkeit, gewisse Schmetterlinge in dem malaiischen Archipel zu sammeln, und giebt an, daß »ein auf einen auffallend vorspringenden Zweig gestecktes todtes Exemplar oft ein Insect derselben Species in seinem stürmischen Fluge aufhält und in den Bereich des Netzes herabbringt, besonders wenn es dem anderen Geschlechte angehört.«

Die Werbung der beiden Geschlechter bei Schmetterlingen ist, wie schon bemerkt wurde, eine langwierige Angelegenheit. Die Männchen kämpfen zuweilen aus Eifersucht mit einander, und man sieht oft, wie viele um ein und dasselbe Weibchen herumjagen oder sich um dasselbe versammeln. Wenn nun die Weibchen nicht ein Männchen dem andern vorziehen, so muß die Paarung dem bloßen Zufalle überlassen sein, und dies scheint mir durchaus nicht der wahrscheinliche Ausgang zu sein. Wenn auf der andern Seite die Weibchen gewöhnlich, oder selbst nur gelegentlich, die schöneren Männchen vorziehen, so werden die Farben der letzteren gradweise glänzender geworden sein und werden auf beide Geschlechter oder nur auf ein Geschlecht vererbt worden sein je nach dem gerade vorherrschenden Gesetze der Vererbung. Sind die Schlußfolgerungen, zu denen wir aus verschiedenen Arten von Belegen in dem Anhange zum neunten Capitel gelangt sind, zuverlässig, so wird der Proceß der geschlechtlichen Zuchtwahl durch einen Umstand sehr erleichtert worden sein, nämlich dadurch, daß die Männchen vieler Lepidoptern, wenigstens im Imagozustande, die Weibchen bedeutend an Zahl übertreffen.

Einige Thatsachen stehen indessen der Annahme, daß weibliche Schmetterlinge die schöneren Männchen vorziehen, entgegen. So ist mir von mehreren Beobachtern versichert worden, daß frische Weibchen häufig in der Paarung mit abgeflogenen, abgeblaßten oder schmutzigen Männchen zu sehen sind. Doch ist dies ein Umstand, welcher in vielen Fällen kaum ausbleiben kann, da die Männchen zeitiger aus ihren Puppenhüllen ausschlüpfen als die Weibchen. Bei Nachtschmetterlingen aus der Familie der Bombyciden paaren sich die Geschlechter unmittelbar, nachdem sie die Form des Imago angenommen haben; denn wegen des rudimentären Zustandes ihrer Mundorgane können sie sich nicht ernähren. Wie mir mehrere Entomologen bemerkt haben, befinden sich die Weibchen in einem fast torpiden Zustande und scheinen auch nicht die mindeste Wahl in Bezug auf ihre Genossen zu äußern. Dies ist mit dem gemeinen Seidenschmetterling (*Bombyx mori*) der Fall, wie mir mehrere Züchter vom Continente und in England gesagt haben. Dr. *Wallace*, welcher in Bezug auf die Züchtung von *Bombyx Cynthia* große Erfahrung hat, ist der Überzeugung, daß die Weibchen keine Wahl oder keine Vorliebe zeigen. Er hat über dreihundert von diesen Spinnern lebend zusammengehalten und hat oft die kräftigsten Weibchen mit verstümmelten Männchen sich paaren sehen. Wie es scheint, kommt das Umgekehrte selten vor. Denn, wie er glaubt, gehen die kräftigen Männchen bei den schwächlichen Weibchen vorüber und werden mehr von denen angezogen, welche die meiste Lebenskraft darbieten. Trotzdem die Bombyciden dunkel gefärbt sind, erscheinen sie nichtsdestoweniger wegen ihrer eleganten und bunten Schattierungen unserem Auge als schön.

Ich habe bis jetzt nur die Arten erwähnt, bei denen die Männchen heller gefärbt sind als die Weibchen, und habe ihre Schönheit dem Umstande zugeschrieben, daß viele Generationen hindurch die Weibchen die anziehenderen Männchen gewählt haben. Es kommen aber auch, wenn schon selten, umgekehrte Fälle vor, wo die Weibchen brillanter sind als die Männchen; hier haben, wie ich glaube, die Männchen die schöneren Weibchen gewählt und haben dadurch langsam deren Schönheit erhöht. Wir wissen nicht, warum in verschiedenen Classen des Thierreichs die Männchen einiger wenigen Species die schöneren Weibchen erwählt haben, statt mit Freuden irgend ein Weibchen zu nehmen, was im Thierreich die allgemeine Regel zu sein scheint; wenn aber im Gegensatz zu dem, was allgemein bei den Lepidoptern der Fall ist, die Weibchen zahlreicher wären als die Männchen, so würden wahrscheinlich die letzteren die schöneren Weibchen aussuchen. Mr. *Butler* zeigte mir mehrere Arten von *Callidryas* im British Museum; bei einigen glichen die Weibchen den Männchen an Schönheit, bei anderen übertrafen sie dieselben bedeutend; denn nur die Weibchen haben die Flügelränder mit Carmoisin und Orange unterlaufen und mit Schwarz gefleckt. Die einfacheren Männchen dieser Arten gleichen einander sehr und zeigen damit, daß hier die Weibchen modificiert worden sind, während in den Fällen, wo die Männchen die geschmückteren sind, diese modificiert sind und die

Weibchen einander fast gleich bleiben.

In England haben wir einige analoge, wenn schon nicht so ausgesprochene Fälle. Nur die Weibchen zweier Arten von *Thecla* haben einen hellpurpurnen oder orange Fleck auf den Vorderflügeln. Bei *Hipparchia* sind die Geschlechter nicht sehr verschieden; es ist aber das Weibchen von *H. janira*, welches einen auffallenden hellbraunen Fleck auf seinen Flügeln hat; und die Weibchen einiger von den anderen Arten sind heller gefärbt als ihre Männchen. Ferner haben die Weibchen von *Colias edusa* und *hyale* »orange oder gelbe Flecke auf dem schwarzen Randsaume, die bei den Männchen nur durch dünne Striche angedeutet sind« bei *Pieris* sind es die Weibchen, welche »mit schwarzen Flecken auf den Vorderflügeln verziert sind, dieselben sind bei den Männchen nur theilweise vorhanden«. Nun weiß man, daß die Männchen vieler Schmetterlinge die Weibchen während ihres Hochzeitsfluges tragen; in der eben genannten Art aber sind es die Weibchen, welche die Männchen tragen, so daß die Rollen, welche die beiden Geschlechter spielen, umgekehrt sind, wie es auch ihre relative Schönheit ist. Durch das ganze Thierreich hindurch stellen die Männchen bei der Werbung den thätigeren Theil dar, und ihre Schönheit scheint dadurch erhöht worden zu sein, daß die Weibchen die anziehenderen Individuen angenommen haben; bei diesen Schmetterlingen indessen übernehmen bei der endlichen Hochzeitsceremonie die Weibchen die thätigere Rolle, so daß wir annehmen dürfen, daß sie dies auch bei der Werbung thun. In diesem Falle können wir sehen, woher es kommt, daß sie die schöneren geworden sind. Mr. *Meldola*, dem die vorstehenden Angaben entnommen sind, sagt zum Schluß: »Obschon ich von der Wirksamkeit der geschlechtlichen Zuchtwahl beim Hervorbringen der Farben bei Insecten nicht überzeugt bin, kann es doch nicht geleugnet werden, daß diese Thatsachen Mr. *Darwin*'s Ansicht auffallend bestätigen«. Nature, 27. Apr. 1871, p. 508. *Meldola* citiert *Donzel* in: Soc. Ent. de France, 1837, p. 77, über den Flug des Schmetterlings während der Paarung, s. auch *G. Fraser* in: Nature, 20. Apr. 1871, p. 489, über die sexuellen Verschiedenheiten mehrerer englischen Schmetterlinge.

Secundäre Sexualcharaktere der Fische, Amphibien und Reptilien

Fische: Werbung und Kämpfe der Männchen. – Bedeutendere Größe der Weibchen. – Männchen: helle Farben und ornamentale Anhänge; andere merkwürdige Charaktere. – Färbungen und Anhänge von den Männchen allein während der Paarungszeit erlangt. – Fische, bei denen beide Geschlechter glänzend gefärbt sind. – Protective Farben. – Die weniger augenfälligen Färbungen der Weibchen können nicht nach dem Grundsatze des Schutzgebens erklärt werden. – Männliche Fische bauen Nester und sorgen für die Eier und Jungen.– *Amphibien*: Verschiedenheiten des Baues und der Farbe zwischen den Geschlechtern. – Stimmorgane. – *Reptilien*: Schildkröten. – Crocodile.– Schlangen: Farben in manchen Fällen protectiv. – Eidechsen: Kämpfe derselben. – Ornamentale Anhänge. – Merkwürdige Verschiedenheiten in der Structur der beiden Geschlechter. – Färbungen. – Geschlechtliche Verschiedenheiten fast so groß wie bei den Vögeln.

Wir sind nun bei dem großen Unterreiche der Wirbelthiere angekommen und wollen mit der untersten Classe, nämlich den Fischen, beginnen. Die Männchen der Plagiostomen (Haifische, Rochen u. s. w.) und der chimärenartigen Fische sind mit Klammerwerkzeugen versehen, welche dazu dienen, das Weibchen festzuhalten, ähnlich wie die verschiedenen Bildungen, welche so viele der niedrigeren Thiere besitzen. Außer den Klammerorganen haben die Männchen vieler Rochen haufenförmige Gruppen starker scharfer Dornen auf dem Kopfe und mehrere Reihen solcher »den oberen äußeren Flächen ihrer Brustflossen entlang«. Diese sind bei den Männchen einiger Species vorhanden, bei denen die anderen Theile des Körpers glatt sind. Sie werden nur zeitweise während der Paarungszeit entwickelt, und Dr. *Günther* vermuthet, daß sie als Greiforgane in Thätigkeit kommen in der Weise, daß die beiden Seiten des Körpers nach innen und unten umgeschlagen werden. Es ist eine merkwürdige Thatsache, daß die Weibchen und nicht die Männchen mancher Species, so z. B. von *Raja clavata*, den Rücken mit großen hakenförmigen Dornen dicht besetzt haben. *Yarell*, History of British Fishes. Vol. II. 1836, p. 417, 425, 436. Dr. *Günther* theilt mir mit, daß die Dornen bei *Raja clavata* den Weibchen eigenthümlich sind.

Nur die Männchen des Capelin (*Mallotus villosus*, eines lachsartigen Fisches) haben eine aus dicht stehenden, bürstenartigen Schuppen bestehende Leiste, mittelst deren zwei Männchen, eines auf jeder Seite, das Weibchen halten, während dasselbe mit großer Geschwindigkeit über den sandigen Grund hinfährt und dort seinen Laich ablegt. The American Naturalist, Apr. 1871, p. 119. Der hiervon sehr verschiedene *Monacanthus scopas* bietet eine ziemlich analoge Bildung dar. Wie mir Dr. *Günther* mittheilt, besitzt das Männchen einen Haufen steifer gerader Stacheln, wie die Zähne eines Kammes, an den Seiten des Schwanzes; dieselben waren in einem Exemplar von sechs Zoll Länge beinahe einen und einen halben Zoll lang; das Weibchen hat an derselben Stelle einen Haufen Borsten, die man mit denen einer Zahnbürste vergleichen kann. Bei einer anderen Species, *M. Peronii*, hat das Männchen eine Bürste ähnlich der beim Männchen der ersten Species, während die Seiten des Schwanzes beim Weibchen glatt sind. Bei einigen anderen Arten derselben Gattung läßt sich wahrnehmen, daß der Schwanz beim Männchen etwas rauh, beim Weibchen vollkommen glatt ist; und endlich sind bei andern Arten die Schwanzseiten beider Geschlechter glatt.

Die Männchen vieler Fische kämpfen um den Besitz der Weibchen. So ist der männliche Stichling (*Gasterosteus leiurus*) beschrieben worden als »närrisch vor Entzücken«, wenn das Weibchen aus seinem Verstecke heraus kommt und das Nest in Augenschein nimmt, welches das Männchen für dasselbe gebaut hat. »Das Männchen fliegt um das Weibchen herum in allen Richtungen, dann zurück zu den angehäuften Materialien für den Nestbau, dann im Augenblicke wieder zurück, und wenn das Weibchen nicht entgegenkommt, versucht das Männchen es mit seiner Schnauze zu stoßen und mit dem Schwanze und dem Seitenstachel nach dem Neste zu treiben«. s. die interessanten Artikel Mr. *Warington*'s in: Annals and Magaz. of Nat. Hist. 2. Ser. Vol. X. 1852, p. 276, und Vol. XVI. 1855, p. 330. Die Männchen sollen Polygamisten sein. *Noel Humphreys*, River Gardens. 1857. Sie sind außerordentlich kühn und kampflustig, während »die Weibchen vollständig friedfertig sind«. Ihre Kämpfe sind zu Zeiten verzweifelter Art: »denn diese kleinen Kämpfer heften sich für mehrere Secunden eng aneinander und stürzen mit einander kopfüber herum, bis ihre Kraft vollständig erschöpft zu sein scheint«. Bei den rauhschwänzigen Stichlingen (*G. trachurus*) beißen die Männchen einander, während sie im Kampfe rund um einander herumschwimmen und versuchen, sich gegenseitig mit ihren erhobenen seitlichen Dornen zu durchbohren. Derselbe Schriftsteller fügt hinzu: *Loudon*'s Mag. of Nat. History. Vol.

III. 1830, p. 331. »Der Biß dieser kleinen Furien ist sehr scharf. Sie benutzen auch ihre seitlichen Dornen mit solch' tödtlicher Wirkung, daß ich gesehen habe, wie während eines Kampfes der eine seinen Widersacher vollständig aufschlitzte, so daß er auf den Boden sank und starb«. Ist ein Fisch besiegt, »so verläßt ihn sein tapferes Benehmen, seine munteren Farben blassen ab, und er verbirgt sein Unglück in der Mitte seiner friedlichen Kameraden, ist aber eine Zeit lang der beständige Gegenstand der Nachstellungen seitens seines Besiegers«.

Diese Zeichnungen, ebenso wie alle anderen im vorliegenden Capitel, sind von dem bekannten Künstler G. Ford nach Exemplaren im British Museum unter freundlicher Aufsicht des Dr. Günther ausgeführt worden.)

Der männliche Lachs ist so kampflustig wie der kleine Stichling, ebenso ist es die männliche Forelle, wie ich von Dr. *Günther* höre. Mr. *Shaw* beobachtete einen heftigen Kampf zwischen zwei männlichen Lachsen, welcher einen ganzen Tag dauerte; und Mr. *R. Buist*, Oberaufseher der Fischereien, theilt mir mit, daß er oft von der Brücke in Perth beobachtet hat, wie die Männchen ihre Nebenbuhler forttreiben, während die Weibchen laichen. »Die Männchen kämpfen beständig und zerren sich auf den Laichstätten herum, und viele verletzen einander so, daß der Tod gar mancher Männchen hierdurch verursacht wird. Wenigstens hat man viele in der Nähe der Flußufer in einem Zustande der Erschöpfung und dem Anscheine nach im Absterben begriffen gesehen«. The Field, 29. Juni 1867. Wegen Mr. *Shaw*'S Angabe s. Edinburgh Review, 1843. Ein anderer erfahrener Beobachter (*Scrope*, Days of Salmon Fishing, p. 60) bemerkt, daß der männliche Lachs, wenn er könnte, alle übrigen Männchen wie der Hirsch vertreiben würde. Wie mir Mr. *Buist* mittheilt, besuchte der Verwalter der Stormontfielder Zuchtteiche im Juni 1868 den nördlichen Tyne und fand ungefähr dreihundert todte Lachse, welche mit Ausnahme eines einzigen sämmtlich Männchen waren. Seiner Überzeugung nach hatten sie alle ihr Leben im Kampfe mit anderen verloren.

Der merkwürdigste Umstand in Bezug auf den männlichen Lachs ist, daß sich während der Laichzeit außer einer bedeutenden Veränderung in der Farbe »die untere Kinnlade verlängert und ein knorpliger Vorsprung von der Spitze aus sich nach oben erhebt, welcher, wenn die Kinnladen geschlossen sind, in eine tiefe Aushöhlung zwischen den Intermaxilarknochen des Oberkiefers eingreift« *Yarell*, History of British Fishes. Vol. II. 1836, p. 10. (Figg. 27 und 28). Bei unserem Lachse hält diese Structurveränderung nur während der Laichzeit an; bei dem *Salmo lycaodon* des westlichen Nord-Amerika aber ist diese Veränderung, wie Mr. *J. K. Lord* glaubt, The Naturalist in Vancouvers Island. Vol. I. 1866, p. 54. permanent und am meisten bei den älteren Männchen ausgesprochen, welche schon früher in den Flüssen aufgestiegen sind. Bei diesen alten Männchen werden die Kinnladen zu ungeheuren hakenförmigen Vorsprüngen entwickelt und die Zähne wachsen zu regelmäßigen Hauern aus, oft über einen halben Zoll lang. Der Angabe von Mr. *Lloyd*Scandinavian Adventures. Vol. I. 1854, p. 100, 104. zufolge dient bei dem europäischen Lachse die temporäre hakenförmige Bildung dazu, die Kinnladen zu kräftigen und zu schützen, wenn das eine Männchen ein anderes mit wunderbarer Heftigkeit angreift. Aber die bedeutend entwickelten Zähne des männlichen amerikanischen Lachsen können mit den Stoßzähnen vieler männlichen Säugethiere verglichen werden; sie weisen eher auf einen offensiven Zweck hin als auf eine bloße protective Bedeutung.

Der Lachs ist nicht der einzige Fisch, bei welchem die Zähne in den beiden Geschlechtern verschieden sind. Dies ist auch bei vielen Rochen der Fall. Bei *Raja clavata* hat das Männchen scharfe spitze Zähne, welche nach rückwärts gerichtet sind, während die Zähne des Weibchens breit und platt sind und eine Art Pflaster bilden, so daß diese Zähne in den beiden Geschlechtern einer und der nämlichen Species mehr von einander verschieden sind, als es gewöhnlich bei verschiedenen Gattungen einer und derselben Familie der Fall ist. Die Zähne des Männchens werden erst dann scharf, wenn dasselbe erwachsen ist; so lange es jung ist, sind sie breit und platt wie die des Weibchens. Wie es so häufig bei secundären Sexualcharakteren vorkommt, besitzen beide Geschlechter einiger Species von Rochen, z. B. *R. batis*, wenn sie erwachsen sind, scharfe, zugespitzte Zähne, und hier scheint ein Charakter, welcher dem Männchen eigen und ursprünglich von diesem erlangt worden ist, auf die Nachkommen beider Geschlechter überliefert worden zu sein. Auch bei *R. maculata* sind die Zähne gleichfalls in beiden Geschlechtern zugespitzt, aber nur wenn sie vollständig erwachsen sind; die Männchen erhalten diese Form in einem früheren Alter als die Weibchen. Wir werden später analogen Fällen bei gewissen Vögeln begegnen, bei welchen das Männchen das beiden Geschlechtern im erwachsenen Zustande eigene Gefieder in einem etwas früheren Alter erlangt als das Weibchen. Bei anderen Arten von Rochen besitzen die Männchen, selbst wenn sie alt sind, niemals scharfe Zähne, und es sind folglich beide Geschlechter, wenn sie erwachsen sind, mit breiten, platten Zähnen versehen, ähnlich denen der Jungen und der reifen Weibchen der oben erwähnten Species. s. *Yarrell*'s Schilderung der Rochen in seiner History of British Fishes. Vol. II 1836, p. 416, mit einer ausgezeichneten Figur, und p. 422, 432. Da die Rochen kühne, kräftige und gefräßige Fische sind, so dürfen wir vermuthen, daß die Männchen ihre scharfen Zähne zum Kämpfen mit ihren Rivalen erhalten; da sie aber viele Theile besitzen, welche zum Ergreifen des Weibchens modificirt und angepaßt sind, so ist es möglich, daß ihre Zähne zu diesem Zwecke benutzt werden.

Was die Größe betrifft, so behauptet Mr. *Carbonnier*, Citiert in: The Farmer. 1868, p. 369. daß bei fast allen Fischen das Weibchen größer ist als das Männchen; und Dr. *Günther* kennt nicht ein einziges Beispiel, in welchem das Männchen factisch größer wäre als das Weibchen. Bei einigen Cyprinodonten ist das Männchen nicht einmal halb so groß als das Weibchen. Da bei vielen Arten von Fischen die Männchen gewöhnlich mit einander kämpfen, so ist es überraschend, daß sie nicht allgemein durch die Wirkungen der geschlechtlichen Zuchtwahl größer und kräftiger geworden sind als die Weibchen. Die Männchen leiden unter ihrer geringen Größe; denn der Angabe des Mr. Carbonnier zufolge werden sie gern von den Weibchen ihrer eigenen Species, sobald dieselbe fleischfressend ist, und ohne Zweifel auch von andern Species gefressen. Bedeutende Größe muß daher in irgend welcher Weise von größerer Bedeutung für die Weibchen sein, als es die Kraft und die Größe für die Männchen zum Kämpfen mit anderen Männchen ist, und dies wahrscheinlich, um den ersteren die Erzeugung einer ungeheuren Anzahl von Eiern zu ermöglichen.

Bei vielen Arten ist nur das Männchen mit hellen Farben verziert oder die Farben sind beim Männchen viel glänzender als beim Weibchen. Auch ist das Männchen zuweilen mit Anhängen versehen, welche demselben von keinem größeren Nutzen zu den gewöhnlichen Zwecken des Lebens zu sein scheinen, als es die Schwanzfedern des Pfauhahns sind. Die meisten der folgenden Thatsachen verdanke ich der großen Freundlichkeit des Dr. Günther. Es ist Grund zu der Vermuthung vorhanden, daß viele tropische Fische dem Geschlechte nach in Farbe und Structur von einander verschieden sind, und hierfür finden sich auch einige auffallende Beispiele bei unsern britischen Fischen. Der männliche *Callionymus lyra* wird von den Engländern »gemmeous dragonet« genannt »wegen seiner brillanten edelsteinartigen Farben«. Wenn er frisch aus dem Meere genommen wird, ist der

Körper gelb in verschiedenen Schattierungen und mit einem lebhaften Blau auf dem Kopfe gestreift und gefleckt; die Rückenflossen sind blaßbraun mit dunkelen Längsbändern, die Bauchflossen, Schwanz- und Afterflossen sind bläulichschwarz. Das Weibchen, von den Engländern »sordid dragonet« genannt, wurde von Linné und vielen späteren Naturforschern für eine besondere Species gehalten. Dasselbe ist von einem schmutzigen Röthlichbraun, die Rückenflossen sind braun und die anderen Flossen weiß. Die Geschlechter weichen auch in der proportionalen Größe des Kopfes und des Mundes von einander ab, ebenso in der Stellung der Augen, Ich habe diese Beschreibungen nach Yarrell's British Fishes, Vol. I, 1835, p. 261 und 266, zusammengestellt. aber die am meisten auffallende Verschiedenheit ist die außerordentliche Verlängerung der ersten Rückenflosse beim Männchen. W. Saville Kent macht die Bemerkung: »dieser sonderbare Anhang scheint, nach meinen Beobachtungen über diese Species in der Gefangenschaft, demselben Zwecke zu dienen, wie die Fleischlappen, Federbüsche und anderen abnormen Anhänge der Männchen bei hühnerartigen Vögeln, dem Zwecke nämlich ihre Genossin zu bezaubern. Nature, July 1873, p. 264. Die jungen Männchen gleichen in ihrer Structur und Farbe den erwachsenen Weibchen. In der ganzen Gattung *Callionymus*Catalogue of Acanthopter. Fishes in the British Museum by Dr. *Günther*. 1861, p. 138-151. ist das Männchen allgemein viel glänzender gefleckt als das Weibchen, und bei mehreren Species ist nicht bloß die Rückenflosse, sondern auch die Afterflosse des Männchens bedeutend verlängert.

Das Männchen des Seescorpions (*Cottus scorpio*) ist schlanker und kleiner als das Weibchen. Es besteht auch eine große Verschiedenheit in der Färbung zwischen den Geschlechtern. »Für Jeden, der diesen Fisch nicht während der Laichzeit, wo seine Färbung am glänzendsten ist, beobachtet hat, ist es,« wie Mr. *Lloyd*Game Birds of Sweden etc. 1867, p. 466. bemerkt, »schwierig, sich eine Vorstellung von der Mischung der brillanten Farben zu machen, mit welchen derselbe, der in andern Beziehungen so wenig begünstigt ist, um diese Zeit verziert ist.« Bei *Labrus mixtus* sind beide Geschlechter schön, trotzdem sie in der Färbung sehr verschieden sind; das Männchen ist orange mit hellblauen Streifen und das Weibchen hellroth mit einigen schwarzen Flecken auf dem Rücken.

In der sehr ausgezeichneten Familie der Cyprinodonten, Bewohner auswärtiger Süßwässer, weichen die Geschlechter zuweilen bedeutend in verschiedenen Merkmalen von einander ab. Bei dem

Männchen von *Mollienesia petenensis*In Bezug auf diese und die folgenden Species bin ich Dr. Günther für Information verbunden, s. auch dessen Aufsatz über die Fische von Central-Amerika in: Transact. Zoolog. Soc. Vol. VI. 1868, p. 485. ist die Rückenflosse bedeutend entwickelt und mit einer Reihe großer runder, augenförmiger, hellgefärbter Flecke gezeichnet, während dieselbe Flosse beim Weibchen kleiner, von verschiedener Form und nur mit unregelmäßigen gekrümmten braunen Flecken gezeichnet ist. Bei den Männchen ist auch der basale Rand der Afterflosse ein wenig vorgezogen und dunkel gefärbt. Bei den Männchen einer verwandten Form, des *Xiphophorus Hellerii*, ist der untere Rand der Afterflosse zu einem langen Faden entwickelt, welcher, wie ich von Dr. Günther höre, mit hellen Farben gestreift ist.

Dieser fadenförmige Anhang enthält keine Muskeln und kann dem Anscheine nach von keinem directen Nutzen für den Fisch sein. Wie es bei *Callionymus* der Fall ist, sind die Männchen, so lange sie jung sind, in ihrer Färbung und Structur den erwachsenen Weibchen ähnlich. Geschlechtliche Verschiedenheiten wie die vorstehenden können ganz streng mit denen verglichen werden, welche bei hühnerartigen Vögeln so häufig vorkommen. Dr. Günther macht diese Bemerkung: Catalogue of Fishes in the British Museum. Vol. III. 1861, p. 141. Bei einem siluroiden Fisch, welcher die süßen Gewässer von Süd-Amerika bewohnt, nämlich dem *Plecostomus barbatus*s. Dr. Günther über diese Gattung in: Proceed. Zoolog. Soc. 1868, p. 232., ist bei dem Männchen der Mund und das Interoperculum mit einem Barte steifer Haare gefranst, von welchen das Weibchen kaum eine Spur zeigt. Diese Haare sind von der Natur der Schuppen. Bei einer andern Species derselben Gattung springen von dem vorderen Theile des Kopfes des Männchens weiche biegsame Tentakeln vor, welche beim Weibchen fehlen. Diese Tentakeln sind Verlängerungen der eigentlichen Haut und sind daher den steifen Haaren der früheren Species nicht homolog; es läßt sich aber kaum zweifeln, daß beide demselben Zwecke dienen. Was dieser Zweck sein mag, ist schwierig zu vermuthen. Eine Verzierung scheint hier nicht wahrscheinlich zu sein; wir können aber kaum vermuthen, daß steife Haare und biegsame Filamente in irgend einer gewöhnlichen Weise allein den Männchen von Nutzen sein könnten. Bei jenem fremdartigen, monströs aussehenden Fische, der *Chimaera monstrosa*, hat das Männchen einen hakenförmigen Knochen auf der Spitze des Kopfes, welcher nach vorwärts gerichtet und an seinem abgerundeten Ende mit scharfen Dornen bedeckt ist; beim

Weibchen »fehlt diese Krone vollständig« was aber ihr Gebrauch sein mag, ist völlig unbekannt. *F. Buckland* in: Land and Water, July, 1868, p. 377, mit einer Abbildung. Es ließen sich noch viele andere Fälle von nur den Männchen eigenthümlichen Bildungen, deren Gebrauch unbekannt ist, anführen.

Die Gebilde, die bis jetzt erwähnt wurden, sind beim Männchen, nachdem es zur Reife gekommen ist, permanent; aber bei einigen Arten von *Blennius* und bei einer andern verwandten Gattung Dr. *Günther*, Catalogue of Fishes etc. Vol. III, p. 221 und 240. entwickelt sich ein Kamm auf dem Kopfe des Männchens nur während der Paarungszeit, auch wird der Körper der Männchen zu derselben Zeit heller gefärbt. Es läßt sich nur wenig daran zweifeln, daß dieser Kamm als ein temporäres geschlechtliches Ornament dient; denn das Weibchen zeigt auch nicht eine Spur davon. Bei andern Arten der nämlichen Gattung besitzen beide Geschlechter einen Kamm und mindestens bei einer Species ist keines von beiden Geschlechtern damit versehen. Bei vielen Chromiden, z. B. bei *Geophagus* und besonders bei *Cichla*, haben die Männchen, wie ich von Professor *Agassiz* höre, s. auch Prof. and Mrs. *Agassiz*, A Journey in Brazil. 1868, p. 220. eine auffallende Protuberanz am Vorderkopfe, welche bei den Weibchen und den jungen Männchen vollständig fehlt. Professor *Agassiz* fügt hinzu: »Ich habe diesen Fisch häufig zur Zeit des Laichens beobachtet, wo die Protuberanz am größten ist, ebenso zu andern Jahreszeiten, wo dieselbe vollständig fehlt und die beiden Geschlechter in der Contur des Profils ihres Kopfes durchaus keine Verschiedenheit von einander zeigen. Ich konnte durchaus nicht mit Sicherheit bestimmen, daß diese Hervorragung irgend einer speciellen Function diene, und die Indianer am Amazonenstrome wissen über ihren Gebrauch nichts.« Diese Protuberanzen gleichen in ihrem periodischen Erscheinen den fleischigen Carunkeln an den Köpfen gewisser Vögel, ob sie aber als Ornamente von Nutzen sind, muß für jetzt zweifelhaft bleiben.

Die Männchen derjenigen Fische, welche beständig in der Färbung von den Weibchen verschieden sind, werden häufig während der Zeit des Laichens brillanter, wie ich von Professor *Agassiz* und Dr. *Günther* höre. Dies ist gleichfalls bei einer Menge von Fischen der Fall, deren Geschlechter zu allen andern Zeiten des Jahres in ihrer Färbung identisch sind. Als Beispiel können die Schleihe, das Rothauge und der Barsch angeführt werden. Der männliche Lachs ist in dieser Zeit »auf den Wangen mit orange gefärbten Streifen gezeichnet, welche ihm die Erscheinung eines *Labrus* geben, und auch der Körper nimmt an einer gold-orangenen Färbung Theil. Die Weibchen sind von Farbe dunkel und werden gewöhnlich Schwarzfische genannt«. *Yarrell*, History of British Fishes. Vol. II. 1836, p. 10, 12, 35. Eine analoge und selbst noch größere Veränderung findet bei dem *Salmo eriox* (dem bull-trout der Engländer) statt. Die Männchen der Rothforelle (*Salmo umbla*) sind gleichfalls während der Laichzeit etwas heller in der Färbung als die Weibchen. *W. Thompson* in: Annals and Magaz. of Natur. Hist. Vol. VI. 1841, p. 440. Die Farben des Hechts der Vereinigten Staaten (*Esox reticulatus*), besonders die des Männchens, werden während der Laichzeit ausnehmend brillant und iridescierend. The American Agriculturist. 1868, p. 100. Unter vielen andern Beispielen bietet ein weiteres auffallendes der männliche Stichling (*Gasterosteus leiurus*) dar, welcher von Mr. *Warington* Annals and Magaz. of Natur. Hist. 2. Ser. Vol. X. 1852, p. 276. beschrieben wird als »über alle Beschreibung schön«. Der Rücken und die Augen des Weibchens sind einfach braun und der Bauch weiß, dagegen sind die Augen des Männchens »von dem glänzendsten Grün und haben einen metallischen Glanz, wie die grünen Federn mancher Colibris. Die Kehle und der Bauch sind von einem hellen Scharlach, der Rücken gräulichgrün, und der ganze Fisch erscheint, als wenn er in gewisser Weise durchscheinend wäre und von einem inneren Feuer erglühte«. Nach der Laichzeit verändern sich alle diese Farben, die Kehle und der Bauch werden blässer roth, der Rücken mehr grün und die glühend scheinenden Färbungen verschwinden.

Was die Werbung der Fische betrifft, so sind seit dem Erscheinen der ersten Auflage dieses Werkes außer dem vom Stichling mitgetheilten Falle noch weitere beobachtet worden. *W. S. Kent* sagt, daß das Männchen von *Labrus mixtus*, welches, wie wir gesehen haben, in der Färbung vom Weibchen abweicht, »ein tiefes Loch im Sande des Kastens macht und dann in der überredendsten Weise das Weibchen derselben Species zu bestimmen sucht, es mit ihm zu theilen, wobei es zwischen dem Weibchen und dem Loche beständig hin und her schwimmt und offenbar die größte Sorge an den Tag legt, daß jenes ihm folge«. Die Männchen von *Cantharus lineatus* werden während der Laichzeit tief bleischwarz; sie ziehen sich dann aus dem Haufen zurück und höhlen ein Loch aus zum Neste. »Jedes Männchen hält nun sorgfältig Wache über seiner ihm gehörigen Höhle und greift jeden anderen Fisch desselben Geschlechts energisch an und vertreibt ihn. Seinen Genossen vom andern Geschlechte gegenüber ist sein

Benehmen sehr verschieden; viele der letzteren sind zu dieser Zeit von Eiern ausgedehnt, und durch alle ihm nur zu Gebote stehenden Mittel versucht das Männchen dieselben einzeln zu dem vorbereiteten Neste zu locken und dort die Tausende von Eiern abzusetzen, mit denen sie beladen sind und welche es dann beschützt und mit der größten Sorgfalt bewacht«. Nature, May, 1873, p. 25.

Ein noch auffallenderes Beispiel von Werbung, ebenso wie von Entfaltung der Reize seitens der Männchen ist von *Carbonnier* in Bezug auf einen Chinesischen *Macrobus* mitgetheilt worden, der diese Fische in der Gefangenschaft sorgfältig beobachtet hat. Bullet. Soc. d'Acclimat. Paris, Juill., 1869, und Jan., 1870. Die Männchen sind ganz wunderschön gefärbt, schöner als die Weibchen. Während der Laichzeit concurriren sie um den Besitz der Weibchen; im Acte der Brautwerbung breiten sie, der Angabe *Carbonnier*'s zufolge, in derselben Weise wie der Pfauhahn, ihre Flossen aus, welche gefleckt und mit hell gefärbten Strahlen verziert sind. Sie tummeln sich auch mit großer Lebhaftigkeit um die Weibchen herum und scheinen durch »l'étalage de leurs vives couleurs chercher à attirer l'attention des femelles; lesquelles ne paraissaient indifférentes à ce manège, elles nageaient avec une molle lenteur vers les mâles et semblaient se complaire dans leur voisinage«. Nachdem das Männchen seine Braut gewonnen hat, bildet es eine kleine Scheibe von Schaum, indem es Luft und Schleim aus dem Munde ausstößt. Dann nimmt es die befruchteten vom Weibchen gelegten Eier in den Mund; dies beunruhigte *Carbonnier* sehr, da er glaubte, sie würden verschlungen werden. Bald aber bringt das Männchen dieselben in den scheibenförmigen Schaum, bewacht sie später, erneuert den Schaum und sorgt sich um die Jungen, wenn sie ausgeschlüpft sind. Ich erwähne diese Einzelheiten deshalb, weil es, wie wir sofort sehen werden, Fische giebt, bei denen die Männchen die Eier in der Mundhöhle ausbrüten; und diejenigen, welche nicht an das Princip der stufenweisen Entwicklung glauben, könnten fragen, wie ein solcher Gebrauch wohl entstanden sein könnte. Die Schwierigkeit wird aber sehr vermindert, wenn wir erfahren, daß es Fische giebt, welche in dieser Weise die Eier zusammennehmen und forttragen. Wären sie nämlich durch irgend welche Ursache aufgehalten worden, sie wieder abzulegen, so dürften sie wohl die Gewohnheit, sie in der Mundhöhle auszubrüten, erlangt haben.

Um aber auf den zunächst vorliegenden Gegenstand zurückzukommen. Der Fall liegt folgendermaßen: weibliche Fische legen, so weit ich es in Erfahrung bringen kann, niemals freiwillig ihren Laich ab, ausgenommen in Gegenwart der Männchen, und die Männchen befruchten niemals die Eier, ausgenommen in Gegenwart der Weibchen. Die Männchen kämpfen um den Besitz der Weibchen. Bei vielen Arten sind die Männchen, so lange sie jung sind, den Weibchen in der Färbung ähnlich; werden sie aber erwachsen, so werden sie viel glänzender und behalten ihre Farben durch ihr ganzes Leben. Bei andern Arten werden die Männchen nur während der Laichzeit heller oder in anderer Weise bedeutender verziert als die Weibchen. Die Männchen machen den Weibchen eifrig den Hof und geben sich in einem Falle, wie wir gesehen haben, Mühe, ihre Schönheit vor diesen zu entfalten. Kann man wohl glauben, daß sie während ihrer Brautwerbung ohne Zweck so handeln würden? Dies würde aber der Fall sein, wenn nicht die Weibchen irgend eine Wahl ausübten und diejenigen Männchen wählten, welche ihnen am meisten gefallen oder welche sie am meisten reizen. Wenn das Weibchen eine derartige Wahl ausübt, dann sind alle obige Fälle von Verzierung der Männchen sofort mittelst sexueller Zuchtwahl verständlich.

Wir haben nun zunächst zu untersuchen, ob diese Ansicht, daß die hellen Färbungen gewisser männlichen Fische durch die geschlechtliche Zuchtwahl erlangt worden sind, unter Zuhülfenahme des Gesetzes der gleichmäßigen Überlieferung von Merkmalen auf beide Geschlechter auch auf jene Gruppe übertragen werden kann, bei welchen die Männchen und Weibchen in demselben oder nahezu demselben Grade und in derselben Art und Weise glänzend sind. Bei einer Gattung wie *Labrus*, welche einige der glänzendsten Fische der Erde umfaßt, z. B. den *Labrus pavo*, der mit sehr verzeihlicher Übertreibung beschrieben wird *Bory de Saint Vincent* in: Diction. class. d'Hist. natur. Tom. IX. 1826, p. 151. als aus polierten Schuppen von Gold bestehend, eingefaßt mit Lapislazuli, Rubinen, Saphiren, Smaragden und Amethysten, können wir mit vieler Wahrscheinlichkeit dieser Annahme folgen; denn wir haben gesehen, daß die Geschlechter wenigstens bei einer Species bedeutend in der Färbung von einander abweichen. Bei einigen Fischen könnten wohl, wie bei vielen der niedrigsten Thiere, glänzende Farben das directe Resultat der Natur ihrer Gewebe und der Wirkung der umgebenden Bedingungen sein ohne irgendwelche Hülfe einer Zuchtwahl. Vielleicht ist der Goldfisch (*Cyprinus auratus*), wenigstens nach der Analogie der Goldvarietät des gemeinen Karpfens zu urtheilen, ein hier einschlagender Fall, da er seine glänzenden Farben einer einzigen, in Folge der Bedingungen, welchen dieser Fisch im Zustande der Gefangenschaft unterworfen ist, plötzlich auftretenden Abänderung verdanken dürfte. Es ist indessen wahrscheinlicher, daß diese Farben durch künstliche Zuchtwahl intensiver geworden sind, da diese Species in China seit einer sehr entlegenen Zeit schon sorgfältig gezüchtet worden ist. Veranlaßt durch einige Bemerkungen über diesen Gegenstand in meinem Buche »Das Variiren der Thiere und Pflanzen im Zustande der Domestication« hat Mr. *W. F. Mayers* (Chinese Notes and Queries. Aug. 1868, p. 123) die alten chinesischen Encyklopädien durchsucht. Er findet, daß Goldfische zuerst unter der SungDynastie, welche um das Jahr 960 unserer Zeitrechnung herrschte, in Gefangenschaft gezüchtet wurden. Im Jahre 1129 waren diese Fische sehr zahlreich. An einem andern Orte wird erzählt, daß seit dem Jahre 1548 »in Hangchow eine Varietät produciert wurde, welche wegen ihrer intensiv rothen Farbe der Feuer-Fisch genannt wurde. Sie wird ganz allgemein bewundert, und es giebt keinen Hausstand, wo sie nicht cultiviert würde, theils in Folge des *Wetteifers in Bezug auf ihre Farbe*, theils als Quelle von Einnahmen.« Unter natürlichen Verhältnissen scheint es nicht wahrscheinlich zu sein, daß so hoch organisierte Wesen wie Fische, und welche unter so complicierten Bedingungen leben, glänzend gefärbt werden sollten, ohne aus einer so bedeutenden Veränderung irgend einen Nachtheil oder einen Vortheil zu erlangen, folglich also auch ohne das Dazwischentreten natürlicher Zuchtwahl. Was müssen wir denn nun in Bezug auf die vielen Fische, bei welchen beide Geschlechter gleich gefärbt sind, daraus folgern? Mr. *Wallace*Westminster Review. July, 1867, p. 7. glaubt, daß die Species, welche Riffe bewohnen, wo Corallen und andere glänzend gefärbte Organismen in großer Zahl leben, glänzend gefärbt sind, damit sie der Entdeckung seitens ihrer Feinde entgehen; aber meiner Erinnerung zufolge würden sie hierdurch nur in hohem Grade auffallend gemacht werden. In den süßen Gewässern der Tropenländer finden sich keine glänzend gefärbten Corallen oder andere Organismen, welchen die Fische ähnlich werden könnten, und doch sind viele Species im Amazonenstrome schön gefärbt und viele der fleischfressenden Cypriniden in Indien sind »mit glänzenden Längslinien verschiedener Farben« geschmückt. Indian Cyprinidae, by *M. J. M'Clelland*, in: Asiatic Researches. Vol. XIX. P. II. 1839, p. 230. Mr. *M'Clelland* geht bei Beschreibung dieser Fische so weit, zu vermuthen, daß »der eigenthümliche Glanz ihrer Farben als ein besseres Ziel für Eisvögel, Seeschwalben und andere Vögel diene, welche dazu bestimmt seien, die Anzahl dieser Fische in gewissen Schranken zu halten«. Aber heutigen Tages werden nur wenige Naturforscher annehmen, daß irgend ein Thier auffallend gemacht worden sei als Hülfsmittel zu seiner eigenen Zerstörung. Es ist möglich, daß gewisse Fische auffallend gefärbt worden sind, um Vögeln und Raubthieren anzuzeigen, daß sie ungenießbar sind (wie auseinandergesetzt wurde, als die Raupen besprochen wurden); es ist aber, wie ich glaube, nicht bekannt, daß irgend ein Fisch, wenigstens kein Süßwasserfisch, deshalb von fleischfressenden Thieren verschmäht würde, weil er widerwärtig wäre. Im Ganzen ist die wahrscheinlichste Ansicht in Bezug auf die Fische, bei denen beide Geschlechter brillant gefärbt sind, die, daß ihre Farben von den Männchen als eine geschlechtliche Zierde erlangt worden und dann in einem gleichen oder nahezu gleichen Grade auf das andere Geschlecht überliefert worden sind.

Wir haben nun zu betrachten, ob, wenn das Männchen in einer auffallenden Weise von dem Weibchen in der Färbung oder in andern Zierathen abweicht, dasselbe allein modificiert worden ist, so daß auch die Abänderungen nur von seinen männlichen Nachkommen ererbt worden sind, oder ob das Weibchen besonders modificiert und zum Zwecke des Schutzes unansehnlich geworden ist, wobei dann solche Modificationen nur von den Weibchen ererbt wurden. Es läßt sich unmöglich bezweifeln, daß die Färbung von vielen Fischen als Schutzmittel erlangt worden ist. Niemand kann die gefleckte obere Fläche einer Flunder betrachten und deren Ähnlichkeit mit dem sandigen Grunde des Meeres, auf welchem der Fisch lebt, übersehen. Übrigens können auch gewisse Fische durch die Thätigkeit ihres Nervensystems ihre Farben in Anpassung an umgebende Gegenstände, und zwar in kurzer Zeit, verändern. *G. Pouchet* in: L'Institut, Nov. 1., 1871, p. 134.) Eines der auffallendsten Beispiele unter allen je beschriebenen von einem Thiere, welches durch seine Farbe (soweit sich nach Sammlungsexemplaren urtheilen läßt) und durch seine Form Schutz erhält, ist das von Dr. *Günther* mitgetheilte Proceed. Zoolog. Soc. 1865, p. 327, pl. XIV und XV. von einer Meernadel, welche mit ihren röthlichen, flottierenden Fadenanhängen kaum von dem Seegras zu unterscheiden ist, an welches sie sich mit ihrem Greifschwanze befestigt. Die Frage, welche jetzt hier zu untersuchen ist, ist aber die, ob die Weibchen allein zu diesem Zwecke modificiert worden sind. Wir können einsehen, daß das eine Geschlecht durch natürliche Zuchtwahl zum Zwecke des Schutzes nicht mehr als das andere modificiert werden wird, vorausgesetzt, daß beide Geschlechter variieren; es müßte denn das eine Geschlecht eine längere Zeit hindurch

Gefahren ausgesetzt sein oder geringere Kraft besitzen, solchen Gefahren zu entgehen, als das andere; und bei Fischen scheinen die Geschlechter in diesen Beziehungen nicht von einander abzuweichen. Soweit eine derartige Verschiedenheit existiert, sind die Männchen, weil sie meist von geringerer Größe sind und mehr umherschweifen, einer größeren Gefahr ausgesetzt als die Weibchen; und doch sind die Männchen, wenn die Geschlechter überhaupt verschieden sind, beinahe immer die am auffallendsten Gefärbten. Die Eier werden unmittelbar, nachdem sie abgelegt sind, befruchtet, und wenn dieser Proceß mehrere Tage dauert, wie es beim Lachse der Fall ist, *Yarrell*, History of British Fishes. Vol. II, p. 11. so wird das Weibchen während der ganzen Zeit vom Männchen begleitet. Nachdem die Eier befruchtet sind, werden sie in den meisten Fällen von beiden Eltern unbeschützt gelassen, so daß die Männchen und Weibchen, soweit das Eierlegen in Betracht kommt, gleichmäßig der Gefahr ausgesetzt sind; auch sind Beide für die Erzeugung fruchtbarer Eier von gleicher Bedeutung. In Folge dessen werden die mehr oder weniger hell gefärbten Individuen beider Geschlechter in gleichem Maße häufig zerstört oder erhalten werden, und beide werden einen gleichen Einfluß auf die Färbung ihrer Nachkommen oder der Rasse haben. Gewisse zu verschiedenen Familien gehörige Fische bauen Nester, und einige dieser Fische sorgen auch für die Jungen, wenn sie ausgeschlüpft sind. Bei *Crenilabrus massa* und *melops* arbeiten beide Geschlechter der hell gefärbten Arten zusammen beim Aufbau ihrer Nester aus Seegras, Muscheln u. s. w. Nach den Beobachtungen von *Gerbe*, s. *Günther*'s Record of Zoolog. Literature. 1865, p. 194. Aber bei gewissen Fischen verrichten die Männchen alle Arbeit und übernehmen auch später die ausschließliche Sorge für die Jungen. Dies ist der Fall bei den dunkel gefärbten Meergrundeln, *Cuvier*, Règne animal. Vol. II. 1829, p. 242. bei denen die Geschlechter, soviel man weiß, in der Farbe nicht von einander verschieden sind, und ebenfalls bei den Stichlingen (*Gasterosteus*), bei welchen die Männchen während der Laichzeit brillant gefärbt werden. Das Männchen des glattschwänzigen Stichlings (*G. leiurus*) verrichtet eine lange Zeit hindurch die Pflichten einer Wärterin mit exemplarischer Sorgfalt und Wachsamkeit und ist beständig thätig, die Jungen sanft zum Nest zurückzuleiten, wenn sie sich zu weit entfernen. Muthig treibt dasselbe alle Feinde fort mit Einschluß der Weibchen seiner eigenen Species. Er würde in der That für das Männchen kein geringer Trost sein, wenn das Weibchen nach Ablegung seiner Eier sofort von irgend einem Feinde gefressen würde, denn das Männchen ist gezwungen, es beständig von dem Neste fortzutreiben.

s. Mr. *Warington*'s äußerst interessante Beschreibung der Lebensweise von *Gasterosteus leiurus* in: Ann. and Magaz. of Natur. Hist. 2. Ser. Vol. XVI. 1855, p. 330.

Die Männchen gewisser anderer Fische, welche Süd-Amerika und Ceylon bewohnen und zu zwei verschiedenen Ordnungen gehören, haben die außerordentliche Gewohnheit, die von den Weibchen gelegten Eier innerhalb des Mundes oder der Kiemenhöhlen auszubrüten. Prof. *Wyman* in: Proceed. Boston Soc. of Natur. Hist., 15. Sept., 1857; s. auch *W. Turner* in: Journal of Anatomy and Physiol., 1. Nov., 1866, p. 78. Dr. *Günther* hat gleichfalls noch weitere Fälle beschrieben. Bei den Species vom Amazonenstrome, welche diese Gewohnheit haben, sind, wie mir Professor *Agassiz* freundlich mitgetheilt hat, »die Männchen nicht bloß gewöhnlich heller als die Weibchen, sondern es ist auch diese Verschiedenheit zur Laichzeit größer als zu irgend einer andern Zeit«. Die Species von *Geophagus* haben dieselbe Eigenthümlichkeit, und bei dieser Gattung wird eine auffallende Protuberanz am Vorderkopfe der Männchen während der Brütezeit entwickelt. Bei den verschiedenen Species von Chromiden lassen sich, wie mir gleichfalls Professor *Agassiz* mitgetheilt hat, geschlechtliche Differenzen in der Farbe beobachten, »mögen die Arten ihre Eier im Wasser um die Wasserpflanzen herum oder in Höhlungen legen, wonach sie dieselben beim Ausschlüpfen, ohne weitere Sorge für sie zu haben, sich selbst überlassen, oder mögen sie flache Nester in den Flußschlamm bauen, auf denen sie dann sitzen, wie unsere *Pomotis* es thut. Es ist auch zu beachten, daß diese Nestsitzer zu den hellsten Species ihrer betreffenden Familien gehören; so ist z. B. *Hyyrogonus* hellgrün mit großen schwarzen, von dem brillantesten Roth eingefaßten Augenflecken«. Ob bei allen den Species von Chromiden das Männchen allein es ist, welches auf den Eiern sitzt, ist nicht bekannt. Es ist indessen offenbar, daß die Thatsache, ob die Eier beschützt werden oder unbeschützt bleiben, wenig oder gar keinen Einfluß auf die Verschiedenheiten in der Farbe zwischen den beiden Geschlechtern geäußert hat. Offenbar würde auch ferner in allen den Fällen, in denen die Männchen ausschließlich die Sorge um das Nest und die Jungen übernehmen, die Zerstörung der heller gefärbten Männchen von einem viel größeren Einflusse auf den Charakter der Rasse sein als die Zerstörung der heller gefärbten Weibchen. Denn der Tod des Männchens während der Periode der Bebrütung oder Aufzucht würde den Tod der Jungen mit sich führen, so daß diese dessen Eigenthümlichkeiten nicht erben könnten; und doch sind in vielen dieser selben Fälle die

Männchen auffallender gefärbt als die Weibchen.

Bei den meisten Lophobranchiern (Meernadeln, Seepferdchen u. s. w.) haben die Männchen entweder marsupiale Taschen oder halbkugelige Vertiefungen am Abdomen, in welchen die von den Weibchen gelegten Eier ausgebrütet werden. Auch zeigen die Männchen große Anhänglichkeit an ihre Jungen. *Yarrell*, Hist. of British Fishes. Vol. II. 1836, p. 329, 338. Die Geschlechter weichen gewöhnlich nicht sehr in der Färbung von einander ab; doch glaubt Dr. *Günther*, daß die männlichen *Hippocampi* eher heller sind als die weiblichen. Die Gattung *Solenostoma* bietet indessen einen sehr merkwürdigen exceptionellen Fall dar. Seit dem Erscheinen des Werks: The Fishes of Zanzibar by Col. *Playfair*, 1866, worin p. 137 diese Art beschrieben ist, hat Dr. *Günther* die Exemplare nochmals untersucht und mir die oben mitgetheilten Bemerkungen gegeben. Hier ist nämlich das Weibchen viel lebhafter gefärbt und gefleckt als das Männchen und nur das Weibchen hat eine marsupiale Tasche und brütet die Eier aus, so daß das Weibchen von *Solenostoma* von allen übrigen Lophobranchiern in dieser letzteren Beziehung und von beinahe allen übrigen Fischen darin verschieden ist, daß es heller gefärbt ist als das Männchen. Es ist nicht wahrscheinlich, daß diese merkwürdige doppelte Umkehrung des Charakters bei dem Weibchen ein zufälliges Zusammentreffen sein sollte. Da die Männchen mehrerer Fische, welche ausschließlich die Sorge für die Eier und die Jungen übernehmen, heller gefärbt sind als die Weibchen, und da hier das weibliche *Solenostoma* dieselbe Sorge auf sich nimmt und heller gefärbt ist als das Männchen, so könnte man schließen, daß die auffallenden Farben desjenigen Geschlechts, welches von beiden für die Wohlfahrt der Nachkommen das bedeutungsvollste ist, in einer gewissen Weise als Schutzmittel dienen müssen. Aber in Anbetracht der Menge von Fischen, bei denen die Männchen entweder dauernd oder periodisch heller sind als die Weibchen, deren Leben aber durchaus nicht von größerer Bedeutung für die Wohlfahrt der Species ist als das der Weibchen, kann diese Ansicht kaum aufrecht erhalten werden. Wenn wir die Vögel besprechen werden, werden sich uns analoge Fälle darbieten, bei welchen eine vollständige Umkehrung der gewöhnlichen Attribute der beiden Geschlechter eingetreten ist, und wir werden dann eine, wie es scheinen dürfte, wahrscheinliche Erklärung hierfür geben, nämlich diese, daß die Männchen die anziehenderen Weibchen gewählt haben, anstatt daß die letzteren in Übereinstimmung mit der gewöhnlichen, durch das ganze Thierreich hindurch herrschenden Regel die anziehenderen

Männchen gewählt hätten.

Im Ganzen können wir schließen, daß bei den meisten Fischen, bei welchen die Geschlechter in der Farbe oder in anderen ornamentalen Merkmalen von einander verschieden sind, die Männchen ursprünglich zuerst abgeändert haben, worauf dann ihre Abänderungen auf dasselbe Geschlecht überliefert und durch geschlechtliche Zuchtwahl, nämlich durch Anziehung und Reizung der Weibchen, angehäuft wurden. Indessen sind in vielen Fällen derartige Merkmale entweder theilweise oder vollständig auch auf die Weibchen übertragen worden. Ferner sind in anderen Fällen beide Geschlechter zum Zwecke des Schutzes gleich gefärbt worden. Es scheint aber kein einziges Beispiel vorzukommen, wo die Farben oder anderen Merkmale des Weibchens allein speciell zu diesem letzteren Zwecke modificirt worden wären.

Der letzte Punkt, welcher einer Erwähnung bedarf, ist, daß Fische aus vielen Theilen der Welt bekannt sind, welche verschiedenartige Geräusche hervorbringen, und diese werden in manchen Fällen als musikalische Laute beschrieben. *Dr. Dufossé*, welcher diesem Gegenstande speciell seine Aufmerksamkeit gewidmet hat, sagt, daß die Laute von verschiedenen Fischen auf mehrerlei Weise willkürlich hervorgebracht werden: durch Reibung der Schlundknochen, – durch Schwingungen gewisser, an die Schwimmblase befestigter Muskeln, wobei diese als Resonanzboden dient, – und durch Schwingungen der eigentlichen Schwimmblasenmuskeln. Auf die letztgenannte Art erzeugt *Trigla* reine und lang ausgezogene Töne, welche beinahe über eine Octave reichen. Der für uns interessanteste Fall ist aber der von zwei Arten von *Ophidium*, bei denen allein das Männchen mit einem lauterzeugenden Apparat, welcher aus kleinen beweglichen,, mit der Schwimmblase in Verbindung stehenden und mit eigenen Muskeln versehenen Knochen besteht, ausgerüstet ist. Comptes rendus. Tom. XLVI, 1858, p. 353; Tom. XLVII, 1858, p. 916; Tom. LIV, 1862, p. 393. Das von den Umbrinas (*Sciaena aquila*) gemachte Geräusch soll nach mehreren Autoren mehr wie der Ton einer Flöte oder Orgel sein als wie Trommeln. Dr. *Zouteveen* giebt in der holländischen Übersetzung dieses Werkes (Bd. II, p. 36) einige weitere Einzelheiten über die von Fischen hervorgebrachten Laute. Das Trommeln der Umbrinen in den europäischen Meeren soll aus einer Tiefe von zwanzig Faden hörbar sein. Die Fischer von Rochelle behaupten, daß »allein die Männchen während der Laichzeit das Geräusch machen und daß es möglich ist, dieselben durch Nachahmung dieses Geräuschs ohne Köder zu fangen«. *C. Kingsley* in: Nature, May, 1870, p. 40. Nach dieser Angabe und besonders noch nach dem Falle bei *Ophidium* ist es beinahe sicher, daß hier, in der niedersten Classe der Wirbelthiere, wie bei so vielen Insecten lauterzeugende Organe wenigstens in manchen Fällen durch geschlechtliche Zuchtwahl als Mittel, die Geschlechter zusammenzubringen, entwickelt worden sind.

Amphibien.

Urodela. – Beginnen wir mit den geschwänzten Amphibien. Die Geschlechter der Wassersalamander oder Tritonen weichen oft sowohl in der Farbe als in der Structur bedeutend von einander ab. Bei einigen Species entwickeln sich während der Paarungszeit prehensile Krallen an den Vorderbeinen der Männchen; zu dieser Zeit sind bei dem männlichen *Triton palmipes* die Hinterfüße mit einer Schwimmhaut versehen, welche während des Winters beinahe vollständig resorbiert wird, so daß dann seine Füße denen des Weibchens gleich sind. *Bell*, History of British Reptiles. 2. edit. 1849, p. 156-159. Diese Bildung unterstützt ohne Zweifel das Männchen bei seinem eifrigen Suchen und Verfolgen des Weibchens. Wenn es dem Weibchen den Hof macht, läßt es das Ende seines Schwanzes schnell schwingen. Bei unsern gewöhnlichen Wassersalamandern (*Triton punctatus* und *cristatus*) entwickelt sich während der Paarungszeit ein hoher, vielfach zahnartig eingeschnittener Kamm dem Rücken und Schwanze des Männchens entlang, welcher während des Winters wieder resorbiert wird. Wie mir Mr. *St. George Mivart* mittheilt, ist der Kamm nicht mit Muskeln versehen und kann daher nicht zur Ortsbewegung benutzt werden. Da er während der Zeit der Brautwerbung mit hellen Farben gerändert wird, so läßt sich kaum zweifeln, daß er den Männchen zur Zierde dient. Bei vielen Species bietet der Körper stark contrastirende, wenn auch schmutzige Färbungen, dar, und diese werden während der Paarungszeit lebendiger. So ist z. B. das Männchen unseres gemeinen kleinen Wassersalamanders (*Triton punctatus*) »oben bräunlich-grau, was nach unten in Gelb übergeht, welches im Frühling ein saftiges helles Orange wird, überall mit runden dunklen Flecken gezeichnet«. Der Rand des Kammes ist dann gleichfalls mit Hellroth oder Violett punctiert. Das Weibchen ist gewöhnlich von gelblich brauner Farbe mit zerstreut stehenden braunen Flecken und die untere Fläche ist häufig vollständig gleichfarbig. *Bell*, a. a. O. p. 146, 151. Die Jungen sind düster gefärbt. Die Eier werden während des Acts des Eierlegens befruchtet und werden in der Folge weder vom Vater noch von der Mutter weiter besorgt. Wir können daher schließen, daß die Männchen ihre scharf gezeichneten Färbungen und ornamentalen Anhänge durch geschlechtliche Zuchtwahl erlangt haben, und daß diese dann entweder allein auf die männlichen Nachkommen oder auf beide Geschlechter überliefert worden sind.

Anura oder *Batrachia*. – Bei vielen Fröschen und Kröten dienen die Farben offenbar zum Schutze, wie es mit den hellgrünen Farben bei Laubfröschen und den düster gefleckten Zeichnungen vieler auf der Erde lebenden Arten der Fall ist. Die am auffallendsten gefärbte Kröte, welche ich je gesehen habe, nämlich der *Phryniscus nigricans*, Zoology of the Voyage of the »Beagle«. 1843. Reptiles, by Mr. *Bell*, p. 49. war auf der ganzen oberen Fläche des Körpers so schwarz wie Tinte, während die Sohlen der Füße und Theile des Abdomen mit dem hellsten Carmoisin gefleckt waren. Sie kroch auf den weiten, sandigen oder offenen Grasebenen von La Plata unter einer glühenden Sonne herum und mußte den Blick jedes vorüberkommenden Wesens auf sich ziehen. Die Farben können für die Kröte eine Wohlthat sein dadurch, daß sie allen Raubvögeln sofort anzeigen, daß dieselbe ein ekelerregender Bissen ist. In Nicaragua giebt es einen kleinen Frosch, »hell in Roth und Blau angethan«, welcher sich nicht wie die meisten andern Arten verbirgt, sondern bei Tage herumhüpft. *Mr. Belt* sagt, The Naturalist in Nicaragua. 1874, p. 321. daß er, sobald er sein glückliches Gefühl der Sicherheit gesehen habe, auch überzeugt gewesen sei, daß er ungenießbar sei. Nach verschiedenen Versuchen gelang es ihm eine junge Ente dazu zu verführen, einen jungen Frosch zu schnappen, er wurde aber augenblicklich wieder ausgeworfen, »und die Ente ging herum, ihren Kopf schüttelnd, als versuche sie irgend einen unangenehmen Geschmack loszuwerden«.

Was geschlechtliche Verschiedenheiten betrifft, so kennt *Dr. Günther* bei Fröschen und Kröten kein auffallendes Beispiel; doch kann er häufig das Männchen von dem Weibchen dadurch unterscheiden, daß die Färbung des ersteren ein wenig mehr intensiv ist. Auch kennt Dr. *Günther* keine auffallende Verschiedenheit in der äußeren Structur zwischen den Geschlechtern mit Ausnahme der Vorsprünge, welche während der Paarungszeit an den Vorderbeinen des Männchens sich entwickeln und durch welche das Männchen befähigt wird, das Weibchen zu halten. Bei *Bufo sikkimensis* hat nur das Männchen zwei plattenartige Callositäten an der Brust und gewisse Rauhigkeiten an den Fingern, welche vielleicht demselben Zwecke dienen, wie die oben erwähnten Vorsprünge (Dr. *Anderson*, Proceed. Zoolog. Soc. 1871, p. 204). Es ist überraschend, daß diese Thiere nicht schärfer ausgesprochene geschlechtliche Verschiedenheiten erlangt haben; denn wenn sie auch kaltes Blut haben, so sind doch ihre Leidenschaften stark. Dr. *Günther* theilt mir mit, daß er mehrere Male gefunden hat, wie eine unglückliche weibliche Kröte durch eine zu dichte Umarmung von drei oder vier Männchen erstickt worden war. Professor *Hoffmann* in Gießen hat beobachtet, wie Frösche während der Paarungszeit den ganzen Tag lang und mit einer solchen Heftigkeit kämpften, daß bei einem der Körper aufgeschlitzt wurde.

Frösche und Kröten besitzen eine interessante geschlechtliche Verschiedenheit, nämlich die sich nur im Besitze der Männchen befindenden musikalischen Begabungen. Es scheint freilich mit Rücksicht auf unsern Kunstgeschmack ein unangebrachter Ausdruck zu sein, wenn man die dissonierenden und überwältigend lauten Töne, welche männliche Riesenfrösche und einige andere Species ausstoßen, als Musik bezeichnet. Nichtsdestoweniger singen gewisse Frösche in einer entschieden gefälligen Weise. In der Nähe von Rio de Janeiro pflegte ich häufig am Abend dazusitzen und auf eine Anzahl kleiner Laubfrösche zu horchen, welche auf den Grasflächen in der Nähe des Wassers saßen und lieblich zirpende Töne harmonisch erklingen ließen. Die verschiedenen Laute werden hauptsächlich von den Männchen während der Paarungszeit ausgestoßen, wie es auch der Fall mit dem Quaken unserer gewöhnlichen Frösche ist. *Bell*, History of British Reptiles. 1849, p. 93. In Übereinstimmung mit dieser Thatsache sind die Stimmorgane der Männchen viel höher entwickelt als die der Weibchen. In einigen Gattungen sind nur die Männchen mit Säcken versehen, welche sich in den Kehlkopf öffnen. *J. Bishop* in: Todd's Cyclopaedia of Anatomy and Physiol. Vol. IV, p. 1503. So sind z. B. bei dem eßbaren Frosche (*Rana esculenta*) »die Stimmsäcke den Männchen eigenthümlich und werden beim Acte des Quakens mit Luft gefüllte große kugelige Blasen, welche an beiden Seiten des Halses in der Nähe der Mundwinkel nach außen hervorragen«. Der Ruf des Männchens wird hierdurch außerordentlich kräftig gemacht, während der des Weibchens nur ein unbedeutendes, knurrendes Geräusch ist. *Bell*, a. a. O. p. 112-114. Die Stimmorgane sind auch bei den verschiedenen Gattungen der Familie von einander verschieden, und ihre Entwicklung kann in allen Fällen geschlechtlicher Zuchtwahl zugeschrieben werden.

Secundäre Sexualcharaktere der Vögel

Geschlechtliche Verschiedenheiten. – Gesetz des Kampfes. – Specielle Waffen. – Stimmorgane. – Instrumentalmusik. – Liebesgeberden und Tänze. – Beständiger und an die Jahreszeit gebundener Schmuck. – Doppelte und einfache jährliche Mauser. – Entfaltung des Schmuckes seitens der Männchen.

Secundäre Sexualcharaktere sind bei Vögeln von größerer Mannichfaltigkeit und auffallender, wenn sie auch vielleicht keine bedeutenderen Veränderungen der Structur mit sich bringen, als in irgend einer andern Classe des Thierreiches. Ich werde daher den Gegenstand in ziemlicher Ausführlichkeit behandeln. Zuweilen, wenn auch selten, besitzen männliche Vögel specielle Waffen zum Kampfe mit einander. Sie bestricken die Weibchen durch vocale und instrumentale Musik der mannichfaltigsten Art. Sie sind mit allerlei Arten von Kämmen, Fleischlappen, Protuberanzen, Hörnern, von Luft ausdehnbaren Säcken, Federstutzen, nackten Federschäften, Schmuckfedern und andern verlängerten Federn, die graciös von allen Theilen des Körpers entspringen, verziert. Der Schnabel und die nackte Haut um den Kopf herum und die Federn sind oft prächtig gefärbt. Die Männchen machen den Weibchen zuweilen den Hof durch Tanzen oder durch Ausführung phantastischer Geberden, entweder auf dem Boden oder in der Luft. Mindestens in einem Falle sendet das Männchen einen moschusartigen Geruch aus, von dem man wohl vermuthen kann, daß er für das Weibchen als Reizoder Liebesmittel dient; denn jener ausgezeichnete Beobachter, Mr. *Ramsay*, Ibis. New Ser. Vol. III. 1867, p. 414. sagt von der australischen Moschusente (*Biziura lobata*), daß »der Geruch, welchen das Männchen während der Sommermonate aussendet, auf dieses Geschlecht beschränkt ist und bei einigen Individuen während des ganzen Jahres abgesondert wird. Ich habe niemals, selbst in der Paarungszeit, ein Weibchen geschossen, welches irgendwelchen Geruch nach Moschus gezeigt hätte«. Dieser Geruch ist so stark während der Paarungszeit, daß er lange, ehe der Vogel zu sehen ist, wahrgenommen werden kann. *Gould*, Handbook to the Birds of Australia. 1865. Vol. II, p. 383. Im Ganzen scheinen die Vögel unter allen Thieren die ästhetischsten zu sein, natürlich mit Ausnahme des Menschen, und sie haben auch nahezu denselben Geschmack für das Schöne, wie wir haben. Dies zeigt sich darin, daß wir uns über den

den Gesang der Vögel freuen und daß unsere Frauen, sowohl die civilisierten als die wilden, ihre Köpfe mit erborgten Federn schmücken und Edelsteine zur Zierde benutzen, welche kaum glänzender gefärbt sind als die nackte Haut und die Fleischlappen gewisser Vögel. Beim Menschen indessen ist dieser Sinn für Schönheit, wenn er cultiviert ist, ein viel complicierteres Gefühl und ist mit verschiedenen intellectuellen Ideen vergesellschaftet.

Ehe wir von den Charakteren handeln, mit denen wir es hier ganz besonders zu thun haben, will ich nur eben gewisse Verschiedenheiten zwischen den Geschlechtern anführen, welche dem Anscheine nach von Verschiedenheiten in ihrer Lebensweise abhängen; denn wenn auch derartige Fälle bei den niederen Classen häufig sind, so sind sie doch bei den höheren selten. Zwei Colibris, die zu der Gattung *Eustephanus* gehören und die Insel Juan Fernandez bewohnen, wurden lange Zeit für specifisch verschieden gehalten: wie mir aber Mr. *Gould* mittheilt, weiß man jetzt, daß es die beiden Geschlechter einer und derselben Species sind, sie weichen in der Form ihres Schnabels unbedeutend von einander ab. Bei einer andern Gattung von Colibris (*Grypus*) ist der Schnabel des Männchens dem Rande entlang gesägt und an seiner Spitze hakenförmig gekrümmt, wodurch er von dem des Weibchens bedeutend abweicht. Bei der *Neomorpha* von Neu-Seeland besteht, wie wir gesehen haben, eine noch größere Verschiedenheit in der Form des Schnabels in Beziehung auf die Art und Weise, wie sich die beiden Geschlechter ernähren. Etwas Ähnliches läßt sich bei unserem Stieglitze (*Carduelis elegans*) beobachten; denn wie mir Mr. *Jenner Weir* versichert, können die Vogelfänger die Männchen an ihrem unbedeutend längeren Schnabel erkennen. Oft findet man Schaaren von Männchen sich von den Samen der Weberkarden (*Dipsacus*) nähren, welche sie mit ihrem verlängerten Schnabel erreichen können, während die Weibchen sich häufiger von den Samen der *Scrophularia* ernähren. Nimmt man eine unbedeutende Verschiedenheit dieser Art als Ausgangspunkt an, so läßt sich sehen, wie die Schnäbel der beiden Geschlechter durch natürliche Zuchtwahl zu einer bedeutenden Verschiedenheit gebracht werden können. Es ist indessen in einigen der angeführten Fälle möglich, daß zuerst die Schnäbel der Männchen in Beziehung auf ihre Kämpfe mit andern Männchen modificiert worden sind, und daß dies später zu unbedeutenden Änderungen der Lebensweise geführt hat.

Vögel (Fortsetzung)

Wahl vom Weibchen ausgeübt. – Dauer der Bewerbung. – Nichtgepaarte Vögel. – Geistige Eigenschaften und Geschmack für das Schöne. – Vorliebe für, oder Antipathie gegen gewisse Männchen seitens der Weibchen. – Variabilität der Vögel. – Abänderungen zuweilen plötzlich auftretend. – Gesetze der Abänderung. – Bildung der Augenflecken. – Abstufungen der Charaktere. – Pfauhahn, Argus-Fasan und *Urosticte.*

Wenn die Geschlechter in Bezug auf die Schönheit ihrer Erscheinung, auf ihr Gesangsvermögen oder auf das Vermögen das zu producieren, was ich Instrumentalmusik genannt habe, von einander abweichen, so ist es beinahe unveränderlich das Männchen, welches das Weibchen übertrifft. Wie wir soeben gesehen haben, sind diese Eigenschaften offenbar für das Männchen von höchster Bedeutung. Werden sie nur für einen Theil des Jahres erlangt, so geschieht dies immer kurz vor der Paarungszeit. Es ist das Männchen allein, welches mit Sorgfalt seine verschiedenartigen Anziehungsmittel entfaltet und oft fremdartige Geberden auf dem Boden oder in der Luft in Gegenwart des Weibchens ausführt. Jedes Männchen treibt alle seine Nebenbuhler fort oder tödtet dieselben, wenn es kann. Wir können daher folgern, daß es die Absicht des Männchens ist, das Weibchen dazu zu veranlassen, sich mit ihm zu paaren, und zu diesem Zwecke versucht es, dasselbe auf verschiedenen Wegen zu reizen und zu bezaubern; dies ist auch die Meinung aller Derer, welche die Lebensgewohnheiten der Vögel sorgfältig studiert haben. Es bleibt aber hier eine Frage übrig, welche eine äußerst bedeutungsvolle Tragweite in Bezug auf geschlechtliche Zuchtwahl hat, nämlich: reizt jedes Männchen einer und derselben Species gleichmäßig das Weibchen und zieht jedes dasselbe gleichmäßig an? oder übt das Letztere eine Wahl aus und zieht dieses gewisse Männchen vor? Diese letztere Frage kann in Folge zahlreicher directer und indirecter Belege bejahend beantwortet werden. Viel schwieriger ist es aber zu entscheiden, welche Eigenschaften die Wahl der Weibchen bestimmen. Doch haben wir auch hier wiederum einige directe und indirecte Beweise dafür, daß in großem Maße das Anziehende der äußeren Erscheinung des Männchens es ist, welches hier in's Spiel kommt, obschon ohne Zweifel seine Kraft, sein Muth und andere geistige Eigenschaften desselben auch in

Betracht kommen. Wir wollen mit den indirecten Beweisen beginnen.

Vögel (Fortsetzung)

Erörterung, warum in manchen Species allein die Männchen und in andern Species beide Geschlechter glänzend gefärbt sind. – Über geschlechtlich beschränkte Vererbung in ihrer Anwendung auf verschiedene Bildungen und auf ein hell gefärbtes Gefieder. – Nestbau in Beziehung zur Farbe. – Verlust des Hochzeitgefieders während des Winters.

Wir haben in diesem Capitel zu betrachten, warum bei vielen Arten von Vögeln das Weibchen nicht dieselben Verzierungen erhalten hat, wie das Männchen, und warum bei vielen anderen Vögeln beide Geschlechter in gleicher Weise oder in beinahe gleicher Weise verziert sind. Im folgenden Capitel werden wir dann untersuchen, warum in einigen seltenen Fällen das Weibchen in die Augen fallender gefärbt ist als das Männchen.

In meiner »Entstehung der Arten« Dritte (deutsche) Auflage, p. 248. habe ich vorübergehend die Vermuthung ausgesprochen, daß der lange Schwanz des Pfauhahns, ebenso wie die auffallende schwarze Farbe des männlichen Auerhuhns für das Weibchen unzweckmäßig und selbst gefährlich wäre, solange es dem Brutgeschäfte obzuliegen hat, und daß in Folge hiervon die Überlieferung dieser Charaktere vom Männchen auf weibliche Nachkommen durch die natürliche Zuchtwahl gehemmt worden sei. Ich glaube noch immer, daß in einigen wenigen Beispielen dies eingetreten ist; aber nachdem ich alle Thatsachen, welche ich zusammenzubringen im Stande war, reiflich überdacht habe, bin ich jetzt zu der Annahme geneigt, daß, wenn die Geschlechter verschieden sind, die aufeinander folgenden Abänderungen allgemein vom Anfange an in der Überlieferung auf dasselbe Geschlecht beschränkt gewesen sind, bei welchem sie zuerst auftraten. Seitdem meine Bemerkungen hierüber erschienen sind, ist der Gegenstand der geschlechtlichen Färbung in einigen sehr interessanten Aufsätzen von Mr. *Wallace* Westminster Review. July, 1867. Journal of Travel. Vol. I. 1868, p. 73. erörtert worden, welcher der Ansicht ist, daß in beinahe allen Fällen die aufeinanderfolgenden Abänderungen ursprünglich zu einer gleichmäßigen Vererbung auf beide Geschlechter neigten, daß aber das Weibchen durch natürliche Zuchtwahl vor dem Erlangen der auffallenden Farben des Männchens bewahrt worden ist in Folge der Gefahr, welcher es sonst während der Bebrütung ausgesetzt gewesen wäre.

Diese Ansicht macht eine langwierige Erörterung über einen schwierigen Punkt nothwendig, nämlich ob die Überlieferung eines Charakters, welcher zuerst von beiden Geschlechtern geerbt wurde, später durch Hülfe von Zuchtwahl auf ein Geschlecht allein beschränkt werden kann. Wir müssen im Sinne behalten, wie es in dem einleitenden Capitel über geschlechtliche Zuchtwahl gezeigt wurde, daß die Charaktere, welche in ihrer Entwicklung auf ein Geschlecht beschränkt sind, immer in dem andern Geschlechte latent vorhanden sind. Wir können uns ein Beispiel ausdenken, welches am besten geeignet ist, die Schwierigkeit des Falles uns vor Augen zu führen. Nehmen wir an, daß ein Züchter den Wunsch hat, eine Rasse von Tauben darzustellen, bei welcher allein die Männchen blaß blau gefärbt sind, während die Weibchen ihre frühere schieferblaue Färbung behalten sollen. Da bei Tauben Charaktere aller Arten gewöhnlich auf beide Geschlechter gleichmäßig vererbt werden, so würde der Züchter den Versuch zu machen haben, diese letztere Form von Vererbung in eine geschlechtlich beschränkte Überlieferung umzuwandeln. Alles was er thun könnte, bestünde darin, in ausdauernder Weise jede männliche Taube, welche im allergeringsten Grade blässer blau gefärbt wäre, zur Zucht auszuwählen, und das natürliche Resultat dieses Processes, wenn er eine lange Zeit hindurch stetig fortgesetzt würde und wenn die blassen Abänderungen entschieden vererbt würden oder häufig aufträten, würde darin bestehen, daß der Züchter seinen ganzen Stamm heller blau färbte. Unser Züchter würde aber gezwungen sein, Generation nach Generation seine blaßblauen Männchen mit schieferblauen Weibchen zu paaren. Denn er wünscht ja die letzteren von dieser Färbung zu behalten. Das Resultat würde im Allgemeinen entweder die Production einer gescheckten Mischlingsrasse sein oder, und zwar wahrscheinlicher, der schnelle und vollständige Verlust der blaßblauen Farbe. Denn die ursprüngliche schieferblaue Färbung würde mit überwiegender Kraft überliefert werden. Nehmen wir indeß an, daß in jeder der aufeinanderfolgenden Generationen einige blaßblaue Männchen und schieferblaue Weibchen hervorgebracht und immer mit einander gekreuzt würden, dann würden die schieferblauen Weibchen, wenn ich mich des Ausdruckes bedienen darf, viel blaßblaues Blut in ihren Adern haben, denn ihre Väter, Großväter u. s. w. werden alle blaßblaue Vögel gewesen sein. Unter diesen Umständen läßt sich wohl denken (obschon ich keine entscheidenden Thatsachen kenne, welche die Sache wahrscheinlich machen), daß die schieferblauen Weibchen eine so starke latente Neigung zur blaßblauen Färbung erlangen, daß sie diese Farbe bei ihren männlichen Nachkommen nicht zerstören, während ihre weiblichen Nachkommen immer noch die schieferblaue Färbung behalten. Wäre dies der Fall, so würde das gewünschte Ziel, eine Rasse zu erzeugen, in welcher die beiden Geschlechter permanent in ihrer Farbe verschieden wären, erreicht werden.

Die außerordentliche Bedeutung oder geradezu Nothwendigkeit des Umstandes, daß der in dem eben erläuterten Falle erwünschte Charakter, nämlich die blaßblaue Färbung, wenn auch in einem latenten Zustande bei dem Weibchen vorhanden ist, so daß die männlichen Nachkommen nicht benachtheiligt werden, wird am besten nach dem Folgenden richtig gewürdigt werden. Das Männchen vom Sömmerrings-Fasan hat einen siebenunddreißig Zoll langen Schwanz, während der des Weibchens nur acht Zoll lang ist. Der Schwanz des Männchens des gemeinen Fasans ist ungefähr zwanzig Zoll und der des Weibchens zwölf Zoll lang. Wenn nun der weibliche Sömmerrings-Fasan mit seinem *kurzen* Schwanze mit dem männlichen gemeinen Fasane gekreuzt würde, so kann man nicht zweifeln, daß die männlichen hybriden Nachkommen einen viel *längeren* Schwanz haben würden, als die reinen Nachkommen des gemeinen Fasans. Wenn auf der anderen Seite der weibliche gemeine Fasan, dessen Schwanz nahezu *zweimal so lang* als der des weiblichen Sömmerrings-Fasans ist, mit dem Männchen dieser letzteren Form gekreuzt würde, so würden die männlichen hybriden Nachkommen einen viel *kürzeren* Schwanz haben, als der der reinen Nachkommen des Sömmerrings-Fasans ist. *Temminck* sagt, daß der Schwanz des weiblichen *Phasianus Soemmerringii* nur sechs Zoll lang sei: Planches coloriées. Vol. V. 1838, p. 487 und 488; die oben mitgetheilten Messungen hat Herr *Sclater* für mich ausgeführt. In Bezug auf den gemeinen Fasan s. *Macgillivray*, History of British Birds. Vol. I, p. 118-121. Unser angenommener Züchter wird, um seine neue Rasse, deren Männchen von einer entschieden blaßblauen Farbe sind, während die Weibchen unverändert bleiben, zu bilden, beständig viel Generationen hindurch die Männchen auszuwählen haben und jeder Zustand von Blässe wird in den Männchen zu fixieren und in den Weibchen latent zu machen sein. Die Aufgabe würde eine außerordentlich schwierige sein und ist auch niemals versucht worden, könnte aber möglicherweise Erfolg haben. Das hauptsächlichste Hindernis würde der frühzeitige und vollständige Verlust der blaßblauen Färbung sein, wegen der Nothwendigkeit wiederholter Kreuzungen mit den schieferblauen Weibchen, welche letztere zunächst gar keine *latente* Neigung haben, blaßblaue Nachkommen zu erzeugen.

Wenn auf der andern Seite ein oder zwei Männchen, wenn auch noch so unbedeutend, in der Blässe ihrer Färbung variieren sollten und wenn die Abänderungen von Anfang an in der Überlieferung auf das männliche Geschlecht beschränkt wären, so würde die Aufgabe, eine neue Rasse der gewünschten Art zu bilden, leicht sein; denn es würden einfach derartige Männchen zur Zucht auszuwählen und mit gewöhnlichen Weibchen zu paaren sein. Ein analoger Fall ist factisch eingetreten, denn in Belgien Dr. *Chapuis*, Le Pigeon Voyageur Belge. 1865, p. 87. giebt es Taubenrassen, bei welchen die Männchen allein mit schwarzen Streifen gezeichnet sind. So hat ferner Mr. *Tegetmeier* neuerdings gezeigt, The Field. Sept. 1872. daß Botentauben nicht selten silbergraue Vögel producieren, welche beinahe immer Weibchen sind; er selbst hat zehn solcher Weibchen erzogen. Andrerseits ist es ein sehr ungewöhnliches Ereignis, wenn ein silbergraues Männchen erzeugt wird, so daß, wenn es gewünscht würde, nichts leichter wäre, als eine Rasse von Botentauben mit blauen Männchen und silbergrauen Weibchen zu bilden. Diese Neigung ist in der That so stark, daß, als Mr. *Tegetmeier* endlich ein silbergraues Männchen erhielt und es mit einem seiner silbergrauen Weibchen paarte, er nun erwartete, eine Frucht zu erzielen, wo beide Geschlechter so gefärbt wären. Er wurde indessen enttäuscht, denn das junge Männchen kehrte zur blauen Farbe seines Großvaters zurück, und nur das Weibchen war silbergrau. Ohne Zweifel wird sich diese Neigung zum Rückschlag bei den aus der Paarung eines gelegentlich auftretenden silbergrauen Männchens mit einem silbergrauen Weibchen producierten Männchen durch Geduld eliminieren lassen, und dann werden beide Geschlechter gleich gefärbt sein. Diesen nämlichen Proceß hat denn auch bei silbergrauen Mövchen Mr. *Esquilant* mit Erfolg ausgeführt.

Was das Huhn betrifft, so kommen Abänderungen der Farbe, welche in der Überlieferung auf das männliche Geschlecht beschränkt sind, beständig vor. Selbst wenn diese Form von Vererbung vorherrscht, kann es sich wohl zutragen, daß einige der aufeinanderfolgenden Stufen in dem Processe der Abänderung auf die Weibchen mit übertragen werden können, welche darin in einem unbedeutenden Grade den Männchen ähnlich werden, wie es bei manchen Hühnerrassen factisch vorkommt. Oder es könnte auch ferner die größere Zahl, aber nicht alle, der aufeinanderfolgenden Stufen auf beide Geschlechter übertragen werden, und das Weibchen würde dann dem Männchen sehr ähnlich werden. Es läßt sich kaum zweifeln, daß dies die Ursache davon ist, daß die männliche Kropftaube einen etwas größeren Kropf und die männliche Botentaube etwas größere Fleischlappen hat als die beziehentlichen Weibchen. Denn die Züchter haben nicht ein Geschlecht mehr als das andere bei der Nachzucht berücksichtigt und haben nicht den Wunsch gehegt, daß diese Charaktere beim Männchen stärker entfaltet sein sollten als beim Weibchen, trotzdem dies bei beiden Rassen der Fall ist.

Es müßte derselbe Proceß eingeleitet und es müßten ganz dieselben Schwierigkeiten überwunden werden, wenn wir wünschten, eine Rasse zu bilden, bei welcher nur die Weibchen irgend eine neue Färbung darböten.

Es könnte nun aber unser Züchter wünschen eine Rasse zu bilden, bei welcher beide Geschlechter von einander und auch beide von der elterlichen Species verschieden wären. Hier würde die Schwierigkeit ganz außerordentlich sein, wenn nicht die aufeinanderfolgenden Abänderungen von Anfang an auf beide Seiten beschränkt wären, und dann würde gar keine Schwierigkeit eintreten. Wir sehen dies bei dem Huhne. So weichen die beiden Geschlechter der gestrichelten Hamburger bedeutend von einander, ebenso wie von den beiden Geschlechtern des ursprünglichen *Gallus bankiva* ab, und beide werden jetzt auf der Höhe ihrer Vorzüglichkeit gehalten durch fortgesetzte Zuchtwahl, welche unmöglich wäre, wenn nicht die Unterscheidungsmerkmale beider Geschlechter in ihrer Überlieferung beschränkt wären.

Das spanische Huhn bietet einen noch merkwürdigeren Fall dar; das Männchen hat einen ungeheuren Kamm, aber einige der aufeinanderfolgenden Abänderungen, durch deren Anhäufung jener erlangt wurde, scheinen auch auf das Weibchen überliefert worden zu sein. Denn dasselbe besitzt einen vielmal größeren Kamm, als der der Weibchen der elterlichen Species ist. Der Kamm des Weibchens weicht aber in einer Beziehung von dem des Männchens ab; er ist nämlich geneigt umzuschlagen, und in der neueren Zeit ist durch die Mode festgesetzt worden, daß dies immer der Fall sein soll; dieser Befehl hat auch sehr bald einen Erfolg gehabt. Es muß nun das Herabhängen des Kammes in seiner Überlieferung geschlechtlich beschränkt sein, denn sonst würde es den Kamm des Männchens verhindern, vollkommen aufrecht zu stehen, was jedem Züchter entsetzlich wäre. Auf der andern Seite muß aber auch das Aufrechtstehen des Kammes beim Männchen gleichfalls ein geschlechtlich beschränkter Charakter sein, denn im anderen Falle würde er den Kamm des Weibchens hindern herabzuhängen.

Aus den vorstehenden Erläuterungen sehen wir, daß es, selbst wenn wir eine ganz unbegrenzte Zeit zu unserer Disposition hätten, ein außerordentlich schwieriger und complicierter, wenn auch vielleicht nicht unmöglicher Vorgang wäre, durch Zuchtwahl die eine Form von Überlieferung in die andere umzuwandeln. Ohne entschiedene Belege für jeden einzelnen Fall bin ich daher nicht geneigt zuzugeben, daß bei natürlichen Species dies häufig erreicht worden ist. Andererseits würde aber durch Hülfe aufeinanderfolgender Variationen, welche von Anfang an in ihrer Überlieferung geschlechtlich beschränkt waren, nicht die geringste Schwierigkeit bestehen können, männliche Vögel in der Farbe oder in irgend einem anderen Charakter vom Weibchen verschieden zu machen, wobei das letztere unverändert gelassen oder unbedeutend verändert oder zum Zwecke des Schutzes speciell modificiert werden könnte.

Da glänzende Farben für die Männchen in ihrem Rivalitätskampfe mit andern Männchen von Nutzen sind, so werden derartige Farben bei der Zuchtwahl berücksichtigt, mögen sie nun ausschließlich auf das männliche Geschlecht beschränkt überliefert werden oder nicht. In Folge hiervon läßt sich erwarten, daß die Weibchen häufig an der glänzenderen Färbung der Männchen in einem größeren oder geringeren Grade Theil haben, und dies tritt bei einer Menge von Species ein. Wenn alle aufeinanderfolgenden Abänderungen gleichmäßig auf beide Geschlechter überliefert würden, so würden die Weibchen von den Männchen nicht zu unterscheiden sein. Dies tritt gleichfalls bei vielen Vögeln ein. Wenn indessen trübe Färbungen zur Sicherheit des Weibchens während der Brütezeit von hoher Bedeutung wären, wie es bei manchen auf dem Boden lebenden Vögeln der Fall ist, so würden die Weibchen, welche in der Helligkeit ihrer Farben variierten oder welche durch Vererbung von den Männchen irgend eine auffallende Annäherung an deren Helligkeit erlangten, früher oder später zerstört werden. Es würde aber die Neigung bei den Männchen, ganz unbegrenzt ihre eigene helle Färbung den weiblichen Nachkommen beständig zu überliefern, nur durch eine Veränderung in der Form der Vererbung beseitigt werden können; und dies würde, wie die oben gegebene beispielsweise Erläuterung es zeigt, äußerst schwierig sein. Das wahrscheinlichere Resultat der lange fortgesetzten Zerstörung der heller gefärbten Weibchen würde, vorausgesetzt, daß die gleiche Form von Überlieferung herrschend bliebe, die Verringerung oder gänzliche Beseitigung der hellen Farben der Männchen sein, und zwar in Folge ihrer beständigen Kreuzung mit den trüber gefärbten Weibchen. Es würde langweilig sein, hier alle die übrigen möglichen Resultate zu verfolgen; ich will aber die Leser daran erinnern, daß, wenn geschlechtlich beschränkte Abänderungen in der hellen Färbung bei den Weibchen auftreten, selbst wenn dieselben nicht im allergeringsten für sie nachtheilig wären und folglich auch nicht beseitigt würden, sie doch nicht begünstigt oder bei der Zucht berücksichtigt werden würden; denn das Männchen nimmt gewöhnlich jedes beliebige Weibchen an und wählt sich nicht die anziehenderen Individuen aus. Folglich würden diese Abänderungen leicht verloren werden und würden wenig Einfluß auf den Charakter der Rasse haben; und dies wird die Erklärung der Thatsache begünstigen, daß die Weibchen gewöhnlich weniger glänzend gefärbt sind als die Männchen.

In dem achten Capitel wurden Beispiele gegeben, – und es hätte sich noch eine beliebige Zahl hinzufügen lassen, – von Abänderungen, welche in verschiedenen Alterszuständen auftreten und auf entsprechende Altersstufen vererbt werden. Es wurde auch gezeigt, daß Abänderungen, welche spät im Leben auftreten, gewöhnlich auf dasselbe Geschlecht überliefert werden, bei welchem sie zuerst auftraten, während Abänderungen, welche früher im Leben erscheinen, geneigt sind auf beide Geschlechter vererbt zu werden, womit jedoch nicht ausgesprochen werden soll, daß alle Fälle von geschlechtlich beschränkter Vererbung hierdurch erklärt werden können. Es wurde ferner gezeigt, daß, wenn ein männlicher Vogel in der Weise variierte, daß er während des jugendlichen Alters glänzender würde, derartige Variationen so lange von keinem Nutzen sein würden, als das reproductionsfähige Alter noch nicht erreicht ist, wo dann Concurrenz zwischen den rivalisierenden Männchen eintritt. Aber bei Vögeln, welche auf dem Boden leben und welche gewöhnlich des Schutzes trüber Färbungen bedürfen, würden helle Färbungen für die jungen und unerfahrenen Männchen bei weitem gefährlicher sein als für die erwachsenen Männchen. In Folge hiervon würden die Männchen, welche in der Helligkeit ihres Gefieders während des jugendlichen Alters variierten, sehr häufig zerstört und durch natürliche Zuchtwahl beseitigt werden. Auf der anderen Seite können die Männchen, welche in derselben Art und Weise im nahezu geschlechtlichen Zustande variieren, trotzdem daß sie hierdurch noch etwas mehr Gefahr ausgesetzt sind, leben bleiben und, da sie durch geschlechtliche Zuchtwahl begünstigt sind, ihre Art fortpflanzen. Da in vielen Fällen eine Beziehung besteht zwischen der Periode der Abänderung und der Form der Überlieferung, so würden, wenn die hell gefärbten jungen Männchen zerstört würden und derartige reife Männchen in ihrer Bewerbung erfolgreich wären, allein die Männchen glänzende Färbungen erlangen und nur ihren männlichen Nachkommen überliefern. Ich beabsichtige aber durchaus nicht, hiermit zu behaupten, daß der Einfluß des Alters auf die Form der Überlieferung die einzige Ursache der großen Verschiedenheit in dem Glanze des Gefieders zwischen den Geschlechtern vieler Vögel ist.

Da es in Bezug auf alle Vögel, bei denen die Geschlechter in der Farbe verschieden sind, eine interessante Frage ist, ob allein die Männchen durch geschlechtliche Zuchtwahl modificirt und die Weibchen, soweit die Wirksamkeit dieses Moments in Betracht kommt, unverändert geblieben oder nur theilweise verändert worden sind, oder ob die Weibchen durch natürliche Zuchtwahl zum Zwecke eines Schutzes speciell modificirt worden sind, so will ich diese Frage in ziemlicher Ausführlichkeit erörtern, selbst in größerer Länge als die an und für sich in ihr liegende Bedeutung es verdienen könnte. Denn es lassen sich dabei verschiedene merkwürdige collateral von ihr ausgehende Punkte bequem betrachten.

Ehe wir auf die Frage eingehen, und zwar besonders mit Rücksicht auf die Folgerungen Mr. *Wallace's*, dürfte es von Nutzen sein, von einem ähnlichen Gesichtspunkte aus einige andere Verschiedenheiten zwischen den Geschlechtern zu erörtern. Es existirte früher in Deutschland eine Rasse von Hühnern, *Bechstein*, Naturgeschichte Deutschlands, 1793. Bd. III, p. 339. bei welchen die Hennen mit Spornen versehen waren. Sie waren fleißige Leger, aber störten ihre Nester mit ihren Spornen so bedeutend, daß man sie nicht auf ihren Eiern sitzen lassen konnte. Es schien mir daher früher einmal wahrscheinlich, daß bei den Weibchen der wilden Gallinaceen die Entwicklung von Spornen durch natürliche Zuchtwahl gehemmt worden sei, und zwar wegen des ihren eigenen Nestern zugefügten Schadens. Dies schien mir um so wahrscheinlicher, als die Flügelsporne, welche während der Nidificationsperiode von keinem Nachtheile sein können, häufig beim Weibchen ebensowohl entwickelt sind als beim Männchen, trotzdem sie in nicht wenigen Fällen beim Männchen im Ganzen größer sind. Wenn das Männchen mit Spornen an den Füßen versehen ist, so bietet das Weibchen beinahe immer Rudimente derselben dar. Das Rudiment besteht zuweilen aus einer bloßen Schuppe, wie bei den Species von *Gallus*. Es könnte daher geschlossen werden, daß die Weibchen ursprünglich mit wohlentwickelten Spornen versehen gewesen sind, daß diese aber entweder durch Nichtgebrauch oder durch natürliche Zuchtwahl verloren wurden. Folgt man aber dieser Ansicht, so würde man sie auf unzählige andere Fälle auszudehnen haben, und sie schließt auch die Folgerung ein, daß die weiblichen Urerzeuger der jetzt Sporne tragenden Species einst mit einem schädlichen Anhange belästigt gewesen seien.

In einigen wenigen Gattungen und Arten, so bei *Galloperdix*, *Acomus* und dem javanischen Pfau (*Pao muticus*), besitzen die Weibchen ebensowohl wie die Männchen wohlentwickelte Sporne. Haben wir nun aus dieser Thatsache zu schließen, daß sie eine verschiedene Art von Nest bauen, welches durch die Sporne nicht verletzt wird, und zwar verschieden von dem Neste, welches ihre nächsten Verwandten bauen, so daß also hier das Bedürfnis nicht vorlag, ihre Sporne zu beseitigen, oder haben wir anzunehmen, daß diese Weibchen die Sporne speciell zu ihrer Vertheidigung bedürfen? Ein wahrscheinlicher Schluß ist der, daß Beides, sowohl das Vorhandensein als die Abwesenheit von Spornen bei den Weibchen das Resultat von verschiedenen Gesetzen der Vererbung ist, welche unabhängig von natürlicher Zuchtwahl geherrscht haben. Bei den vielen Weibchen, bei welchen die Sporne als Rudimente erscheinen, können wir schließen, daß einige wenige der nacheinander auftretenden Abänderungen, durch welche sie bei den Männchen zur Entwicklung gelangten, sehr früh im Leben auftraten und als Folge hiervon auf die Weibchen überliefert wurden. In den anderen und viel selteneren Fällen, in welchen die Weibchen völlig entwickelte Sporne besitzen, können wir schließen, daß sämmtliche nacheinander auftretende Abänderungen auch auf sie überliefert wurden und daß sie allmählich die vererbte Gewohnheit erlangten, ihre Nester nicht zu stören.

Die Stimmorgane und die verschiedentlich modificierten Federn zur Hervorbringung von Geräuschen ebenso wie die eigenthümlichen Instincte, diese Einrichtungen zu benutzen, sind oft in den beiden Geschlechtern verschieden, zuweilen aber in beiden gleich entwickelt. Können derartige Verschiedenheiten dadurch erklärt werden, daß die Männchen diese Organe und Instincte erlangt haben, während die Weibchen vor einer Ererbung derselben dadurch bewahrt wurden, daß ihnen daraus eine Quelle der Gefahr, die Aufmerksamkeit von

Raubvögeln und Raubthieren auf sich zu lenken, entstanden wäre? Dies scheint mir nicht wahrscheinlich zu sein, wenn wir an die große Zahl von Vögeln denken, welche ungestraft die Landschaft mit ihren Stimmen während des Frühjahrs erheitern. *Daines Barrington* hielt es indessen für wahrscheinlich (Philosoph. Transact. 1773, p. 164), daß deshalb wenig weibliche Vögel singen, weil dies für sie während der Incubationszeit gefährlich gewesen wäre. Er fügt hinzu, daß eine ähnliche Ansicht möglicherweise auch die Inferiorität des Weibchens im Gefieder gegenüber dem Männchen erklären könne. Eine sichere Folgerung ist, daß, wie die Stimmorgane und instrumentalen Einrichtungen nur für die Männchen während ihrer Bewerbung von speciellem Nutzen sind, diese Organe durch geschlechtliche Zuchtwahl und beständigen Gebrauch allein bei diesem Geschlechte entwickelt wurden, während die aufeinanderfolgenden Abänderungen und die Wirkungen des Gebrauchs vom Anfange an in ihrer Überlieferung in einem größeren oder geringeren Grade auf die männlichen Nachkommen beschränkt wurden. Es könnten viele analoge Fälle noch vorgebracht werden, z. B. die Schmuckfedern auf dem Kopfe, welche allgemein bei dem Männchen länger als bei dem Weibchen, zuweilen von gleicher Länge bei beiden Geschlechtern sind und gelegentlich beim Weibchen fehlen, wobei es vorkommt, daß diese verschiedenen Fälle zuweilen in einer und derselben Gruppe von Vögeln eintreten. Es würde schwierig sein, eine Verschiedenheit dieser Art zwischen den beiden Geschlechtern dadurch zu erklären, daß es für das Weibchen eine Wohlthat gewesen sei, einen unbedeutend kürzeren Federkamm zu besitzen, und daß derselbe in Folge hiervon durch natürliche Zuchtwahl verkleinert oder völlig unterdrückt wäre. Ich will aber einen günstigeren Fall, nämlich die Länge des Schwanzes betrachten. Das lange Behänge des Pfauhahns würde nicht nur unbequem, sondern auch während der Incubationsperiode, und solange das Weibchen seine Jungen begleitet, gefährlich für dasselbe gewesen sein. Es liegt also darin, daß die Entwicklung des Schwanzes beim Weibchen durch natürliche Zuchtwahl gehemmt worden sei, nicht im allermindesten a priori eine Unwahrscheinlichkeit. Aber die Weibchen verschiedener Fasanen, welche dem Anscheine nach auf ihren offenen Nestern ebenso vielen Gefahren ausgesetzt sind, wie die Pfauhenne, haben Schwänze von beträchtlicher Länge. Die Weibchen von *Menura superba* haben ebenso wie die Männchen lange Schwänze und sie bauen ein kuppelförmiges Nest, welches bei einem so großen Vogel eine bedeutende Anomalie ist. Die Naturforscher haben sich darüber verwundert, wie die weibliche *Menura* während der Bebrütung ihren

Schwanz unterbringen könne. Man weiß aber jetzt, Mr. *Ramsay* in: Proceed. Zoolog. Soc. 1868, p. 50. daß sie »in ihr Nest mit dem Kopfe voraus eintritt und sich dann herumdreht, wobei ihr Schwanz zuweilen über ihren Rücken geschlagen, aber häufiger rund um ihre Seite herumgebogen wird. Es wird hierdurch der Schwanz im Laufe der Zeit völlig schief und giebt einen ziemlich sicheren Hinweis auf die Länge der Zeit, während welcher der Vogel bereits gesessen hat«. Beide Geschlechter eines australischen Eisvogels (*Tanysiptera sylvia*) haben bedeutend verlängerte mittlere Schwanzfedern, und da das Weibchen sein Nest in einer Höhle baut, so werden diese Federn, wie mir Mr. *R. B. Sharpe* mitgetheilt hat, während des Nestbaues sehr zerknittert.

In diesen beiden letztgenannten Fällen muß die bedeutende Länge der Schwanzfedern in einem gewissen Grade für das Weibchen unzuträglich sein, und da in beiden Species die Schwanzfedern des Weibchens etwas kürzer sind als die des Männchens, so könnte man schließen, daß ihre volle Entwicklung durch natürliche Zuchtwahl gehemmt sei. Es würde aber die Pfauhenne, wenn die Entwicklung ihres Schwanzes nur dann gehemmt worden wäre, wenn derselbe unzuträglich oder gefährlich lang geworden wäre, einen viel längeren Schwanz erlangt haben, als sie factisch besitzt, denn ihr Schwanz ist im Verhältnis zur Größe ihres Körpers nicht nahezu so lang wie der vieler weiblicher Fasanen und auch nicht länger als der des weiblichen Truthuhns. Man muß auch im Sinne behalten, daß in Übereinstimmung mit dieser Ansicht, sobald der Schwanz der Pfauhenne gefährlich lang und in Folge hiervon seine Entwicklung gehemmt würde, sie beständig auf ihre männlichen Nachkommen eingewirkt haben und den Pfauhahn gehindert haben würde, seinen jetzigen prachtvollen Behang zu erlangen. Wir können daher schließen, daß die Länge des Schwanzes beim Pfauhahn und seine Kürze bei der Pfauhenne das Resultat davon sind, daß die nöthigen Abänderungen beim Männchen von Anfang an allein auf die männlichen Nachkommen vererbt worden sind.

Wir werden zu einer nahezu ähnlichen Schlußfolgerung in Bezug auf die Länge des Schwanzes bei den verschiedenen Species von Fasanen geführt. Bei dem Ohrenfasan (*Crossoptilon auritum*) ist der Schwanz in beiden Geschlechtern von gleicher Länge, nämlich sechszehn oder siebzehn Zoll; bei dem gemeinen Fasane ist er ungefähr zwanzig Zoll lang bei dem Männchen und zwölf beim Weibchen. Bei dem Sömmerrings-Fasane ist er beim Männchen siebenunddreißig und beim Weibchen nur acht Zoll lang und endlich bei Reeve's-Fasanen ist er zuweilen factisch beim Männchen zweiundsiebenzig Zoll lang und sechszehn Zoll beim Weibchen. Es ist daher in den verschiedenen Species der Schwanz des Weibchens seiner Länge nach beträchtlich verschieden und zwar ohne Bezug auf den Schwanz des Männchens, und dies läßt sich, wie mir scheint, mit viel größerer Wahrscheinlichkeit durch die Gesetze der Vererbung erklären – d. h. dadurch, daß die aufeinanderfolgenden Abänderungen vom Anfange an mehr oder weniger streng in ihrer Überlieferung auf das männliche Geschlecht beschränkt waren – als durch die Wirksamkeit der natürlichen Zuchtwahl, daß nämlich die Länge des Schwanzes in einem größeren oder geringeren Grade für die Weibchen der verschiedenen Species schädlich geworden wäre.

Vögel (Schluß)

Das Jugendgefieder in Bezug auf den Charakter des Gefieders beider Geschlechter im erwachsenen Zustande. – Sechs Classen von Fällen. – Geschlechtliche Verschiedenheiten der Männchen nahe verwandter oder repräsentativer Species. – Das Weibchen nimmt die Charaktere des Männchens an. – Das Gefieder der Jungen in Bezug auf das Sommer- und Wintergefieder der Erwachsenen. – Über die Steigerung der Schönheit der Vögel auf der ganzen Erde. – Protective Färbung. – Auffallend gefärbte Vögel. – Würdigung der Neuheit. – Zusammenfassung der vier Capitel über Vögel.

Es muß nun die Überlieferung von Charakteren betrachtet werden, insofern dieselbe in Bezug auf geschlechtliche Zuchtwahl durch das Alter beschränkt ist. Die Richtigkeit und die Bedeutung des Gesetzes einer Vererbung auf entsprechende Altersstufen braucht hier nicht erörtert zu werden, da über diesen Gegenstand bereits genug gesagt worden ist. Ehe ich aber die verschiedenen im Ganzen doch etwas complicirten Regeln oder Classen von Fällen mittheile, unter welchen man die sämmtlichen Verschiedenheiten im Gefieder zwischen den jungen und alten Vögeln, soweit sie mir bekannt sind, zusammenfassen kann, dürfte es nicht unzweckmäßig sein, einige wenige vorläufige Bemerkungen zu machen.

Wenn bei Thieren aller Arten die Erwachsenen in der Farbe von den Jungen verschieden sind und die Farben der letzteren, soweit wir es beurtheilen können, nicht von irgendwelchem speciellen Nutzen sind, so kann man sie, wie verschiedene embryonale Bildungen, dem Umstande zuschreiben, daß das junge Thier den Charakter eines früheren Urerzeugers beibehalten hat. Mit Zuversicht kann indessen diese Ansicht nur dann aufrecht erhalten werden, wenn die Jungen mehrerer Species einander sehr ähnlich und gleichfalls anderen erwachsenen Species ähnlich sind, welche zu derselben Gruppe gehören; denn die letzteren sind die lebendigen Beweise dafür, daß ein derartiger Zustand der Dinge früher möglich war. Junge Löwen und Pumas sind mit schwachen Streifen oder Reihen von Flecken gezeichnet, und da viele verwandte Arten sowohl in der Jugend als im erwachsenen Zustande ähnlich gezeichnet sind, so wird kein Naturforscher, welcher an eine allmähliche Entwicklung der Species glaubt, daran zweifeln, daß der Urerzeuger des Löwen und Puma ein gestreiftes Thier war und daß die Jungen Spuren dieser Streifen behalten haben, ebenso wie solche bei den Jungen schwarzer Katzen sich finden, welche im erwachsenen Zustande nicht im Mindesten gestreift sind. Viele Arten der Hirschfamilie sind im geschlechtsreifen Alter nicht gefleckt und doch sind sie jung mit weißen Flecken bedeckt, wie es auch einige wenige Species in ihrem erwachsenen Zustande sind. So sind ferner auch in der ganzen Familie der Schweine (*Suidae*) und bei gewissen im Ganzen nur entfernt damit verwandten Thieren, wie beim Tapir, die Jungen mit dunklen Längsstreifen gezeichnet; auch hier haben wir indessen einen Charakter vor uns, welcher allem Anscheine nach von einem ausgestorbenen Urerzeuger herrührt und jetzt nur von den Jungen noch beibehalten wird. In allen derartigen Fällen sind die Farben der alten Thiere im Laufe der Zeit abgeändert worden, während die Jungen unverändert geblieben oder nur wenig abgeändert worden sind; und dies ist nach dem Gesetze der Vererbung auf entsprechende Altersstufen bewirkt worden.

Dasselbe Princip gilt auch für viele zu verschiedenen Gruppen gehörige Vögel, bei welchen die Jungen einander in hohem Grade gleichen und von ihren Eltern im erwachsenen Zustande bedeutend verschieden sind. Die Jungen beinahe sämmtlicher Gallinaceen und einiger entfernt damit verwandter Vögel, wie der Strauße, sind im Dunenkleide längsgestreift; dieser Charakter weist aber auf einen so weit zurückliegenden Zustand der Dinge zurück, daß er uns kaum hier angeht. Junge Kreuzschnäbel (*Loxia*) haben zuerst gerade Schnäbel wie die anderen Finken, und in ihrem gestreiften Jugendgefieder gleichen sie dem erwachsenen Hänfling und dem weiblichen Zeisig ebensowohl wie den Jungen des Stieglitz, Grünfinken und einiger anderen verwandten Arten. Die Jungen vieler Arten von Ammern (*Emberiza*) gleichen sowohl einander, als auch dem erwachsenen Zustande der Grau-Ammer (*E. miliaria*). In beinahe der ganzen großen Gruppe der Drosseln haben die Jungen eine gefleckte Brust,– ein Charakter, welchen viele Arten ihr ganzes Leben hindurch behalten haben, welcher aber von anderen, wie z. B. von dem *Turdus migratorius*, vollständig verloren worden ist. So sind ferner bei vielen Drosseln die Federn am Rücken gefleckt, ehe sie sich zum erstenmale gemausert haben, und dieser Charakter wird von gewissen östlichen Species zeitlebens beibehalten. Die Jungen vieler Arten von Würgern (*Lanius*), einiger Spechte und einer indischen Taube (*Chalcophaps indicus*) sind an der unteren Körperfläche quer gestreift; und ähnlich sind gewisse verwandte Arten oder Gattungen im erwachsenen Zustande gezeichnet. Von einigen einander nahe verwandten und prachtvollen indischen Kuckuken (*Chrysococcyx*) weichen die Species, wenn sie geschlechtsreif sind, beträchtlich in der Farbe von einander ab, die Jungen derselben können aber nicht von einander unterschieden werden. Die Jungen einer indischen Gans (*Sarkidiornis melanonotus*) sind im Gefieder einer verwandten Gattung, *Dendrocygna*, im erwachsenen Zustande sehr ähnlich. In Bezug auf Drosseln, Würger und Spechte s. Mr. Blyth in: Charlesworth's Magaz. of nat. Hist. Vol. I. 1837, p. 304; auch die Anmerkung zu seiner Übersetzung von Cuvier's Règne animal, p. 159. Auch den Fall von der *Loxia* theile ich nach Mr. Blyth's Angaben mit. Über Drosseln s. auch Audubon, Ornitholog. Biography. Vol. II, p. 195. Über *Chrysococcyx* und *Chalcophaps* s. Blyth, citiert von Jerdon. Birds of India. Vol. III, p. 485. Über *Sarkidiornis* s. Blyth in: The Ibis. 1867, p. 175. Ähnliche Thatsachen werden später in Bezug auf gewisse Reiher mitgetheilt werden. Junge Birkhühner (*Tetrao tetrix*) gleichen sowohl den alten Vögeln gewisser Species, z. B. *Tetrao scoticus*, als deren Jungen. Endlich zeigen sich die natürlichen Verwandtschaften vieler Species am besten in dem Jugendgefieder, wie Mr. Blyth, welcher dem Gegenstande eingehende Aufmerksamkeit gewidmet hat, richtig bemerkt hat, und da die wahren Verwandtschaften sämmtlicher organischer Wesen von ihrer Abstammung von einem gemeinsamen Urerzeuger abhängen, so bestätigt diese Bemerkung eindringlich die Annahme, daß das Gefieder der jugendlichen Formen uns annäherungsweise die frühere oder vorelterliche Beschaffenheit der Species zeigt.

Obgleich uns hierdurch viele junge, zu verschiedenen Ordnungen gehörige Vögel einen Blick auf das Gefieder ihrer weit zurückliegenden frühen Urerzeuger werfen lassen, so giebt es doch auch viele andere Vögel, und zwar sowohl trübe als hell gefärbte, bei denen die Jungen ihren Eltern sehr ähnlich sind. Bei solchen Species können die Jungen der verschiedenen Arten einander nicht ähnlicher sein, als es die Eltern sind; auch können sie keine auffallenden Ähnlichkeiten mit verwandten Formen in ihrem erwachsenen Zustande darbieten. Sie geben uns nur wenig Aufklärung über das Gefieder ihrer Urerzeuger, ausgenommen, insoweit es wahrscheinlich ist, daß, wenn die jungen und die alten Vögel durch eine ganze Gruppe von Species hindurch in einer und der nämlichen Art und Weise gefärbt sind, auch ihre Urerzeuger ähnlich gefärbt waren.

Wir wollen nun die Classen von Fällen oder die Regeln betrachten, unter welche die Verschiedenheiten und Ähnlichkeiten zwischen dem Gefieder der jungen und alten Vögel entweder beider Geschlechter oder eines Geschlechts allein gruppiert werden können. Gesetze dieser Art wurden zuerst von *Cuvier* ausgesprochen; mit dem Fortschreiten der Erkenntnis bedürfen sie indessen einiger Modifikation und Erweiterung. Dies habe ich, soweit es die außerordentliche Compliciertheit des Gegenstandes gestattet, nach Belehrungen, die ich aus verschiedenen Quellen schöpfte, zu thun versucht; es ist aber eine erschöpfende Abhandlung über diesen Gegenstand von irgend einem competenten Ornithologen ein dringendes Bedürfnis. Um darüber zu einer Gewißheit zu gelangen, in welcher Ausdehnung jede dieser Regeln gilt, habe ich die in vier umfangreichen Werken mitgetheilten Thatsachen tabellarisch zusammengestellt, nämlich nach *Macgillivray* über die Vögel von GroßBritannien, nach *Audubon* über die nordamerikanischen Vögel, nach *Jerdon* über die Vögel von Indien und nach *Gould* über die von Australien. Ich will hier noch vorausschicken erstens, daß die verschiedenen Fälle oder Regeln allmählich in einander übergehen, und zweitens, daß, wenn gesagt wird, die jungen glichen ihren Eltern, damit nicht gemeint sein soll, sie wären ihnen identisch gleich; denn ihre Farben sind beinahe immer etwas weniger lebhaft, auch sind die Federn weicher und oft von einer verschiedenen Form.

Regeln oder Classen von Fällen

I. Wenn das erwachsene Männchen schöner oder in die Augen fallender ist als das erwachsene Weibchen, so sind die Jungen beider Geschlechter in ihrem ersten Federkleide dem erwachsenen Weibchen sehr ähnlich, wie beim gemeinen Huhn und dem Pfau; oder, wie es gelegentlich vorkommt, sie sind diesem viel ähnlicher als dem erwachsenen Männchen.

II. Wenn das erwachsene Weibchen in die Augen fallender ist, als das erwachsene Männchen, was zuweilen, wenn auch selten vorkommt, so sind die Jungen beiderlei Geschlechts in ihrem ersten Gefieder den erwachsenen Männchen ähnlich.

III. Wenn das erwachsene Männchen dem erwachsenen Weibchen ähnlich ist, so haben die Jungen beiderlei Geschlechts ein ihnen besonders zukommendes eigenthümliches Gefieder, wie z. B. beim Rothkehlchen.

IV. Wenn das erwachsene Männchen dem erwachsenen Weibchen ähnlich ist, so sind die Jungen beiderlei Geschlechts in ihrem ersten Federkleide den Erwachsenen ähnlich, wie es z. B. beim Eisvogel, vielen Papageien, Krähen, Grasmücken der Fall ist.

V. Wenn die Erwachsenen beiderlei Geschlechts ein verschiedenes Sommerund Wintergefieder haben, mag nun das Männchen vom Weibchen verschieden sein oder nicht, so sind die Jungen den Erwachsenen beiderlei Geschlechts in deren Winterkleide, oder, jedoch viel seltener, in deren Sommerkleide, oder allein den Weibchen ähnlich; oder die Jungen können einen intermediären Charakter tragen; oder ferner sie können von den Erwachsenen in ihren Jahreszeitgefiedern bedeutend verschieden sein.

VI. In einigen wenigen Fällen weichen die Jungen in ihrem ersten Gefieder je nach ihrem Geschlechte von einander ab, wobei die jungen Männchen mehr oder weniger nahe den erwachsenen Männchen und die jungen Weibchen mehr oder weniger nahe den erwachsenen Weibchen ähnlich sind.

1. *Classe*. In dieser Classe sind die Jungen beiderlei Geschlechts mehr oder weniger nahe den erwachsenen Weibchen ähnlich, während das erwachsene Männchen häufig in der augenfälligsten Art und Weise vom erwachsenen Weibchen verschieden ist. Hier ließen sich unzählige Beispiele aus allen Ordnungen anführen; es wird genügen, den gemeinen Fasan, die Ente und den Haussperling in's Gedächtnis zu rufen. Die in dieser Classe inbegriffenen Fälle gehen allmählich in andere über. So können die beiden Geschlechter in ihrem erwachsenen Zustande so unbedeutend von einander und die Jungen so unbedeutend von den Erwachsenen verschieden sein, daß es zweifelhaft wird, ob solche Fälle zu der vorliegenden Classe oder zu der dritten oder vierten zu ziehen sind. So können ferner die Jungen beider Geschlechter, anstatt einander vollständig gleich zu sein, in einem unbedeutenden Grade von einander abweichen, wie es in unserer sechsten Classe der Fall ist. Diese transitionellen Fälle sind indessen nur wenig der Zahl nach oder mindestens nicht scharf ausgesprochen im Vergleich mit denen, welche ganz streng unter die vorliegende Rubrik fallen.

Die Kraft des vorliegenden Gesetzes zeigt sich sehr wohl in denjenigen Gruppen, in welchen der allgemeinen Regel nach die beiden Geschlechter und die Jungen sämmtlich einander gleich sind; denn wenn das Männchen in diesen Gruppen wirklich vom Weibchen verschieden ist, wie bei gewissen Papageien, Eisvögeln, Tauben u. s. w., so sind die Jungen beider Geschlechter dem erwachsenen Weibchen ähnlich. s. z. B. Mr. *Gould*'s Beschreibung von *Cyanalcyon*, einem der

Eisvögel (Handbook to the Birds of Australia. Vol. I, p. 133), bei welchem indessen das junge Männchen, obschon es dem erwachsenen Weibchen ähnlich ist, weniger brillant gefärbt ist. In einigen Species von *Dacelo* haben die Männchen blaue Schwänze und die Weibchen braune; und Mr. *R. B. Sharpe* theilt mir mit, daß der Schwanz des jungen Männchens von *D. Gaudichaudii* anfangs braun ist. Mr. *Gould* hat (a. a. O. Vol. II, p. 14, 20, 37) die Geschlechter und die Jungen gewisser schwarzer Cacadus und des Königs-Loris beschrieben, bei welchen dasselbe Gesetz herrscht, s. auch *Jerdon*, Birds of India, Vol. I, p. 260, über *Palaeornis rosa*, bei dem die Jungen mehr gleich dem Weibchen als dem Männchen sind. s. *Audubon*, Ornitholog. Biography, Vol. II, p. 745, über die beiden Geschlechter und die Jungen von *Columba passerina*. Wir sehen die nämliche Thatsache noch deutlicher in gewissen anomalen Fällen ausgesprochen; so weicht das Männchen von *Heliothrix auriculata* (einem Colibri) augenfällig vom Weibchen darin ab, daß es eine prachtvolle Kehle und schöne Ohrbüschel hat: das Weibchen ist aber dadurch merkwürdig, daß es einen viel längeren Schwanz hat als das Männchen. Nun sind die Jungen beider Geschlechter (ausgenommen, daß die Brust mit Bronze gefleckt ist) den erwachsenen Weibchen mit Einschluß der Länge des weiblichen Schwanzes ähnlich, so daß der Schwanz des Männchens factisch mit dem Erreichen des Reifezustandes kürzer wird, was ein äußerst ungewöhnlicher Umstand ist. Ich verdanke die Kenntnis dieser Thatsache Mr. Gould, welcher mir die Exemplare zeigte; s. auch seine Introduction to the Trochilidae. 1861, p. 120. Ferner ist das Gefieder des männlichen Sägetauchers (*Mergus merganser*) auffallender gefärbt und die Schulterfedern und Schwingen zweiter Ordnung sind viel länger als beim Weibchen; aber verschieden von dem, was soviel ich weiß bei allen übrigen Vögeln vorkommt, ist der Federkamm des erwachsenen Männchens, wenn er auch breiter ist als der des Weibchens, doch beträchtlich kürzer, nämlich nur wenig über einen Zoll lang, während der Federkamm des Weibchens zwei und einen halben Zoll lang ist. Nun sind die Jungen beider Geschlechter in allen Beziehungen den erwachsenen Weibchen ähnlich, so daß ihre Federkämme factisch von größerer Länge, wenn auch etwas schmäler als beim erwachsenen Männchen sind. MacGillivray, History of British Birds. Vol. V, p. 207–214. Wenn die Jungen und die Weibchen einander sehr ähnlich und beide vom Männchen verschieden sind, so liegt die Folgerung am nächsten, daß allein das Männchen modificiert worden ist. Selbst in den anomalen Fällen von *Heliothrix* und *Mergus* ist es wahrscheinlich, daß ursprünglich beide Geschlechter im erwachsenen Zustande bei der einen Species mit einem beträchtlich verlängerten Schwanze und bei der anderen mit einem sehr verlängerten Federkamme versehen waren, daß diese Charaktere seitdem von den erwachsenen Männchen aus irgend einer unerklärten Ursache verloren und in ihrem verkleinerten Zustande allein ihren männlichen Nachkommen in dem entsprechenden Alter der Geschlechtsreife überliefert worden sind. Die Annahme, daß in der vorliegenden Classe, soweit die Verschiedenheiten zwischen den Männchen und den Weibchen zusammen mit deren Jungen in Betracht kommen, allein das Männchen modificiert worden ist, wird nachdrücklich durch einige merkwürdige, von Mr. Blyth s. dessen ausgezeichneten Aufsatz in dem Journal of the Asiatic Society of Bengal. Vol. XIX. 1850, p. 223; s. auch Jerdon, Birds of India. Vol. I. Introduction, p. XXIX. In Bezug auf *Tanysiptera* sagte Professor Schlegel Mr. Blyth, daß er mehrere verschiedene Rassen durch Vergleichung der erwachsenen Männchen unterscheiden könne. mitgetheilte Thatsachen in Bezug auf nahe verwandte Species, welche einander in verschiedenen Ländern repräsentieren, unterstützt. Denn bei mehreren dieser stellvertretenden Species haben die erwachsenen Männchen einen gewissen Betrag von Veränderung erlitten und können unterschieden werden; die Weibchen und die Jungen aus den verschiedenen Ländern sind dagegen nicht zu unterscheiden und sind daher absolut unverändert geblieben. Dies ist der Fall bei gewissen indischen Schmätzern (*Thamnobia*), bei gewissen Honigsaugern (*Nectarinia*), Würgern (*Tephrodornis*), gewissen Eisvögeln (*Tanysiptera*), Kalij-Fasanen (*Gallophasis*) und Baum-Rebhühnern (*Arboricola*).

In einigen analogen Fällen, nämlich bei Vögeln, welche ein verschiedenes Sommer- und Wintergefieder haben und deren Geschlechter nahezu gleich sind, können gewisse einander nahe verwandte Arten in ihrem Sommer- oder Hochzeitsgefieder leicht unterschieden werden, sind aber in ihrem Winterkleide ebenso wie in ihrem jugendlichen Gefieder ununterscheidbar. Dies ist der Fall bei einigen der nahe unter einander verwandten indischen Bachstelzen oder *Motacillae*. Mr. Swinhoe theilt mir mit, s. auch Mr. Swinhoe in: Ibis, July, 1863, p. 131, und einen früheren Aufsatz mit einem Auszuge einer Notiz von Mr. Blyth in: Ibis, Jan. 1861, p. 52. daß drei Species von *Ardeola*, einer Gattung der Reiher, welche einander auf verschiedenen Continenten vertreten, »in der auffallendsten Weise verschieden« sind, wenn sie mit ihren Sommerschmuckfedern geziert sind, daß sie aber nur schwer, wenn überhaupt, während des Winters von einander unterschieden werden können. Es sind die Jungen dieser drei Species in ihrem Jugendgefieder gleichfalls den Erwachsenen in ihrem Winterkleide sehr ähnlich. Dieser Fall ist um so merkwürdiger, als in zwei andern Species von *Ardeola* beide Geschlechter während des Winters und des Sommers nahezu dasselbe Gefieder behalten, wie das ist, was die drei ersterwähnten Species während des Winters und in ihrem unreifen Alterszustande besitzen; und dieses Gefieder, welches mehreren verschiedenen Species auf verschiedenen Altersstufen und zu verschiedenen Jahreszeiten gemeinsam zukommt, zeigt uns wahrscheinlich, wie der Urerzeuger der Gattung gefärbt war. In allen diesen Fällen können wir annehmen, daß das Hochzeitsgefieder. welches ursprünglich von den erwachsenen Männchen während der Paarungszeit erlangt und auf die Erwachsenen beider Geschlechter in der entsprechenden Jahreszeit vererbt wurde, modificiert worden ist, während das Winterkleid und das Gefieder der unreifen Jungen unverändert gelassen worden ist.

Es entsteht nun natürlich die Frage: woher kommt es, daß in diesen letzteren Fällen das Wintergefieder beider Geschlechter und in den zuerst erwähnten Fällen das Gefieder der erwachsenen Weibchen ebenso wie das unreife Gefieder der Jungen durchaus gar nicht beeinflußt worden ist? Diejenigen Species, welche einander in verschiedenen Ländern vertreten, werden beinahe immer irgendwie etwas verschiedenen Bedingungen ausgesetzt worden sein; wir können aber die Modification des Gefieders allein der Männchen kaum dieser Wirkung zuschreiben, wenn wir sehen, daß die Weibchen und die Jungen, trotzdem sie in ähnlicher Weise denselben Bedingungen ausgesetzt gewesen sind, nicht afficiert wurden. Kaum irgend eine Thatsache in der Natur zeigt uns deutlicher, wie untergeordnet in ihrer Bedeutung die directe Wirkung der Lebensbedingungen ist im Vergleich mit der durch Zuchtwahl bewirkten Anhäufung unbestimmter Abänderungen, als die überraschende Verschiedenheit zwischen den Geschlechtern vieler Vögel; denn beide Geschlechter müssen dieselbe Nahrung consumiert haben und demselben Klima ausgesetzt gewesen sein. Nichtsdestoweniger hindert uns nichts, anzunehmen, daß im Laufe der Zeit neue Lebensbedingungen irgend eine directe Wirkung entweder auf beide Geschlechter oder, in Folge der constitutionellen Verschiedenheiten, nur auf ein Geschlecht allein hervorbringen können. Wir sehen nur, daß dies seiner Bedeutung nach den angehäuften Resultaten der Zuchtwahl untergeordnet ist. Wenn indessen eine Species in ein neues Land einwandert – und dies muß ja der Bildung stellvertretender Arten vorausgehen, – so werden die veränderten

Bedingungen, welchen dieselbe beinahe immer ausgesetzt sein wird, Veranlassung sein, daß sie auch, einer weitverbreiteten Analogie nach zu urtheilen, einem gewissen Betrage fluctuierender Variabilität unterliegen wird. In diesem Falle wird die geschlechtliche Zuchtwahl, welche von einem im höchsten Grade der Veränderung ausgesetzten Elemente abhängt, nämlich von dem Geschmacke oder der Bewunderung des Weibchens, neue Farbenschattierungen oder andere Verschiedenheiten gefunden haben, auf welche sie wirken und welche sie anhäufen konnte; und da geschlechtliche Zuchtwahl beständig in Wirksamkeit ist, so würde es, – nach dem, was wir von den Resultaten der unbeabsichtigten Zuchtwahl seitens des Menschen in Bezug auf domesticierte Thiere wissen, – eine überraschende Thatsache sein, wenn Thiere, welche getrennte Bezirke bewohnen, welche sich niemals kreuzen und hierdurch ihre neuerlich erlangten Charaktere verschmelzen können, nicht nach einem genügenden Zeitraume verschiedenartig modificiert worden sein sollten. Diese Bemerkungen beziehen sich in gleicher Weise auf das Hochzeitskleid oder Sommergefieder, mag dasselbe nun auf das Männchen beschränkt oder beiden Geschlechtern eigen sein.

Obgleich die Weibchen der obengenannten nahe mit einander verwandten Arten ebenso wie ihre Jungen kaum irgendwie von einander verschieden sind, so daß die Männchen allein unterschieden werden können, so weichen doch in den meisten Fällen die Weibchen der Species innerhalb eines und des nämlichen Genus nachweisbar von einander ab. Indessen sind die Verschiedenheiten selten so bedeutend wie die zwischen den Männchen. Wir sehen dies deutlich in der ganzen Familie der Gallinaceen; so sind beispielsweise die Weibchen des gemeinen und des japanesischen Fasanen und besonders des Gold- und des Amherst-Fasanen, – vom Silberfasan und dem wilden Huhn, – einander in der Farbe sehr ähnlich, während die Männchen in einem außerordentlichen Grade von einander verschieden sind. Dasselbe ist auch bei den Weibchen der meisten Cotingiden, Fringilliden und vieler anderer Familien der Fall. Es läßt sich in der That nicht daran zweifeln, daß, als allgemeine Regel, die Weibchen in einer geringeren Ausdehnung modificiert worden sind als die Männchen. Einige wenige Vögel indessen bieten eine eigenthümliche und unerklärliche Ausnahme dar; so weichen die Weibchen von *Paradisea apoda* und *P. papuana* mehr von einander ab, als es ihre respectiven Männchen thun; Wallace, The Malay Archipelago. Vol. II. 1869, p. 394. das Weibchen der letzteren Species ist an der unteren Körperfläche rein weiß, während das Weibchen der *P. apoda* unten tief braun ist. Ferner weichen, wie ich von Professor Newton höre, die Männchen zweier Species von *Oxynotus* (Würger), welche einander auf den Inseln Mauritius und Bourbon ersetzen, Es sind diese Species unter Beigabe colorierter Figuren von M. F. Pollen beschrieben in: Ibis. 1866, p. 275. nur wenig in der Farbe von einander ab, während die Weibchen sehr verschieden sind. Bei der Species von Bourbon scheint es, als ob das Weibchen zum Theil einen Jugendzustand des Gefieders beibehalten hätte, denn auf den ersten Blick »möchte man dasselbe für das Junge der Species von Mauritius halten«. Diese Verschiedenheiten lassen sich mit denen vergleichen, welche unabhängig von der Zuchtwahl durch den Menschen und für uns unerklärbar bei gewissen Unterrassen des Kampfhuhns vorkommen, bei welchen die Weibchen sehr verschieden sind, während die Männchen kaum unterschieden werden können. Das Variiren der Thiere und Pflanzen im Zustande der Domestication. 2. Aufl. Bd. I, p. 280. Da ich nun die Verschiedenheiten zwischen den Männchen verwandter Arten in so großer Ausdehnung durch geschlechtliche Zuchtwahl erkläre, wie lassen sich dann die Verschiedenheiten zwischen den Weibchen in allen gewöhnlichen Fällen erklären? Wir haben hier nicht nöthig, die zu verschiedenen Gattungen gehörigen Arten zu betrachten; denn bei diesen werden Anpassung an verschiedene Lebensweisen und andere Kräfte mit in's Spiel gekommen sein. In Bezug auf die Verschiedenheiten zwischen den Weibchen innerhalb einer und der nämlichen Gattung scheint es mir nach Durchsicht mehrerer großer Gruppen beinahe gewiß zu sein, daß die in einem größeren oder geringeren Grade eingetretene Übertragung von Charakteren, welche von den Männchen durch geschlechtliche Zuchtwahl erlangt worden waren, auf das Weibchen die hauptsächlich wirksame Kraft gewesen ist. Bei den verschiedenen britischen Finkenarten weichen die Geschlechter entweder sehr unbedeutend oder beträchtlich von einander ab; und wenn wir die Weibchen des Grünfinken, Buchfinken, Stieglitz, Gimpel, Kreuzschnabel, Sperling u. s. w. vergleichen, so sehen wir, daß sie hauptsächlich in den Punkten von einander verschieden sind, in welchen sie zum Theile ihren respectiven Männchen gleichen; und die Farben der Männchen können wir getrost der geschlechtlichen Zuchtwahl zuschreiben. Bei vielen hühnerartigen Vögeln weichen die beiden Geschlechter in einem ganz außerordentlichen Grade von einander ab, so beim Pfau, beim Fasan, beim Huhn, während bei anderen Species eine theilweise oder selbst vollständige Übertragung von Charakteren vom Männchen auf das Weibchen stattgefunden hat. Die Weibchen der verschiedenen Species von *Polyplectron* bieten in einem undeutlichen Zustande, und zwar hauptsächlich auf dem Schwanze, die prachtvollen Augenflecken ihrer Männchen dar. Das weibliche Rebhuhn weicht vom Männchen nur darin ab, daß der rothe Fleck auf seiner Brust kleiner ist, und die wilde Truthenne nur darin, daß ihre Farben viel trüber sind. Bei dem Perlhuhn sind die beiden Geschlechter nicht von einander zu unterscheiden. Es liegt in der Annahme nichts Unwahrscheinliches, daß das einfarbige, wenn auch eigenthümlich gefleckte Gefieder dieses letzteren Vogels zunächst durch geschlechtliche Zuchtwahl von den Männchen erlangt und dann auf beide Geschlechter überliefert worden ist; denn es ist nicht wesentlich von dem viel schöner gefleckten Gefieder verschieden, welches allein für das Männchen des Tragopan-Fasanen charakteristisch ist.

Es ist zu beachten, daß in manchen Fällen diese Übertragung der Charaktere von dem Männchen auf das Weibchen allem Anscheine nach in einer weit zurückliegenden Zeit bewirkt worden ist, wonach später das Männchen bedeutenden Abänderungen unterlegen ist, ohne irgend welche seiner später erlangten Charaktere auf das Weibchen zu übertragen. So sind z. B. das Weibchen und die Jungen des Birkhuhns (*Tetrao tetrix*) den beiden Geschlechtern und den Jungen des Moorhuhns (*T. scoticus*) ziemlich ähnlich; und wir können in Folge hiervon schließen, daß das Birkhuhn von irgend einer alten Species abstammt, bei welcher beide Geschlechter in nahezu derselben Weise gefärbt waren, wie das Moorhuhn. Da beide Geschlechter dieser letzteren Species während der Paarungszeit deutlicher gestreift sind, als zu irgend einer andern Zeit, und da das Männchen unbedeutend in seinen schärfer ausgesprochenen rothen und braunen Tönen abweicht, *MacGillivray*, History of British Birds. Vol. I, p. 172-174. so können wir folgern, daß sein Gefieder wenigstens in einer gewissen Ausdehnung von geschlechtlicher Zuchtwahl beeinflußt worden ist. Ist dies der Fall gewesen, so können wir weiter schließen, daß das nahezu ähnliche Gefieder des weiblichen Birkhuhns in einer früheren Periode auf ähnliche Weise entstanden ist. Seit dieser Zeit aber hat das männliche Birkhuhn sein schönes schwarzes Gefieder und seine gegabelten und nach außen gekräuselten Schwanzfedern erhalten; es ist aber kaum irgend eine Übertragung dieser Charaktere auf das Weibchen eingetreten, ausgenommen daß dasselbe an seinem Schwanze eine Spur der gekrümmten Gabelung zeigt.

Wir können daher schließen, daß das Gefieder der Weibchen verschiedener, wenn auch verwandter Arten oft dadurch mehr oder weniger verschieden geworden ist, daß Charaktere, welche sowohl in früheren als in neueren Zeiten von den Männchen durch geschlechtliche Zuchtwahl erlangt wurden, in verschiedenen Graden auf sie übertragen worden sind. Es verdient indessen besondere Aufmerksamkeit, daß glänzende Färbungen viel seltener übertragen worden sind, als andere Farbentöne. So hat z. B. das Männchen des Blaukehlchens (*Cyanecula suecica*) eine reichblaue Oberbrust, mit einem schwach dreieckigen rothen Flecke; nun sind Zeichnungen von annähernd derselben Form auf das Weibchen übertragen worden, der mittlere Fleck ist aber röthlichbraun statt roth und wird von gefleckten anstatt von blauen Federn umgeben. Die hühnerartigen Vögel bieten viele analoge Fälle dar; denn keine von denjenigen Arten, so die Rebhühner, Wachteln, Perlhühner u. s. w., bei welchen die Farben des Gefieders in hohem Grade von Männchen auf das Weibchen übertragen worden sind, ist glänzend gefärbt. Dies erläutern die Fasanen sehr gut, bei welchen das Männchen allgemein um so vieles glänzender ist als das Weibchen; aber bei dem Ohrenfasan und dem Wallich'schen (*Crossoptilon auritum* und *Phasianus Wallichii*) sind die Geschlechter einander sehr ähnlich und ihre Färbungen sind trüb. Wir können selbst soweit gehen, anzunehmen, daß, wenn irgend ein Theil des Gefieders dieser beiden Fasanen glänzend gefärbt gewesen wäre, dies nicht auf die Weibchen übertragen worden wäre. Diese Thatsachen unterstützen nachdrücklich die Ansicht von Mr. *Wallace*, daß bei Vögeln, welche während der Zeit des Nistens vieler Gefahr ausgesetzt sind, die Übertragung heller Farben vom Männchen auf das Weibchen durch natürliche Zuchtwahl gehemmt worden ist. Wir dürfen indessen nicht vergessen, daß eine andere früher mitgetheilte Erklärung möglich ist: daß nämlich diejenigen Männchen, welche variierten und hell gefärbt wurden, so lang sie jung und unerfahren waren, großer Gefahr ausgesetzt gewesen und wohl meist zerstört worden sind; wenn auf der andern Seite die älteren und vorsichtigeren Männchen in gleicher Weise variierten, so werden diese nicht bloß im Stande gewesen sein, leben zu bleiben, sondern werden auch bei ihrer Concurrenz mit andern Männchen begünstigt gewesen sein. Abänderungen nun, welche spät im Leben auftreten, neigen dazu, ausschließlich auf dasselbe Geschlecht übertragen zu werden, so daß in diesem Falle äußerst glänzende Färbungen nicht auf die Weibchen übertragen worden sein würden. Auf der andern Seite wären Zierathen einer weniger augenfälligen Art, solche wie sie der Ohren- und Wallichs-Fasan besitzen, nicht gefährlich gewesen, und wären sie in früher Jugend erschienen, würden sie allgemein auf beide Geschlechter überliefert worden sein.

Außer den Wirkungen einer theilweisen Übertragung der Charaktere von den Männchen auf die Weibchen, können einige der Verschiedenheiten zwischen den Weibchen nahe verwandter Species auch der directen oder bestimmten Wirkung der Lebensbedingungen zugeschrieben werden. s. über diesen Gegenstand das 23. Capitel in dem »Variiren der Thiere und Pflanzen im Zustande der Domestication. Bei den Männchen wird eine jede derartige Wirkung durch die glänzenden, in Folge von geschlechtlicher Zuchtwahl erlangten Farben verhüllt worden sein; aber nicht so bei den Weibchen. Jede der endlosen Verschiedenheiten im Gefieder, welche wir bei unsern domesticirten Vögeln sehen, ist natürlich das Resultat irgend einer bestimmten Ursache; und unter natürlichen und gleichförmigeren Bedingungen wird irgend eine gewisse Färbung, vorausgesetzt, daß sie in keiner Weise nachtheilig ist, beinahe sicher früher oder später vorherrschen. Die reichliche Kreuzung der vielen zu einer und derselben Species gehörenden Individuen wird am Ende dahin streben, jede hierdurch veranlaßte Veränderung in der Farbe dem Charakter nach gleichförmig zu machen.

Es zweifelt Niemand daran, daß bei vielen Vögeln die Färbung beider Geschlechter zum Zwecke des Schutzes den Umgebungen angepaßt ist; und es ist möglich, daß bei einigen Arten allein die Weibchen in dieser Weise modificirt worden sind. Obschon es ein schwieriger und, wie im letzten Capitel gezeigt wurde, vielleicht unmöglicher Proceß sein würde, die eine Form der Überlieferung durch Zuchtwahl in die andere zu verwandeln, so dürfte doch nicht die geringste Schwierigkeit vorhanden sein, die Farben der Weibchen unabhängig von denen des Männchens dadurch umgebenden Gegenständen anzupassen, daß Abänderungen, welche von Anfang an in ihrer Überlieferung auf das weibliche Geschlecht beschränkt waren, gehäuft wurden. Wären die Abänderungen nicht in dieser Art beschränkt, so würden die hellen Farben des Männchens verkümmert oder zerstört werden. Ob allein die Weibchen vieler Species in dieser Weise speciell modificirt worden sind, ist gegenwärtig noch sehr zweifelhaft. Ich wünschte, Mr. *Wallace* der ganzen Ausdehnung nach folgen zu können; denn seine Annahme würde einige Schwierigkeiten beseitigen. Eine jede Abänderung, welche für das Weibchen von keinem Nutzen als Schutzmittel wäre, würde sofort wieder fehlschlagen, statt einfach dadurch verloren zu gehen, daß sie bei der Zuchtwahl nicht berücksichtigt würde, oder daß sie in Folge der reichlichen Kreuzung verloren ginge, oder daß sie eliminirt werden würde, wenn sie auf das Männchen übertragen und diesem in irgend welcher Art schädlich wäre. So würde das Gefieder des Weibchens in seinem Charakter constant erhalten werden. Es wäre gleichfalls eine Erleichterung, wenn wir annehmen könnten, daß die dunkleren Färbungen beider Geschlechter bei vielen Vögeln zum Zwecke des Schutzes erlangt und bewahrt worden wären, – so z. B. bei dem Graukehlchen und dem Zaunkönig (*Accentor modularis* und *Troglodytes vulgaris*), – in Bezug auf welche Erscheinung wir für die Wirksamkeit der geschlechtlichen Zuchtwahl nicht hinreichende Beweise haben. Wir müssen indessen in Bezug auf die Folgerung, daß Färbungen, welche uns trübe erscheinen, auch den Weibchen gewisser Species nicht anziehend sind, vorsichtig sein; wir sollten derartige Fälle im Sinne behalten, wie den gemeinen Haussperling, bei welchem das Männchen bedeutend vom Weibchen abweicht, aber keine hellen Farbentöne darbietet. Wahrscheinlich wird Niemand bestreiten wollen, daß viele hühnerartige Vögel, welche auf offenem Grunde leben, ihre jetzigen Färbungen wenigstens zum Theil als Schutzmittel erlangt haben. Wir wissen, wie gut sie durch dieselben sich verbergen können; wir wissen, daß Schneehühner, während sie ihr Wintergefieder in das Sommerkleid umwandeln, die ja beide für sie protectiv sind, bedeutend durch Raubvögel leiden. Können wir aber wohl annehmen, daß die sehr unbedeutenden Verschiedenheiten in den Farbentönen und Zeichnungen z. B. zwischen dem weiblichen Birkhuhn und Moorhuhn als Schutzmittel dienen? Sind Rebhühner, so wie sie jetzt gefärbt sind, besser geschützt, als wenn sie Wachteln ähnlich geworden wären? Dienen die unbedeutenden Verschiedenheiten zwischen den Weibchen des gemeinen Fasanen, des japanesischen und Gold-Fasanen zum Schutze oder hätte ihr Gefieder nicht ohne weitern Nachtheil vertauscht werden können? Nach dem, was Mr. *Wallace* von der Lebensweise gewisser hühnerartigen Vögel des östlichen Asiens beobachtet hat, glaubt er, daß solche geringe Verschiedenheiten wohlthätig sind. Was mich betrifft, so will ich nur sagen, daß ich nicht überzeugt bin.

Als ich früher noch geneigt war, ein großes Gewicht auf das Princip des Schutzes als Erklärungsmittel der weniger hellen Farben weiblicher Vögel zu legen, kam mir der Gedanke, daß möglicherweise ursprünglich beide Geschlechter und die Jungen in gleichem Grade hell gefärbt gewesen sein könnten, daß aber später die Weibchen wegen der während der Brütezeit erwachsenen Gefahr und die Jungen wegen ihrer Unerfahrenheit behufs eines Schutzes dunkler geworden seien. Diese Ansicht wird aber durch keine Beweise unterstützt und ist nicht wahrscheinlich; denn wir setzen damit in unserer Vorstellung die Weibchen und die Jungen während vergangener Zeiten Gefahren aus, vor denen die modifizierten Nachkommen derselben zu schützen sich später als nothwendig herausgestellt hätte. Wir hätten auch durch einen allmählichen Proceß der Zuchtwahl die Weibchen und die Jungen auf beinahe genau dieselben Färbungen und Zeichnungen zurückzuführen und diese auf das entsprechende Geschlecht und Lebensalter zu überliefern. Es wäre auch eine etwas befremdende Thatsache, – unter der Annahme, daß die Weibchen und die Jungen während einer jeden Stufe des Modificationsprocesses eine Neigung gezeigt hätten, so hell gefärbt zu werden wie die Männchen, – daß die Weibchen niemals dunkel gefärbt worden wären, ohne daß gleichzeitig auch die Jungen an dieser Veränderung Theil genommen hätten: denn soviel ich ermitteln kann, liegen keine Fälle vor von Species, bei denen die Weibchen trübe gefärbt, die Jungen dagegen hell gefärbt sind. Eine theilweise Ausnahme hiervon bieten indessen die Jungen gewisser Spechte dar, denn sie haben »den ganzen obern Theil des Kopfes mit Roth gefärbt«, welches sich später entweder bei den Erwachsenen beider Geschlechter zu einer einfachen kreisförmigen rothen Linie vermindert oder bei den erwachsenen Weibchen vollständig verschwindet. Audubon, Ornitholog. Biography. Vol. I, p. 193. Macgillivray, History of British Birds. Vol. III, p. 85. s. auch den oben angeführten Fall von *Indopicus Carlottae.*

Was schließlich die vorliegende Classe von Fällen betrifft, so scheint die wahrscheinlichste Ansicht die zu sein, daß aufeinanderfolgende Abänderungen in dem Glanze oder in andern ornamentalen Charakteren, welche bei den Männchen zu einer im Ganzen spätern Lebensperiode auftraten, allein erhalten worden sind, und daß die meisten oder sämmtliche dieser Abänderungen in Folge der späten Lebensperiode, in welcher sie erschienen, von Anfang an nur auf die erwachsenen männlichen Nachkommen überliefert worden sind. Eine jede Abänderung in der Helligkeit, welche bei den Weibchen oder bei den Jungen aufgetreten wäre, würde für diese von keinem Nutzen gewesen und nicht bei der Nachzucht besonders gewählt worden sein; sie würde überdies, wäre sie gefährlich gewesen, beseitigt worden sein. In dieser Weise werden daher die Weibchen und die Jungen entweder nicht modificirt worden, oder, und dies ist um vieles häufiger vorgekommen, sie werden zum Theil durch Übertragung einiger der bei den Männchen nach einander erscheinenden Abänderungen modificiert worden sein. Auf beide Geschlechter haben vielleicht die Lebensbedingungen, welchen sie lange ausgesetzt gewesen waren, direct eingewirkt; da aber die Weibchen nicht auch noch anderweitig modificiert worden sind, werden diese alle Folgen derartiger Einwirkungen am besten darbieten. Diese Veränderungen werden wie alle andern durch die reichliche Kreuzung vieler Individuen gleichförmig erhalten worden sein. In einigen Fällen, besonders bei Bodenvögeln, können auch die Weibchen und die Jungen unabhängig von den Männchen möglicherweise zum Zwecke des Schutzes modificiert worden sein, so daß sie beide das nämliche trübe Gefieder erlangt haben.

2. Classe. Wenn das erwachsene Weibchen in die Augen fallender ist als das erwachsene Männchen, so sind die Jungen beiderlei Geschlechts in ihrem ersten Gefieder dem erwachsenen Männchen ähnlich. – Diese Classe enthält gerade die umgekehrten Fälle von denen der vorigen, denn hier sind die Weibchen heller gefärbt oder mehr in die Augen fallend als die Männchen, und die Jungen sind, so weit man sie kennt, den erwachsenen Männchen ähnlich, statt den erwachsenen Weibchen zu gleichen. Die Verschiedenheit zwischen den Geschlechtern ist indeß niemals annähernd so groß, wie es bei vielen Vögeln in der ersten Classe vorkommt, und die Fälle sind auch vergleichsweise selten. Mr. *Wallace*, welcher zuerst die Aufmerksamkeit auf die eigenthümliche Beziehung lenkte, welche zwischen den weniger hellen Farben der Männchen und den von ihnen ausgeübten Pflichten des Brütens besteht, legt auf diesen Punkt ein großes Gewicht, Westminster Review, July, 1867, und *A. Murray*, Journal of Travel. 1868, p. 83. als einen entscheidenden Beweis dafür, daß dunklere Farben zum Zwecke des Schutzes während der Nidificationsperiode erlangt worden sind. Eine davon verschiedene Ansicht scheint mir wahrscheinlicher zu sein. Da die Fälle merkwürdig und nicht zahlreich sind, so will ich alle hier anführen, welche ich zu finden im Stande war.

In einer Abtheilung der Gattung *Turnix* (wachtelartige Vögel) ist das Weibchen ausnahmslos größer als das Männchen (in einer der australischen Arten ist es nahezu zweimal so groß) und dies ist bei den hühnerartigen Vögeln ein ungewöhnlicher Umstand. Bei den meisten Species ist das Weibchen entschiedener und heller gefärbt als das Männchen, Wegen der australischen Arten s. *Gould*, Handbook to the Birds of Australia. Vol. II, p. 178, 180, 186 und 188. An den Exemplaren der Trappenwachtel (*Pedionomus torquatus*) im Britischen Museum lassen sich ähnliche geschlechtliche Verschiedenheiten erkennen. in einigen wenigen Arten sind indessen die Geschlechter einander gleich. Bei *Turnix taigoor* aus Indien »fehlt dem Männchen das Schwarz an der Kehle und dem Halse, und der ganze Färbungston des Gefieders ist heller und weniger ausgesprochen als der des Weibchens«. Das Weibchen scheint lauter zu sein und ist sicher viel kampfsüchtiger als das Männchen, so daß die Weibchen, und nicht die Männchen, häufig von den Eingebornen zum Kämpfen gehalten werden wie Kampfhähne. Wie von englischen Vogelfängern männliche Vögel in der Nähe einer Falle als Lockvögel aufgestellt werden, um andere Männchen durch Erregung ihrer Eifersucht zu fangen, so werden in Indien die Weibchen dieser *Turnix* hierzu verwandt. Sind die Weibchen in dieser Weise aufgestellt, so beginnen sie sehr bald »ihren lauten schnurrenden Lockruf »ertönen zu lassen, welcher eine bedeutende Entfernung weit gehört »werden kann, und alle Weibchen im Bereich der Hörbarkeit dieses »Rufes laufen eiligst nach der Stelle hin und beginnen mit dem »gefangenen Vogel zu kämpfen«. Auf diese Weise können zwölf bis zwanzig Vögel, sämmtlich brütende Weibchen, im Laufe eines einzigen Tages gefangen werden. Die Eingeborenen behaupten, daß die Weibchen, nachdem sie die Eier gelegt haben, sich in Herden versammeln und es den Männchen überlassen, die Eier auszubrüten. Es ist kein Grund vorhanden, diese Behauptungen zu bezweifeln, welche durch einige von Mr. Swinhoe in China gemachte Beobachtungen unterstützt werden. Jerdon, Birds of India. Vol. III, p. 596. Mr. Swinhoe in: Ibis. 1865, p. 542; 1866, p. 131, 405. Mr. Blyth glaubt, daß die Jungen beider Geschlechter den erwachsenen Männchen ähnlich sind.

Die Weibchen der drei Arten von Goldschnepfen (*Rhynchaea*) »sind nicht größer, aber viel reicher gefärbt als die Männchen«. Jerdon, Birds of India. Vol. III, p. 677. Bei allen übrigen Vögeln, bei welchen die Luftröhre ihrer Structur nach in den beiden Geschlechtern verschieden ist, ist sie bei den Männchen entwickelter und complicierter als bei den Weibchen; aber bei der *Rhynchaea australis*, ist sie beim Männchen einfach, während sie beim Weibchen vier besondere Windungen beschreibt, ehe sie in die Lungen eintritt. Gould's Handbook to the Birds of Australia. Vol. II, p. 275. Es hat daher das Weibchen dieser Species einen eminent männlichen Charakter erhalten. Mr. Blyth hat durch Untersuchung vieler Exemplare ermittelt, daß bei *Rh. bengalensis*, welche Species der *Rh. australis* so ähnlich ist, daß sie, ausgenommen durch ihre kürzeren Zehen, kaum von ihr unterschieden werden kann, die Luftröhre in keinem der beiden Geschlechter gewunden ist. Diese Thatsache bietet ein weiteres auffallendes Beispiel für das Gesetz dar, daß secundäre Sexualcharaktere oft bei nahe verwandten Formen weit von einander verschieden sind, obschon es ein sehr seltener Umstand ist, wenn sich derartige Verschiedenheiten auf das weibliche Geschlecht beziehen. Es wird angegeben, daß die Jungen beider Geschlechter von *Rh. bengalensis* in ihrem ersten Gefieder den erwachsenen Männchen ähnlich sind. The Indian Field, Sept. 1858, p. 3. Es ist auch Grund zur Annahme vorhanden, daß das Männchen die Pflicht des Ausbrütens auf sich nimmt; denn Mr. Swinhoe Ibis. 1886, p. 298. fand die Weibchen vor Ende des Sommers zu Herden versammelt, wie es mit den Weibchen von *Turnix* vorkommt.

Die Weibchen von *Phalaropus fulicarius* und *Ph. hyperboreus* sind größer und in ihrem Sommergefieder »lebhafter in ihrer Erscheinung als die Männchen«. Doch ist die Verschiedenheit in der Farbe zwischen den Geschlechtern durchaus nicht augenfällig. Nur das Männchen von *Ph. fulicarius* übernimmt nach Professor *Steenstrup* die Verpflichtung des Brütens, wie es sich auch durch den Zustand seiner Brustfedern während der Brütezeit ergiebt. Das Weibchen des MorinellRegenpfeifers (*Eudromias morinellus*) ist größer als das Männchen, und die rothen und schwarzen Farbentöne auf der unteren Fläche, der weiße halbmondförmige Fleck auf der Brust und die Streifen oberhalb der Augen sind bei ihm stärker ausgesprochen. Auch nimmt das Weibchen wenigstens am Ausbrüten der Eier Theil; aber auch das Weibchen sorgt für die Jungen. In Bezug auf diese verschiedenen Angaben s. *Gould*, Birds of Great Britain. Professor *Newton* theilt mir mit, er sei nach seinen eigenen Beobachtungen wie nach denen Anderer schon lange überzeugt gewesen, daß die Männchen der oben genannten Species entweder zum Theil oder vollständig die Pflicht der Bebrütung auf sich nehmen und daß sie im Falle einer Gefahr eine viel »größere Hingabe an ihre Jungen zeigen, als es die Weibchen thun«. So ist es auch, wie er mir mittheilt, mit der *Limosa lapponica* und einigen wenigen andern Watvögeln der Fall, bei welchen die Weibchen größer sind und viel schärfer contrastierende Farben besitzen als die Männchen. Ich bin nicht im Stande gewesen, zu ermitteln, ob bei diesen Arten die Jungen den erwachsenen Männchen in bedeutenderem Grade ähnlich sind als den erwachsenen Weibchen; denn die Vergleichung ist wegen der doppelten Mauserung etwas schwierig anzustellen.

Wenden wir uns nun zu der Ordnung der Strauße: Jedermann

würde das Männchen des gemeinen Casuars (*Casuarius galeatus*) für das Weibchen zu halten geneigt sein, da es kleiner ist und die Anhänge und die nackten Hautstellen am Kopfe viel weniger hell gefärbt sind; auch hat mir Mr. *Bartlett* mitgetheilt, daß es im zoologischen Garten sicher allein das Männchen ist, welches auf den Eiern sitzt und die Sorge um die Jungen übernimmt. Die Eingeborenen von Ceram behaupten (*Wallace*, Malay Archipelago, Vol. II, p.150), daß das Männchen und das Weibchen abwechselnd auf den Eiern sitzen; diese Angabe ist aber, wie Mr. *Bartlett* glaubt, so zu erklären, daß das Weibchen das Nest besucht, um seine Eier abzulegen. Mr. *T. W. Wood* giebt an, The Student, April, 1870, p.124. daß das Weibchen während der Paarungszeit von außerordentlich kampfsüchtiger Disposition ist; seine Fleischlappen werden dann vergrößert und glänzender gefärbt. Ferner ist das Weibchen von einem der Emus (*Dromaeus irroratus*) beträchtlich größer als das Männchen und besitzt einen unbedeutenden Federbusch, ist aber in anderer Weise im Gefieder nicht zu unterscheiden. Allem Anscheine nach besitzt es indessen, »wenn es geärgert oder sonstwie gereizt wird, stärker das Vermögen, wie ein Truthahn die Federn an seinem Halse und seiner Brust aufzurichten. Es ist gewöhnlich muthiger und zanksüchtiger. Es stößt einen tiefen, hohlen, gutturalen Ton aus, besonders zur Nachtzeit, welcher wie ein kleiner Gong klingt. Das Männchen hat einen schlankeren Bau und ist gelehriger, hat auch keine Stimme außer einem unterdrückten Zischen oder Knurren, wenn es ärgerlich ist«. Es übt nicht nur die gesammten Pflichten der Brütung aus, sondern hat auch die Jungen gegen ihre Mutter zu vertheidigen; »denn sobald diese ihre Nachkommenschaft erblickt, wird sie heftig erregt und scheint trotz des Widerstandes des Vaters ihre äußerste Kraft anzustrengen, sie zu zerstören. Monate lang nachher ist es nicht gerathen, die Eltern zusammenzubringen, heftige Kämpfe sind das unvermeidliche Resultat, aus denen meist das Weibchen als Sieger hervorgeht«. s. die ausgezeichnete Beschreibung der Lebensweise dieses Vogels in der Gefangenschaft von Mr. *A. W. Bennett* in: Land and Water, May 1868, p. 233. Wir haben daher bei diesem Emu eine vollständige Umkehrung nicht bloß der elterlichen und Brüte-Instincte, sondern auch der gewöhnlichen moralischen Eigenschaften der beiden Geschlechter; die Weibchen sind wild, zanksüchtig und lärmend, die Männchen sanft und gut. Beim afrikanischen Strauß verhält sich der Fall sehr verschieden, denn hier ist das Männchen etwas größer als das Weibchen und hat schönere Schmuckfedern mit schärfer contrastierenden Farben; nichtsdestoweniger übernimmt dasselbe vollständig die Pflicht des Brütens. *Sclater*, Über das Brüten der straußartigen Vögel, in: Proceed. Zoolog. Soc., June 9., 1863. Dasselbe ist bei der *Rhea Darwinii* der Fall: Capt. *Musters* sagt (At home with the Patagonians, 1871, p. 128): daß das Männchen größer, stärker und schneller ist als das Weibchen und von einer unbedeutend dunkleren Färbung; doch nimmt es allein die Sorge um die Eier und um die Jungen auf sich, genau so wie es die gewöhnliche Species von *Rhea* thut.

Ich will noch die andern wenigen mir bekannten Fälle anführen, wo das Weibchen augenfälliger gefärbt ist als das Männchen, obschon über ihre Art des Brütens nichts bekannt ist. Bei dem Geierbussard der Falkland-Inseln (*Milvago leucurus*) war ich sehr überrascht, bei der Zergliederung zu finden, daß die Individuen, welche stärker ausgesprochene Färbungen zeigten und deren Wachshaut und Beine orange gefärbt waren, die erwachsenen Weibchen waren, während diejenigen mit trüberem Gefieder und grauen Beinen die Männchen oder die Jungen waren. Bei einem australischen Baumläufer (*Climacteris erythrops*) weicht das Weibchen darin vom Männchen ab, daß es »mit schönen strahlenförmigen röthlichen Zeichnungen an der Kehle geschmückt ist, während beim Männchen diese Theile völlig gleichfarbig sind«. Endlich übertrifft bei einem australischen Ziegenmelker »das Weibchen immer das Männchen an Größe und an dem Glanze der Färbung; andererseits haben die Männchen zwei weiße Flecke auf den Schwingen erster Ordnung augenfälliger entwickelt als die Weibchen«. In Bezug auf den *Milvago* s. Zoology of the Voyage of the »Beagle«, Birds, 1841, p. 16. Wegen der *Climacteris* und des Ziegenmelkers (*Eurostopodus*) s. *Gould*, Handbook to the Birds of Australia, Vol. I, p. 602 und 697. Die neuseeländische Brand-Ente (*Tadorna variegata*) bietet einen völlig anomalen Fall dar; der Kopf des Weibchens ist rein weiß und sein Rücken ist röther als der des Männchens; der Kopf des Männchens ist von einer kräftigen dunkelbronzenen Farbe und sein Rücken ist mit schön gestrichelten schieferfarbigen Federn bedeckt, so daß es durchaus als das Schönere von den beiden betrachtet werden kann. Es ist größer und kampfsüchtiger als das Weibchen und sitzt nicht auf den Eiern. Es fällt daher diese Species in allen diesen Beziehungen unter unsere erste Classe von Fällen. Mr. *Sclater* war aber sehr überrascht, zu beobachten (Proceed. Zoolog. Soc. 1866, p. 150), daß die Jungen beider Geschlechter, wenn sie ungefähr drei Monate alt sind, in ihren dunklen Köpfen und Hälsen den erwachsenen Männchen ähnlich sind, statt es den erwachsenen Weibchen zu sein; so daß es in diesem Falle scheinen möchte, als wären die Weibchen modificiert worden, während die Männchen und Jungen einen früheren Zustand des Gefieders behalten haben. Wir sehen hieraus, daß die Fälle, in denen die weiblichen Vögel auffallender gefärbt sind als die Männchen und wo die Jungen in ihrem unreifen Gefieder den erwachsenen Männchen, anstatt wie in der vorhergehenden Classe den erwachsenen Weibchen, gleichen, nicht zahlreich sind, obschon sie sich auf verschiedene Ordnungen vertheilen. Auch ist die Größe der Verschiedenheit zwischen den Geschlechtern unvergleichlich geringer, als wie sie häufig in der ersten Classe auftritt, so daß die Ursache der Verschiedenheit, was dieselbe auch gewesen sein mag, in der gegenwärtigen Classe weniger energisch oder weniger ausdauernd auf die Weibchen eingewirkt hat, als in der ersten Classe auf die Männchen. Mr. *Wallace* glaubt, daß die Färbungen der Männchen zum Zwecke des Schutzes während der Bebrütungszeit weniger augenfällig geworden sind; die Verschiedenheit zwischen den Geschlechtern scheint aber bei kaum einem der vorstehend erwähnten Fälle hinreichend groß zu sein, um diese Ansicht mit Sicherheit annehmen zu können. In einigen dieser Fälle sind die helleren Farbentöne des Weibchens beinahe ganz auf die untere Körperfläche beschränkt, und wenn die Männchen in dieser Weise gefärbt wären, so würden sie während des Sitzens auf den Eiern keiner Gefahr ausgesetzt gewesen sein. Man muß auch im Auge behalten, daß die Männchen nicht bloß in einem unbedeutenden Grade weniger auffallend gefärbt sind als die Weibchen, sondern auch von geringerer Größe sind und weniger Kraft haben. Sie haben überdies nicht bloß den mütterlichen Instinct des Brütens erlangt, sondern sind auch weniger kampflustig und laut als die Weibchen und haben in einem Falle auch einfachere Stimmorgane. Es ist also eine beinahe vollständige Vertauschung der Instincte, Gewohnheiten, Disposition, Farbe, Größe und einiger Structureigenthümlichkeiten zwischen den beiden Geschlechtern eingetreten.

Wenn wir nun annehmen können, daß die Männchen in der vorliegenden Classe etwas von jener Begierde verloren haben, welche ihrem Geschlechte sonst eigen ist, so daß sie nun nicht länger mehr die Weibchen eifrig aufsuchen; oder wenn wir annehmen können, daß die Weibchen viel zahlreicher geworden sind als die Männchen – und in Bezug auf eine indische Art von *Turnix* wird angegeben, daß man »die Weibchen viel gewöhnlicher trifft als die Männchen« *Jerdon*, Birds of India. Vol. III, p. 598. – dann ist es nicht unwahrscheinlich, daß die Weibchen dazu gebracht wurden, den Männchen den Hof zu machen, anstatt von diesen umworben zu werden. Dies ist in der That in einem gewissen Maße bei einigen Vögeln der Fall, wie wir es bei der Pfauhenne, dem wilden Truthuhn und gewissen Arten von Wald-hühnern gesehen haben. Nehmen wir die Gewohnheiten der meisten männlichen Vögel als Maßstab der Beurtheilung, so muß die bedeu-tendere Größe und Kraft und die außerordentliche Kampfsucht der Weibchen der *Turnix* und der Emus die Bedeutung haben, daß sie versuchen, rivalisierende Weibchen fortzutreiben, um in den Besitz des Männchens zu gelangen; und nach dieser Ansicht werden alle Thatsachen verständlich; denn die Männchen werden wahrscheinlich von denjenigen Weibchen bezaubert oder gereizt werden, welche für sie durch ihre helleren Farben, andere Zierathen oder Stimmkräfte die anziehendsten waren. Dann würde nun bald auch geschlechtliche Zuchtwahl ihr Werk verrichten und stetig die Anziehungsreize der Weibchen vermehren, während die Männchen und die Jungen durch-aus gar nicht oder nur wenig modificiert werden.

Secundäre Sexualcharaktere der Säugethiere

Das Gesetz des Kampfes. – Specielle auf die Männchen beschränkte Waffen. – Ursache des Fehlens der Waffen bei den Weibchen. – Beiden Geschlechtern gemeinsame Waffen, die aber doch ursprünglich zuerst vom Männchen erlangt wurden. – Anderer Nutzen solcher Waffen. – Ihre hohe Bedeutung. – Bedeutendere Größe der Männchen. – Vertheidigungsmittel. – Über die von beiden Geschlechtern gezeigte Vorliebe beim Paaren der Säugethiere.

Bei Säugethieren scheint das Männchen das Weibchen viel mehr nach dem Gesetze des Kampfes zu gewinnen als durch die Entfaltung seiner Reize. Die furchtsamsten Thiere, welche nicht mit irgend welchen speciellen Waffen ausgerüstet sind, lassen sich während der Zeit der Liebe in verzweifelte Kämpfe ein. Zwei männliche Hasen hat man gesehen, welche solange mit einander fochten, bis einer getödtet war. Männliche Maulwürfe kämpfen häufig, und zuweilen mit tödtlichem Ausgange; männliche Eichhörnchen »beginnen häufig Kämpfe und verwunden oft einander heftig« dasselbe thun auch männliche Biber, so daß »kaum ein Fell ohne Narben ist«. s. *Waterton's* Schilderung des Kampfes zweier Hasen im: Zoologist. Vol. I. 1843, p. 211. Über Maulwürfe s. *Bell*, History of British Quadrupeds. I. edit., p. 100. Über Eichhörnchen s. *Audubon* und *Bachman*, Viviparous Quadrupeds of North-America. 1846, p. 269. Über Biber s. *A. H. Green* in: Journal of the Linnean Society. Zool. Vol. X. 1869, p. 362. Ich beobachtete dieselbe Thatsache an den Häuten der Guanacos in Patagonien; auch waren bei einer Gelegenheit mehrere dieser Thiere so von ihrem Kampfe absorbirt, daß sie ohne Furcht dicht an mir vorübergelaufen kamen. *Livingstone* erzählt, daß die Männchen vieler Thiere in Süd-Afrika beinahe ohne Ausnahme die in früheren Kämpfen erlangten Narben tragen.

Das Gesetz des Kampfes gilt ebenso für Wasser- wie für Landsäugethiere. Es ist notorisch, wie verzweifelt männliche Robben während der Paarungszeit mit einander kämpfen und zwar sowohl mit ihren Zähnen als mit ihren Klauen; auch sind ihre Felle gleichfalls häufig mit Narben bedeckt. Männliche SpermacetiWale sind sehr eifersüchtig zu dieser Zeit, und in ihren Kämpfen »verbeißen sie sich häufig mit ihren Kinnladen, wälzen sich auf die Seite und zerren sich herum«, so daß ihre Unterkinnladen durch diese Kämpfe häufig verbogen werden. Über die Kämpfe der Robben s. Capt. *C. Abbott* in: Proceed. Zoolog. Soc. 1868, p. 191; auch Mr. *R. Brown*, ebenda 1868, p. 436; auch *L. Lloyd*, Game Birds of Sweden, 1867, p. 412. Ferner: *Pennant*, Über den SpermacetiWal s. *J. H. Thompson* in: Proceed. Zoolog. Soc. 1867, p. 246.

Von allen männlichen Säugethieren, welche mit speciellen Waffen zum Kampfe ausgerüstet sind, weiß man sehr wohl, daß sie heftige Kämpfe beginnen. Der Muth und die verzweifelten Duelle von Hirschen sind oft beschrieben worden. Ihre Skelette sind in verschiedenen Theilen der Welt mit unentwirrbar in einander verschlungenen Geweihen gefunden worden, dadurch zeigend, wie elend sowohl der Sieger als der Besiegte umgekommen sein muß. s. *Scrope* (Art of Deerstalking, p. 17) über das Ineinanderschlingen der Geweihe bei *Cervus elaphus. Richardson* sagt in der Fauna Boreali-Americana, 1829, p. 272, daß auch der Wapiti, das Orignal und Renthier so verschlungen gefunden worden sind. Sir *A. Smith* fand am Cap der guten Hoffnung die Skelette zweier Gnus in demselben Zustande. Kein Thier in der Welt ist so gefährlich wie der Elephant zur Brunstzeit. Lord *Tankerville* hat mir eine lebendige Beschreibung der Kämpfe zwischen den wilden Bullen in Chillingham-Park, den zwar in der Größe aber nicht im Muthe degenerierten Nachkommen des gigantischen *Bos primigenius* gegeben. Im Jahre 1861 kämpften mehrere um die Herrschaft, und es wurde beobachtet, daß zwei von den jüngeren Bullen in Übereinstimmung den alten Anführer der Herde angriffen, ihn überwanden und kampfunfähig machten, so daß die Wärter glaubten, er läge tödtlich verwundet in einem benachbarten Walde. Aber wenige Tage später näherte sich einer der jungen Bullen allein dem Walde; und hierauf kam »der Herr der Jagd«, welcher sich nur um Rache zu nehmen ruhig gehalten hatte, hervor und tödtete in kurzer Zeit seinen Gegner. Er vereinigte sich dann wieder friedlich mit der Herde und führte lange und unangefochten das Scepter. Admiral Sir *B. J. Sulivan* theilt mir mit, daß, als er auf den Falkland-Inseln residierte, er einen jungen englischen Hengst eingeführt habe, welcher mit acht Stuten die Berge in der Nähe von Port William besuchte. Auf diesen Bergen lebten zwei wilde Hengste, jeder mit einer kleinen Zahl von Stuten; »und es ist sicher, daß diese Hengste einander niemals zu nahe gekommen sein würden, ohne mit einander zu kämpfen. Beide hatten einzeln versucht, den englischen Hengst zu bekämpfen und seine Stuten fortzutreiben, aber ohne Erfolg. Eines Tages kamen sie *zusammen* heran und griffen ihn an. Dies sah der Capitän, welchem die Sorge um die Pferde anvertraut war; und als er nach der Stelle hinritt, fand er einen der Hengste mit dem englischen in einen Kampf verwickelt, während der andere die Stuten forttrieb und bereits vier von den übrigen getrennt hatte. Der Capitän machte der Sache dadurch ein Ende, daß er die ganze Gesellschaft in das Corral trieb, denn die wilden Hengste wollten die Stuten nicht verlassen«.

Männliche Thiere, welche bereits mit wirksamen schneidenden oder zerreißenden Zähnen für die gewöhnlichen Zwecke des Lebens versehen sind, wie die Carnivoren, Insectivoren und Nagethiere, sind selten mit Waffen versehen, die speciell für Kämpfe mit ihren Nebenbuhlern angepaßt sind. Bei den Männchen vieler anderer Thiere liegt aber der Fall sehr verschieden. Wir sehen dies an den Geweihen der Hirsche und an den Hörnern gewisser Arten von Antilopen, von denen die Weibchen hornlos sind. Bei vielen Thieren sind die Eckzähne in der unteren oder oberen Kinnlade oder in beiden bei den Männchen viel größer als bei den Weibchen, oder fehlen auch bei den letzteren, zuweilen mit Ausnahme eines verborgenen Rudiments. Gewisse Antilopen, das Moschusthier, Kameel, Pferd, der Eber, verschiedene Affen, Robben und das Walroß bieten Beispiele dieser verschiedenen Fälle dar. Beim Weibchen des Walrosses fehlen die Stoßzähne zuweilen vollständig. Mr. *Lamont* (Seasons with the Sea-Horses, 1861, p. 143) sagt, daß ein guter Stoßzahn des männlichen Walrosses 4 Pfund wiegt und größer ist als der des Weibchens, welcher nur ungefähr 3 Pfund wiegt. Die Männchen kämpfen den Schilderungen zufolge wüthend. Über das gelegentliche Fehlen der Stoßzähne beim Weibchen s. Mr. *R. Brown*, Proceed. Zoolog. Soc. 1868, p. 429. Beim männlichen indischen Elephanten und beim männlichen Dugong *Owen*, Anatomy of Vertebrates. Vol. III, p. 283. bilden die oberen Schneidezähne starke Angriffswaffen. Beim männlichen Narwal ist allein der eine der oberen Zähne zu dem wohlbekannten spiral gewundenen sogenannten Horn entwickelt, welches zuweilen neun bis zehn Fuß an Länge erreicht. Man glaubt, daß die Männchen diese Hörner dazu benutzen, mit einander zu kämpfen, denn »ein ungebrochenes ist selten zu beschaffen und gelegentlich kann man eins finden, an welchem die Spitze eines andern in die gebrochene Stelle eingekeilt ist«. Mr. *R. Brown*, in: Proceed. Zoolog. Soc. 1869, p. 553. s. Prof. *Turner* in: Journ. of Anat. and Phys. 1872, p. 76, über die Homologien dieser Stoßzähne; s. auch *J. W. Clarke*, über die Entwicklung zweier Stoßzähne bei Männchen, in: Proceed. Zoolog. Soc. 1871, p. 42. Der Zahn auf der anderen Seite des Kopfes besteht bei dem Männchen aus einem ungefähr zehn Zoll langen Rudimente, welches in der Kinnlade eingebettet liegt; zuweilen aber, wenn auch selten, sind die Zähne auf beiden Seiten wohl entwickelt. Bei den Weibchen sind beide Zähne immer rudimentär. Der männliche Cachelot hat einen größeren Kopf als das Weibchen und diese Größe unterstützt ohne Zweifel diese Thiere bei ihren im Wasser zu haltenden Kämpfen. Endlich ist der männliche erwachsene *Ornithorhynchus* mit einem merkwürdigen Apparate versehen, nämlich mit einem Sporn am Vorderbeine, welcher dem Giftzahne einer Giftschlange außerordentlich ähnlich ist; nach der Angabe *Harting*'s ist aber die Absonderung dieser Drüse nicht giftig; und am Beine des Weibchens findet sich ein Loch, allem Anscheine nach zur Aufnahme des Sporns. *Owen* über den Cachelot und *Ornithorhynchus* a. a. O. Vol. III, p. 638 und 641. *Harting* wird von Dr. *Zouteveen* in der holländischen Übersetzung des vorliegenden Werkes citiert. Wenn die Männchen mit Waffen versehen sind, welche die Weibchen nicht besitzen, so läßt sich kaum daran zweifeln, daß sie dazu benutzt werden, mit anderen Männchen zu kämpfen, und daß sie durch geschlechtliche Zuchtwahl erlangt und allein auf das männliche Geschlecht vererbt worden sind. Es ist mindestens in den meisten Fällen nicht wahrscheinlich, daß die Weibchen deshalb derartige Waffen nicht erlangt haben, weil sie ihnen nutzlos oder überflüssig oder in irgend welcher Art schädlich wären. Da dieselben im Gegentheil häufig von den Männchen zu verschiedenen Zwecken und ganz besonders zur Vertheidigung gegen ihre Feinde benutzt werden, so ist es eine überraschende Thatsache, daß sie bei den Weibchen so vieler Thiere so schwach entwickelt sind oder vollständig fehlen. Ohne Zweifel wäre bei weiblichen Hirschen die in jedem der aufeinander folgenden Jahre wiederkehrende Entwicklung großer sich verzweigender Geweihe und bei weiblichen Elephanten die Entwicklung ungeheurer Stoßzähne eine große Verschwendung von Lebenskraft gewesen, wenigstens nach der Annahme, daß sie für die Weibchen von keinem Nutzen sind. In Folge dessen werden diese Organe dazu geneigt haben, bei den Weibchen durch natürliche Zuchtwahl beseitigt zu werden; das heißt, wenn die nach einander auftretenden Abänderungen in ihrer Überlieferung auf die weiblichen Nachkommen beschränkt geblieben wären, denn andernfalls würden die Waffen der Männchen schädlich beeinflußt worden sein, und dies würde ein noch größerer Nachtheil gewesen sein. Im Ganzen, sowie nach Betrachtung der folgenden Thatsachen, scheint es wahrscheinlich zu sein, daß, wenn die verschiedenen Waffen in den beiden Geschlechtern verschieden sind, dies allgemein von der vorherrschend gewesenen Art der erblichen

Überlieferung abgehangen hat.

Da das Renthier die einzige Species in der ganzen Familie der hirschartigen Thiere ist, bei welcher das Weibchen mit Geweihen versehen ist, wenn sie auch etwas kleiner, dünner und weniger verzweigt sind als beim Männchen, so könnte man natürlich glauben, daß dieselben wenigstens in diesem Falle von irgend einem speciellen Nutzen für dasselbe sind. Das Weibchen behält sein Geweihe von der Zeit, wo dasselbe völlig entwickelt ist, nämlich vom September durch den ganzen Winter bis zum April oder Mai, wo es seine Jungen zur Welt bringt. Mr. *Crotch* hat um meinetwillen specielle Erkundigungen in Norwegen eingezogen; es scheint, als ob sich das Weibchen zu dieser Zeit für ungefähr vierzehn Tage verberge, um seine Jungen abzusetzen; dann erscheint es wieder: und zwar meist hornlos. Wie ich indessen von Mr. *H. Reeks* höre, behält in Neu-Schottland das Weibchen zuweilen seine Hörner länger. Das Männchen wirft andererseits sein Geweihe viel zeitiger ab, nämlich gegen das Ende des November. Da beide Geschlechter dieselben Bedürfnisse haben und denselben Lebensgewohnheiten folgen, und da das Männchen kein Geweihe während des Winters besitzt, so ist es unwahrscheinlich, daß das Geweihe von irgend einem speciellen Nutzen für das Weibchen in dieser Zeit des Jahres sein kann, welche den größeren Theil der Zeit umfaßt, während welcher dasselbe überhaupt Geweihe trägt. Auch ist es nicht wahrscheinlich, daß es sein Geweihe von irgend einem alten Urerzeuger der ganzen Familie der hirschartigen Thiere vererbt haben kann; denn aus der Thatsache, daß die Weibchen so vieler Species in allen Theilen der Erde kein Geweihe besitzen, können wir schließen, daß dies der ursprüngliche Charakter der Gruppe war. Über die Structur und das Abwerfen des Geweihes beim Renthier s. *Hoffberg* in: Amoenitates academicae. Vol. IV. 1788, p. 149. In Bezug auf die amerikanische Varietät oder Species s. *Richardson*, Fauna Boreali-Americana, p. 241; auch Major *W. Ross King*, The Sportsman in Canada. 1866, p. 80.

Das Geweihe wird beim Renthier in einem äußerst ungewöhnlich frühen Alter entwickelt; was aber die Ursache hiervon sein mag, ist unbekannt. Die Folge dieses Umstandes ist indessen allem Anscheine nach die Übertragung der Geweihe auf beide Geschlechter gewesen. Wir müssen im Sinne behalten, daß die Geweihe immer durch das Weibchen überliefert werden und daß dieses eine latente Fähigkeit zur Entwicklung von Geweihen besitzt, wie wir bei alten oder erkrankten Weibchen sehen. *Isidore Geoffroy St.-Hilaire*, Essais de

Zoologie générale. 1841, p. 513. Außer dem Gehörne werden auch andere männliche Charaktere zuweilen in ähnlicher Weise auf das Weibchen übertragen; so sagt Mr. *Boner* bei der Schilderung einer alten weiblichen Gemse (Chamois Hunting in the Mountains of Bavaria, 1860, 2. edit. p. 363): »der Kopf sah nicht bloß ganz männlich aus, sondern es war dem Rücken entlang ein Kamm langer Haare vorhanden, wie er sich gewöhnlich nur bei Böcken findet«. Überdies bieten die Weibchen einiger anderen Species hirschartiger Thiere entweder normal oder gelegentlich Rudimente von Geweihen dar; so hat das Weibchen von *Cervulus moschatus* »in einem Knopfe endende borstige Büschel statt eines Hornes« und »bei den meisten Exemplaren des weiblichen Wapiti (*Cervus canadensis*) findet sich an der Stelle des Geweihes eine scharfe knöcherne Protuberanz«. Über den *Cervulus* s. Dr. *Gray*, Catalogue of the Mammalia in the British Museum. Part. III, p. 220. Über den *Cervus canadensis* oder das Wapiti s. Hon. *J. D. Caton* in: Ottawa Acad. of Natur. Sciences, May, 1868, p. 9. Aus diesen verschiedenen Betrachtungen können wir schließen, daß der Besitz ziemlich gut entwickelter Geweihe beim weiblichen Renthier eine Folge davon ist, daß die Männchen sie zuerst als Waffen für die Kämpfe mit anderen Männchen erhielten, und an zweiter Stelle eine Folge ihrer aus irgend einer unbekannten Ursache in einem ungewöhnlich frühen Alter beim Männchen eintretenden Entwicklung und ihrer hiervon abhängenden Überlieferung auf beide Geschlechter.

Wenden wir uns nun zu den scheidenhörnigen Wiederkäuern. Unter den Antilopen kann man eine sich abstufende Reihe aufstellen, welche mit Species beginnt, deren Weibchen vollständig ohne Hörner sind, welche dann zu solchen fortschreitet, die so kleine Hörner haben, daß sie beinahe rudimentär sind, wie bei der *Antilocapra americana* (bei welcher Species sie sich nur bei einem unter je vier oder fünf Weibchen finden), Ich bin Dr. *Canfield* für diese Mittheilung verbunden; s. auch seinen Aufsatz in: Proceed. Zoolog. Soc. 1866, p. 105. ferner zu denen, welche ziemlich gut entwickelte Hörner, aber offenbar kleiner und dünner als die Männchen und zuweilen auch von einer verschiedenen Form So gleichen beispielsweise die Hörner der weiblichen *Antilope euchore* denen einer verschiedenen Species, nämlich der *Antilope dorcas*, var. *Corine*. s. *Desmarest*, Mammalogie, p. 105. haben, und endlich zu solchen, bei denen beide Geschlechter gleich große Hörner besitzen. Wie beim Renthier, so besteht auch bei den Antilopen eine Beziehung zwischen der Periode der Entwicklung der Hörner und ihrer Überlieferung auf ein Geschlecht oder auf beide. Es ist daher wahrscheinlich, daß ihr Vorhandensein oder Fehlen bei den Weibchen irgend einer Species und ihr mehr oder weniger vollkommener Zustand bei den Weibchen anderer Species nicht davon abhängt, daß sie von irgend einem speciellen Nutzen sind, sondern einfach von der Form der Vererbung. Es stimmt mit dieser Ansicht überein, daß, selbst in einer und der nämlichen begrenzten Gattung, beide Geschlechter einiger Species und allein die Männchen anderer Species in dieser Weise ausgerüstet sind. Es ist auch eine merkwürdige Thatsache, daß, obgleich die Weibchen von *Antilope bezoartica* der Regel nach Hörner entbehren, Mr. *Blyth* doch nicht weniger als drei Weibchen gesehen hat, welche solche besaßen, und es lag kein Grund zu der Annahme vor, daß diese alt oder erkrankt gewesen wären.

Bei allen wilden Species von Ziegen und Schafen sind die Hörner beim Männchen größer als beim Weibchen und fehlen zuweilen beim letzteren vollständig. *Gray*, Catalogue Mammalia Brit. Museum. Part. III. 1852, p. 160. Bei mehreren domesticirten Rassen des Schafes und der Ziege sind allein die Männchen mit Hörnern versehen; und in einigen Rassen, wie in der von NordWales, in welcher beide Geschlechter eigentlich Hörner tragen, bleiben die Mutterschafe sehr gern hornlos. Bei diesen selben Schafen sind, wie mir ein zuverlässiger Beobachter bezeugt hat, der absichtlich eine Herde während der Lammzeit inspicierte, die Hörner bei der Geburt im Allgemeinen beim Männchen vollständiger entwickelt als beim Weibchen. Mr. *J. Peel* kreuzte seine LonkSchafe, bei welchen stets beide Geschlechter Hörner tragen, mit hornlosen Leicesters und hornlosen ShropshireDowns. Das Resultat war, daß die männlichen Nachkommen Hörner besaßen, deren Größe beträchtlich reducirt war, während die weiblichen der Hörner gänzlich entbehrten. Diese verschiedenen Thatsachen weisen darauf hin, daß bei Schafen die Hörner ein bei den Weibchen viel weniger fest fixierter Charakter sind als bei den Männchen; und dies führt uns zu der Ansicht, daß die Hörner eigentlich männlichen Ursprungs sind.

Beim erwachsenen Bisamochsen (*Ovibos moschatus*) sind die Hörner des Männchens größer als die des Weibchens und beim letzteren berühren sich die Basen der Hörner nicht. *Richardson*, Fauna BorealiAmericana, p. 278. In Bezug auf das gewöhnliche Rind bemerkt Mr. *Blyth*: »bei den meisten der wilden rinderartigen Thiere sind die Hörner des Bullen sowohl länger als dicker als die der Kuh, und bei dem weiblichen Banteng (*Bos sondaicus*) sind die Hörner merkwürdig klein und bedeutend nach rückwärts geneigt. Bei den domesticirten Rassen des Rindes, sowohl der Formen mit Buckel als der buckellosen, sind die Hörner beim Bullen kurz und dick, bei der Kuh und dem Ochsen länger und schlanker, und ebenso sind sie beim indischen Büffel beim Bullen kürzer und dicker und bei der Kuh länger und schlanker. Beim wilden Gaour (*Bos gaurus*) sind die Hörner beim Bullen meist sowohl länger als dicker als bei der Kuh«. Land and Water, 1867, p. 346. Ferner theilt mir Dr. *Forsyth Major* mit, daß im Val d'Arno ein fossiler Schädel gefunden worden ist, den man als dem weiblichen *Bos etruscus* angehörig betrachtet; derselbe ist gänzlich ohne Hörner. Ich will hier gleich hinzufügen, daß bei dem *Rhinoceros simus* die Hörner des Weibchens allgemein länger aber weniger kraftvoll sind als beim Männchen, und bei einigen anderen Species von Rhinoceros sollen sie beim Weibchen kürzer sein. Sir *Andrew Smith*, Zoology of South Africa, pl. XIX. *Owen*, Anatomy of Vertebrates, Vol. III, p. 624. Nach diesen verschiedenen Thatsachen können wir als wahrscheinlich annehmen, daß Hörner aller Arten, selbst wenn sie in beiden Geschlechtern gleichmäßig entwickelt werden, zuerst von den Männchen erlangt wurden, um andere Männchen zu bekämpfen, und daß sie dann mehr oder weniger vollständig auf die Weibchen übertragen worden sind.

Die Wirkungen der Castration verdienen Beachtung, da sie auf den vorliegenden Gegenstand Licht werfen. Hirsche erneuern nach dieser Operation ihr Geweih niemals wieder. Doch muß hier das männliche Renthier ausgenommen werden, da es nach der Castration das Geweihe erneuert. Diese Thatsache scheint ebenso wie das Vorkommen von Hörnern in beiden Geschlechtern auf den ersten Blick zu beweisen, daß die Hörner keinen sexuellen Charakter darstellen; Dies ist die Folgerung, zu der *Seidlitz* gelangt: Die Darwin'sche Theorie 1871, p. 47. da sie aber in einer sehr frühen Periode entwickelt werden, ehe die Geschlechter der Constitution nach von einander verschieden sind, so ist es nicht überraschend zu finden, daß sie von der Castration nicht beeinflußt werden, selbst wenn sie ursprünglich von den Männchen erlangt worden wären. Bei Schafen tragen eigentlich beide Geschlechter Hörner; man hat mir mitgetheilt, daß bei Schafen aus Wales die Hörner der Männchen durch die Castration bedeutend reducirt werden; der Grad dieser Reduction hängt aber in hohem Maße von dem Alter ab, in welchem die Operation ausgeführt wird, ganz ebenso wie dies auch bei andern Thieren der Fall ist. Merino-Widder haben große Hörner, während die Mutterschafe »allgemein genommen hornlos sind« und in dieser Rasse scheint die Castration eine etwas größere Wirkung hervorzubringen, so daß die Hörner, wenn die Operation in einem frühen Alter vorgenommen wird, »beinahe unentwickelt bleiben«. Ich bin Prof. *Victor Carus* sehr verbunden, daß er über diesen Punkt in Sachsen Erkundigungen eingezogen hat. *H. v. Nathusius* sagt (Viehzucht, 1872, p. 64), daß die Hörner von zeitig castrierten Schafen entweder vollständig verschwinden oder als bloße Rudimente bestehen bleiben; ich weiß aber nicht, ob er sich dabei auf Merinoschafe oder auf gewöhnliche Rassen bezieht. An der Küste von Guinea lebt eine Schafrasse, bei welcher die Weibchen niemals Hörner tragen, und wie mir Mr. *Winwood Reade* mittheilt, fehlen dieselben den Widdern nach der Castration vollständig. Bei Rindern werden die Hörner der Männchen durch die Castration sehr verändert; denn anstatt kurz und dick zu sein, werden sie länger als die der Kuh, sind aber im Übrigen diesen ähnlich. Die *Antilope bezoartica* bietet einen ziemlich analogen Fall dar: die Männchen haben lange, gerade, spiral gedrehte Hörner, welche einander fast parallel nach hinten gerichtet sind; die Weibchen tragen gelegentlich Hörner; wenn sie aber vorhanden sind, bieten sie eine sehr verschiedene Form dar, sie sind nicht spiral, gehen weit auseinander und biegen sich rund um mit den Spitzen nach vorn. Nun ist es eine merkwürdige Thatsache, daß bei den castrierten Männchen, wie mir Mr. *Blyth* mittheilt, die Hörner dieselbe eigenthümliche Form wie beim Weibchen haben, aber länger und dicker sind. Wenn wir nach Analogie schließen dürfen, so zeigt uns wahrscheinlich in diesen beiden Fällen das Weibchen des Rindes und der Antilope den frühen Zustand der Hörner bei irgend einem frühen Urerzeuger jeder Species. Warum aber die Castration das Wiedererscheinen einer früheren Form der Hörner herbeiführen sollte, kann nicht mit irgend welcher Sicherheit erklärt werden. Nichtsdestoweniger scheint es wahrscheinlich zu sein, daß in nahezu derselben Weise, wie die durch eine Kreuzung zwischen zwei verschiedenen Species oder Rassen verursachte constitutionelle Störung der Nachkommen häufig zum Wiedererscheinen lange verloren gegangener Charaktere führt, Verschiedene Versuche und andere Belege, welche beweisen, daß dies der Fall ist, habe ich in meinem »Variiren der Thiere und Pflanzen im Zustande der Domestication«, 2. Aufl., Bd. II, p. 41-53 mitgetheilt. so hier die als Resultat der Castration auftretende Störung in der Constitution des Individuums dieselbe Wirkung hervorbringt.

Die Stoßzähne des Elephanten weichen in den verschiedenen Species oder Rassen je nach dem Geschlechte in nahezu derselben Art und Weise ab wie die Hörner der Wiederkäuer. In Indien und Malac-

ca sind allein die Männchen mit wohlentwickelten Stoßzähnen versehen. Der Elephant von Ceylon wird von den meisten Naturforschern
als eine verschiedene Rasse betrachtet, von einigen sogar als eine verschiedene Species, und hier »findet man nicht einen unter einem
Hundert, welcher mit Stoßzähnen versehen wäre, und die wenigen,
welche sie besitzen, sind ausschließlich Männchen«. Sir *J. Emerson
Tennent*, Ceylon, 1859. Vol. II, p. 274. Wegen Malacca s. Journal of
Indian Archipelago. Vol. IV, p. 357. Der afrikanische Elephant ist
zweifellos verschieden; und hier hat das Weibchen große wohlentwickelte Stoßzähne, wenn auch nicht so große wie die des Männchens.

Diese Verschiedenheiten in den Stoßzähnen der verschiedenen
Rassen und Species von Elephanten, – die große Variabilität des Geweihes bei hirschartigen Thieren, wie besonders beim wilden
Renthier, – das gelegentliche Vorhandensein von Hörnern bei der
weiblichen *Antilope bezoartica* und ihr gelegentliches Fehlen bei der
weiblichen *Antilocapra americana*, – das Vorhandensein zweier Stoßzähne bei einigen wenigen männlichen Narwalen, – das vollständige
Fehlen von Stoßzähnen bei einigen weiblichen Walrossen, – Alles dies
sind Beispiele für die außerordentliche Variabilität secundärer Sexualcharaktere und ihre außerordentliche Geneigtheit in nahe verwandten
Formen verschieden zu werden. Obgleich Stoßzähne und Hörner in
allen Fällen ursprünglich als Waffen zu geschlechtlichen Zwecken
entwickelt worden zu sein scheinen, so dienen sie doch häufig auch
zu anderen Zwecken. Der Elephant gebraucht seine Stoßzähne, wenn
er den Tiger angreift. Der Angabe *Bruce*'s zufolge schneidet er die
Stämme von Bäumen damit ein, bis sie leicht umgeworfen werden
können, und er holt sich damit auch das mehlige Mark von Palmen
heraus. In Afrika benutzt er oft den einen Stoßzahn, und dieser ist
immer einer und derselbe, dazu, den Boden zu untersuchen und sich
zu vergewissern, ob er seine Last zu tragen im Stande ist. Der gemeine
Bulle vertheidigt die Herde mit seinen Hörnern; und nach *Lloyd* hat
man in Schweden die Erfahrung gemacht, daß der Elk einen Wolf mit
einem einzigen Schlage seines großen Geweihes todt niederstreckte.
Viele ähnliche Thatsachen ließen sich noch anführen. Eine der merkwürdigsten secundären Anwendungsweisen, zu welchen die Hörner
irgend eines Thieres gelegentlich benutzt werden, ist die, welche Capitain Hutton, und zwar bei der wilden Ziege (*Capra aegagrus*) des
Himalayas, beobachtet hat. Calcutta Journal of Natural History. Vol.
II. 1843, p. 526. Dieselbe kommt, wie man sagt, auch beim Steinbock
vor; stürzt nämlich das Männchen zufällig von einer Höhe herab, so

biegt es seinen Kopf nach vorn ein und bricht durch das Fallen auf seine massiven Hörner die Wirkung des Stoßes. Das Weibchen kann seine Hörner nicht in dieser Weise gebrauchen, da sie kleiner sind, aber wegen seiner ruhigeren Disposition bedarf es dieser merkwürdigen Art von Schutz nicht so nöthig.

Jedes männliche Thier benutzt seine Waffen in seiner eigenen eigenthümlichen Weise. Der gewöhnliche Widder macht einen Angriff und stößt dabei mit solcher Kraft mit den Basen seiner Hörner, daß ich gesehen habe, wie ein kräftiger Mann so leicht wie ein Kind über den Haufen gerannt wurde. Ziegen und gewisse Species von Schafen wie z. B. *Ovis cycloceros* von Afghanistan, Mr. Blyth in: Land and Water, March, 1867, p. 134, nach der Autorität des Capt. Hutton und Anderer. Wegen der wilden Ziegen von Pembrokeshire s. The Field. 1869, p. 150. erheben sich auf ihren Hinterbeinen und stoßen dann nicht bloß, sondern, »machen einen Hieb nach abwärts und einen Stoß mit der gerippten Vorderseite ihrer säbelförmigen Hörner, wie mit einem Säbel nach oben. Als ein *Ovis cycloceros* einen großen, domesticierten Widder, welcher ein anerkannter Boxer war, angriff, besiegte es ihn lediglich durch die Neuheit seiner Weise zu kämpfen, indem es immer sofort dicht an seinen Widersacher herantrat und ihn quer übers Gesicht und die Nase mit einem scharfen ziehenden Hiebe seines Kopfes faßte und ihm dann durch eine kurze Wendung aus dem Wege ging, ehe der Stoß zurückgegeben werden konnte«. In Pembrokeshire hat man einen Ziegenbock gekannt, den Herrn einer seit mehreren Jahren verwilderten Herde, welcher mehrere andere Männchen im Einzelkampfe getödtet hat. Dieser Bock besaß enorme Hörner, welche in einer geraden Linie von Spitze zu Spitze neununddreißig Zoll maßen. Wie Jedermann weiß, stößt der gemeine Bulle seinen Gegner und schleudert ihn hin und her. Aber der italienische Büffel soll niemals seine Hörner brauchen. Er giebt mit seiner convexen Stirn einen fürchterlichen Stoß und trampelt dann auf seinem gestürzten Gegner mit seinen Knien, ein Instinct, welchen der gemeine Bulle nicht besitzt. Mr. E. M. Bailly, Sur l'usage des cornes etc., in: Annal. des Sciences natur. Tom. II. 1824, p. 369. Ein Hund, welcher einen Büffel an der Nase zum Stellen bringen will, wird daher sofort zermalmt. Wir müssen uns indessen erinnern, daß der italienische Büffel schon seit langer Zeit domesticiert worden ist, und es ist durchaus nicht gewiß, ob die wilde elterliche Form ähnlich geformte Hörner besessen hat. Mr. Bartlett theilt mir mit, daß, als eine Cap-Büffelkuh (*Bubalus caffer*) mit einem Bullen derselben Species in eine Umzäunung gebracht wurde, sie ihn angriff und er sie wiederum mit großer Heftigkeit herumtrieb. Mr. Bartlett sah aber offenbar, daß, wenn der Bulle nicht eine würdige Nachsicht gezeigt hätte, er sie durch einen einzigen Stoß mit seinen ungeheuren Hörnern leicht hätte tödten können. Die Giraffe braucht ihre kurzen mit Haaren überzogenen Hörner, welche beim Männchen im Ganzen etwas länger sind als beim Weibchen, in einer merkwürdigen Weise; sie schwingt mit ihrem langen Halse den Kopf nach beiden Seiten, beinahe umgekehrt, mit der Oberseite nach abwärts, und zwar mit solcher Kraft, daß ich selbst eine harte Planke gesehen habe, die durch einen einzigen Schlag tiefe Eindrücke erhalten hatte.

In Bezug auf die Antilopen ist es zuweilen schwierig sich vorzustellen, wie sie ihre merkwürdig geformten Hörner möglicherweise benutzen können. So hat der Springbock (*Antilope euchore*) ziemlich kurze aufrechte Hörner, deren scharfe Spitzen beinahe rechtwinkelig nach innen gebogen sind, so daß sie einander gegenüberstehen. Mr. Bartlett weiß nicht, wie sie benutzt werden, vermuthet aber, daß sie eine fürchterliche Wunde auf jeder Seite des Gesichts eines etwaigen Gegners herbeiführen könnten. Die leicht gebogenen Hörner des *Oryx leucoryx* sind nach hinten gerichtet und sind von solcher Länge, daß ihre Spitzen über die Mitte des Rückens nach hinten reichen, über welchem sie in fast parallelen Linien stehen. Hiernach scheinen sie für einen Kampf eigentümlich schlecht angepaßt zu sein. Aber Mr. Bartlett theilt mir mit, daß, wenn zwei dieser Thiere sich zum Kampfe vorbereiten, sie niederknien und ihren Kopf zwischen die Vorderfüße nehmen; bei dieser Haltung stehen dann die Hörner beinahe parallel und dicht am Boden, mit den Spitzen nach vorn und ein wenig nach aufwärts gerichtet. Die Kämpfer nähern sich nun allmählich und versuchen die umgewendeten Spitzen ihrer Hörner unter den Körper des Gegners zu bringen. Gelingt dies einem, so springt er plötzlich auf und wirft zu derselben Zeit seinen Kopf in die Höhe, wodurch er seinen Gegner verwunden oder selbst durchbohren kann. Beide Thiere knien immer nieder, um sich so weit als möglich gegen dieses Manöver zu schützen. Man hat selbst berichtet, daß eine dieser Antilopen ihre Hörner mit Erfolg sogar gegen einen Löwen benutzt hat. Weil sie aber gezwungen ist, den Kopf zwischen die Vorderbeine zu bringen, um die Spitzen ihrer Hörner nach vorwärts gerichtet zu halten, so wird sie sich meist in großem Nachtheile finden, wenn sie von irgend einem anderen Thiere angegriffen wird. Es ist daher nicht wahrscheinlich, daß die Hörner zu ihrer jetzigen großen Länge und eigenthümlichen Stellung zum Zwecke des Schutzes gegen Raubthiere gebracht worden sind. Wir können indessen sehen, daß, sobald irgend ein alter männlicher Urerzeuger des *Oryx* mäßig lange und ein wenig nach rückwärts geneigte Hörner erlangt hatte, er in seinen Kämpfen mit Nebenbuhlern gezwungen gewesen sein wird, seinen Kopf etwas nach innen und abwärts zu beugen, wie es jetzt gewisse Hirsche thun, und es ist nicht unwahrscheinlich, daß er dabei auch die Gewohnheit, zuerst gelegentlich und später regelmäßig niederzuknien, erlangt haben kann. In diesem Falle ist es beinahe sicher, daß diejenigen Männchen, welche die längsten Hörner besaßen, einen großen Vortheil vor den anderen, mit kürzeren Hörnern voraus gehabt haben werden, und dann werden die Hörner durch geschlechtliche Zuchtwahl allmählich immer länger und länger geworden sein, bis sie ihre jetzige außerordentliche Länge und Stellung erreichten.

Bei Hirschen vieler Arten bietet das Verzweigen des Geweihes einen merkwürdigen Fall von Schwierigkeit dar, denn sicher würde eine einfache gerade Spitze eine viel ernstlichere Wunde beibringen, als mehrere auseinandergehende Spitzen. In Sir Philipp Egeeton's Museum findet sich ein Geweih des Edelhirsches (*Cervus elaphus*) dreißig Zoll lang mit »nicht weniger als fünfzehn Enden oder Zweigen« und zu Moritzburg wird noch jetzt das Geweihepaar eines Edelhirsches aufgehoben, welchen im Jahre 1699 Friedrich I. schoß, von denen die linke Stange die erstaunliche Zahl von dreiunddreißig Enden, die rechte siebenundzwanzig, das ganze Geweihe also sechzig Enden trug, Richardson bildet ein Geweihe des wilden Renthiers mit neunundzwanzig Enden ab. Owen, über das Geweihe des Edelhirsches, in seinen British Fossil Mammals, 1846. p. 478. Richardson, über das Geweihe des Renthiers in seiner Fauna Bor.-Americana, 1829, p. 240. Ich verdanke Prof. Victor Carus die Angaben über den Moritzburger Hirsch. Nach der Art und Weise, in welcher das Geweihe verzweigt ist, und noch besonders weil man weiß, daß Hirsche gelegentlich so mit einander kämpfen, daß sie mit ihren Vorderfüßen stoßen, Hon. J. D. Caton (Ottawa Acad. of Natur. Science, May, 1868, p. 9) sagt, daß der amerikanische Hirsch mit seinen Vorderbeinen kämpft, nachdem »die Frage der Superiorität einmal ausgemacht und in der Herde anerkannt worden ist«. Bailly, Sur l'usage des cornes, in: Annales des scienc. natur. Tom. II. 1824, p. 371. kam Mr. Bailly geradezu zu dem Schluße, daß ihre Geweihe mehr von Nachtheil als von Nutzen für sie seien. Aber dieser Schriftsteller übersieht die ausgemachten Kämpfe zwischen rivalisierenden Männchen. Da ich mich in

Bezug auf den Gebrauch oder den Vortheil der Enden in ziemlicher Verlegenheit befand, wendete ich mich an Mr. M'Neill von Colonsay, welcher das Leben des Edelhirsches lange und sorgfältig beobachtet hat, und er theilte mir mit, daß er niemals eines der Enden in Thätigkeit gebracht gesehen habe, daß aber die Augensprossen, weil sie sich nach abwärts neigen, für die Stirn ein bedeutender Schutz sind und daß ihre Spitzen gleichfalls beim Angriff gebraucht werden. Auch Sir Philipp Egerton theilt mir sowohl in Bezug auf Edelhirsche als auf den Damhirsch mit, daß, wenn sie kämpfen, sie plötzlich an einander fahren und, ihre Geweihe gegen den Körper des andern gedrückt, einen verzweifelten Kampf beginnen. Wenn einer der Hirsche zuletzt gezwungen wird nachzugeben und sich umzuwenden, so versucht der Sieger seine Augensprossen in den besiegten Feind einzustoßen. Es scheint hiernach, als ob die oberen Enden hauptsächlich oder ausschließlich zum Stoßen und Pariren benutzt würden. Nichtsdestoweniger werden bei einigen Species auch die oberen Enden als Angriffswaffen benutzt. Als in Judge Caton's Park in Ottawa ein Mann von einem Wapiti-Hirsche (*Cervus canadensis*) angegriffen wurde und mehrere Leute ihn zu befreien versuchten, »erhob der Hirsch seinen Kopf nicht von dem Boden; in der That, er hielt sein Gesicht beinahe platt auf der Erde, mit seiner Nase fast zwischen seinen Vorderfüßen, ausgenommen, wenn er seinen Kopf nach einer Seite drehte, um eine neue Beobachtung als Vorbereitung zu einem Angriffe zu machen«. In dieser Stellung waren die Endspitzen des Geweihes gegen seine Gegner gerichtet. »Beim Drehen des Kopfes erhob er ihn nothwendiger Weise etwas, weil sein Geweihe so lang war, daß er den Kopf nicht drehen konnte, ohne dasselbe auf der einen Seite etwas zu erheben, während es auf der anderen Seite den Boden berührte.« Der Hirsch trieb auf diese Weise allmählich die Gesellschaft, die dem Angegriffenen zu Hülfe kam, auf eine Entfernung von hundertfünfzig bis zweihundert Fuß zurück; und der Mann wurde getödtet. s. eine äußerst interessante Schilderung in dem Appendix zu dem oben citirten Aufsatze des Hon. J. D. Caton. Obgleich die Geweihe der Hirsche wirksame Waffen sind, so kann, wie ich glaube, darüber kein Zweifel sein, daß eine einzige Spitze viel gefährlicher gewesen wäre, als ein verzweigtes Geweihe; und Judge Caton, welcher große Erfahrungen über Hirsche gemacht hat, stimmt vollständig mit diesem Schlusse überein. Es scheinen auch die verzweigten Geweihe, obgleich sie als Vertheidigungsmittel gegen Nebenbuhlerhirsche von hoher Bedeutung sind, zu diesem Zwecke nicht vollkommen angepaßt zu sein, da sie leicht in einander verfangen werden. Mir ist daher die Vermuthung durch den Sinn gegangen, daß sie zum Theil als Zierathen von Nutzen sein könnten. Daß das verzweigte Geweihe von Hirschen, ebenso wie die eleganten leierförmigen Hörner gewisser Antilopen mit ihrer doppelten Krümmung für unsere Augen ornamental sind, wird Niemand bestreiten können. Wenn daher die Geweihe, wie die glänzenden Rüstungen der Ritter älterer Zeiten, die edle Erscheinung von Hirschen und Antilopen erhöhen, so können sie wohl zum Theil für diesen Zweck modificiert worden sein, wenn sie auch hauptsächlich zum factischen Dienste im Kampfe bestimmt sind. Ich habe aber zu Gunsten dieser Annahme keine Belege.

Neuerdings ist ein interessanter Fall veröffentlicht worden, nach welchem es scheinen möchte, als würden die Geweihe eines Hirsches in einem Districte der Vereinigten Staaten noch jetzt durch geschlechtliche und natürliche Zuchtwahl modificiert. Ein Schriftsteller erzählt in einem ausgezeichneten amerikanischen Journale, The American Naturalist, Dec. 1869, p. 552. daß er in den letzten einundzwanzig Jahren in den Adirondacks gejagt habe, wo der *Cervus virginianus* häufig ist. Ungefähr vor vierzehn Jahren hörte er zuerst von Spitzhornböcken (spike-horn-bucks). Diese wurden von Jahr zu Jahr häufiger, ungefähr vor fünf Jahren schoß er einen, später dann noch einen andern, und jetzt werden sie häufig getödtet. »Das Spitzhorn weicht bedeutend von dem gewöhnlichen Geweihe des *C. virginianus* ab. Es besteht aus einer einzigen Spitze, welche schlanker als die Stange und kaum halb so lang ist, von der Stirn nach vorn vorspringt und in eine sehr scharfe Spitze endigt. Es giebt dem Männchen, welches es besitzt, einen beträchtlichen Vorteil vor dem gewöhnlichen Hirsche. Außer dem Umstande, daß es in den Stand gesetzt wird schneller durch die dichten Wälder und das Untergehölz zu laufen (und jeder Jäger weiß, daß Hirschkühe und einjährige Hirsche viel schneller als die großen Hirsche laufen, wenn diese mit ihren umfänglichen Geweihen beschwert sind), ist auch das Spitzhorn eine wirksamere Waffe als das gewöhnliche Geweih. Mit diesem Vortheile ausgerüstet gewinnen die Spitzhornböcke über die gemeinen Hirsche einen Vortheil und können im Laufe der Zeit dieselben in den Adirondacks vollständig verdrängen. Zweifellos war der Spitzhornbock bloß ein zufälliges Naturspiel; aber seine Spitzhörner gaben ihm einen Vortheil und befähigten ihn, seine Eigenthümlichkeit fortzupflanzen. Seine Nachkommen haben einen gleichen Vortheil und haben die Eigenthümlichkeit in einem beständig zunehmenden Verhältnis fortgepflanzt, bis sie langsam die mit Geweihen versehenen Hirsche aus den von ihnen bewohnten Gegenden verdrängen.« Treffend hat ein Kritiker diesem Berichte die Frage entgegengehalten, warum dann, wenn die einfachen Hörner jetzt so vortheilhaft sind, verzweigte Geweihe sich überhaupt jemals entwickelt haben. Hierauf kann ich nur mit der Bemerkung antworten, daß eine neue Art des Angriffs mit neuen Waffen von großem Vortheil sein kann, wie es sich in dem Falle des *Ovis cycloceros* zeigte, der einen seines Kampfvermögens wegen berühmten domesticirten Widder besiegte. Wenn auch das verzweigte Geweihe eines Hirsches dem Kampfe mit Rivalen gut angepaßt ist und wenn es auch ein Vortheil für die gabelförmige Varietät sein dürfte, langsam langes und verzweigtes Gehörn zu erhalten, so lange sie nur mit andern Individuen derselben Art zu kämpfen hat, so folgt doch daraus durchaus noch nicht, daß ein verzweigtes Geweihe für das Besiegen eines verschieden bewaffneten Feindes am besten angepaßt ist. In dem oben erwähnten Fall des *Oryx leucoryx* ist es beinahe sicher, daß der Sieg auf Seite derjenigen Antilope sein wird, welche kurze Hörner hat, welche daher nicht nöthig hat, niederzuknien, obschon ein *Oryx* durch den Besitz noch längerer Hörner einen Vortheil erlangen würde, wenn er nur mit seinen entsprechenden Nebenbuhlern kämpfte.

Männliche Säugethiere, welche mit Stoßzähnen versehen sind, gebrauchen dieselben auf verschiedene Weise, wie es auch mit den Hörnern der Fall ist. Der Eber stößt seitwärts und aufwärts, das Moschusthier mit bedenklicher Wirkung abwärts; *Pallas*, Spicilegia zoologica. Fasc. XIII. 1779, p. 18. trotzdem das Walroß einen so kurzen Hals und einen so ungelenken Körper hat, kann es doch mit gleicher Geschicklichkeit entweder »nach oben oder nach unten oder nach den Seiten hin stoßen«. *Lamont*, Seasons with the Sea-Horses. 1861, p. 141.

Wie mir der verstorbene Dr. *Falconer* mitgetheilt hat, kämpft der indische Elephant je nach der Stellung und Krümmung seiner Stoßzähne auf verschiedene Weise. Wenn sie nach vorn und nach oben gerichtet sind, so ist er im Stande, einen Tiger eine große Strecke weit fortzuschleudern; man sagt selbst bis dreißig Fuß wenn sie kurz und nach abwärts gewendet sind, sucht er den Tiger plötzlich auf den Boden zu bohren und ist deshalb in diesem Falle dem Reiter gefährlich, welcher leicht aus seinem Hudah herabgeschleudert wird. s. auch *Corse* (Philosoph. Transact. 1799, p. 212) über die Art und Weise, in welcher die Mooknah-Varietät des Elephanten mit kurzen Stoßzähnen andere Elephanten angreift. Sehr wenige männliche Säugethiere besitzen Waffen zweier verschiedener Arten, welche zum Kampfe mit rivalisirenden Männchen speciell angepaßt sind. Der männliche

Muntjac (*Cervulus*) bietet indessen eine Ausnahme dar, da er sowohl mit Hörnern als auch mit hervorragenden Eckzähnen versehen ist. Es ist aber die eine Form von Waffen häufig im Laufe der Zeiten durch eine andere ersetzt worden, wie wir aus dem was folgt schließen können. Bei Wiederkäuern steht die Entwicklung von Hörnern allgemein im umgekehrten Verhältnisse zu den selbst nur mäßig entwickelten Eckzähnen. So sind Kameele, Guanacos, Zwerghirsche und Moschusthiere hornlos, dagegen haben sie wirksame Eckzähne. Es sind diese Zähne »immer bei den Weibchen von geringerer Größe als bei den Männchen«. Die Cameliden haben in ihrem Oberkiefer außer den ächten Eckzähnen noch ein Paar eckzahnförmiger Schneidezähne. *Owen*, Anatomy of Vertebrates. Vol. III, p. 349. Andererseits besitzen männliche Hirsche und Antilopen Hörner, wogegen sie selten Eckzähne haben, und wenn solche vorhanden sind, sind sie immer von geringer Größe, so daß es zweifelhaft ist, ob sie den Thieren in ihren Kämpfen von irgend welchem Nutzen sind. Bei *Antilope montana* sind sie nur als Rudimente beim jungen Männchen vorhanden und verschwinden, wenn dasselbe alt wird; und beim Weibchen fehlen sie auf allen Altersstufen. Man hat aber in Erfahrung gebracht, daß die Weibchen gewisser anderer Antilopen und Hirsche gelegentlich Rudimente dieser Zähne darbieten. s. *Rüppell* in: Proceed. Zoolog. Soc, Jan. 12., 1836, p. 3, über die Eckzähne bei Hirschen und Antilopen mit einer Anmerkung von Mr. *Martin* über einen weiblichen amerikanischen Hirsch, s. auch *Falconer*, Palaeontol. Memoirs and Notes, Vol. I, 1868, p. 576, über Eckzähne bei einem weiblichen erwachsenen Hirsch. Bei alten Männchen des Moschusthieres wachsen die Eckzähne zuweilen (s. *Pallas*, Spicileg. Zoolog. Fasc. XIII. 1779, p. 18) zu einer Länge von drei Zoll aus, während bei alten Weibchen ein Rudiment davon kaum einen halben Zoll über das Zahnfleisch vorspringt. Hengste haben kleine Eckzähne, welche bei der Stute entweder vollständig fehlen oder rudimentär sind. Sie scheinen aber nicht bei den Kämpfen benutzt zu werden, denn Hengste beißen mit ihren Schneidezähnen und öffnen das Maul nicht weit, wie die Kameele und Guanacos. Wo nur immer das erwachsene Männchen einer Art gegenwärtig nicht zum Gebrauche geeignete Eckzähne besitzt, während das Weibchen entweder keine oder bloß Rudimente davon hat, da können wir schließen, daß der frühere männliche Urerzeuger der Species mit brauchbaren Eckzähnen versehen war, welche zum Theil auf die Weibchen übertragen worden sind. Die Verkümmerung dieser Zähne bei den Männchen scheint die Folge irgend einer Veränderung in ihrer Art zu kämpfen gewesen zu sein, häufig durch die Entwicklung neuer Waffen verursacht, was indessen beim Pferde nicht der Fall ist.

Stoßzähne und Hörner sind offenbar für ihre Besitzer von großer Bedeutung, denn ihre Entwicklung consumiert viel organische Substanz. Ein einziger Stoßzahn des asiatischen Elephanten – einer der ausgestorbenen wollhaarigen Species – und des afrikanischen Elephanten hat, wie man in einzelnen Fällen erfahren hat, bis hundertfünfzig, hundertsechzig und hundertachtzig Pfund beziehentlich gewogen und einige Schriftsteller haben selbst noch größere Gewichte angeführt. *Emerson Tennent*, Ceylon, 1859. Vol. II, p. 275. *Owen*, British Fossil Mammals, 1846, p. 245. Bei Hirschen, bei welchen die Geweihe periodisch erneuert werden, muß der Einfluß auf die Constitution noch bedeutender sein. So wiegt das Geweih z. B. des Orignal oder Musthiers von fünfzig zu sechzig Pfund und das des ausgestorbenen irischen Riesenhirsches von sechzig bis zu siebenzig Pfund, während der Schädel des Letzteren im Mittel nur fünf und ein viertel Pfund wiegt. Obgleich die Hörner bei Schafen nicht periodisch erneuert werden, so führt nach der Meinung vieler Landwirthe ihre Entwicklung doch einen wesentlichen Verlust für den Züchter herbei. Überdies sind Hirsche bei ihrer Flucht vor Raubthieren mit einem den Wettlauf noch erschwerenden Extragewicht beladen und werden beim Durchlaufen waldiger Gegenden bedeutend aufgehalten. Das Orignal z. B., dessen Geweihe von Spitze zu Spitze fünf und einen halben Fuß mißt, und welches in seinem Gebrauche so geschickt ist, daß es nicht einen einzigen Zweig berühren oder abbrechen wird, wenn es ruhig geht, kann nicht so geschickt sich benehmen, wenn es vor einem Rudel Wölfe flieht. »Während des Laufes hält es seine Nase empor, so daß es das Geweih horizontal zurücklegt, und in dieser Stellung kann es den Boden nicht deutlich sehen«. *Richardson*, Fauna Boreali-Americana, über das Orignal, *Alces palmata*, p. 236, 237; über die Ausbreitung der Hörner s. auch Land and Water, 1869, p. 143. s. über den irischen Riesenhirsch auch *Owen*, British Fossil Mammals, p. 447, 455. Die Spitzen des Geweihes des großen irischen Riesenhirsches standen factisch acht Fuß auseinander! So lange das Geweih mit Bast überzogen ist, was bei dem Edelhirsche ungefähr zwölf Wochen lang dauert, ist dasselbe äußerst empfindlich für Stöße, so daß in Deutschland die Hirsche um diese Zeit ihre Lebensart in einem gewissen Maße ändern und dichtere Wälder vermeiden, dagegen junges Gehölz und niedrige Dickichte aufsuchen. Forest Creatures, by *C. Boner*, 1861, p. 60. Diese Thatsachen erinnern uns daran, daß männliche Vögel ornamentale Federn auf Kosten einer Verlangsamung des Flugvermögens und andere Zierathen auf Kosten eines Verlustes ihrer Kraft beim Kämpfen mit rivalisierenden Männchen erlangt haben.

Wenn bei Säugethieren, wie es häufig der Fall ist, die Geschlechter in der Größe verschieden sind, so sind die Männchen beinahe immer größer und kräftiger. Dies gilt, wie mir Mr. *Gould* mitgetheilt hat, in einer sehr ausgesprochenen Weise für die Beutelthiere von Australien, deren Männchen bis in ein ungewöhnlich hohes Alter fortwährend zu wachsen scheinen. Aber der außerordentlichste Fall ist der von einer Robbe (*Callorhinus ursinus*), bei welcher ein ausgewachsenes Weibchen weniger als ein Sechstel des Gewichts eines ausgewachsenen Männchens wiegt. s. den sehr interessanten Aufsatz von Mr. *J. A. Allen* in: Bullet. Museum Compar. Zoology of Cambridge, Mass., United States. Vol. II. No. 1, p. 82. Die Gewichte wurden von einem sorgfältigen Beobachter, Capt. *Bryant*, ermittelt. *Gill* in: The American Naturalist, Jan. 1871; Prof. *Shaler* über die relative Größe der Geschlechter bei Walfischen, in: American Naturalist, Jan. 1873. Dr. *Gill* bemerkt, daß es die polygamen Robbenarten sind, deren Männchen bekanntlich wüthend mit einander kämpfen, bei welchen die Geschlechter bedeutend der Größe nach von einander abweichen; die monogamen Arten zeigen in dieser Hinsicht nur wenig Verschiedenheiten. Auch Walfische bieten Belege dar für die Beziehung, welche zwischen der Kampfsucht der Männchen und deren, mit der der Weibchen verglichen, bedeutenden Größe besteht; die Männchen der Bartenwale kämpfen nicht mit einander; sie sind auch nicht größer, sondern eher kleiner als ihre Weibchen. Andererseits kämpfen männliche Spermaceti-Wale heftig mit einander, »ihre Körper tragen häufig narbige Eindrücke »von den Zähnen ihrer Rivalen«, und sie sind doppelt so groß wie die Weibchen. Die bedeutendere Kraft des Männchens wird, wie schon vor längerer Zeit *Hunter* bemerkte, Animal Economy, p. 45. ausnahmslos in denjenigen Theilen des Körpers entfaltet, welche bei den Kämpfen mit rivalisierenden Männchen in Thätigkeit treten, z. B. in dem massiven Nacken des Bullen. Auch sind männliche Säugethiere muthiger und kampfsüchtiger als die Weibchen. Es läßt sich wenig daran zweifeln, daß diese Charaktere theilweise durch geschlechtliche Zuchtwahl erlangt worden sind, in Folge einer Reihe von Siegen auf Seiten der kräftigeren und muthigeren Männchen über die schwächeren, zum Theil auch durch die vererbten Wirkungen des Gebrauches. Wahrscheinlich sind die aufeinanderfolgenden Abänderungen in dem Maße der Kraft, Größe und des Muthes, durch deren Anhäufung männliche Säugethiere diese charakteristischen Eigenschaften erlangt haben, im Ganzen spät im Leben erschienen und sind in Folge hiervon in einem beträchtlichen Grade rücksichtlich ihrer Überlieferung auf dasselbe Geschlecht beschränkt gewesen.

Von diesem Gesichtspunkte aus war ich bemüht, mir Mittheilungen in Bezug auf den schottischen Hirschhund zu verschaffen, dessen Geschlechter mehr in der Größe von einander verschieden sind als die irgend einer andern Rasse (obgleich Bluthunde beträchtlich verschieden sind) und auch mehr als die Geschlechter irgend einer wilden mir bekannten Species von Caniden. Ich wandte mich daher an Mr. *Cupples*, einen wohlbekannten Züchter dieser Rasse, welcher viele seiner eigenen Hunde gewogen und gemessen und welcher die folgenden Thatsachen aus verschiedenen Quellen mit großer Freundlichkeit für mich zusammengetragen hat. Vorzügliche männliche Hunde sind, an der Schulter gemessen, von achtundzwanzig Zollen, was für niedrig gilt, bis dreioder selbst vierunddreißig Zoll hoch und wiegen von achtzig Pfund, was für leicht gilt, bis hundertundzwanzig oder selbst noch mehr Pfund. Die Weibchen sind von dreiundzwanzig bis siebenundzwanzig oder selbst achtundzwanzig Zoll hoch und wiegen von fünfzig bis siebenzig oder selbst achtzig Pfund. s. auch *Richardson*, Manual on the Dog, p. 59. Viele werthvolle Mittheilungen über den schottischen Hirschhund hat Mr. *M'Neill*, welcher zuerst die Aufmerksamkeit auf die Ungleichheit der Geschlechter lenkte, in *Scrope*'s Art of Deer Stalking gegeben. Ich hoffe, Mr. *Cupples* führt sein Vorhaben aus, eine ausführliche Schilderung und Geschichte dieser berühmten Rasse zu veröffentlichen. Mr. *Cupples* meint, daß von fünfundneunzig bis hundert Pfund für's Männchen und siebenzig Pfund für das Weibchen ein richtiges Mittel ist. Aber es ist Grund zur Vermuthung vorhanden, daß früher beide Geschlechter ein beträchtlicheres Gewicht erreichten. Mr. *Cupples* hat junge Hunde gewogen, als sie vierzehn Tage alt waren. Unter einem Wurfe betrug das mittlere Gewicht von vier Männchen sechs und eine halbe Unze mehr als das zweier Weibchen. In einem anderen Wurfe übertraf das mittlere Gewicht von vier Männchen das von einem Weibchen um weniger als eine Unze. Als dieselben Männchen drei Wochen alt waren, übertrafen sie das Weibchen um sieben und eine halbe Unze und im Alter von sechs Wochen um nahezu vierzehn Unzen. Mr. *Wright* von Yeldersleyhouse sagt in einem Briefe an Mr. *Cupples*: »ich habe mir über die Größe und das Gewicht junger Hunde aus vielen Würfen Notizen gemacht, und so weit meine Erfahrung reicht, sind männliche junge

Hunde der Regel nach sehr wenig von weiblichen verschieden, bis sie ungefähr fünf oder sechs Monate alt sind; dann fangen die männlichen an zuzunehmen, wobei sie die weiblichen sowohl an Gewicht als Größe übertreffen. Bei der Geburt und mehrere Wochen nachher kann ein weiblicher junger Hund gelegentlich größer sein als irgend einer der männlichen, aber sie werden ausnahmslos später von letzteren geschlagen«. Mr. *M'Neill* von Colonsay kommt zu dem Schlusse, »daß die Männchen ihre volle Größe nicht eher erhalten, als bis sie über zwei Jahre alt sind, daß aber die Weibchen sie früher erreichen«. Nach Mr. *Cupples'* Erfahrung fahren männliche Hunde an Größe zuzunehmen fort, bis sie von zwölf bis achtzehn Monate, und an Gewicht, bis sie von achtzehn zu vierundzwanzig Monate alt sind, während die Weibchen in Bezug auf die Größe im Alter von neun bis vierzehn oder fünfzehn Monaten und in Bezug auf das Gewicht im Alter von zwölf bis fünfzehn Monaten zuzunehmen aufhören. Nach diesen verschiedenen Angaben ist es klar, daß die definitive Verschiedenheit in der Größe zwischen dem weiblichen und männlichen schottischen Hirschhund nicht eher erreicht wird als spät im Leben. Die Männchen werden fast ausschließlich zum Jagen benutzt; denn wie mir Mr. *M'Neill* mittheilt, haben die Weibchen nicht hinreichende Kraft und nicht hinreichendes Gewicht, einen ausgewachsenen Hirsch niederzuziehen. Nach den in alten Legenden angeführten Namen scheint es, wie ich von Mr. *Cupples* höre, als wären in einer sehr alten Zeit die Männchen die gefeiertsten gewesen, da die Weibchen nur als die Mütter berühmter Hunde erwähnt werden. Seit vielen Generationen ist es daher das Männchen gewesen, welches hauptsächlich auf seine Kraft, Größe, Flüchtigkeit und seinen Muth geprüft worden ist, und von den besten derselben ist dann weitergezüchtet worden. Da indessen die Männchen ihre gehörigen Dimensionen nicht eher als in einer im Ganzen späteren Lebensperiode erreichen, so werden sie in Übereinstimmung mit dem oft angedeuteten Gesetze dazu geneigt haben, ihre Charaktere allein ihren männlichen Nachkommen zu überliefern, und hierdurch läßt sich wahrscheinlich die bedeutende Ungleichheit in der Größe zwischen den Geschlechtern des schottischen Hirschhundes erklären.

Die Männchen einiger weniger Vierfüßer besitzen Organe oder Theile, welche allein als Mittel der Vertheidigung gegen die Angriffe anderer Männchen entwickelt werden. Einige Arten von Hirschen brauchen, wie wir gesehen haben, die oberen Enden ihres Geweihes hauptsächlich oder ausschließlich, um sich zu vertheidigen; und die

Oryx-Antilope vertheidigt sich, wie mir Mr. *Bartlett* mitgetheilt hat. äußerst geschickt mit ihren langen leicht gebogenen Hörnern; doch werden diese gleichfalls als Angriffsorgane gebraucht. Rhinocerosse pariren im Kampfe, wie mir derselbe Beobachter mittheilt, ihre gegenseitigen, von der Seite beigebrachten Hiebe mit ihren Hörnern, welche dabei laut zusammenschlagen, wie es die Stoßzähne der Eber thun. Obgleich wilde Eber verzweifelt mit einander kämpfen, erhalten sie der Angabe *Brehm*'s zufolge selten tödtliche Streiche, da diese meist auf die Stoßzähne des Gegners oder auf die Schicht von derber speckiger Haut fallen, welche die Schulter bedeckt und welche die deutschen Jäger das Schild nennen; und hier haben wir einen Theil, der speciell zur Vertheidigung modificirt ist. Bei Ebern in der Blüthe ihrer Jahre werden die Stoßzähne in der Unterkinnlade zum Kämpfen benutzt; sie werden aber im hohen Alter, wie *Brehm* anführt, so bedeutend nach innen und oben über die Schnauze gekrümmt, daß sie nicht länger hierzu benutzt werden können. Sie können indeß noch immer und selbst in einer noch wirksameren Weise als Vertheidigungsmittel von Nutzen sein. Zur Compensation für den Verlust der unteren Stoßzähne als Waffen zum Angriff nehmen während des höheren Alters diejenigen des Oberkiefers, welche immer ein wenig seitwärts vorspringen, so bedeutend an Länge zu und krümmen sich so bedeutend aufwärts, daß sie als Angriffsmittel gebraucht werden können. Nichtsdestoweniger ist ein alter Eber nicht so gefährlich für den Menschen, als einer im Alter von sechs oder sieben Jahren. *Brehm*, Illustrirtes Thierleben. 2. Aufl. 1. Abth. 3. Bd., p. 548–549.

Beim ausgewachsenen männlichen Babyrussa-Schwein von Celebes sind die unteren Stoßzähne fürchterliche Waffen, gleich denen des europäischen Ebers in der Blüthe seines Lebens, während die oberen Stoßzähne so lang sind und so bedeutend nach innen gekrümmte Spitzen haben, damit zuweilen selbst die Stirne berührend, daß sie als Angriffswaffen völlig nutzlos sind. Sie sind Hörnern viel ähnlicher als Zähnen und sind offenbar als Zähne so nutzlos, daß man früher geradezu annahm, das Thier ruhe seinen Kopf in der Weise aus, daß es denselben mit den Zähnen an einen Zweig hänge. Ihre convexen Oberflächen dürften indessen, wenn der Kopf ein wenig seitwärts gehalten wird, als ein ausgezeichnetes Vertheidigungsmittel dienen, und daher kommt es vielleicht, daß sie bei älteren Thieren »meist abgebrochen sind, wie in Folge eines Kampfes«. s. Mr. *Wallace*'s interessante Schilderung dieses Thieres in: The Malay Archipelago. 1869. Vol. I, p. 435. Wir haben daher den merkwürdigen Fall hier vor uns, daß die oberen Stoßzähne des Babyrussa regelmäßig während der Blüthe des Lebens eine Bildung annehmen, welche sie dem Anscheine nach nur zur Vertheidigung geschickt macht, während beim europäischen Eber die unteren Stoßzähne in einem minderen Grade und nur während des hohen Alters nahezu dieselbe Form annehmen und dann in einer gleichen Art nur zur Vertheidigung dienen.

Beim Warzenschweine (Phacochoerus aethiopicus) krümmen sich die Stoßzähne im Oberkiefer des Männchens während der Blüthe des Lebens nach oben und dienen, da sie zugespitzt sind, als fürchterliche Waffen. Die Stoßzähne in der unteren Kinnlade sind schärfer als die in der oberen, aber wegen ihrer Kürze scheint es kaum möglich zu sein, daß sie als Angriffswaffen benutzt werden. Sie müssen indessen die des Oberkiefers bedeutend kräftigen, da sie so abgeschliffen sind, daß sie dicht gegen die Basis derselben einpassen. Weder die oberen noch die unteren Stoßzähne scheinen speciell dazu modificirt worden zu sein, zur Abwehr zu dienen, obschon sie ohne Zweifel in einer gewissen Ausdehnung hierzu benutzt werden. Aber das Warzenschwein entbehrt anderer specieller Mittel zum Schutze nicht, denn es findet sich auf jeder Seite des Gesichts unterhalb der Augen ein im Ganzen steifes, indessen biegsames knorpeliges oblonges Kissen, welches zwei oder drei Zoll nach außen vorspringt; und als wir das lebende Thier beobachteten, schien es Mr. *Bartlett* und mir selbst, als würden diese Kissen, wenn sie von einem Feinde mit seinen Stoßzähnen von unten getroffen würden, nach aufwärts gewendet werden, wodurch sie in einer wunderbaren Weise die etwas vorspringenden Augen beschützten. Wie ich noch nach der Autorität des Mr. *Bartlett* hinzufügen will, stehen sich diese Eber, wenn sie mit einander kämpfen, direct Gesicht zu Gesicht gegenüber.

Endlich besitzt das afrikanische Flußschwein (*Potamochoerus penicillatus*) einen harten knorpeligen Höcker an jeder Seite des Gesichtes unterhalb der Augen, welcher dem biegsamen Kissen des Warzenschweins entspricht. Auch hat es zwei knöcherne Vorsprünge am Oberkiefer oberhalb der Nasenlöcher. Ein Eber dieser Art brach kürzlich im zoologischen Garten in den Käfig eines Warzenschweins ein. Sie kämpften die ganze Nacht durch und wurden am Morgen sehr erschöpft, aber nicht bedenklich verwundet, gefunden. Es ist eine bezeichnende Thatsache, da es auf die Bedeutung der eben beschriebenen Vorsprünge und Auswüchse hinweist, daß dieselben mit Blut bedeckt und in einer außerordentlichen Weise zerschrammt und abgerieben waren.

Obgleich die Männchen so vieler Thiere aus der Familie der Schweine mit Waffen und, wie wir eben gesehen haben, mit Vertheidigungsmitteln versehen sind, so scheinen doch diese Waffen in einer im Ganzen späteren geologischen Periode erlangt worden zu sein. Dr. *Forsyth Major* führt Atti della Soc. Italiana di Sc. Nat. 1873. Vol. XV. Fasc. IV. mehrere miocene Species an; bei keiner derselben scheinen die Stoßzähne bei den Männchen bedeutend entwickelt gewesen zu sein. Auch Prof. *Rütimeyer* war früher über diese Thatsache überrascht.

Die Mähne des Löwen bietet ein gutes Vertheidigungsmittel gegen die einzige Gefahr dar, welcher er ausgesetzt ist, nämlich gegen den Angriff von rivalisierenden Löwen. Denn, wie mir Sir *A. Smith* mittheilt, gehen die Männchen die fürchterlichsten Kämpfe ein und ein junger Löwe wagt sich einem alten nicht zu nähern. Im Jahre 1857 brach ein Tiger in Bromwich in den Käfig eines Löwen ein und nun folgte eine fürchterliche Scene: »Die Mähne des Löwen wahrte seinen Hals und Kopf vor bedeutenden Verletzungen, dem Tiger gelang es aber zuletzt, seinen Leib aufzureißen, und in wenigen Minuten war er todt«. The Times, Nov. 10., 1857. In Bezug auf den canadischen Luchs s. *Audubon* und *Bachman*, Quadrupeds of North America. 1846, p. 139. Der breite Kragen rund um den Hals und das Kinn des canadischen Luchses (*Felix canadensis*) ist beim Männchen viel länger als beim Weibchen; ob er aber als Vertheidigungsmittel dient, weiß ich nicht. Man weiß sehr wohl, daß männliche Robben verzweifelt mit einander kämpfen, und die Männchen gewisser Arten (*Otaria jubata*) Dr. *Murie*, über *Otaria*, in: Proceed. Zoolog. Soc. 1869, p. 109. In dem oben citierten Aufsatze drückt Mr. *J. A. Allen* Zweifel aus (p. 75), ob das Haar, welches am Halse des Männchens länger ist als an dem des Weibchens, eine Mähne genannt zu werden verdient haben große Mähnen, während die Weibchen kleine oder gar keine haben. Der männliche Pavian vom Cap der guten Hoffnung (*Cynocephalus porcarius*) hat eine viel längere Mähne und größere Eckzähne als das Weibchen, und die Mähne dient wahrscheinlich zum Schutze; denn als ich die Wärter im zoologischen Garten, ohne ihnen eine Andeutung des Zweckes meiner Frage zu geben, frug, ob irgend einer der Affen speciell den andern beim Nacken angriffe, wurde mir geantwortet, daß dies nicht der Fall sei, mit Ausnahme des eben erwähnten Pavians. Bei dem Hamadryas-Pavian vergleicht *Ehrenberg* die Mähne des erwachsenen Männchens mit der eines jungen Löwen, während bei den Jungen beiderlei Geschlechtes und bei den Weibchen die Mähne fast vollständig fehlt.

Es schien mir wahrscheinlich zu sein, als diene die ungeheure wollige Mähne des männlichen amerikanischen Bison, welche fast bis auf die Erde reicht und bei den Männchen viel mehr entwickelt ist als bei den Weibchen, denselben in ihren furchtbaren Kämpfen zum Schutze, aber ein erfahrener Jäger erzählte dem Judge *Caton*, daß er niemals etwas beobachtet habe, was diese Annahme begünstige. Der Hengst hat eine dickere und vollere Mähne als die Stute; ich habe nun besondere Erkundigungen bei zwei bedeutenden Trainers und Züchtern, welche viele Hengste in Verpflegung gehabt haben, eingezogen, und mir ist versichert worden, daß sie »ausnahmslos versuchen, einander beim Nacken zu ergreifen«. Es folgt indessen aus den vorstehenden Angaben nicht, daß, wenn das Haar am Nacken als Vertheidigungsmittel dient, es ursprünglich zu diesem Zwecke entwickelt worden ist, obschon das in einigen Fällen, wie z. B. beim Löwen, wohl wahrscheinlich ist. Mr. *M'Neill* hat mir mitgetheilt, daß die langen Haare an der Kehle des Hirsches (*Cervus elaphus*) als ein bedeutendes Schutzmittel für ihn von Nutzen sind, wenn er gejagt wird; denn die Hunde versuchen meist ihn bei der Kehle zu fassen. Es ist aber nicht wahrscheinlich, daß die Haare speciell für diesen Zweck entwickelt worden sind, denn andernfalls würden die Jungen und die Weibchen, wie wir wohl versichert sein können, in gleicher Weise geschützt worden sein.

Secundäre Sexualcharaktere der Säugethiere (Fortsetzung)

Stimme. – Merkwürdige geschlechtliche Eigenthümlichkeiten bei Robben. – Geruch. – Entwicklung des Haars. – Farbe des Haars und der Haut. – Anomaler Fall, wo das Weibchen mehr geschmückt ist als das Männchen. – Farbe und Schmuck Folgen geschlechtlicher Zuchtwahl. – Farbe zum Zwecke des Schutzes erlangt. – Farbe, wenn schon beiden Geschlechtern gemeinsam, doch häufig Folge geschlechtlicher Zuchtwahl. – Über das Verschwinden von Flecken und Streifen bei erwachsenen Säugethieren. – Über die Farben und Zierathen der Quadrumanen. – Zusammenfassung.

Säugethiere brauchen ihre Stimmen zu verschiedenen Zwecken, zu Warnungsrufen, oder ein Glied einer Truppe ruft ein anderes an, oder eine Mutter ruft die von ihr verlorenen Jungen, oder die letzteren rufen nach ihrer Mutter um Schutz; aber derartige Benutzungen brauchen hier nicht betrachtet zu werden. Wir haben es hier nur mit der Verschiedenheit zwischen den Stimmen der beiden Geschlechter zu thun, z. B. zwischen der des Löwen und der Löwin oder des Bullen und der Kuh. Beinahe alle männlichen Säugethiere brauchen ihre Stimmen viel mehr während der Brunstzeit als zu irgend einer anderen Zeit, und einige, wie die Giraffe und das Stachelschwein *Owen.* Anatomy of Vertebrates. Vol. III, p. 585. sollen, wie man sagt, mit Ausnahme dieser Zeit vollständig stumm sein. Da die Kehlen (d. h. der Kehlkopf und die Schilddrüsen) Ebenda p. 595. der Hirsche im Anfange der Paarungszeit periodisch vergrößert werden, so könnte man meinen, daß ihre mächtigen Stimmen dann in irgendwelcher Weise für sie von großer Bedeutung sein müßten; doch ist dies sehr zweifelhaft. Nach Mittheilungen, welche mir zwei erfahrene Beobachter, Mr. *M'Neill* und Sir *Ph. Egerton*, gegeben haben, scheint es, als wenn junge Hirsche unter dem Alter von drei Jahren nicht brüllten oder schrieen und als ob die älteren mit dem Beginne der Paarungszeit anfangs nur gelegentlich und mäßig zu schreien anfingen, während sie beim Suchen der Weibchen ruhelos umherwandern. Ihre Kämpfe werden durch ein lautes und anhaltendes Geschrei eingeleitet; aber während des eigentlichen Conflicts selbst verhalten sie sich schweigend. Thiere aller Art, welche gewöhnlich ihre Stimme gebrauchen, bringen unter jeder starken Gemüthserregung, so wenn sie wüthend werden oder sich zum Kampfe vorbereiten, verschiedene

Laute hervor; doch kann dies einfach nur das Resultat ihrer nervösen Aufregung sein, welches zu der krampfhaften Zusammenziehung beinahe aller Muskeln des Körpers führt, ebenso wie ein Mensch seine Zähne zusammenbeißt und seine Hände ringt, wenn er in Wuth oder Angst ist. Ohne Zweifel fordern die Hirsche einander zum Kampfe durch Geschrei heraus; aber wenn die Hirsche mit der kraftvolleren Stimme nicht zu derselben Zeit auch die stärkeren, besser bewaffneten und muthvolleren sind, werden sie über ihre Nebenbuhler keinen Vortheil erlangen.

Es ist möglich, daß das Brüllen des Löwen für ihn von irgend welchem factischen Nutzen ist, und zwar dadurch, daß es seinen Gegner mit Schrecken erfüllt; denn wenn er in Wuth geräth, so richtet er gleichfalls seine Mähne empor und versucht instinctiv, sich damit so schrecklich als möglich aussehend zu machen. Es kann aber kaum angenommen werden, daß das Geschrei des Hirsches, selbst wenn es ihm in dieser Weise irgendwie von Nutzen wäre, von hinreichender Bedeutung gewesen sei, um zur periodischen Vergößerung der Kehle zu führen. Einige Schriftsteller vermuthen, daß das Geschrei als ein Ruf für das Weibchen diene; aber die oben citierten erfahrenen Beobachter theilen mir mit, daß der weibliche Hirsch nicht das Männchen sucht, daß vielmehr die Männchen gierig die Weibchen aufsuchen, wie sich in der That nach dem, was wir von den Gewohnheiten anderer männlichen Säugethiere wissen, erwarten ließ. Auf der anderen Seite ruft die Stimme des Weibchens schnell einen oder mehrere Hirsche zu ihm, s. z. B. Major *W. Ross King* (The Sportsman in Canada, 1866, p. 53, 131) über die Gewohnheiten des Orignal und des wilden Renthiers. wie den Jägern wohl bekannt ist, welche in wilden Gegenden ihren Ruf nachahmen. Wenn wir glauben könnten, daß das Männchen das Vermögen hätte, das Weibchen durch seine Stimme zu reizen oder zu locken, so würde die periodische Vergößerung seiner Stimmorgane nach dem Gesetze geschlechtlicher Zuchtwahl, in Verbindung mit einer auf ein und dasselbe Geschlecht und auf dieselbe Jahreszeit beschränkten Vererbung, verständlich sein; wir haben aber keine diese Ansicht begünstigenden Belege. Wie der Fall liegt, so scheint die laute Stimme des Hirsches während der Paarungszeit für ihn von keinem speciellen Nutzen zu sein, weder während seiner Bewerbung noch während seiner Kämpfe, noch in irgend einer anderen Weise. Dürfen wir aber nicht annehmen, daß der häufige Gebrauch der Stimme unter der starken Erregung von Liebe, Eifersucht und Wuth, während vieler Generationen fortgesetzt, zuletzt doch eine vererbte Wirkung auf die Stimmorgane des Hirsches ebenso gut ausgeübt haben kann, wie bei irgend welchen anderen männlichen Thieren? Nach dem gegenwärtigen Zustande unserer Kenntnis scheint mir dies die wahrscheinlichste Ansicht zu sein.

Der männliche Gorilla hat eine furchtbare Stimme und ist, wenn er erwachsen ist, mit einem Kehlsacke versehen, wie auch der männliche Orang einen solchen besitzt. *Owen*, Anatomy of Vertebrates. Vol. III, p. 600. Die Gibbons zählen zu den lautesten unter allen Affen und die Sumatraner Species (*Hylobates syndactylus*) ist gleichfalls mit einem Kehlsacke versehen. Aber Mr. *Blyth,* welcher Gelegenheit zur Beobachtung gehabt hat, glaubt nicht, daß das Männchen geräuschvoller ist als das Weibchen. Es brauchen daher wahrscheinlich diese letzteren Affen ihre Stimmen zu gegenseitigem Rufen und dies ist sicher bei einigen Säugethieren, z. B. beim Biber, *M. Green* in: Journal of the Linnean Society. Vol. X. Zoology. 1869, p. 362. der Fall. Ein anderer Gibbon, der *H. agilis*, ist dadurch merkwürdig, daß er das Vermögen besitzt, eine vollständige und correcte Octave musikalischer Noten hervorzubringen, *C. L. Martin*, General Introduction to the Natural History of Mammal. Animals. 1841, p. 431. welche, wie wir wohl mit Grund vermuthen können, als geschlechtliches Reizmittel dienen. Ich werde aber auf diesen Gegenstand im nächsten Capitel zurückzukommen haben. Die Stimmorgane des amerikanischen *Mycetes caraya* sind beim Männchen um ein Drittel größer als beim Weibchen und sind wunderbar kräftig. Wenn das Wetter warm ist, lassen diese Affen die Wälder während der Morgen und Abende von ihrem überwältigenden Geschreie erklingen. Die Männchen fangen das fürchterliche Concert an, in welches die Weibchen mit ihren weniger kraftvollen Stimmen zuweilen einstimmen und welches häufig mehrere Stunden lang fortgesetzt wird. Ein ausgezeichneter Beobachter, *Rengger*, Naturgeschichte der Säugethiere von Paraguay. 1830, p. 15, 21. konnte nicht wahrnehmen, daß sie durch irgend eine specielle Ursache angeregt wurden, ihr Concert zu beginnen; er glaubt, daß sie wie viele Vögel an ihrer eigenen Musik Ergötzen finden und einander zu übertreffen suchen. Ob die meisten der vorstehend angeführten Affen ihre kräftigen Stimmen erlangt haben, um ihre Nebenbuhler zu besiegen und die Weibchen zu bezaubern, – oder ob die Stimmorgane durch die vererbten Wirkungen lange fortgesetzten Gebrauches gekräftigt und vergrößert worden sind, ohne daß irgend ein besonderer Vortheil dadurch erreicht wurde, – das will ich nicht zu entscheiden wagen. Doch scheint mindestens in Bezug auf den Fall von *Hylobates agilis* die erste Ansicht die wahrscheinlichste zu sein.

Ich will hier zwei sehr merkwürdige Eigenthümlichkeiten bei Robben erwähnen, weil mehrere Schriftsteller vermuthet haben, daß sie die Stimme afficiren. Die Nase des männlichen See-Elephanten (*Macrorhinus proboscideus*) ist, wenn das Thier ungefähr drei Jahre alt ist, während der Paarungszeit bedeutend verlängert und kann dann aufgerichtet werden. In diesem Zustande ist sie zuweilen einen Fuß lang. Das Weibchen ist auf keiner Periode des Lebens mit einem solchen Gebilde versehen. Das Männchen bringt ein wildes, rauhes, gurgelndes Geräusch hervor, welches in großer Entfernung hörbar ist und von dem man glaubt, daß es durch den Rüssel verstärkt wird; die Stimme des Weibchens ist hiervon verschieden. *Lesson* vergleicht das Aufrichten des Rüssels mit dem Anschwellen der Fleischlappen männlicher hühnerartiger Vögel, während sie die Weibchen umwerben. Bei einer anderen verwandten Art von Robben, nämlich der Klappmütze (*Cystophora cristata*) ist der Kopf von einer großen Haube oder Blase bedeckt. Diese wird innen durch die Nasenscheidewand gestützt, welche sehr weit nach rückwärts verlängert ist und sich in eine sieben Zoll hohe Leiste erhebt. Die Klappe ist mit kurzen Haaren bedeckt und ist muskulös; sie kann aufgeblasen werden, bis sie an Größe mehr beträgt als der ganze Kopf groß ist! In der Brunstzeit kämpfen die Männchen auf dem Eise wüthend mit einander und ihr Brüllen »soll dann zuweilen so laut sein, daß man es vier Meilen (miles) weit hört«. Werden sie angegriffen, so brüllen und schreien sie gleichfalls, und so oft sie überhaupt erregt werden, wird die Haube aufgeblasen und zittert. Einige Naturforscher glauben, daß die Stimme hierdurch verstärkt wird, aber andere haben dieser außerordentlichen Bildung verschiedene andere Functionen zugeschrieben. Mr. *R. Brown* glaubt, daß sie als Schutz gegen Zufälle aller Arten diene; dies ist indessen nicht wahrscheinlich; denn Mr. *Lamont*, welcher sechshundert dieser Thiere erlegt hat, versichert mir, daß die Klappe bei den Weibchen rudimentär und bei den Männchen während der Jugend nicht entwickelt ist. Über den See-Elephanten s. einen Artikel von *Lesson* im Diction. class. d'Hist. natur. Tom. XIII, p. 418. Wegen der *Cystophora* oder *Stemmatopus* s. Dr. *Dekay* in: Annals of the Lyceum of Natur. Hist. New York. Vol. I. 1824, p. 94. Auch *Pennant* hat von Robbenjägern Mittheilungen über dieses Thier gesammelt. Den ausführlichsten Bericht hat Mr. *Brown* gegeben in: Proceed. Zoolog. Soc. 1868, p. 435.

Geruch. – Bei einigen Thieren, so bei den bekannten Skunks von

Amerika, scheint der überwältigende Geruch, den sie von sich geben, ausschließlich als Vertheidigungsmittel zu dienen. Bei Spitzmäusen (*Sorex*) besitzen beide Geschlechter abdominale Geruchdrüsen, und es läßt sich wegen der Art und Weise, in welcher ihre Körper von Vögeln und Raubthieren verschmäht werden, nur wenig zweifeln, daß dieser Geruch für die Thiere protectiv ist; nichtsdestoweniger werden die Drüsen bei den Männchen während der Paarungszeit vergrößert. Bei vielen andern vierfüßigen Thieren sind die Drüsen in beiden Geschlechtern von der nämlichen Größe; aber ihr Gebrauch ist unbekannt. Bei anderen Species sind die Drüsen auf die Männchen beschränkt Wie beim Castoreum des Bibers, s. Mr. *L. H. Morgan*'s äußerst interessantes Werk: The American Beaver. 1868, p. 300. *Pallas* hat (Spicileg. Zoolog. Fasc. VIII. 1779, p. 23) die Riechdrüsen der Säugethiere sehr gut erörtert. Auch *Owen* (Anatomy of Vertebrates. Vol. III, p. 632) giebt eine Schilderung dieser Drüsen mit Einschluß der des Elephanten und (p. 634) der Spitzmäuse. Über Fledermäuse s. *Dobson* in: Proceed. Zoolog. Soc. 1873, p. 241. oder sind bei diesen mehr entwickelt als bei den Weibchen und sie werden beinahe immer während der Brunstzeit thätiger. In dieser Periode vergrößern sich die Drüsen an den Seiten des männlichen Elephanten und sondern eine Secretion ab, die einen starken Moschusgeruch hat. Die Männchen, selbst auch die Weibchen, vieler Arten von Fledermäusen haben an verschiedenen Theilen ihres Körpers gelegene Drüsen und ausstülpbare Taschen; man glaubt, daß sie einen Geruch von sich geben.

Die scharfe Aussonderung des Ziegenbocks ist wohlbekannt und die gewisser Hirsche ist wunderbar stark und persistent. An den Ufern des La Plata habe ich die ganze Luft mit dem Geruche des männlichen *Cervus campestris* bis in eine Entfernung von einer halben Meile windabwärts von einer Herde durchzogen gefunden, und ein seidenes Taschentuch, in welchem ich eine Haut nach Hause trug, behielt, trotzdem es wiederholt benutzt und gewaschen worden war, wenn es zuerst entfaltet wurde, Spuren des Geruches noch ein Jahr und sieben Monate lang. Dieses Thier giebt den starken Geruch nicht eher von sich, als bis es über ein Jahr alt ist, und wenn es jung castriert wird, sondert es denselben niemals ab. *Rengger*, Naturgeschichte der Säugethiere von Paraguay. 1830, p. 355. Dieser Beobachter theilt auch einige merkwürdige Eigentümlichkeiten in Bezug auf den entwickelten Geruch mit. Außer dem allgemeinen Geruche, mit welchem der ganze Körper gewisser Wiederkäuer während der Paarungszeit durchdrungen zu sein scheint (so z. B. *Bos moschatus*), besitzen viele

Hirsche, Antilopen, Schafe und Ziegen riechbare Stoffe absondernde Drüsen an verschiedenen Stellen, besonders an dem Gesichte. Die sogenannten Thränensäcke oder Suborbitalgruben fallen unter diese Kategorie. Diese Drüsen sondern eine halbflüssige stinkende Substanz ab, welche zuweilen so reichlich ist, daß sie das ganze Gesicht tränkt, wie ich es bei einer Antilope gesehen habe. Sie sind »gewöhnlich beim Männchen größer als beim Weibchen und ihre Entwicklung wird durch die Castration gehemmt«. *Owen*, Anatomy of Vertebrates. Vol. III, p. 632. s. auch Dr. *Murie*'s Beobachtungen über diese Drüse in: Proceed. Zoolog. Soc. 1870, p. 340. *Desmarest* über die *Antilope subgutturosa* in seiner Mammalogie. 1820, p. 455.*Desmarest* zufolge fehlen sie beim Weibchen von *Antilope subgutturosa* vollständig. Es kann daher kein Zweifel sein, daß sie in irgend einer Beziehung zu den reproductiven Functionen stehen. Sie sind auch bei nahe verwandten Formen zuweilen vorhanden und zuweilen fehlen sie. Bei dem erwachsenen männlichen Moschusthiere (*Moschus moschiferus*) ist ein nackter Raum rund um den Schwanz von einer riechenden Flüssigkeit angefeuchtet, während bei dem erwachsenen Weibchen und beim Männchen, ehe es zwei Jahre alt wird, dieser Raum mit Haaren bedeckt und nicht riechend ist. Der eigentliche Moschusbeutel ist seiner Lage nach nothwendig auf das Männchen beschränkt und bildet noch ein weiteres riechendes Organ. Es ist eine eigenthümliche Thatsache, daß die von dieser letzteren Drüse abgesonderte Substanz sich der Angabe von *Pallas* zufolge während der Paarungszeit weder in der Consistenz verändert noch der Quantität nach zunimmt. Nichtsdestoweniger nimmt dieser Forscher an, daß ihr Vorhandensein in irgend welcher Weise mit dem Acte der Reproduction in Zusammenhang steht. Er giebt indessen nur eine vermuthungsweise und nicht befriedigende Erklärung von ihrem Gebrauche. *Pallas*, Spicilegia Zoologica. Fasc. XIII. 1799, p. 24. *Desmoulins*, Diction. class. d Hist. Natur. Tom. III, p. 556.) mit Muskeln zum Umwenden des Sacks und zum Schließen und Öffnen der Mündung versehen sind. Die Entwicklung dieser Organe durch geschlechtliche Zuchtwahl ist wohl verständlich, wenn die stärker riechenden Männchen beim Gewinnen des Weibchens die erfolgreichsten gewesen sind und Nachkommen hinterlassen haben, ihre allmählich vervollkommneten Drüsen und stärkeren Gerüche zu erben.

Wenn während der Paarungszeit das Männchen allein einen starken Geruch von sich giebt, so dient dieser in den meisten Fällen wahrscheinlich dazu, das Weibchen zu reizen oder zu locken. Wir dürfen in Bezug auf diesen Punkt nicht nach unserem eigenen Geschmacke urtheilen; denn es ist wohl bekannt, daß Ratten von gewissen ätherischen Ölen und Katzen von Baldrian berauscht werden, Substanzen, welche weit entfernt davon sind, uns angenehm zu sein, und daß Hunde, trotzdem sie Aas nicht fressen, doch dasselbe beschnuppern und sich darin wälzen. Aus den bei der Erörterung der Stimme des Hirsches gegebenen Gründen können wir wohl die Idee zurückweisen, daß der Geruch dazu diene, die Weibchen aus der Entfernung zu den Männchen hinzuführen. Reichlicher und lange fortgesetzter Gebrauch kann hier nicht in das Spiel gekommen sein, wie bei den Stimmorganen. Der ausgegebene Geruch muß für das Männchen von einer beträchtlichen Bedeutung sein, insofern in einigen Fällen große und complicierte Drüsen entwickelt worden sind, die

Entwicklung der Haare. – Wir haben gesehen, daß männliche Säugethiere häufig das Haar an ihrem Nacken und ihren Schultern viel stärker entwickelt haben als die Weibchen und es ließen sich noch viele weitere Beispiele hierfür anführen. Dies dient zuweilen als Vertheidigungsmittel für das Männchen während seiner Kämpfe; ob aber das Haar in den meisten Fällen speciell zu diesem Zwecke entwickelt worden ist, ist sehr zweifelhaft. Wir können ziemlich sicher sein, daß dies nicht der Fall ist, wenn nur ein dünner und schmaler Haarkamm der ganzen Länge des Rückens entlang läuft; denn ein Haarkamm dieser Art würde kaum irgend welchen Schutz darbieten und die Kante des Rückens ist nicht wohl eine gerade verletzliche Stelle. Nichtsdestoweniger sind derartige Haarkämme zuweilen auf die Männchen beschränkt oder sind bei ihnen viel mehr entwickelt als bei den Weibchen. Zwei Antilopen, der *Tragelaphus scriptus*Dr. *Gray*, Gleanings from the Menagerie at Knowsley, pl. 28. und *Portax picta*, mögen als Beispiel angeführt werden. Die Haarkämme gewisser Hirsche und des wilden Ziegenbockes stehen aufrecht, wenn diese Thiere in Wuth oder Schrecken versetzt werden. Judge *Caton* über den Wapiti, in: Transact. Ottawa Acad. Natur. Scienc. 1868, p. 36, 40. *Blyth*, Land and Water, 1867, p. 37, über *Capra aegagrus*. Es läßt sich aber kaum vermuthen, daß dieselben nur zu dem Zwecke entwickelt worden sind, damit bei ihren Feinden Furcht zu erregen. Eine der eben erwähnten Antilopen, *Portax picta*, hat einen großen scharf umschriebenen Pinsel schwarzen Haares an der Kehle und dieser ist beim Männchen viel größer als beim Weibchen. Bei dem *Ammotragus tragelaphus* von Nord-Afrika, einem Gliede der Familie der Schafe, sind die Vorderbeine beinahe gänzlich durch ein außerordentliches Wachsthum von Haaren verborgen, welche vom Nacken und der oberen Hälfte der Beine herabhängen. Mr. *Bartlett* glaubt aber nicht, daß dieser Mantel für's Männchen, bei welchem er viel mehr entwickelt ist als beim Weibchen, auch nur von dem geringsten Nutzen ist.

Männliche Säugethiere vieler Arten weichen von den Weibchen darin ab, daß sie mehr Haare oder Haare eines verschiedenen Charakters an gewissen Theilen ihrer Gesichter haben. Der Bulle allein hat gekräuselte Haare an der Stirn. *Hunter*'s Essays and Observations, edited by *Owen*. 1861. Vol. I, p. 236. Bei drei nahe verwandten Untergattungen der Familie der Ziegen besitzen allein die Männchen Bärte und zuweilen von bedeutender Größe; in zwei anderen Untergattungen haben beide Geschlechter einen Bart, aber dieser verschwindet bei einigen domesticierten Rassen der gemeine Ziege, und bei *Hemitragus* hat keines von beiden Geschlechtern einen Bart. Beim Steinbock ist der Bart während des Sommers nicht entwickelt und ist zu anderen Jahreszeiten so klein, daß er rudimentär genannt werden kann. s. Dr. *Gray*'s Catal. Mammalia British Museum. Part. III. 1852, p. 144. Bei einigen Affen ist der Bart auf das Männchen beschränkt, so beim Orang, oder ist beim Männchen viel größer als beim Weibchen, wie beim *Mycetes caraya* und *Pithecia satanas*.

Dasselbe ist mit dem Backenbarte einiger Species von *Macacus*-*Rengger*, Säugethiere von Paraguay etc., p. 14; *Desmarest*, Mammalogie, p. 66. und, wie wir gesehen haben, mit den Mähnen einiger Arten von Pavianen der Fall. Aber bei den meisten Arten der Affen sind verschiedene Haarbüschel um das Gesicht und den Kopf in beiden Geschlechtern gleich.

Die Männchen verschiedener Glieder der Rinderfamilie (Bovidae) und gewisser Antilopen sind mit einer Wamme versehen oder einer großen Hautfalte am Halse, welche beim Weibchen viel weniger entwickelt ist.

Was haben wir nun in Bezug auf derartige geschlechtliche Verschiedenheiten wie die angeführten zu folgern? Niemand wird behaupten wollen, daß die Bärte gewisser männlicher Ziegen oder die Wamme des Bullen oder die Haarkämme entlang dem Rücken gewisser männlicher Antilopen diesen Thieren während des gewöhnlichen Verlaufs ihres Lebens von irgendwelchem Nutzen sind. Es ist möglich, daß der ungeheure Bart der männlichen *Pithecia* und der große Bart des männlichen Orang ihre Kehle schützen, wenn sie mit einander kämpfen; denn die Wärter im zoologischen Garten sagen mir, daß viele Affen einander bei der Kehle angreifen. Es ist aber nicht wahrscheinlich, daß der Kinnbart zu einem besonderen Zwecke entwickelt worden ist, der verschieden von dem wäre, welchem der Backenbart, Schnurrbart und andere Haarbüschel am Gesichte dienen, und Niemand wird annehmen, daß diese als Schutzmittel von Nutzen sind. Müssen wir nun alle diese Anhänge von Haaren oder von Haut einfacher, zweckloser Variabilität beim Männchen zuschreiben? Es kann nicht geleugnet werden, daß dies möglich ist; denn bei vielen domesticierten Säugethieren sind gewisse Charaktere, die allem Anscheine nach nicht auf Rückschlag von irgend einer wilden elterlichen Form her bezogen werden können, auf die Männchen beschränkt oder bei diesen viel bedeutender entwickelt als bei den Weibchen – z. B. der Buckel beim männlichen Zeburinde von Indien, der Schwanz beim fettschwänzigen Widder, die gewölbte Umrißlinie der Stirn bei dem Männchen mehrerer Rassen von Schafen und endlich die Mähne, die langen Haare an den Hinterbeinen und die Wamme allein beim Männchen der Berbura-Ziege. s. die Capitel über diese verschiedenen Thiere im 1. Bande meines »Variiren der Thiere und Pflanzen im Zustande der Domestication« auch Bd. II, 2. Aufl., p. 84; auch Cap. 20 über die Ausübung von Zuchtwahl seitens halbcivilisierter Völker. Wegen der Berbura-Ziege s. Dr. *Gray*, Catalogue etc., p. 157. Die Mähne, welche allein bei dem Widder einer afrikanischen Schafrasse auftritt, ist ein echter secundärer Sexualcharakter, denn er wird, wie ich von Mr. *Winwood Reade* höre, nicht entwickelt, wenn das Thier castriert ist. Obschon wir, wie ich in meinem Buche: »das Variiren der Thiere und Pflanzen im Zustande der Domestication« gezeigt habe, äußerst vorsichtig sein müssen, wenn wir folgern wollen, daß irgend ein Charakter, selbst bei Thieren, die von halbcivilisierten Völkern gehalten werden, nicht der Zuchtwahl des Menschen unterlegen und hierdurch gehäuft sei, so ist dies doch in den soeben speciell angeführten Fällen unwahrscheinlich und noch besonders deshalb, weil diese Charaktere auf die Männchen beschränkt oder bei ihnen stärker entwickelt sind, als bei den Weibchen. Wenn es positiv bekannt wäre, daß der afrikanische Widder mit einer Mähne von demselben primitiven Stamme, wie die anderen Schafrassen, oder der Berbura-Ziegenbock mit seiner Mähne, seiner Wamme u. s. w. von demselben Stamme wie andere Ziegen abstammten, so müssen sie, angenommen, daß Zuchtwahl nicht auf diese Charaktere angewendet worden ist, Folge einfacher Variabilität in Verbindung mit geschlechtlich beschränkter Vererbung sein.

Es erscheint hiernach verständig, dieselbe Ansicht auf alle analogen Fälle auszudehnen, welche bei Thieren im Naturzustande vorkommen. Nichtsdestoweniger kann ich mich doch nicht davon überzeugen, daß diese Ansicht ganz allgemein anwendbar ist, wie z. B. bei der außerordentlichen Entwicklung von Haaren an der Kehle und den Vorderbeinen des männlichen *Ammotragus* oder des ungeheuren Bartes der männlichen *Pithecia*. Nach den Studien, welche ich der Natur habe widmen können, bin ich der Ansicht, daß bedeutend entwickelte Theile oder Organe in irgend einer Periode zu einem besonderen Zwecke erlangt wurden. Bei denjenigen Antilopen, bei welchen das Männchen im erwachsenen Alter auffallender gefärbt ist, als das Weibchen, und bei denjenigen Affen, bei welchen das Haar am Gesicht in einer eleganten Weise angeordnet und von einer verschiedenen Farbe ist, scheinen wahrscheinlicher Weise die Haarkämme und Haarbüschel als Zierathen erlangt worden zu sein; und ich weiß auch, daß dies die Ansicht einiger Naturforscher ist. Ist die Ansicht correct, dann läßt sich wenig daran zweifeln, daß diese Charaktere durch geschlechtliche Zuchtwahl erlangt oder mindestens modificirt worden sind; in wie weit aber diese selbe Ansicht auf andere Säugethiere ausgedehnt werden kann, ist zweifelhaft.

Farbe des Haars und der nackten Haut. – Ich will zuerst alle die Fälle kurz aufführen, die mir bekannt sind, wo männliche Säugethiere in der Farbe von den Weibchen verschieden sind. Wie mir Mr. *Gould* mitgetheilt hat, weichen bei Beutelthieren die Geschlechter selten in dieser Beziehung von einander ab. Aber das große rothbraune Känguruh bietet eine auffallende Ausnahme dar, indem hier »zartes Blau an denjenigen Theilen des Weibchens der vorherrschende Farbenton ist, welche beim Männchen roth sind«. *Osphranter rufus*, *Gould*, Mammals of Australia. Vol. II. 1863. Über *Didelphis* s. *Desmarest*, Mammalogie, p. 304. Bei dem *Didelphis opossum* von Cayenne soll das Weibchen ein wenig mehr roth sein als das Männchen. In Bezug auf Nagethiere bemerkt Dr. *Gray*: »afrikanische Eichhörner, besonders die in den tropischen Ländern gefundenen, haben einen Pelz, der zu gewissen Zeiten viel glänzender und lebhafter ist als zu anderen, und der Pelz des Männchens ist meist heller als der des Weibchens«. Annals and Magaz. of Natur. Hist. Nov. 1867, p. 325. Über *Mus minutus* s. *Desmarest*, Mammalogie, p. 304. Dr. *Gray* theilt mir mit, daß er die afrikanischen Eichhörner deshalb speciell erwähnt, weil sie wegen ihrer ungewöhnlich hellen Färbungen diese Verschiedenheiten am besten darbieten. Das Weibchen von *Mus minutus* Rußlands ist von einer blässeren und schmutzigeren Färbung als das Männchen. Bei einer großen Anzahl von Fledermäusen ist das Haarkleid des Männchens heller und glänzender als beim Weibchen. *J. A. Allen* in: Bulletin of Museum Compar. Zoolog. Cambridge, Mass. Unit. St. 1869, p. 207. Mr. *Dobson*, Über die sexuellen Charaktere bei Fledermäusen, in: Proceed. Zoolog. Soc. 1873, p. 241. Dr. *Gray*, Über Faulthiere, ebenda, 1871, p. 436. Mr. *Dobson* bemerkt ferner in Bezug auf diese Thiere: »Verschiedenheiten, welche zum Theil oder gänzlich davon abhängen, daß das Männchen ein Pelzkleid von einem viel brillanteren Farbentone, oder welches durch verschiedene Zeichnungen oder durch größere Länge gewisser Partieen ausgezeichnet ist, besitzt, finden sich in einem irgendwie nachweisbaren Grade nur bei früchtefressenden Fledermäusen, bei denen der Gesichtssinn gut entwickelt ist«. Diese letzte Bemerkung verdient Beachtung, da sie sich auf die Frage bezieht, ob helle Farben dadurch männlichen Thieren von Nutzen sein können, daß sie als Schmuck dienen. Wie Dr. *Gray* angiebt, ist jetzt bei einer Gattung von Faulthieren ermittelt, »daß die Männchen in einer von den Weibchen verschiedenen Weise geschmückt sind, – d. h. sie haben einen Fleck von kurzem weichen Haar zwischen den Schultern, welcher allgemein mehr oder weniger orangenfarbig und in einer Species rein weiß ist. Die Weibchen dagegen besitzen diese Zeichnung nicht«.

Die auf dem Lande lebenden Carnivoren und Insectivoren bieten selten geschlechtliche Verschiedenheiten irgend welcher Art dar, mit Einschluß ihrer Färbung. Indessen bietet der Ocelot (*Felis pardalis*) eine Ausnahme dar; denn hier sind die Farben des Weibchens mit denen des Männchens verglichen »moins apparentes, le fauve étant plus terne, le blanc moins pur, les raies ayant moins de largeur et les taches moins de diamètre«. *Desmarest*, Mammalogie. 1820, p. 220. Über *Felis mitis* s. *Rengger* a. a. O. p. 194. Auch die Geschlechter der verwandten *Felis mitis* weichen, aber selbst in einem noch geringeren Grade, von einander ab, indem der allgemeine Farbenton des Weibchens im Ganzen etwas blässer ist, auch die Flecken weniger schwarz sind. Die SeeCarnivoren oder Robben weichen auf der anderen Seite zuweilen beträchtlich in der Farbe von einander ab, auch bieten sie, wie wir bereits gesehen haben, andere merkwürdige geschlechtliche Verschiedenheit dar. So ist das Männchen der *Otaria nigrescens* von der südlichen Hemisphäre oben von einer reichen braunen Schattierung, während das Weibchen, welches seine erwachsenen Farben früher im Leben erhält als das Männchen, oben dunkelgrau ist und die Jungen beider Geschlechter von einer sehr tiefen Chocoladefärbung sind. Das Männchen der nordischen *Phoca groenlandica* ist grauroth mit einer merkwürdigen sattelförmigen dunklen Zeichnung am Rücken; das Weibchen ist viel kleiner und hat ein sehr verschiedenes Ansehen, indem es »schmutzig weiß, oder von einer gelblichen Strohfarbe ist, mit einem braunrothen Hauch über den Rücken«. Die Jungen sind anfangs rein weiß und können »kaum unter den Eisblöcken und dem Schnee unterschieden werden, wobei also ihre Farbe als Schutzmittel dient«. Dr. *Murie*, Über die *Otaria*, in: Proceed. Zoolog. Soc. 1869. p. 108. Mr. *R. Brown*, Über die *Phoca groenlandica*, ebenda, 1868, p. 417. Über die Farbe der Robben s. auch *Desmarest* a. a. O. p. 243, 249. Bei Wiederkäuern kommen geschlechtliche Verschiedenheiten der Farbe gewöhnlicher vor als in irgend einer anderen Ordnung. Eine Verschiedenheit dieser Art ist bei den Strepsiceros-artigen Antilopen sehr allgemein. So ist das männliche Nilghau (*Portax picta*) bläulich grau und viel dunkler als das Weibchen; auch sind die viereckigen weißen Flecke an der Kehle, die weißen Zeichnungen an den Fesseln und die schwarzen Flecke an den Ohren sämmtlich viel deutlicher. Wir haben gesehen, daß in dieser Species die Kämme und Büschel von Haaren gleichfalls beim Männchen entwickelter sind als bei dem hornlosen Weibchen. Wie mir Mr. *Blyth* mitgetheilt hat, wird das Männchen, ohne sein Haar abzustoßen, periodisch während der Paarungszeit dunkler. Junge Männchen können von jungen Weibchen, wenn sie nicht über zwölf Monate alt sind, nicht unterschieden werden, und wenn das Männchen vor dieser Zeit entmannt wird, so verändert es nach derselben Autorität niemals seine Farbe. Die Bedeutsamkeit dieser letzteren Thatsache als entscheidend für die sexuelle Natur der Färbung beim Nilghau wird offenbar, wenn wir hören, Judge *Caton* in: Transact. Ottawa Acad. of Natur. Sciences. 1868, p. 4. daß weder das rothe Sommerkleid noch das blaue Winterkleid des virginischen Hirsches durch Entmannung im Geringsten afficirt wird. Bei den meisten oder sämmtlichen äußerst verzierten Species von *Tragelaphus* sind die Männchen dunkler als die hornlosen Weibchen und ihre Haarkämme sind vollständiger entwickelt. Bei dem Männchen jener prachtvollen Antilope *Oreas derbyanus* (Derby's Eland), ist der Körper röther, der ganze Hals viel schwärzer und das weiße Band, welches diese Färbungen von einander trennt, breiter als beim Weibchen. Auch beim Eland vom Cap ist das Männchen unbedeutend dunkler als das Weibchen. Dr. *Gray*, Catalogue of Mammalia in the British Museum. Part. III. 1852, p. 134-142; s. auch Dr. *Gray*'s Gleanings from the Menagerie of Knowsley, worin sich eine prachtvolle Abbildung des *Oreas derbyanus* findet: vergleiche den Text über *Tragelaphus*. Wegen des capischen Eland (*Oreas canna*) s. *Andrew Smith*, Zoology of South Africa, pl. 41 und 42. Viele dieser Antilopen finden sich auch im Garten der zoologischen Gesellschaft. Bei dem indischen Schwarzbocke (*Antilope bezoartica*), welcher zu einem anderen Stamme der Antilopen gehört, ist das Männchen sehr dunkel, beinahe schwarz, während das hornlose Weibchen rehfarbig ist. Wir haben in dieser Species, wie mir Dr. *Blyth* mittheilt, eine genau parallele Reihe von Thatsachen wie bei der *Portax picta* vor uns, nämlich beim Männchen periodisch sich verändernde Farbe während der Paarungszeit, Wirkungen der Entmannung auf diese Veränderung, und die Jungen beider Geschlechter von einander nicht zu unterscheiden. Bei der *Antilope nigra* ist das Männchen schwarz, das Weibchen, ebenso wie die Jungen, braun. Bei *A. singsing* ist das Männchen viel heller gefärbt als das hornlose Weibchen und seine Brust und sein Bauch sind viel schwärzer. Bei der männlichen *A. caama* sind die Zeichnungen und Linien, welche an verschiedenen Theilen des Körpers vorkommen, schwarz, statt wie beim Weibchen braun zu sein. Beim gefleckten Gnu (*A. gorgon*) sind »die Farben des Männchens nahezu dieselben wie die des Weibchens, nur gesättigter und von einem glänzenderen Tone«. Über die *Antilope nigra* s. Proceed. Zoolog. Soc. 1850, p. 133. In Bezug auf eine verwandte Species, bei welcher sich eine gleiche geschlechtliche Verschiedenheit in der Färbung findet, s. Sir *S. Baker*, The Albert Nyanza. 1866. Vol. II, p. 327. Wegen der *A. sing-sing* s. *Gray*, Catal. Mamm. Brit. Mus. p. 100. Über die *A. caama* s. *Desmarest*, Mammalogie, p. 468. Über das Gnu s. Sir *Andrew Smith*, Zoology of South Africa. Andere analoge Fälle könnten noch angeführt werden.

Der Bantengbulle (*Bos sondaicus*) des malayischen Archipels ist beinahe schwarz mit weißen Beinen und weißem Kreuz. Die Kuh ist von einem hellen Graubraun, wie auch die jungen Männchen bis ungefähr in das Alter von drei Jahren, wo sie sehr schnell die Farbe verändern. Der castrirte Bulle kehrt zur Färbung des Weibchens zurück. Die weibliche Kemas-Ziege ist blässer und die weibliche *Capra aegagrus* soll gleichförmiger gefärbt sein, als ihre beziehentlichen Männchen. Hirsche bieten selten irgend welche geschlechtliche Verschiedenheiten in der Farbe dar. Judge *Caton* theilt mir indessen mit, daß bei den Männchen des Wapitihirsches (*Cervus canadensis*) der Hals, Bauch und die Beine viel dunkler sind als dieselben Theile beim Weibchen, aber während des Winters bleichen die dunklen Färbungen allmählich ab und verschwinden. Ich will hier noch erwähnen, daß

Judge *Caton* in seinem Parke drei Rassen des virginischen Hirsches besitzt, welche leicht in der Farbe von einander verschieden sind; aber die Verschiedenheiten sind beinahe ausschließlich auf das blaue Winter- oder Paarungskleid beschränkt, so daß dieser Fall mit denen verglichen werden kann, welche in einem früheren Capitel von nahe verwandten oder stellvertretenden Species von Vögeln angeführt wurden, die nur in ihrem Hochzeitsgefieder von einander abweichen. Ottawa Academy of Natur. Scienc. May, 21., 1868, p. 3, 5. Die Weibchen des *Cervus paludosus* von Süd-Amerika, ebenso wie die Jungen beiderlei Geschlechts, besitzen die schwarzen Streifen an der Nase und die schwärzlich braune Linie an der Brust nicht, welche die erwachsenen Männchen charakterisieren. *Sal. Müller*, Über den Banteng, in: Over de Zoogdieren van den Indischen Archipel, 1839-44, Tab. 35. s. auch *Raffles* von *Blyth* citiert in: Land and Water. 1867, p. 476. Über Ziegen: Dr. *Gray*, Catal. Mamm. Brit. Mus., p. 146. *Desmarest*, Mammalogie, p. 482. Über *Cervus paludosus*: *Rengger* a. a. O. p. 345. Endlich ist das reife Männchen des wunderschön gefärbten und gefleckten Axishirsches beträchtlich dunkler als das Weibchen, wie mir Mr. *Blyth* mittheilt; und diese Färbung erlangt das castrierte Männchen niemals.

Die letzte Ordnung, welche wir zu betrachten haben, ist die der Primaten. Das Männchen des *Lemur macaco* ist gewöhnlich kohlschwarz, während das Weibchen braun ist. *Sclater*, Proceed. Zoolog. Soc. 1866, pl. 1. Dieselbe Thatsache ist auch von *Pollen* und *van Dam* vollständig bestätigt worden, s. auch Dr. *Gray* in: Annals and Mag. of Nat. Hist., May, 1871, p. 340. Unter den Quadrumanen der neuen Welt sind die Weibchen und Jungen von *Mycetes caraya* graulich gelb und einander gleich; im zweiten Jahre wird das junge Männchen röthlich braun und im dritten Jahre schwarz, mit Ausnahme des Bauches, welcher indessen auch im vierten oder fünften Jahre vollständig schwarz wird. Es besteht auch ein scharf markierter Unterschied in der Farbe zwischen den Geschlechtern bei *Mycetes seniculus* und *Cebus capucinus*; die Jungen der ersteren Art und, wie ich glaube, auch der letzteren gleichen den Weibchen. Bei *Pithecia leucocephala* sind die Jungen gleichfalls den Weibchen ähnlich, welche oben bräunlich schwarz und unten hell rostroth sind, während die erwachsenen Männchen schwarz sind. Die Haarkrause rings um das Gesicht bei *Ateles Marginatus* ist beim Männchen gelb gefärbt, beim Weibchen weiß. Wenden wir uns zu den altweltlichen Affen: die Männchen von *Hylobates Hoolock* sind immer schwarz mit Ausnahme einer weißen Binde oberhalb der Brauen; die Weibchen variiren von weißlich braun bis zu einem dunkleren mit schwarz gemischten Tone, sind aber niemals völlig schwarz. Über *Mycetes* s. *Rengger* a. a. O. p. 14 und *Brehm*, Illustrirtes Thierleben. 2. Aufl. Bd. I, p. 176. Über *Ateles* s. *Desmarest*, Mammalogie, p. 75. Über *Hylobates* s. *Blyth*, Land and Water. 1867, p. 135. Über den *Semnopithecus*: *Sal. Müller*, Over de Zoogdieren van den Ind. Archipel. Tab. X. Bei dem schönen *Cercopithecus diana* ist der Kopf des erwachsenen Männchens von einem intensiven Schwarz, während der des Weibchens dunkelgrau ist. Bei ersterem ist der Pelz zwischen den Schenkeln von einer eleganten Rehfarbe, bei letzterem ist er blässer. Bei dem schönen und merkwürdigen Schnurrbartaffen (*Cercopithecus cephus*) ist die einzige Verschiedenheit zwischen den Geschlechtern die, daß der Schwanz des Männchens nußbraun und der des Weibchens grau ist; aber Mr. *Bartlett* theilt mir mit, daß alle diese Töne beim Männchen, wenn es erwachsen ist, schärfer ausgesprochen werden, während sie beim Weibchen so bleiben, wie sie während der Jugend waren. Nach den colorierten Abbildungen, welche *Salomon Müller* gegeben hat, ist das Männchen von *Semnopithecus chrysomelas* nahezu schwarz, während das Weibchen blaßbraun ist. Bei dem *Cercopithecus cynosurus* und *griseoviridis* ist ein Theil des Körpers, der auf das männliche Geschlecht beschränkt ist, von dem brillantesten Blau oder Grün und contrastiert auffallend mit der nackten Haut an dem Hintertheile des Körpers, welche lebhaft roth ist.

Endlich weicht in der Familie der Paviane das erwachsene Männchen von *Cynocephalus hamadryas* vom Weibchen nicht bloß durch seine ungeheure Mähne, sondern auch unbedeutend in der Farbe des Haars und der nackten Hautschwielen ab. Beim männlichen Drill (*Cynocephalus leucophaeus*) sind die Weibchen und Jungen viel blässer gefärbt, mit weniger Grün, als die erwachsenen Männchen. Kein anderes Glied der ganzen Classe der Säugethiere ist in so außerordentlicher Weise gefärbt als der männliche Mandrill (*Cynocephalus mormon*), wenn er erwachsen ist. In diesem Alter wird sein Gesicht schön blau, während der Rücken und die Spitze der Nase von dem brillantesten Roth ist. Nach einigen Autoren ist das Gesicht auch mit weißlichen Streifen gezeichnet und an anderen Theilen mit Schwarz schattiert; doch scheinen die Färbungen variabel zu sein. An der Stirn findet sich ein Haarkamm und am Kinne ein gelber Bart. »Toutes les parties supérieures de leurs cuisses et le grand espace nu de leurs fesses sont également colorés du rouge le plus vif avec un mélange de bleu, qui ne manque réellement pas d'élégance«. *Gervais*, Hist. natur. des Mammifères. 1854, p. 103. Hier werden auch Abbildungen des Schädels vom Männchen gegeben. *Desmarest*, Mammalogie, p. 70. *Geoffroy St. Hilaire* et *F. Cuvier*, Hist. natur. des Mammifères. 1824. Tom. I. Wenn das Thier erregt wird, werden alle die nackten Theile viel lebhafter gefärbt. Mehrere Schriftsteller haben bei Beschreibung dieser letzteren glänzenden Farben, welche sie mit denen der brillantesten Vögel vergleichen, die allerlebhaftesten Ausdrücke gebraucht. Eine andere merkwürdige Eigenthümlichkeit ist die, daß, wenn die großen Eckzähne völlig entwickelt sind, ungeheure Knochenprotuberanzen an jeder Wange gebildet werden, welche tief longitudinal gefurcht sind und über welchen die nackte Haut, so wie eben beschrieben worden ist, brillant gefärbt wird. Bei den erwachsenen Weibchen und den Jungen beiderlei Geschlechts sind diese Protuberanzen kaum bemerkbar, und die nackten Theile sind viel weniger hell gefärbt, das Gesicht ist fast schwarz, etwas mit Blau gefärbt. Indeß wird beim erwachsenen Weibchen die Nase zu gewissen eintretenden Zeiten mit Roth gefärbt.

In allen den bis jetzt angeführten Fällen ist das Männchen auffallender oder heller gefärbt als das Weibchen und weicht in einem bedeutenderen Grade von den Jungen beiderlei Geschlechts ab. Wie aber bei einigen wenigen Vögeln das Weibchen glänzender gefärbt ist als das Männchen, so hat auch beim RhesusAffen (*Macacus rhesus*) das Weibchen eine größere Fläche nackter Haut rund um den Schwanz von einem brillanten Carmoisinroth, welches periodisch selbst noch lebhafter wird, wie mir die Wärter im zoologischen Garten versichert haben; auch ist sein Gesicht blaßroth. Auf der anderen Seite zeigen weder das erwachsene Männchen, noch die Jungen beiderlei Geschlechts, wie ich in dem Garten selbst sah, eine Spur von Roth an der nackten Haut am hinteren Ende des Körpers oder an dem Gesicht. Nach einigen veröffentlichten Berichten scheint es indeß, als wenn das Männchen gelegentlich oder während gewisser Jahreszeiten einige Spuren von Roth darböte. Obgleich es hiernach weniger geschmückt ist als das Weibchen, folgt es doch in der bedeutenderen Größe seines Körpers, den größeren Eckzähnen, entwickelterem Backenbarte und vorspringenden Augenbrauenleisten der allgemeinen Regel, daß das Männchen das Weibchen übertrifft.

Ich habe nun alle mir bekannten Fälle von einer Verschiedenheit in der Farbe zwischen den Geschlechtern der Säugethiere angeführt. In einigen Fällen mögen die Verschiedenheiten das Resultat von Abänderungen sein, welche auf ein Geschlecht beschränkt und auch diesem selben Geschlecht überliefert wurden, ohne daß irgend ein

Vortheil dadurch erreicht wurde, und daher auch ohne die Hülfe einer Zuchtwahl. Wir haben Beispiele dieser Art bei unseren domesticierten Thieren, wie bei den Männchen gewisser Katzen, welche bräunlichroth sind, während die Weibchen dreifarbig sind (tortoiseshell). Analoge Fälle kommen auch in der Natur vor. Mr. *Bartlett* hat viele schwarze Varietäten des Jaguar, des Leoparden, des fuchsartigen Phalangers und des Wombat gesehen; und er ist sicher, daß alle oder beinahe alle diese Thiere Männchen waren. Auf der anderen Seite werden Wölfe, Füchse und wie es scheint auch amerikanische Eichhörner gelegentlich und zwar in beiden Geschlechtern schwarz geboren. Es ist daher vollkommen möglich, daß bei einigen Säugethieren eine Verschiedenheit der Geschlechter in der Färbung, besonders wenn diese Farbe angeboren ist, einfach, ohne die Hülfe von Zuchtwahl, das Resultat davon ist, daß eine oder mehrere Abänderungen auftraten, welche vom Anfange an in ihrer Überlieferung geschlechtlich beschränkt waren. Nichtsdestoweniger ist es unwahrscheinlich, daß die mannichfaltigen lebhaften und contrastierenden Farben gewisser Säugethiere, z. B. der oben erwähnten Affen und Antilopen auf diese Weise erklärt werden können. Wir müssen uns daran erinnern, daß diese Farben beim Männchen nicht bei der Geburt erscheinen, sondern nur zur Zeit oder nahe der Zeit der Reife und daß, verschieden von gewöhnlichen Abänderungen, diese Farben, wenn das Männchen entmannt wird, verloren werden. Es ist im Ganzen eine viel wahrscheinlichere Folgerung, daß die scharf markierten Färbungen und anderen ornamentalen Charaktere männlicher Säugethiere für dieselben in ihrer Rivalität mit anderen Männchen vortheilhaft waren und daher durch geschlechtliche Zuchtwahl erlangt wurden. Die Wahrscheinlichkeit dieser Ansicht wird dadurch verstärkt, daß die Verschiedenheiten in der Farbe zwischen den Geschlechtern beinahe ausschließlich, wie man beim Durchgehen der vorhin angeführten Einzelnheiten beobachten kann, in denjenigen Gruppen und Untergruppen von Säugethieren auftreten, welche andere und bestimmte secundäre Sexualcharaktere darbieten; und auch diese sind Folge der Wirkung geschlechtlicher Zuchtwahl.

Säugethiere nehmen offenbar von Farben Notiz. Sir S. Baker beobachtete wiederholt, daß der afrikanische Elephant und das Rhinoceros mit besonderer Wuth Schimmel und Grauschimmel angriffen. Ich habe an einer anderen Stelle gezeigt, Das Variiren der Thiere und Pflanzen im Zustande der Domestication. 1873. 2. Aufl. Bd. II, p. 117 und 118. daß halbwilde Pferde allem Anscheine nach vorziehen, sich mit solchen von der nämlichen Farbe zu paaren, und daß Herden von Damhirschen von verschiedener Farbe, trotzdem sie zusammenlebten, sich doch lange Zeit gesondert hielten. Es ist eine noch bezeichnendere Thatsache, daß ein weibliches Zebra die Liebeserklärungen eines männlichen Esels nicht annehmen wollte, bis derselbe so angemalt war, daß er einem Zebra ähnlich wurde, und dann »nahm es ihn«, wie John Hunter bemerkt, »sehr gern an. In dieser merkwürdigen Thatsache haben wir einen Fall von einem durch bloße Farbe angeregten Instinct, welcher eine so starke Wirkung hatte, daß er alle übrigen Erregungen bemeisterte. Aber das Männchen bedurfte dies nicht; das Weibchen, welches ein ihm selbst einigermaßen ähnliches Thier war, war als solches schon hinreichend, es zu reizen«. Essays and Observations by J. Hunter, edited by R. Owen, 1861. Vol I, p. 194.

In einem früheren Capitel haben wir gesehen, daß die geistigen Kräfte der höheren Thiere nicht der Art nach, wenn auch schon bedeutend dem Grade nach, von den entsprechenden Kräften des Menschen und besonders der niederen und barbarischen Rassen verschieden sind; und es möchte den Anschein haben, als ob selbst der Geschmack der letztern für das Schöne nicht so weit von dem der Affen verschieden sei. Wie der Neger von Afrika das Fleisch in seinem Gesichte in parallelen Leisten sich erheben läßt, »oder in Narben, welche, hoch über der natürlichen Oberfläche als widerwärtige Deformitäten hervortretend, doch für große persönliche Reize angesehen werden«, Sir S. Baker, The Nile Tributaries of Abyssinia, 1867. – wie Neger ebenso wie Wilde in vielen Theilen der Welt ihre Gesichter mit Roth, Blau, Weiß oder Schwarz in verschiedenen Zeichnungen anmalen – so scheint auch der männliche Mandrill von Afrika sein tief durchfurchtes und auffallend gefärbtes Gesicht dadurch erlangt zu haben, daß er hierdurch für das Weibchen anziehend wurde. Es ist ohne Zweifel für uns eine äußerst groteske Idee, daß das hintere Ende des Körpers zum Zwecke einer Verzierung selbst noch brillanter gefärbt sein solle als das Gesicht. Es ist dies aber in der That nicht mehr befremdend, als daß der Schwanz vieler Vögel ganz besonders geschmückt worden ist.

Bei Säugethieren sind wir gegenwärtig nicht im Besitze irgend welcher Beweise, daß die Männchen sich Mühe geben, ihre Reize vor den Weibchen zu entfalten; und gerade die ausgesuchte Sorgfalt, mit welcher dies von Seiten der männlichen Vögel und andrer Thiere geschieht, ist das stärkste Argument zu Gunsten der Annahme, daß die Weibchen die Verzierungen und Farben, die vor ihnen entfaltet werden, bewundern oder daß sie durch sie angeregt werden. Es besteht indessen ein auffallender Parallelismus zwischen Säugethieren und Vögeln in allen ihren secundären Sexualcharakteren, nämlich in ihren Waffen zum Kampfe mit rivalisierenden Männchen, in ihren ornamentalen Anhängen und in ihren Farben. Wenn das Männchen vom Weibchen verschieden ist, so gleichen in beiden Classen die Jungen beiderlei Geschlechts beinahe immer einander und in einer großen Majorität von Fällen auch dem erwachsenen Weibchen. In beiden Classen erhält das Männchen die seinem Geschlechte eigenen Charaktere kurz vor dem fortpflanzungsfähigen Alter. Wird es in einem frühen Alter entmannt, so verliert es derartige Merkmale. In beiden Classen ist der Farbenwechsel zuweilen an die Jahreszeit gebunden und die Färbungen der nackten Theile werden zuweilen während des Actes der Bewerbung lebhafter. In beiden Classen ist das Männchen beinahe immer lebhafter oder stärker gefärbt als das Weibchen und ist mit größeren Kämmen entweder von Haaren oder Federn oder mit anderen Anhängen verziert. In einigen wenigen ausnahmsweisen Fällen ist in beiden Classen das Weibchen bedeutender geschmückt als das Männchen. Bei vielen Säugethieren, und was die Vögel betrifft, wenigstens bei einem, ist das Männchen stärker riechend als das Weibchen. In beiden Classen ist die Stimme des Männchens kräftiger als die des Weibchens. Betrachtet man diesen Parallelismus, so läßt sich nur wenig daran zweifeln, daß hier eine und die nämliche Ursache, welche dieselbe auch gewesen sein mag, auf die Vögel und Säugethiere gewirkt hat, und soweit ornamentale Charaktere in Betracht kommen, kann das Resultat, wie es mir scheint, getrost der lange fortgesetzten Bevorzugung von Individuen des einen Geschlechtes durch gewisse Individuen des anderen Geschlechtes zugeschrieben werden, in Verbindung mit ihrem Erfolge, eine größere Anzahl von Nachkommen zu hinterlassen, welche ihre höheren Anziehungsreize erbten.

Gleichmäßige Überlieferung ornamentaler Charaktere auf beide Geschlechter. – Bei vielen Vögeln sind Zierathen, von welchen uns die Analogie veranlaßt anzunehmen, daß sie ursprünglich von den Männchen erlangt wurden, gleichmäßig oder beinahe gleichmäßig auf beide Geschlechter überliefert worden, und wir wollen nun untersuchen, inwieweit diese Ansicht auf Säugethiere ausgedehnt werden kann. Bei einer beträchtlichen Anzahl von Species, besonders von kleineren Arten, sind beide Geschlechter unabhängig von geschlechtlicher Zuchtwahl zum Zwecke eines Schutzes gefärbt worden; soweit ich es aber beurtheilen kann, weder in so vielen Fällen, noch in nahezu so auffallender Art und Weise wie in den meisten niederen Classen. Audubon bemerkt, daß er die Bisamratte, *Fiber zibethicus*, Audubon und Bachman, The Quadrupeds of North America. 1846, p. 109. während sie an den Ufern eines schlammigen Stromes saß, häufig für einen Erdkloß gehalten habe, so vollständig wäre die Ähnlichkeit. Der Hase ist ein sehr bekanntes Beispiel von Geschütztsein durch Farbe, und doch schlägt dieses Princip in einer nahe verwandten Species fehl, nämlich beim Kaninchen; denn sobald dieses Thier nach seinem Baue läuft, wird es dem Jäger und ohne Zweifel allen Raubthieren durch seinen nach oben gewendeten reinweißen Schwanz auffallend. Niemand hat jemals bezweifelt, daß die Säugethiere, welche mit Schnee bedeckte Gegenden bewohnen, weiß geworden sind, um sich gegen ihre Feinde zu schützen oder um das Beschleichen ihrer Beute zu begünstigen. In Gegenden, wo der Schnee niemals lange auf dem Boden liegen bleibt, würde ein weißes Kleid von Nachtheil sein; in Folge dessen sind so gefärbte Arten in den wärmeren Theilen der Erde äußerst selten. Es verdient Beachtung, daß viele, mäßig kalte Gegenden bewohnende Säugethiere, trotzdem sie kein weißes Winterkleid annehmen, doch während dieser Zeit blässer werden; und dies ist augenscheinlich das directe Resultat der Bedingungen, welchen sie lange Zeit ausgesetzt gewesen sind. Pallas giebt an, Novae Species Quadrupedum e Glirium ordine. 1788, p. 7. Was ich oben Reh genannt habe, ist der *Capreolus sibiricus subecaudatus* von Pallas. daß in Sibirien eine Veränderung dieser Art beim Wolfe, bei zwei Species von *Mustela*, bei dem domesticierten Pferde, *Equus hemionus*, der Hauskuh, bei zwei Species von Antilopen, dem Moschusthiere, beim Rehe, dem Elk und dem Renthiere vorkommt. Das Reh hat z. B. ein rothes Sommer- und ein graulich weißes Winterkleid, und das Letztere kann vielleicht als Schutz für das Thier dienen, während es durch die laublosen, von Schnee und Rauchfrost überzogenen Dickichte wandert. Wenn die eben angeführten Thiere ihre Verbreitung allmählich in Gegenden ausdehnten, welche beständig mit Schnee bedeckt bleiben, so würde wahrscheinlich ihr blasses Winterkleid durch natürliche Zuchtwahl gradweise immer weißer und weißer werden, bis es zuletzt so weiß wie Schnee wäre. Mr. Reeks hat mir ein merkwürdiges Beispiel von einem Thiere mitgetheilt, welches durch seine eigenthümliche Färbung Vortheil hatte. Er erzog in einem großen von einer Mauer umgebenen Obstgarten fünfzig bis sechszig weiß und braun geschäckte Kaninchen; zu derselben Zeit hatte er einige ähnlich geschäckte Katzen in seinem Hause. Derartige Katzen sind, wie ich oft bemerkt habe, bei Tage sehr auffallend; da sie aber während der

Dämmerung vor den Löchern der Kaninchenbaue auf Beute lauernd geduckt dazuliegen pflegten, so unterschieden sie die Kaninchen offenbar nicht von ihren ähnlich gefärbten Genossen. Das Resultat war, daß innerhalb achtzehn Monaten jedes einzelne dieser gescheckt-gefärbten Kaninchen zerstört war; und es fanden sich Beweise, daß dies durch die Katzen geschehen war. Bei einem andern Thiere, dem Skunk, scheint die Farbe in einer Art und Weise von Vortheil zu sein, von der wir in andern Classen viele Beispiele finden. Kein Thier wird eines dieser Geschöpfe absichtlich angreifen, wegen des schauderhaften Geruchs, welchen es abgibt, wenn es gereizt wird; während der Dämmerung dürfte es aber doch nicht leicht erkannt werden, und dann könnte ein Raubthier es angreifen. Deshalb nun ist der Skunk, wie Mr. *Belt* glaubt, The Naturalist in Nicaragua, p. 249. mit einem großen buschigen Schwanze ausgerüstet, der als auffallendes Warnungszeichen dient.

Obgleich wir zugeben müssen, daß viele Säugethiere ihre jetzigen Farben entweder als Schutzmittel oder als Hülfsmittel zur Erlangung der Beute erhalten haben, so sind doch bei einer Menge von Species die Farben viel zu auffallend und zu eigenthümlich angeordnet, um uns die Vermuthung zu gestatten, daß sie diesen Zwecken dienen. Wir können als Erläuterung gewisse Antilopen betrachten. Wenn wir sehen, daß der viereckige weiße Fleck an der Kehle, die weißen Zeichnungen an den Fesseln und die runden schwarzen Flecke an den Ohren sämmtlich beim Männchen der *Portax picta* viel deutlicher sind als beim Weibchen, – wenn wir sehen, daß die Farben bei dem männlichen *Oreas derbyanus* viel lebhafter, daß die schmalen weißen Linien an den Flanken und die breiten weißen Balken an der Schulter deutlicher sind als beim Weibchen, – wenn wir eine ähnliche Verschiedenheit zwischen den Geschlechtern der so merkwürdig verzierten Art *Tragelaphus scriptus* sehen, so können wir nicht annehmen, daß Verschiedenheiten dieser Art beiden Geschlechtern in ihrer täglichen Lebensweise von irgendwelchem Nutzen sind. Ein viel wahrscheinlicherer Schluß scheint der zu sein, daß die verschiedenartigen Zeichnungen zuerst von den Männchen erlangt, daß ihre Färbungen durch geschlechtliche Zuchtwahl intensiver geworden sind und dann theilweise auf die Weibchen überliefert wurden. Wird diese Ansicht angenommen, dann kann man nur wenig daran zweifeln, daß die in gleicher Weise eigenthümlichen Färbungen und Zeichnungen vieler Antilopen, trotzdem sie beiden Geschlechtern gemeinsam zukommen, in derselben Weise erlangt und überliefert wurden. So haben z. B.

beide Geschlechter der Kudu-Antilope (*Strepsiceros kudu*) schmale weiße senkrechte Linien an dem hinteren Theile ihrer Flanken und eine elegante winkelige weiße Zeichnung an ihrer Stirn. Beide Geschlechter der Gattung *Damalis* sind sehr merkwürdig gefärbt. Bei *D. pygarga* sind der Rücken und Hals purpurroth, schattieren an den Seiten in Schwarz ab und sind dann von dem weißen Bauche und einem großen weißen Flecke auf der Kruppe scharf abgesetzt. Der Kopf ist noch merkwürdiger gefärbt. Eine große oblonge weiße, schmal mit Schwarz gerändete Larve bedeckt das Gesicht bis herauf zu den Augen; auf der Stirn finden sich drei weiße Streifen und die Ohren sind mit Weiß gezeichnet. Die Kälber dieser Species sind von einem gleichförmigen blassen Gelblichbraun. Bei *Damalis albifrons* weicht die Färbung des Kopfes von der letzterwähnten Species darin ab, daß hier ein einziger weißer Streif die drei Streifen ersetzt und daß die Ohren beinahe vollständig weiß sind. s. die schönen Tafeln in Sir *Andrew Smith*, Zoology of South Africa und Dr. *Gray's* Gleanings from the Menagerie of Knowsley. Nachdem ich, soweit ich es nach meinen besten Kräften zu thun im Stande war, die geschlechtlichen Verschiedenheiten zu allen Classen gehöriger Thiere studirt habe, konnte ich nicht vermeiden, zu dem Schlusse zu kommen, daß die merkwürdig angeordneten Farben vieler Antilopen, trotzdem sie beiden Geschlechtern gemeinsam sind, das Resultat ursprünglich auf das Männchen angewandter geschlechtlicher Zuchtwahl sind.

Dieselbe Folgerung kann vielleicht auch auf den Tiger ausgedehnt werden, eines der schönsten Thiere in der Welt, dessen Geschlechter selbst von den mit wilden Thieren Handelnden nicht an der Farbe unterschieden werden können. Mr. *Wallace* glaubt, Westminster Review, July 1., 1767, p. 5. daß das gestreifte Fell des Tigers »so übereinstimmend mit senkrechten Stämmen des Bambusrohrs sei, daß es das Thier bedeutend beim Beschleichen seiner Beute unterstütze«. Doch scheint mir diese Ansicht nicht befriedigend zu sein. Wir haben einige unbedeutende Zeugnisse dafür, daß seine Schönheit Folge geschlechtlicher Zuchtwahl sein mag; denn in zwei Species von *Felis* sind analoge Zeichnungen und Farben im Ganzen beim Männchen heller als beim Weibchen. Das Zebra ist auffallend gestreift und Streifen können auf den offenen Ebenen von Süd-Afrika keinen Schutz darbieten.

Burchell Travels in South Africa. 1824. Vol. II, p. 315. sagt bei einer Beschreibung einer Herde Zebras: »ihre schlanken Rippen glänzten in der Sonne und die Helligkeit und Regelmäßigkeit ihrer gestreiften Kleider bot ein Gemälde außerordentlicher Schönheit dar, worin sie wahrscheinlich von keinem anderen Säugethiere übertroffen werden«. Da aber durch die ganze Gruppe der Equiden die Geschlechter in der Färbung identisch sind, so haben wir hier keinen Beweis für eine geschlechtliche Zuchtwahl. Nichtsdestoweniger wird derjenige, welcher die weißen und dunkeln senkrechten Streifen auf den Flanken verschiedener Antilopen geschlechtlicher Zuchtwahl zuschreibt, wahrscheinlich dieselbe Ansicht auf den Königstiger und das schöne Zebra ausdehnen.

Wir haben in einem früheren Capitel gesehen, daß, wenn junge zu gleichviel welcher Classe gehörige Thiere nahezu dieselbe Lebensweise haben wie ihre Eltern und doch in einer verschiedenen Art und Weise gefärbt sind, man wohl schließen kann, daß sie die Färbung irgend eines alten und ausgestorbenen Urerzeugers beibehalten haben. In der Familie der Schweine und in der Gattung Tapir sind die Jungen mit Längsstreifen gezeichnet und weichen hierdurch von jeder jetzt lebenden erwachsenen Species in diesen beiden Gruppen ab. Bei vielen Arten von Hirschen sind die Jungen mit eleganten weißen Flecken gezeichnet, von denen ihre Eltern nicht eine Spur darbieten. Es läßt sich eine allmählich aufsteigende Reihe verfolgen vom Axishirsch, bei welchem beide Geschlechter in allen Altersstufen und während aller Jahreszeiten schön gefleckt sind (wobei die Männchen im Ganzen etwas stärker gefärbt sind als die Weibchen), bis zu Species, bei welchen weder die Alten noch die Jungen gefleckt sind. Ich will einige Stufen in dieser Reihe anführen. Der mantschurische Hirsch (*Cervus mantschuricus*) ist während des ganzen Jahres gefleckt; die Flecke sind aber, wie ich im zoologischen Garten gesehen habe, während des Sommers viel deutlicher, wo die allgemeine Farbe des Pelzes heller ist, als während des Winters, wo die allgemeine Färbung dunkler und das Geweih vollständig entwickelt ist. Bei dem Schweinshirsch (*Hyelaphus porcinus*) sind die Flecke während des Sommers äußerst auffallend, wo der ganze Pelz röthlich braun ist, verschwinden aber während des Winters, wo der Pelz braun wird, vollständig. Dr. Gray, Gleanings from the Menagerie of Knowsley, p. 64. Mr. Blyth erwähnt den Schweinshirsch von Ceylon (Land and Water, 1869, p. 42) und sagt, daß er in der Zeit des Jahres, wo er sein Geweihe erneuert, heller mit Weiß gefleckt ist als der gemeine Schweinshirsch. In diesen beiden Species sind die Jungen gefleckt. Bei dem virginischen Hirsche sind die Jungen gleichfalls gefleckt, und von den erwachsenen in Judge Caton's Park lebenden Thieren bieten, wie mir derselbe mitgetheilt hat, ungefähr fünf Procent zeitweise in der Periode, wenn das rothe Sommerkleid durch das bläuliche Winterkleid ersetzt wird, eine Reihe von Flecken auf jeder Flanke dar, welche beständig der Zahl nach gleich, wennschon an Deutlichkeit sehr variabel sind. Von diesem Zustande ist dann nur ein sehr kleiner Schritt zu dem vollständigen Fehlen von Flecken zu allen Jahreszeiten bei den Erwachsenen, und endlich bis zu dem Fehlen derselben auf allen Altersstufen, wie es bei gewissen Species vorkommt. Aus der Existenz dieser vollkommenen Reihe und ganz besonders aus dem Umstande, daß die Kälber so vieler Species gefleckt sind, können wir schließen, daß die jetzt lebenden Glieder der Familie der Hirsche die Nachkommen einer alten Species sind, welche wie der Axishirsch auf allen Altersstufen und zu allen Jahreszeiten gefleckt war. Ein noch früherer Urerzeuger war wahrscheinlich in einer gewissen Ausdehnung dem *Hyomoschus aquaticus* ähnlich; denn dieses Thier ist gefleckt und die hornlosen Männchen haben große vorspringende Eckzähne, von denen einige wenige echte Hirsche noch Rudimente bewahren. Es bietet der *Hyomoschus* auch einen jener interessanten Fälle von Formen dar, welche zwei Gruppen mit einander verbinden, da er in gewissen osteologischen Merkmalen zwischen den Pachydermen und Ruminanten mitten inne steht, welche man früher für vollkommen verschieden hielt. *Falconer* and *Cautley*, Proceed. Geolog. Soc. 1843, and *Falconer*, Palaeont. Memoirs. Vol. I, p. 196.

Hier entsteht nun eine merkwürdige Schwierigkeit. Wenn wir zugeben, daß gefärbte Flecke und Streifen als Zierathen erlangt worden sind, woher kommt es, daß so viele jetzt lebende Hirsche, die Nachkommen eines ursprünglich gefleckten Thieres, und sämmtliche Arten von Schweinen und Tapiren, die Nachkommen eines ursprünglich gestreiften Thieres, in ihrem erwachsenen Zustande ihre früheren Verzierungen verloren haben? Ich kann diese Frage nicht befriedigend beantworten. Wir können ziemlich sicher sein, daß die Flecke und Streifen bei den Voreltern unserer jetzt lebenden Species zur Zeit der Reife verschwanden, so daß sie von den Jungen beibehalten und in Folge des Gesetzes der Vererbung auf entsprechende Altersstufen auch den Jungen aller späteren Generationen überliefert wurden. Es mag für den Löwen und das Puma ein großer Vortheil gewesen sein, wegen der offenen Beschaffenheit der Localitäten, in welchen sie gewöhnlich jagen, ihre Streifen verloren zu haben und hierdurch für ihre Beute weniger auffallend geworden zu sein; und wenn die nacheinander auftretenden Abänderungen, durch welche dieser Zweck erreicht wurde, im Ganzen spät im Leben erschienen, so werden die Jungen ihre Streifen behalten haben, wie es bekanntlich der Fall ist. Was die Hirsche, Schweine und Tapire betrifft, so hat *Fritz Müller* die Vermuthung gegen mich ausgesprochen, daß diese Thiere durch die Entfernung ihrer Flecken und Streifen mit Hülfe der natürlichen Zuchtwahl von ihren Feinden weniger leicht werden gesehen worden sein, und sie werden besonders eines solchen Schutzes bedurft haben, als die Carnivoren während der Tertiärzeit an Größe und Anzahl zuzunehmen begannen. Dies kann wohl die richtige Erklärung sein; es ist aber befremdend, daß die Jungen nicht gleich gut geschützt gewesen sein sollten, und noch befremdender, daß bei einigen Arten die Erwachsenen ihre Flecke entweder theilweise oder vollständig während eines Theiles des Jahres beibehalten haben sollten. Können wir die Ursache auch nicht erklären, so wissen wir doch, daß, wenn der domesticierte Esel variiert und röthlich-braun, grau oder schwarz wird, die Streifen auf den Schultern und selbst am Rücken häufig verschwinden. Sehr wenige Pferde, mit Ausnahme mausbraun gefärbter Arten, bieten auf irgend einem Theile ihres Körpers Streifen dar, und doch haben wir guten Grund zu glauben, daß das ursprüngliche Pferd an den Beinen und dem Rückgrate und wahrscheinlich an den Schultern gestreift war. Das Variiren der Thiere und Pflanzen im Zustande der Domestication. 1873. 2. Aufl. Bd. I, p. 62–69. Es kann daher das Verschwinden der Flecken und Streifen bei unseren erwachsenen jetzt lebenden Hirschen, Schweinen und Tapiren Folge einer Veränderung der allgemeinen Farbe ihres Haarkleides sein; ob aber diese Veränderung durch geschlechtliche oder natürliche Zuchtwahl bewirkt wurde oder Folge der directen Wirkung der Lebensbedingungen oder irgend welcher anderer unbekannter Ursachen war, ist unmöglich zu entscheiden. Eine von Mr. Sclater gemachte Beobachtung erläutert sehr gut unsere Unwissenheit von den Gesetzen, welche das Auftreten oder Verschwinden von Streifen reguliren: die Species von *Asinus*, welche den asiatischen Continent bewohnen, entbehren der Streifen und haben nicht einmal den queren Schulterstreif, während diejenigen, welche Afrika bewohnen, auffallend gestreift sind, mit der theilweisen Ausnahme von *A. taeniopus*, welcher nur den queren Schulterstreif und meist einige undeutliche quere Streifen an den Beinen besitzt; und diese letztere Species bewohnt die fast mitten innen liegenden Gegenden von Ober-Ägypten und Abyssinien. Proceed. Zoolog. Soc. 1862, p. 164. s. auch Dr. Hartmann, Annal. d. Landwirthsch. Bd. XLIII, p. 222.*Quadrumanen.* – Ehe wir zum Schlusse gelangen, wird es gerathen sein, einige wenige Bemerkungen über die ornamentalen Auszeichnungen der Affen noch hinzuzufügen. Bei den meisten Species sind die Geschlechter einander in der Farbe ähnlich, aber bei einigen weichen, wie wir gesehen haben, die Männchen von den Weibchen ab, besonders in der Farbe der nackten Hautstellen, in der Entwicklung des Kinnbartes, Backenbartes und der Mähne. Viele Species sind in einer entweder so außerordentlichen oder so schönen Art und Weise gefärbt und sind mit so merkwürdigen und eleganten Haarkämmen versehen, daß wir es kaum vermeiden können, diese Eigenschaften als solche zu betrachten, welche zum Zwecke der Verzierung erlangt worden sind. Die beistehenden Figuren sollen dazu dienen, die Anordnung des Haares am Gesicht und Kopf in mehreren Species zu erläutern. Es ist kaum zu begreifen, daß diese Haarkämme und die scharf contrastierenden Farben des Pelzes und der Haut das Resultat bloßer Variabilität ohne die Hülfe von Zuchtwahl sein sollten, und es ist nicht denkbar, daß sie für diese Thiere von irgend welchem gewöhnlichen Nutzen sein könnten. Ist dies aber so, so sind sie wahrscheinlich durch geschlechtliche Zuchtwahl erlangt, indessen gleichmäßig oder beinahe gleichmäßig auf beide Geschlechter überliefert worden. Bei vielen Quadrumanen haben wir noch weitere Belege für die Wirkung geschlechtlicher Zuchtwahl in der bedeutenderen Größe und Kraft der Männchen und in der stärkeren Entwicklung ihrer Eckzähne im Vergleich mit denen der Weibchen.

In Bezug auf die fremdartige Weise, in welcher beide Geschlechter einiger Species gefärbt sind, und auf die Schönheit anderer werden wenige Beispiele genügen. Das Gesicht des *Cercopithecus petaurista* ist schwarz, der Backen- und Kinnbart ist weiß, dabei findet sich ein umschriebener, runder, weißer Fleck auf der Nase, der mit kurzen weißen Haaren bedeckt ist, was dem Thiere einen fast lächerlichen Anblick giebt. Der *Semnopithecus frontatus* hat gleichfalls ein schwärzliches Gesicht mit einem langen schwarzen Barte und einem großen nackten Flecken an der Stirn von einer bläulich weißen Färbung.

Das Gesicht von *Macacus lasiotus* ist schmutzig fleischfarben mit einem umschriebenen rothen Flecke auf jeder Backe. Die äußere Erscheinung des *Cercocebus aethiops* ist grotesk mit seinem schwarzen Gesichte, seinem weißen Backenbarte und Kragen, seinem braunen Kopfe und einem großen nackten weißen Flecken über jedem Augenlide. In sehr vielen Species sind der Kinnbart, Backenbart und die Haarkämme rings um das Gesicht von einer anderen Farbe als das Übrige des Kopfes, und wenn sie verschieden sind, sind sie immer von einer helleren Färbung, Ich beobachtete diese Thatsache in den zoologischen Gärten; zahlreiche Beispiele sind auch in den colorierten Tafeln zu Geoffroy St. Hilaire und F. Cuvier, Hist. nat. des Mammifères, Tom. I. 1824. zu finden. häufig rein weiß, zuweilen gelb oder röthlich. Das ganze Gesicht des südamerikanischen *Brachyurus calvus* ist »von einer glühenden Scharlachfärbung«, doch erscheint diese Farbe nicht eher, als bis das Thier nahezu geschlechtsreif ist. Bates, The Naturalist on the Amazons. 1863. Vol. II, p. 310.

Die nackte Haut des Gesichts weicht in der Farbe bei den verschiedenen Species wunderbar ab. Sie ist oft braun oder fleischfarben mit vollkommen weißen Theilen und häufig so schwarz wie die Haut des schwärzesten Negers. Bei dem *Brachyurus* ist der scharlachne Ton glänzender als der des am lieblichsten erröthenden kaukasischen Mädchens. Die nackte Haut ist zuweilen deutlicher orange als bei irgend einem Mongolen, und in mehreren Species ist sie blau, in Violett oder in Grau übergehend. Bei allen den *Mr. Bartlett* bekannten Species, bei welchen die Erwachsenen beiderlei Geschlechts stark gefärbte Gesichter haben, sind die Farben während der früheren Jugend stumpf oder fehlen. Dies gilt gleichfalls für den Mandrill und *Rhesus*, bei denen das Gesicht und die hinteren Theile des Körpers nur bei dem einen Geschlechte glänzend gefärbt sind. In diesen letzteren Fällen haben wir allen Grund zu glauben, daß die Farben durch geschlechtliche Zuchtwahl erlangt wurden, und wir werden natürlich dazu geführt, dieselbe Ansicht auch auf die vorstehend erwähnten Species auszudehnen, wenngleich bei diesen, wenn sie erwachsen sind, die Gesichter beider Geschlechter in einer und derselben Art gefärbt sind.

Obschon unserem Geschmacke nach viele Arten von Affen bei weitem nicht schön sind, so werden doch andere Species allgemein wegen ihrer eleganten Erscheinung und ihrer hellen Farben bewundert. Der *Semnopithecus nemaeus* wird, obschon eigenthümlich gefärbt, doch als äußerst schön beschrieben. Das orange gefärbte Gesicht wird von einem langen Backenbarte von glänzender Weiße umgeben mit einer kastanienbraunen Linie über den Augenbrauen. Der Pelz am Rücken ist von einem zarten Grau, aber ein viereckiger Fleck auf den Lenden, der Schwanz und die Vorderarme sind sämmtlich von reinem Weiß. Oberhalb der Brust findet sich eine kastanienbraune Kehle. Die Oberschenkel sind schwarz, die Beine kastanienroth. Ich will hier noch zwei andere Affen wegen ihrer Schönheit erwähnen, und ich habe gerade diese ausgewählt, da sie leichte geschlechtliche Verschiedenheiten in der Färbung darbieten, was es in einem gewissen Grade wahrscheinlich macht, daß beide Geschlechter ihre elegante Erscheinung geschlechtlicher Zuchtwahl verdanken. Bei dem Schnurrbartaffen (*Cercopithecus cephus*) ist die allgemeine Farbe des Pelzes grünlich gefleckt mit weißer Kehle; beim Männchen ist das Ende des Schwanzes kastanienbraun; aber das Gesicht ist der verziertste Theil: die Haut ist nämlich hauptsächlich bläulichgrau schattiert, unterhalb der Augen in einen schwärzlichen Ton übergehend: dabei ist die Oberlippe von einem zarten Blau und an dem unteren Rande mit einem dünnen schwarzen Schnurrbart eingefaßt. Der Backenbart ist orangefarben, mit dem oberen Theile schwarz und bildet ein sich rückwärts bis zu den Ohren erstreckendes Band, welch' letztere mit weißlichen Haaren bekleidet sind. Im zoologischen Garten habe ich häufig Besucher die Schönheit eines andern Affen bewundern hören, verdientermaßen *Cercopithecus Diana* genannt. Die allgemeine Farbe des Pelzes ist grau, die Brust und die innere Fläche der Vorderbeine sind weiß. Ein großer dreieckiger umschriebener Fleck an dem hintern Theile des Rückens ist tief kastanienbraun. Beim Männchen sind die inneren Seiten der Oberschenkel und der Bauch zart rehfarben und der Scheitel des Kopfes ist schwarz. Das Gesicht und die Ohren sind intensiv schwarz und contrastieren schön mit einem weißen quer über die Augenbrauen laufenden Kamme und mit einem langen weißen zugespitzten Bart, dessen basaler Theil schwarz ist. Ich habe die meisten der obengenannten Affen in dem Garten der Zoological Society gesehen. Die Beschreibung des *Semnopithecus nemaeus* ist entnommen aus *W. C. Martin*, Natur. Hist. of Mammalia. 1841, p. 460; s. auch p. 475, 523.

Bei diesen und vielen anderen Affen nöthigen mich die Schönheit und die eigenthümliche Anordnung ihrer Farben, noch mehr aber die verschiedenartige und elegante Anordnung der Kämme und Büschel von Haaren an ihren Köpfen zu der Überzeugung, daß diese Eigenthümlichkeiten durch geschlechtliche Zuchtwahl ausschließlich als Zierathen erlangt worden sind.

Zusammenfassung. – Das Gesetz des Kampfes um den Besitz des Weibchens scheint durch die ganze große Classe der Säugethiere zu herrschen. Die meisten Naturforscher werden zugeben, daß die bedeutendere Größe, Kraft, der größere Muth und die größere Kampfsucht des Männchens, seine speciellen Angriffswaffen ebenso wie seine speciellen Vertheidigungsmittel sämmtlich durch jene Form von Zuchtwahl erlangt oder modificiert worden sind, welche ich geschlechtliche Zuchtwahl genannt habe. Diese hängt nicht von irgend einer Überlegenheit in dem allgemeinen Kampfe um das Leben ab, sondern davon, daß gewisse Individuen des einen Geschlechtes, und allgemein des männlichen, bei der Besiegung anderer Männchen erfolgreich gewesen sind und eine größere Zahl von Nachkommen hinterlassen haben, ihre Superiorität zu erben, als die weniger erfolgreichen Männchen.

Es giebt noch eine andere und friedfertigere Art von Wettkämpfen, bei welchen die Männchen versuchen, die Weibchen durch verschiedene Reize anzuregen oder zu locken. Dies wird wahrscheinlich in manchen Fällen durch die kräftigen Gerüche bewirkt, welche die Männchen während der Paarungszeit aussenden, nachdem die Riechdrüsen durch geschlechtliche Zuchtwahl erlangt worden sind. Ob dieselbe Ansicht auch auf die Stimme ausgedehnt werden kann, ist zweifelhaft; denn die Stimmorgane der Männchen müssen durch den Gebrauch während des geschlechtsreifen Alters, unter den mächtigen Erregungen der Liebe, Eifersucht oder Wuth gekräftigt und werden in Folge dessen auf dasselbe Geschlecht überliefert worden sein. Verschiedene Kämme, Büschel und Mäntel von Haaren, welche entweder auf die Männchen beschränkt oder bei diesem Geschlechte bedeutender entwickelt sind als bei den Weibchen, scheinen in den meisten Fällen nur Zierathen zu sein, obschon sie zuweilen bei der Verteidigung gegen rivalisierende Männchen von Nutzen sind. Es ist selbst Grund zur Vermuthung vorhanden, daß das verzweigte Geweihe der Hirsche und die eleganten Hörner gewisser Antilopen, obschon sie eigentlich als Angriffs- oder Vertheidigungswaffen dienen, zum Theil zum Zwecke einer Verzierung modificirt worden sind.

Wenn das Männchen in der Farbe vom Weibchen verschieden ist, so bietet es allgemein dunklere und schärfer contrastierende Farbentöne dar. Wir begegnen in dieser Classe nicht jenen glänzend rothen, blauen, gelben und grünen Farben, welche bei männlichen Vögeln und vielen anderen Thieren so häufig sind. Indessen müssen hier die nackten Hautstellen gewisser Quadrumanen ausgenommen werden; denn derartige Theile, häufig in merkwürdiger Lage, sind auf die glänzendste Weise gefärbt. Die Farben des Männchens könnten wohl in andern Fällen die Folgen einfacher Abänderungen sein, ohne daß eine Zuchtwahl auf sie eingewirkt hat. Wenn aber die Färbungen mannichfaltig und scharf ausgesprochen werden, wenn sie nicht eher entwickelt werden als in der Nähe der Zeit der Geschlechtsreife und wenn sie nach der Entmannung verloren werden, so können wir die Folgerung kaum vermeiden, daß sie durch geschlechtliche Zuchtwahl zum Zwecke des Schmuckes erhalten und ausschließlich oder beinahe ausschließlich auf dasselbe Geschlecht überliefert worden sind. Wenn beide Geschlechter in einer und derselben Art gefärbt und die Farben auffallend oder eigenthümlich angeordnet sind, ohne daß diese von dem allergeringsten nachweisbaren Nutzen als Schutzmittel sind, und besonders wenn dieselben in Verbindung mit verschiedenen andern ornamentalen Anhängen auftreten, so werden wir durch Analogie zu demselben Schlusse geführt, nämlich, daß sie durch geschlechtliche Zuchtwahl erlangt worden sind, wenngleich sie dann auf beide Geschlechter überliefert wurden. Daß auffallende und verschiedenartige Färbungen, mögen sie auf die Männchen beschränkt oder beiden Geschlechtern gemeinsam sein, der allgemeinen Regel nach in denselben Gruppen und Untergruppen mit anderen secundären Sexualcharakteren verbunden auftreten, welche entweder zum Kampfe oder zur Zierath dienen, – dies wird man für zutreffend halten, wenn man auf die verschiedenen in diesem und dem letzten Capitel mitgetheilten Fälle zurückblickt.

Das Gesetz der gleichmäßigen Überlieferung von Eigenthümlichkeiten auf beide Geschlechter, soweit Farben und andere Zierathen in Betracht kommen, hat bei Säugethieren in viel ausgedehnterer Weise geherrscht als bei Vögeln; aber was Waffen, wie die Hörner und Stoßzähne, betrifft, so sind diese häufig entweder ausschließlich oder in einem viel vollkommeneren Grade den Männchen überliefert worden als den Weibchen. Dies ist ein überraschender Umstand; denn da die Männchen allgemein ihre Waffen zur Vertheidigung gegen ihre Feinde aller Art brauchen, würden diese Waffen auch den Weibchen von Nutzen gewesen sein. Ihr Fehlen in diesem Geschlechte kann, soweit wir sehen können, nur durch die vorherrschende Form der Vererbung erklärt werden. Endlich ist bei Säugethieren der Kampf zwischen den Individuen eines und des nämlichen Geschlechtes, mag er friedfertiger oder blutiger Natur sein, mit den seltensten Ausnahmen auf die Männchen beschränkt worden, so daß diese letzteren entweder zum Kampfe mit einander oder zum Anlocken des anderen Geschlechtes viel gewöhnlicher als die Weibchen durch geschlechtliche Zuchtwahl modificiert worden sind.

DRITTER THEIL.

GESCHLECHTLICHE ZUCHTWAHL IN BEZIEHUNG AUF DEN MENSCHEN UND SCHLUß.

NEUNZEHNTES CAPITEL.

Secundäre Sexualcharaktere des Menschen

Verschiedenheiten zwischen dem Mann und der Frau. – Ursachen derartiger Verschiedenheiten und gewisser, beiden Geschlechtern eigener Charaktere. – Gesetz des Kampfes. – Verschiedenheiten der Geisteskräfte und der Stimme. – Über den Einfluß der Schönheit bei der Bestimmung der Heirathen unter den Menschen. – Aufmerksamkeit der Wilden auf Zierathen. – Ihre Ideen von Schönheit der Frauen. – Neigung, jede natürliche Eigenthümlichkeit zu übertreiben.

Beim Menschen sind die Verschiedenheiten zwischen den Geschlechtern größer als bei den meisten Arten der Quadrumanen, aber nicht so groß wie bei einigen, z. B. beim Mandrill. Der Mann ist im Mittel beträchtlich größer, schwerer und stärker als die Frau, mit viereckigeren Schultern und deutlicher ausgesprochenen Muskeln. In Folge der Beziehung, welche zwischen der Entwicklung des Muskelsystems und den Vorsprüngen der Augenbrauen besteht, Schaaffhausen in: Anthropological Review. Oct. 1868. p. 419, 420, 427. ist die Augenbrauenleiste beim Mann im Allgemeinen stärker ausgesprochen als bei der Frau. Sein Körper und besonders sein Gesicht ist behaarter und seine Stimme hat einen verschiedenen und kräftigeren Ton. Bei gewissen Rassen sollen die Frauen unbedeutend in der Färbung von den Männern abweichen. So spricht z. B. Schweinfurth von einer Negerin aus dem Stamme der Monbuttoos, welche das innere Afrika wenige Grade nördlich vom Äquator bewohnen, und sagt: »Wie bei ihrer ganzen Rasse war ihre Haut mehrere Schattierungen heller als die ihres Mannes und war ungefähr von der Farbe halb gerösteten Kaffees«. »Im Herzen von Afrika.« Engl. Übers. 1873. Bd. I, p. 544. Da die Frauen auf den Feldern arbeiten und vollständig ohne Kleidung sind, so ist es nicht wahrscheinlich, daß ihre von der der Männer verschiedene Färbung eine Folge davon ist, daß sie der Sonne weniger ausgesetzt sind. Bei Europäern sind vielleicht die Frauen die heller gefärbten von beiden, wie man sehen kann, wenn beide Geschlechter gleichmäßig dem Wetter ausgesetzt gewesen sind.

Der Mann ist muthiger, kampflustiger und energischer als die Frau und hat einen erfinderischeren Geist. Sein Gehirn ist absolut größer; ob aber auch relativ im Verhältnis zur bedeutenderen Größe seines Körpers im Vergleich mit dem der Frau, ist, wie ich glaube, nicht ganz sicher ermittelt worden. Bei der Frau ist das Gesicht runder, die Kiefern und die Basis des Schädels sind kleiner, die Umrisse ihres Körpers sind runder, an einzelnen Theilen vorspringender, und ihr Becken ist breiter als beim Manne. Ecker in: Anthropological Review, Oct. 1868, p. 351356. Die Vergleichung der Form des Schädels beim Mann und bei der Frau ist von Welcker sehr sorgfältig verfolgt worden. Dieser letztere Charakter dürfte aber vielleicht eher als ein primärer, denn als ein secundärer Sexualcharakter betrachtet werden. Das Weib wird auch in einem früheren Alter geschlechtsreif als der Mann.

Wie bei Thieren aus allen Classen, so werden auch beim Menschen die unterscheidenden Merkmale des männlichen Geschlechts nicht eher völlig entwickelt, als bis er nahezu geschlechtsreif ist, und wenn er entmannt wird, erscheinen sie niemals. Der Bart ist z. B. ein secundärer Sexualcharakter, und männliche Kinder sind bartlos, trotzdem sie in frühem Alter reichliche Haare auf ihren Köpfen haben. Es ist wahrscheinlich eine Folge des im Ganzen erst spät im Leben erfolgenden Auftretens der nach einander erscheinenden Abänderungen, durch welche der Mann seine männlichen Charaktere erhalten hat, daß dieselben nur aufs männliche Geschlecht überliefert werden. Knaben und Mädchen sind einander sehr ähnlich, ebenso wie die Jungen von vielen anderen Thieren, bei denen die erwachsenen Geschlechter verschieden sind. Sie sind auch dem erwachsenen Weibchen viel ähnlicher als dem erwachsenen Männchen. Die Frau nimmt indessen zuletzt gewisse bestimmte Merkmale an und steht, wie man sagt, in der Bildung ihres Schädels mitten innen zwischen dem Kinde und dem Manne. Ecker und Welcker, ebenda, p. 352, 355. C. Vogt, Vorlesungen über den Menschen. Bd. I, p. 94. Wie ferner die Jungen von nahe verwandten aber verschiedenen Species bei weitem nicht so verschieden von einander sind als die Erwachsenen, so verhält es sich auch mit den Kindern der verschiedenen Rassen des Menschen. Einige Forscher haben sogar behauptet, daß Rassenverschiedenheiten am kindlichen Schädel nicht nachgewiesen werden können. Schaaffhausen, Anthropological Review, a. a. O p. 429. Was die Farbe betrifft, so ist das neugeborene Negerkind röthlich nußbraun, was bald in schiefergrau übergeht; die schwarze Farbe entwickelt sich im Sudan innerhalb des ersten Jahres vollständig, aber in Ägypten nicht vor drei Jahren. Die Augen des Negers sind zuerst blau und das Haar ist mehr kastanienbraun als schwarz und nur an den Enden gekräuselt. Die Kinder der Australier sind unmittelbar nach der Geburt gelblich braun und werden in einem späteren Alter dunkel. Die Kinder der Guaranys von Paraguay sind weißlich gelb, erlangen aber im Laufe weniger Wochen die gelblich braune Färbung ihrer Eltern. Ähnliche Beobachtungen sind in mehreren anderen Theilen von Amerika gemacht worden. Pruner-Bey, über Negerkinder, angeführt von C. Vogt, Vorlesungen über den Menschen, Bd. I, p. 238. Wegen weiterer Thatsachen über Negerkinder nach Winterbottom's und Camper's Angaben s. Lawrence, Lectures on Physiology. 1822, p. 451. In Bezug auf die Kinder der Guaranys s. Rengger, Säugethiere von Paraguay, p. 3. s. auch Godron, De l'Espèce. Tom. II. 1859, p. 253. Wegen der Australier s. Waitz, Introduction to Anthropology. 1863, p. 99. Ich habe die vorstehenden Verschiedenheiten zwischen dem männlichen und weiblichen Geschlechte beim Menschen speciell angeführt, weil sie in einer merkwürdigen Weise dieselben sind wie bei den Quadrumanen. Bei diesen Thieren ist das Weibchen in einem früheren Alter geschlechtsreif als das Männchen, wenigstens ist dies der Fall beim *Cebus Azarae*. Rengger, Säugethiere etc. 1830, p. 49. Bei den meisten der Species sind die Männchen größer und stärker als die Weibchen, für welche Thatsache der Gorilla ein wohlbekanntes Beispiel darbietet. Selbst in einem so unbedeutenden Merkmale, wie dem größeren Vorspringen der Augenbrauenleiste, weichen die Männchen gewisser Affen von den Weibchen ab Wie bei *Macacus cynomolgus* (Desmarest, Mammalogie, p. 65) und bei *Hylobates agilis* (Geoffroy St. Hilaire und F. Cuvier, Hist. natur. des Mammifères. 1824. Tom. I, p. 2). und stimmen in dieser Hinsicht mit dem Menschen überein. Beim Gorilla und gewissen anderen Affen bietet der Schädel des erwachsenen Männchens einen scharf ausgesprochenen Sagittalkamm dar, welcher beim Weibchen fehlt; und Ecker fand eine Spur einer ähnlichen Verschiedenheit zwischen den beiden Geschlechtern bei den Australiern. Anthropological Review, Oct. 1868, p. 353. Wenn sich bei den Affen irgend eine Verschiedenheit in der Stimme findet, so ist die des Männchens die kräftigere. Wir haben gesehen, daß gewisse männliche Affen einen wohlentwickelten Bart haben, welcher beim Weibchen vollständig fehlt oder viel weniger entwickelt ist. Es ist kein Beispiel bekannt, daß der Kinnbart, Backenbart oder Schnurrbart bei einem weiblichen Affen größer wäre als bei dem männlichen. Selbst in der

Farbe des Bartes besteht ein merkwürdiger Parallelismus zwischen dem Menschen und den Quadrumanen; denn wenn beim Menschen der Bart in der Farbe vom Kopfhaar verschieden ist, wie es häufig der Fall ist, so ist er, wie ich glaube, beinahe immer von einer helleren Färbung und häufig röthlich. Ich habe diese Thatsache wiederholt in England beobachtet; vor Kurzem haben mir aber zwei Herren geschrieben, um mir mitzutheilen, daß sie eine Ausnahme von der Regel bilden. Der eine von ihnen erklärt die Thatsache aus der großen Verschiedenheit der Farbe des Haars in der väterlichen und mütterlichen Seite seiner Familie. Beiden war diese Eigentümlichkeit schon lange bekannt (der eine war oft in den Verdacht gekommen, daß er seinen Bart färbe); sie waren dadurch darauf geführt worden, andere Menschen zu beobachten, und waren überzeugt, daß solche Ausnahmen sehr selten sind. Dr. Hooker, welcher auf diesen kleinen Punkt in meinem Interesse in Rußland aufmerkte, findet keine Ausnahme von der Regel. In Calcutta war Mr. J. Scott von dem dortigen botanischen Garten so freundlich, sorgfältig die vielen Menschenrassen, die dort ebenso wie in einigen anderen Theilen Indiens zu sehen sind, zu beobachten, nämlich zwei Rassen in Sikkim, die Bhoteas, die Hindus, die Birmesen und die Chinesen. Obgleich die meisten dieser Rassen sehr wenig Haare im Gesicht haben, so fand er doch immer, daß, wenn irgend eine Verschiedenheit in der Farbe zwischen dem Kopfhaar und dem Barte bestand, der letztere ausnahmslos von einer helleren Färbung war. Nun weicht bei Affen, wie schon angeführt wurde, der Bart häufig in einer auffallenden Weise seiner Farbe nach von dem Haare auf dem Kopfe ab, und in derartigen Fällen ist er ausnahmslos von einem helleren Tone, oft rein weiß und zuweilen gelb oder röthlich. Mr. Blyth theilt mir mit, daß er überhaupt nicht mehr als ein einziges Beispiel gesehen habe, wo der Kinn-, Backenbart u. s. f. bei einem Affen in hohem Alter weiß geworden wäre, wie es so gewöhnlich der Fall bei uns ist. Doch kam dies bei einem alten gefangen gehaltenen *Macacus cynomolgus* vor, dessen Schnurrbart »merkwürdig lang und menschenähnlich« war. Überhaupt bot dieser alte Affe eine lächerliche Ähnlichkeit mit einem der regierenden Monarchen von Europa dar, nach welchem er scherzweise beständig genannt wurde. Bei gewissen Menschenrassen wird das Barthaar kaum jemals grau; so hat Dr. Forbes, wie er mir mitgetheilt hat, niemals ein solches Beispiel bei den Aymaras und Quechuas von Süd-Amerika gesehen. Was das allgemeine Behaartsein des Körpers betrifft, so sind die Frauen bei allen Rassen weniger behaart als die Männer und bei einigen wenigen Quadrumanen ist die untere Seite des Körpers beim Weibchen weniger behaart als beim Männchen. Dies ist der Fall bei den Weibchen mehrerer Species von *Hylobates*: s. Geoffroy St. Hilaire und F. Cuvier. Hist. natur. des Mammif. Tom. I; s. auch, über *H. lar*, in Penny Cyclopaedia, Vol. II, p. 149, 150. Endlich sind männliche Affen, ebenso wie die Männer, kühner und feuriger als die Weibchen. Sie führen den Trupp an und kommen, wenn Gefahr vorhanden ist, an dessen Spitze. Wir sehen hieraus, wie nahe der Parallelismus zwischen den geschlechtlichen Verschiedenheiten des Menschen und der Quadrumanen ist. Bei einigen wenigen Species indessen, wie bei gewissen Pavianen, dem Gorilla und dem Orang, besteht ein beträchtlich größerer Unterschied zwischen den Geschlechtern als beim Menschen, und zwar in der Größe der Eckzähne, in der Entwicklung und Farbe des Haars und besonders in der Farbe der nackten Hautstellen.

Alle die secundären Sexualcharaktere des Menschen sind sämmtlich äußerst variabel, selbst innerhalb der Grenzen einer und derselben Rasse, und sie weichen auch in den verschiedenen Rassen bedeutend ab. Diese beiden Regeln gelten allgemein durch das ganze Thierreich. Nach den ausgezeichneten an Bord der »Novara« gemachten Beobachtungen Die Resultate wurden von Dr. *Weisbach* nach den Messungen der Dr. *K. Scherzer* und *Schwarz* reducirt; s. Reise der Novara; Anthropologischer Theil. 1867, p. 216, 231, 234, 236, 238, 269. fand man, daß die männlichen Australier die weiblichen nur um fünfundsechzig Millimeter an Höhe übertrafen, während bei den Javanesen der mittlere Mehrbetrag zweihundertachtzehn Millimeter war, so daß bei dieser letzteren Rasse die Verschiedenheit in der Größe zwischen den Geschlechtern mehr als dreimal so groß war als bei den Australiern. Zahlreiche Messungen wurden sorgfältig bei verschiedenen Rassen in Beziehung auf die Körpergröße, den Umfang des Halses und der Brust, die Länge des Rückgrates und der Arme angestellt, und sie zeigten beinahe alle, daß die Männer viel mehr von einander verschieden waren als die Frauen. Diese Thatsache zeigt, daß, soweit diese Merkmale in Betracht kommen, es der Mann ist, welcher hauptsächlich seit der Zeit modificirt wurde, in welcher die Rassen von ihrer gemeinsamen und ursprünglichen Stammform divergierten.

Die Entwicklung des Bartes und das Behaartsein des Körpers sind bei Menschen, welche zu verschiedenen Rassen und selbst zu verschiedenen Stämmen oder Familien in einer und derselben Rasse gehören, merkwürdig verschieden. Wir Europäer sehen das schon unter uns. Auf der Insel von St. Kilda erhalten nach der Angabe von

*Martin*Voyage to St. Kilda (3. edit.). 1753, p. 37. die Männer nicht eher Bärte, welche selbst dann noch sehr dünn sind, als bis sie in das Alter von dreißig oder noch mehr Jahren gelangen. Auf dem europäisch-asiatischen Continente kommen Bärte vor, bis wir jenseits Indien kommen, obschon sie bei den Eingeborenen von Ceylon, wie in alten Zeiten von Diodorus angeführt wird, Sir *J. E. Tennent*, Ceylon. Vol. II. 1859, p. 107. häufig fehlen. Östlich von Indien verschwinden die Bärte, so bei den Siamesen, Malayen, Kalmucken, Chinesen und Japanesen. Nichtsdestoweniger sind die Ainos, *Quatrefages*, Revue des Cours scientifiques, Aug. 29., 1868, p. 630. *Vogt*, Vorlesungen über den Menschen. Bd. I, p. 159. welche die nördlichsten Inseln des japanesischen Archipels bewohnen, die behaartesten Menschen der Welt. Bei Negern ist der Kinnbart dürftig oder fehlt ganz, auch haben sie keine Backenbärte; in beiden Geschlechtern fehlt häufig das feine Wollhaar am Körper fast ganz. Über die Bärte der Neger s. *Vogt*, Vorlesungen über den Menschen. Bd. I, p. 159. *Waitz*. Anthropologie der Naturvölker. Bd. I, p. 110. Es ist merkwürdig, daß in den Vereinigten Staaten (Investigations in Military and Anthropological Statistics of American Soldiers. 1869, p. 569) die reinen Neger und ihre gekreuzten Nachkommen beinahe so behaarte Körper zu haben scheinen wie die Europäer. Auf der anderen Seite besitzen die Papuas des malayischen Archipels, welche nahezu so schwarz sind wie die Neger, wohlentwickelte Bärte. *Wallace*, The Malay Archipelago. Vol. II. 1869. p. 178.

Im Stillen Ocean haben die Einwohner des Fiji-Archipels große buschige Bärte, während diejenigen der nicht weit davon entfernten Archipele von Tonga und Samoa bartlos sind. Es gehören aber diese Menschen verschiedenen Rassen an. Auf der Ellice-Gruppe gehören alle Einwohner zu einer und derselben Rasse; und doch haben auf der einen Insel allein, nämlich auf Nunemaya, »die Männer prachtvolle Bärte«, während auf den andern Inseln sie »der Regel nach ein Dutzend zerstreut stehender Haare statt eines Bartes besitzen«, Dr. *J. Bahnard Davis*, On Oceanic Races, in: Anthropological Review, April 1870, p. 185, 191

Über den ganzen großen amerikanischen Continent, kann man sagen, sind die Männer bartlos, aber in beinahe allen Stämmen erscheinen gern einige wenige kurze Haare im Gesicht, besonders im hohen Alter. Was die Stämme von NordAmerika betrifft, so schätzt *Catlin*, daß unter zwanzig Männern achtzehn von Natur vollständig einen Bart entbehren, aber gelegentlich ist ein Mann zu sehen, welcher versäumt hat, die Haare zur Pubertätszeit auszureißen, und einen weichen, einen oder zwei Zoll langen Bart hat. Die Guaranys von Paraguay weichen von allen sie umgebenden Stämmen darin ab, daß sie einen Kinnbart und selbst einige Haare am Körper haben, aber keinen Backenbart. *Catlin*, North American Indians. 3. edit. 1842. Vol. II, p. 227. Über die Guaranys s. *Azara*, Voyage dans l'Amérique méridion. Tom II, 1869, p. 58, und *Rengger*, Säugethiere von Paraguay, p. 3. Mr. *D. Forres*, welcher diesem Punkte besondere Aufmerksamkeit schenkte, hat mir mitgetheilt, daß die Aymaras und Quechuas der Cordilleren merkwürdig haarlos sind; doch erscheinen bei ihnen im hohen Alter gelegentlich einige wenige zerstreute Haare am Kinn. Die Männer dieser beiden Stämme haben sehr wenig Haare an den verschiedenen Theilen des Körpers, wo bei den Europäern Haar in Menge wächst, und die Frauen haben an den entsprechenden Theilen gar keine. Indessen erreicht das Haar auf dem Kopfe in beiden Geschlechtern eine außerordentliche Länge und reicht häufig beinahe auf den Boden; dies ist gleichfalls bei einigen der nordamerikanischen Stämme der Fall. In Bezug auf die Menge des Haars und die allgemeine Form des Körpers weichen die Geschlechter der amerikanischen Eingeborenen von einander nicht so bedeutend ab wie bei den meisten anderen Rassen des Menschen. Prof. und Mrs. *Agassiz* (Journey in Brazil, p. 530) bemerken, daß die Geschlechter der amerikanischen Indianer weniger verschieden von einander sind als die der Neger und der höheren Rassen, s. auch *Rengger*, a. a. O. p. 3, über die Guaranys. Diese Thatsache ist dem analog, was bei einigen verwandten Affen vorkommt: so sind die Geschlechter des Schimpanse nicht so verschieden von einander als die des Gorilla oder Orang. *Rütimeyer*, Die Grenzen der Thierwelt; eine Betrachtung zu Darwin's Lehre. 1868, p. 54.

In den vorhergehenden Capiteln haben wir gesehen, daß bei Säugethieren, Vögeln, Fischen, Insecten u. s. w. viele Charaktere, welche, wie wir allen Grund zu haben glauben, ursprünglich durch geschlechtliche Zuchtwahl allein von einem Geschlechte erlangt worden waren, auf beide Geschlechter überliefert worden sind. Da diese selbe Form der Überlieferung allem Anscheine nach in größerer Ausdehnung beim Menschen geherrscht hat, so wird es viele nutzlose Wiederholungen ersparen, wenn wir die dem männlichen Geschlechte eigentümlichen Charaktere in Verbindung mit gewissen anderen, beiden Geschlechtern gemeinsamen Charakteren betrachten.

Gesetz des Kampfes. – Bei barbarischen Nationen, z. B. bei den Australiern, sind die Frauen die beständige Ursache von Kriegen zwischen verschiedenen Stämmen. So war es ohne Zweifel auch in alten Zeiten: »nam fuit ante Helenam mulier deterrima belli causa«. Bei den nordamerikanischen Indianern ist der Streit förmlich in ein System gebracht worden. Jener ausgezeichnete Beobachter *Hearne* sagt: A vo. Journey from Prince of Wales Fort. 8 edit. Dublin, 1796, p. 104. Sir *J. Lubbock* theilt (Origin of Civilization, 1860, p. 69) andere ähnliche Fälle aus Nord-Amerika mit. Wegen der Guanas von Süd-Amerika s. *Azara*, Voyages etc. Tom. II, p. 94. – »Es hat bei diesem Volke stets für die Männer der Gebrauch bestanden, um eine jede Frau, welcher sie ergeben sind, zu ringen, und natürlich führt der kräftigste Theil stets den Preis hinweg. Ein schwacher Mann, wenn er nicht ein guter Jäger und sehr beliebt ist, erhält selten die Erlaubnis, ein Weib zu halten, welches ein starker Mann seiner Beachtung für werth hält. Dieser Gebrauch herrscht in allen Stämmen und veranlaßt die Entwicklung bedeutenden Ehrgeizes unter der Jugend, welche bei allen Gelegenheiten von ihrer Kindheit an ihre Kraft und Geschicklichkeit im Ringen versucht.« Bei den Guanas von Süd-Amerika heirathen, wie *Azara* anführt, die Männer selten, ehe sie zwanzig oder noch mehr Jahre alt sind, da sie vor jenem Alter ihre Nebenbuhler nicht besiegen können.

Es könnten noch andere ähnliche Thatsachen mitgetheilt werden; aber selbst wenn wir keine Belege über diesen Punkt hätten, so könnten wir nach Analogie mit den höheren Quadrumanen Über die Kämpfe der männlichen Gorillas s. Dr. *Savage* in: Boston Journal of Natur. Hist. Vol. V. 1847, p. 423. Über *Presbytis entellus* s. The Indian Field. 1859, p. 146. beinahe sicher sein, daß das Gesetz des Kampfes beim Menschen während der früheren Stufen seiner Entwicklung gleichfalls geherrscht hat. Das gelegentliche Erscheinen von Eckzähnen heutigen Tages noch, welche über die anderen vorspringen, mit Spuren eines Diastema, d. h. jenes offenen Raumes zur Aufnahme des Eckzahnes der entgegengesetzten Kinnlade, ist aller Wahrscheinlichkeit nach ein Fall von Rückschlag auf einen früheren Zustand, auf welchem die Urerzeuger des Menschen mit diesen Waffen versehen waren, ebenso wie viele jetzt noch existierende männliche Quadrumanen. Es ist in einem früheren Capitel bemerkt worden, daß in dem Maße, als der Mensch seine aufrechte Stellung erhielt und beständig seine Hände und Arme zum Kampfe mit Stäben und Steinen ebenso wie für die anderen Zwecke des Lebens benutzte, er auch seine Kinnladen und Zähne immer weniger und weniger gebraucht haben wird. Die Kinnladen werden dann zusammen mit ihren Muskeln in Folge von Nichtgebrauch verkleinert worden sein, ebenso wie es die Zähne durch das noch nicht ganz aufgeklärte Princip der Correlation und der Ökonomie des Wachsthums sein werden; denn wir sehen überall, daß Theile, welche nicht länger mehr von Nutzen sind, an Größe reduciert werden. Durch solche Schritte wird die ursprüngliche Ungleichheit zwischen den Kiefern und Zähnen in den beiden Geschlechtern des Menschen schließlich vollständig ausgeglichen worden sein. Der Fall ist beinahe parallel mit dem von vielen männlichen Wiederkäuern, bei welchen die Eckzähne zu bloßen Rudimenten reduciert worden oder ganz verschwunden sind, und zwar allem Anscheine nach in Folge der Entwicklung der Hörner. Da die ungeheure Verschiedenheit zwischen den Schädeln der beiden Geschlechter beim Gorilla und Orang in naher Beziehung zur Entwicklung der ungeheuren Eckzähne bei den Männchen steht, so können wir schließen, daß die Verkleinerung der Kinnladen und Zähne bei den frühen männlichen Vorfahren des Menschen zu einer äußerst auffallenden und günstigen Veränderung in seiner äußeren Erscheinung geführt haben muß.

Es läßt sich nur wenig daran zweifeln, daß die bedeutendere Größe und Stärke des Mannes im Vergleiche mit der Frau, in Verbindung mit seinen breiteren Schultern, seiner entwickelteren Musculatur, seinen eckigeren Körperumrissen, seinem größeren Muthe und seiner größeren Kampflust, sämmtlich zum größten Theile Folgen der Vererbung von seinen frühen halbmenschlichen männlichen Urerzeugern sind. Diese Charaktere werden indeß auch während der langen Zeiten, wo der Mensch sich noch immer in einem barbarischen Zustande befand, erhalten oder selbst gehäuft worden sein, und zwar durch den Erfolg der stärksten und kühnsten Männer, sowohl in dem allgemeinen Kampfe um's Leben, als in ihren Streiten um Frauen; einen Erfolg, welcher ihnen das Hinterlassen einer zahlreicheren Nachkommenschaft als die ihrer weniger begünstigten Brüder sicherte. Es ist nicht wahrscheinlich, daß die größere Kraft des Mannes ursprünglich durch die vererbten Wirkungen seiner größeren Thätigkeit erlangt wurde, daß er nämlich um seine eigene Subsistenz wie um die seiner Familie härter gearbeitet habe als die Frau; denn die Frauen sind bei allen barbarischen Nationen gezwungen, mindestens ebenso hart zu arbeiten wie die Männer. Bei civilisierten Völkern hat die Entscheidung durch einen Kampf um den Besitz der Frauen lange aufgehört; andererseits haben der allgemeinen Regel zufolge die Männer stärker als die Frauen um ihre gemeinsame Subsistenz zu arbeiten; und hierdurch wird ihre größere Kraft erhalten worden sein.

Verschiedenheiten in den geistigen Kräften der beiden Geschlechter. –
In Bezug auf Verschiedenheiten dieser Natur zwischen dem Manne
und der Frau ist es wahrscheinlich, daß geschlechtliche Zuchtwahl
eine sehr bedeutende Rolle gespielt hat. Ich weiß sehr wohl, daß einige Schriftsteller bezweifeln, ob überhaupt irgendwelche inhärente
Verschiedenheit der Art besteht; dies ist aber nach der Analogie mit
niederen Thieren, welche andere secundäre Sexualcharaktere besitzen, mindestens wahrscheinlich. Niemand wird bestreiten, daß dem
Temperament nach der Bulle von der Kuh, der wilde Eber von der
Sau, der Hengst von der Stute und, wie den Menageriebesitzern
wohlbekannt ist, die Männchen der größeren Affen von den Weibchen verschieden sind. Die Frau scheint vom Manne in Bezug auf
geistige Anlagen hauptsächlich in ihrer größeren Zartheit und der
geringeren Selbstsucht verschieden zu sein; und dies gilt selbst für
Wilde, wie aus einer wohlbekannten Stelle in *Mungo Park*'s Reisen und
aus den von vielen anderen Reisenden gemachten Angaben hervorgeht. In Folge ihrer mütterlichen Instincte entfaltet die Frau diese Eigenschaften gegen ihre Kinder in einem außerordentlichen Grade. Es
ist daher wahrscheinlich, daß sie dieselben häufig auch auf ihre Mitgeschöpfe ausdehnen wird. Der Mann ist der Nebenbuhler anderer
Männer; er freut sich der Concurrenz und diese führt zu Ehrgeiz, welcher nur zu leicht in Selbstsucht übergeht. Die letzteren Eigenschaften
scheinen sein natürliches und unglückliches angeborenes Recht zu
sein. Es wird meist zugegeben, daß beim Weibe die Vermögen der
Anschauung, der schnellen Auffassung und vielleicht der Nachahmung stärker ausgesprochen sind als beim Mann. Aber mindestens
einige dieser Fähigkeiten sind für die niederen Rassen charakteristisch
und daher auch für einen vergangenen und niederen Zustand der
Civilisation.

Der hauptsächlichste Unterschied in den intellectuellen Kräften
der beiden Geschlechter zeigt sich darin, daß der Mann zu einer größeren Höhe in Allem, was er nur immer anfängt, gelangt, als zu welcher sich die Frau erheben kann, mag es nun tiefes Nachdenken, Vernunft oder Einbildungskraft, oder bloß den Gebrauch der Sinne und
der Hände erfordern. Wenn eine Liste mit den ausgezeichnetsten
Männern und eine zweite mit den ausgezeichnetsten Frauen in Poesie,
Malerei, Sculptur, Musik (mit Einschluß sowohl der Composition als
der Ausübung), der Geschichte, Wissenschaft und Philosophie mit
einem halben Dutzend Namen unter jedem Gegenstande angefertigt
würde, so würden die beiden Listen keinen Vergleich mit einander

aushalten. Wir können auch nach dem Gesetze der Abweichungen vom Mittel, welches Mr. Galton in seinem Buche über erbliches Genie so gut erläutert hat, schließen, daß, wenn die Männer einer entschiedenen Überlegenheit über die Frauen in vielen Gegenständen fähig sind, der mittlere Maßstab der geistigen Kraft beim Manne über dem der Frau stehen muß.

Unter den halbmenschlichen Urerzeugern des Menschen und bei wilden Völkern haben viele Generationen hindurch Kämpfe zwischen den Männern um den Besitz der Weiber stattgefunden. Aber bloße körperliche Kraft und Größe werden nur wenig zum Siege beitragen, wenn sie nicht mit Muth, Ausdauer und entschiedener Energie verbunden sind. Bei socialen Thieren haben die jungen Männchen gar manchen Streit durchzumachen, ehe sie ein Weibchen gewinnen, und die älteren Männchen können ihre Weibchen nur durch erneute Kämpfe sich erhalten. Sie haben auch, wie beim Menschen, ihre Weibchen ebenso wie ihre Jungen gegen Feinde aller Arten zu vertheidigen und um ihre gemeinsame Erhaltung zu jagen. Aber Feinde zu vermeiden oder sie mit Erfolg anzugreifen, wilde Thiere zu fangen und Waffen zu erfinden und zu formen, erfordert die Hülfe der höheren geistigen Fähigkeiten, nämlich Beobachtung, Vernunft, Erfindung oder Einbildungskraft. Diese verschiedenen Fähigkeiten werden daher beständig auf die Probe gestellt und während der Mannbarkeit bei der Nachzucht berücksichtigt worden sein; sie werden überdies während dieser selben Periode des Lebens durch Gebrauch gekräftigt worden sein. Folglich können wir in Übereinstimmung mit dem oft erwähnten Principe erwarten, daß sie mindestens die Neigung zeigen, in der entsprechenden Periode der Mannbarkeit hauptsächlich auf die männlichen Nachkommen überliefert zu werden.

Wenn nun zwei Männer mit einander oder ein Mann mit einer Frau, von denen beide jede geistige Eigenschaft in derselben Vollendung besitzen, mit der Ausnahme, daß der eine größere Energie, Ausdauer und Muth hat, in Concurrenz gerathen, so wird allgemein dieser letztere hervorragender in jedem Streben werden, was auch der Gegenstand gewesen sein mag, und wird den Sieg gewinnen. J. Stuart Mill bemerkt (The Subjection of Women, 1869, p. 122): »die Gegenstände, in denen der Mann die Frau am meisten übertrifft, sind diejenigen, welche das meiste Grübeln und consequenteste Ausführen eines einzelnen Gedankens erfordern«. Was ist dies anders als Energie und Ausdauer? Man kann sagen, er hat Genie besessen, denn Genie ist von einer großen Autorität für nichts Anderes als für Geduld erklärt worden, und Geduld in diesem Sinne bedeutet: nicht zurückweichende, unerschrockene Ausdauer. Diese Ansicht vom Genie ist aber vielleicht unzureichend, denn ohne die höheren Kräfte der Einbildungskraft und des Verstandes kann in vielen Gebieten kein eminenter Erfolg erreicht werden. Diese letzteren werden aber ebensogut wie die vorher erwähnten Fähigkeiten beim Manne theils durch geschlechtliche Zuchtwahl, d. h. durch den Streit rivalisierender Männchen, und theils durch natürliche Zuchtwahl, d. h. durch den Erfolg in dem allgemeinen Kampfe um's Leben entwickelt worden sein; und da in beiden Fällen der Kampf während des reifen Alters eingetreten sein wird, so werden die hierdurch erlangten Charaktere auch vollständiger den männlichen als den weiblichen Nachkommen überliefert worden sein. Es ist mit dieser Ansicht, daß viele unserer geistigen Fähigkeiten durch geschlechtliche Zuchtwahl modificiert oder gekräftigt worden sind, übereinstimmend, daß sie erstens, wie notorisch ist, zur Zeit der Pubertät eine beträchtliche Veränderung erleiden, *Maudsley*, Mind and Body, p. 31. und zweitens, daß Eunuchen während ihres ganzen Lebens in diesen selben Eigenschaften niedriger entwickelt bleiben. Hierdurch ist schließlich der Mann dem Weibe überlegen worden. Es ist in der That ein Glück, daß das Gesetz der gleichmäßigen Überlieferung der Charaktere auf beide Geschlechter allgemein bei Säugethieren geherrscht hat; im anderen Falle würde wahrscheinlich der Mann in Bezug auf geistige Befähigung der Frau so viel überlegen worden sein, wie der Pfauhahn in Bezug auf ornamentales Gefieder der Pfauhenne.

Man muß sich daran erinnern, daß die Neigung der von einem der beiden Geschlechter in einer späteren Lebensperiode erlangten Charaktere, auf dasselbe Geschlecht in demselben Alter überliefert zu werden, und die Neigung der in einem früheren Alter erlangten Charaktere, auf beide Geschlechter vererbt zu werden, Regeln sind, welche, wenn auch allgemein, doch nicht immer sich als gültig erweisen. Gälten sie immer, so könnten wir zu dem Schlusse kommen (doch schweife ich hier etwas über die mir gezogenen Grenzen hinaus), daß die vererbten Wirkungen der frühen Erziehung von Knaben und Mädchen gleichmäßig auf beide Geschlechter überliefert würden, so daß die gegenwärtige Ungleichheit zwischen den Geschlechtern in geistiger Kraft nicht durch einen ähnlichen Gang ihrer frühen Erziehung verwischt werden könnte; auch könnte sie nicht durch ihre ungleiche frühere Erziehung verursacht worden sein. Damit die Frau dieselbe Höhe wie der Mann erreichte, müßte sie in der Nähe ihrer

Reifezeit zur Energie und Ausdauer und zur Anstrengung ihres Verstandes und ihrer Einbildungskraft bis auf den höchsten Punkt erzogen werden; und dann würde sie wahrscheinlich diese Eigenschaften hauptsächlich ihren erwachsenen Töchtern überliefern. Alle Frauen könnten indeß hierdurch in die Höhe gebracht werden, wenn nicht viele Generationen hindurch diejenigen Frauen, welche sich in den eben erwähnten kräftigen Tugenden auszeichneten, verheirathet würden und Nachkommen in größerer Anzahl erzeugten als andere Frauen. Wie vorhin in Bezug auf körperliche Kräfte bemerkt wurde, so haben die Männer, wenn sie auch jetzt nicht mehr um den Besitz der Weiber kämpfen und überhaupt diese Form der Auswahl vorübergegangen ist, doch im Allgemeinen während des Mannesalters einen heftigen Kampf zu bestehen, um sich selbst und ihre Familien zu erhalten; dies wird dazu führen, die geistigen Kräfte auf ihrer Höhe zu erhalten oder selbst zu vergrößern und als Folge hiervon auch die jetzige Ungleichheit zwischen den Geschlechtern gleich groß zu halten oder noch bedeutender zu machen. Eine Beobachtung *Vogt's* bezieht sich auf diesen Gegenstand; er sagt: »es ist ein auffallender Umstand, daß der Unterschied der Geschlechter in Beziehung auf die Schädelhöhle mit der Vollkommenheit der Rasse zunimmt, so daß der Europäer weit mehr die Europäerin überragt, als der Neger die Negerin. *Welcker* findet diesen von *Huschke* aufgestellten Satz in Folge seiner Messungen bei Negern und bei Deutschen bestätigt«. *Vogt* fügt indessen hinzu (Vorlesungen über den Menschen. Bd. I, p. 95): »doch würde es noch mannichfacher Untersuchung bedürfen, um die allgemeine Geltung zu beweisen«.

Stimme und musikalische Begabung. – Bei einigen Species der Quadrumanen besteht eine große Verschiedenheit zwischen den erwachsenen Geschlechtern in der Kraft der Stimme und in der Entwicklung der Stimmorgane, und der Mensch scheint diese Verschiedenheit von seinen frühen Urerzeugern ererbt zu haben. Die Stimmbänder des Mannes sind ungefähr ein Drittel länger als bei der Frau oder als bei Knaben; und Entmannung bringt bei ihm dieselbe Wirkung hervor, wie bei den niederen Thieren; denn »sie hält jenes hervortretende Wachsthum des Schildknorpels u. s. w. auf, welches die Verlängerung der Stimmbänder begleitet«. *Owen*, Anatomy of Vertebrates. Vol. III, p. 603. In Bezug auf die Ursache dieser Verschiedenheit zwischen den Geschlechtern habe ich den im letzten Capitel gegebenen Bemerkungen über die wahrscheinlichen Wirkungen des lange fortgesetzten Gebrauches der Stimmorgane seitens des Männchens unter den Erregungen der Liebe, Wuth und Eifersucht nichts hinzuzufügen. Nach Sir *Duncan Gibb*Journal of Anthropolog. Soc. April 1869, p. LVII und LXVI. ist die Stimme und die Form des Kehlkopfes in den verschiedenen Rassen des Menschen verschieden; doch soll, der Angabe nach, bei den Eingeborenen der Tartarei, von China u. s. w. die Stimme des Mannes nicht so bedeutend von der des Weibes verschieden sein, wie in den meisten andern Rassen.

Die Fähigkeit und Liebe zum Singen und zur Musik, wenn sie auch kein geschlechtliches Merkmal beim Menschen ist, darf hier nicht übergangen werden. Obschon die von Thieren aller Arten ausgestoßenen Laute vielen Zwecken dienen, kann doch mit Nachdruck hervorgehoben werden, daß die Stimmorgane ursprünglich in Beziehung zur Fortpflanzung der Art gebraucht und vervollkommnet wurden. Insecten und einige wenige Spinnen sind die niedrigsten Thiere, welche absichtlich einen Laut hervorbringen, und dies wird allgemein mit Hülfe sehr schön construierter Stridulationsorgane bewirkt, welche häufig allein auf die Männchen beschränkt sind. Die hierdurch hervorgebrachten Laute bestehen, wie ich glaube, in allen Fällen aus einem und dem nämlichen Tone, welcher rhythmisch wiederholt wird, Dr. *Scudder*, Notes on Stridulation, in: Proceed. Boston Soc. of Natur. Hist. Vol. XI. April, 1868. und dies ist zuweilen selbst für das Ohr des Menschen angenehm. Ihr hauptsächlichster und in einigen Fällen ausschließlicher Nutzen scheint darin zu bestehen, entweder das andere Geschlecht zu rufen oder es zu bezaubern.

Die von Fischen hervorgebrachten Laute sollen, wie man sagt, in einigen Fällen nur von den Männchen während der Paarungszeit hervorgebracht werden. Alle luftathmenden Wirbelthiere besitzen nothwendiger Weise einen Apparat zum Einathmen und Ausstoßen von Luft, mit einer Röhre, welche fähig ist, an einem Ende geschlossen zu werden. Wenn daher die ursprünglichen Glieder dieser Classe stark erregt und ihre Muskeln heftig zusammengezogen wurden, so werden beinahe sicher absichtslos Laute hervorgebracht worden sein, und wenn diese sich in irgend welcher Weise nutzbar erwiesen, können sie leicht durch die Erhaltung gehörig angepaßter Abänderungen modificiert oder intensiver gemacht worden sein. Die Amphibien sind die niedrigsten Wirbelthiere, welche Luft athmen, und viele von diesen Thieren, nämlich Frösche und Kröten, besitzen Stimmorgane, welch während der Paarungszeit unaufhörlich benutzt werden und welche häufig beim Männchen bedeutender entwickelt sind als beim Weibchen. Nur das Männchen der Schildkröte äußert einen Laut, und dies allein während der Zeit der Liebe. Männliche Alligatoren brüllen oder bellen während derselben Zeit. Jedermann weiß, in welcher Ausdehnung Vögel ihre Stimmorgane als Mittel der Brautwerbung benutzen, und einige Species üben auch etwas, was man Instrumentalmusik nennen könnte, aus.

In der Classe der Säugethiere. mit welchen wir es hier ganz besonders zu thun haben, gebrauchen die Männchen von beinahe allen Species ihre Stimmen viel bedeutender während der Paarungszeit als zu irgend einer anderen Zeit, und einige sind mit Ausnahme dieser Zeit absolut stumm. Bei anderen Species benutzen beide Geschlechter oder allein die Männchen ihre Stimmen zu Liebesrufen. In Anbetracht dieser Thatsachen und des Umstandes, daß die Stimmorgane einiger Säugethiere beim Männchen viel bedeutender als beim Weibchen entwickelt sind, und zwar entweder permanent oder nur zeitweise während der Paarungszeit, und ferner in Anbetracht, daß bei den meisten der niederen Classen die von den Männchen hervorgebrachten Laute nicht bloß dazu dienen, das Weibchen zu rufen, sondern auch anzureizen oder zu locken, ist es eine überraschende Thatsache, daß wir jetzt keinerlei gute Belege dafür haben, daß diese Organe von männlichen Säugethieren dazu benutzt würden, die Weibchen zu bezaubern. Der amerikanische *Mycetes caraya* bildet vielleicht eine Ausnahme, wie noch wahrscheinlicher einer von jenen Affen, welche dem Menschen noch näher kommen, nämlich der *Hylobates agilis*. Dieser Gibbon hat eine äußerst laute, aber musikalische Stimme. Mr. *Waterhouse* führt an: Mitgetheilt in *W. C. L. Martin*'s General Introduction to the Natur. Hist. of Mamm. Animals. 1841, p. 432. *Owen*, Anatomy of Vertebrates. Vol. III, p. 600. »Es schien mir, als ob beim Auf- und Abgehen der Scala die Intervalle immer genau halbe Töne wären, und sicher war der höchste Ton die genaue Octave des niedrigsten. Die Qualität der Töne ist sehr musikalisch, und ich zweifle nicht, daß ein guter Violinspieler im Stande ist, eine correcte Vorstellung von der Composition des Gibbon zu geben, ausgenommen in Bezug auf die Lautheit«. Mr. *Waterhouse* giebt dann die Noten. Professor *Owen*, welcher gleichfalls ein Musiker ist, bestätigt die vorstehenden Angaben und bemerkt, allerdings irrthümlicher Weise, daß man von diesem Gibbon »allein unter den Säugethieren sagen kann, daß er singe«. Er scheint nach seiner musikalischen Aufführung sehr erregt zu sein. Unglücklicherweise sind seine Gewohnheiten niemals im Naturzustande eingehend beobachtet worden; aber nach der Analogie mit beinahe allen übrigen Thieren ist es äußerst wahrscheinlich, daß er seine musikalischen Töne besonders während der Zeit der Bewerbung ausstößt.

Dieser Gibbon ist nicht die einzige Species der Gattung, welche singt; mein Sohn, *Francis Darwin*, hat im zoologischen Garten aufmerksam dem *H. leuciscus* zugehört, als derselbe eine Cadenz von drei Noten in reinen, musikalischen Intervallen und mit einem hellen musikalischen Tone sang. Noch überraschender ist die Thatsache, daß gewisse Nagethiere musikalische Laute hervorbringen. Häufig sind singende Mäuse erwähnt und zu öffentlicher Ausstellung gebracht worden; gewöhnlich hatte man aber den Verdacht einer Betrügerei. Wir haben indeß endlich von einem wohlbekannten Beobachter, *S. Lockwood*, einen genauen Bericht The American Naturalist. 1871, p. 761. über die musikalischen Kräfte einer amerikanischen Art erhalten, des *Hesperomys cognatus*, welcher zu einer von der englischen Maus verschiedenen Gattung gehört. Dies kleine Thier wurde in Gefangenschaft gehalten und sein Gesang wurde wiederholt gehört. Bei einem der hauptsächlichsten Gesänge »wurde der letzte Tact häufig zu zweien oder dreien ausgezogen; zuweilen wechselte das Thierchen von Cis und D zu C und D, dann trillerte es eine kurze Zeit lang auf diesen beiden Tönen und schloß dann mit einem schnellen Zirpen auf Cis und D. Der Unterschied zwischen den beiden halben Tönen war sehr ausgesprochen und für ein gutes Ohr leicht vernehmbar«. Mr. *Lockwood* führt beide Gesänge mit Noten an und fügt noch hinzu, daß diese kleine Maus, obschon sie »kein Ohr für Tact hatte, doch die Tonart von »B (zwei b's) und genau die Dur-Tonart inne hielt«. ... »ihre weiche klare Stimme fällt mit aller möglichen Präcision um eine Octave, beim Schluß hebt sie sich dann wieder zu einem sehr schnellen Triller auf Cis und D«.

Ein Kritiker hat gefragt, auf welche Weise die Ohren des Menschen (und anderer Thiere, hätte er hinzusetzen müssen) durch Zuchtwahl so modificirt werden konnten, daß sie musikalische Töne unterscheiden. Diese Frage verräth aber etwas Confusion über diesen Gegenstand. Ein Geräusch ist eine Empfindung, welche das Resultat des gleichzeitigen Vorhandenseins »einfacher Schwingungen« der Luft von verschiedener Schwingungsdauer ist, von welchen eine jede so häufig intermittirt, daß ihr gesondertes Vorhandensein nicht wahrgenommen werden kann. Nur durch den Mangel der Continuität derartiger Schwingungen und durch den Mangel der Harmonie *unter sich* weicht ein Geräusch von einem musikalischen Tone ab. Soll daher ein Ohr im Stande sein, Geräusche zu unterscheiden – und die hohe Bedeutung dieser Fähigkeit für alle Thiere wird von Jedermann zugegeben –, so muß es auch für musikalische Töne empfindlich sein. Für das Vorhandensein dieser Fähigkeit haben wir selbst bei sehr tief in der Thierreihe stehenden Formen Beweise: so haben Krustenthiere Hörhaare von verschiedener Länge, welche man hat schwingen sehen, wenn die richtigen musikalischen Töne angeschlagen wurden. *Helmholtz*, Die Lehre von den Tonempfindungen. 3. Aufl. 1870, p. 234. Wie in einem früheren Capitel angeführt wurde, sind ähnliche Beobachtungen auch über die Haare an den Antennen der Mücken gemacht worden. Von guten Beobachtern ist positiv behauptet worden, daß Spinnen von Musik angezogen werden. Es ist auch ganz bekannt, daß manche Hunde heulen, wenn sie besondere Töne hören. Berichte in diesem Sinne sind verschiedene veröffentlicht worden. Mr. *Peach* schreibt mir, daß er wiederholt beobachtet hat, wie ein alter Hund heulte, wenn B auf der Flöte geblasen wurde, aber bei keinem andern Tone. Ich will noch einen andern Fall von einem Hunde anführen, der stets winselte, wenn ein bestimmter Ton auf einer verstimmten Concertine gespielt wurde. Robben würdigen offenbar die Musik; ihre Vorliebe für solche »war den Alten ganz wohl bekannt und noch heutigen Tages ziehen Jäger Vortheil aus derselben«. *R. Brown* in: Proceed. Zoolog. Soc. 1868, p. 410. Soweit daher die bloße Wahrnehmung musikalischer Töne in Betracht kommt, scheint in Bezug auf den Menschen ebensowenig wie in Bezug auf irgend ein anderes Thier eine besondere Schwierigkeit vorzuliegen. *Helmholtz* hat mit physiologischen Gründen erklärt, warum Consonanzen dem menschlichen Ohre angenehm, Dissonanzen unangenehm sind; wir haben es aber hier nur wenig mit diesen zu thun, da harmonische Musik eine späte Erfindung ist. Wir haben es hier mehr mit der Melodie zu thun, und auch da ist es, *Helmholtz* zufolge, wohl einzusehen, warum die Töne unserer musikalischen Tonleiter benutzt werden. Das Ohr zerlegt alle Klänge in die dieselben zusammensetzenden »einfachen Schwingungen«, wenngleich wir uns dieser Analyse nicht bewußt sind. Bei einem musikalischen Tone ist die tiefste jener Schwingungen allgemein die vorherrschende, die anderen, weniger deutlich ausgesprochenen, sind die Octave, Duodecime, Doppeloctave u. s. w., sämmtlich zu dem vorherrschenden Grundton; irgend welche zwei Noten unserer Scala haben viele dieser harmonischen Obertöne gemeinsam. Es scheint daher ziemlich klar zu sein, daß, wenn ein Thier immer genau denselben Gesang zu singen wünscht, es sich dadurch leiten lassen wird, daß es diejenigen Töne nacheinander anschlägt, welche viele Obertöne gemeinsam besitzen, d. h. es wird zu seinem Gesang Töne wählen, welche zu unserer musikalischen Tonleiter gehören.

Wenn aber ferner gefragt wird, warum musikalische Töne in einer gewissen Ordnung und einem bestimmten Rhythmus dem Menschen und anderen Thieren Vergnügen bereiten, so können wir hierfür ebensowenig einen Grund anführen, wie für das Angenehme gewisser Gerüche und Geschmäcke. Daß sie Thieren Vergnügen irgend einer Art bereiten, können wir daraus schließen, daß sie zur Zeit der Brautwerbung von vielen Insecten, Spinnen, Fischen, Amphibien und Vögeln hervorgebracht werden; denn wenn die Weibchen nicht fähig wären, solche Laute zu würdigen, und sie nicht von ihnen angeregt oder bezaubert würden, so würden die ausdauernden Anstrengungen der Männchen und die häufig nur ihnen allein zukommenden complicierten Gebilde nutzlos sein; und dies kann man unmöglich glauben.

Allgemein wird zugegeben, daß der menschliche Gesang die Grundlage oder der Ursprung der Instrumentalmusik ist. Da weder die Freude an dem Hervorbringen musikalischer Töne noch die Fähigkeit hierzu von dem geringsten Nutzen für den Menschen in Beziehungen zu seinen gewöhnlichen Lebensverrichtungen sind, so müssen sie unter die mysteriösesten gerechnet werden, mit welchen er versehen ist. Sie sind, wenn auch in einem sehr rohen Zustande, bei Menschen aller Rassen, selbst den wildesten, vorhanden; der Geschmack der verschiedenen Rassen ist aber so verschieden, daß unsere Musik den Wilden nicht das mindeste Vergnügen gewährt und ihre Musik für uns widrig und sinnlos ist. Dr. *Seemann* macht einige interessante Bemerkungen über diesen Gegenstand Journal of Anthropological Society, Oct. 1870, p. CLV. s. auch die verschiedenen späteren Capitel in Sir *J. Lubbock*'s Prehistoric Times, 2. edit. 1869, welche eine ausgezeichnete Schilderung der Gewohnheiten der Wilden enthalten. und zweifelt, ob selbst unter den Nationen des westlichen Europas, so intim sie auch durch nahen und häufigen Verkehr verbunden sind, die Musik der einen von den anderen in dem nämlichen Sinne aufgefaßt wird. Reisen wir nach Osten, so finden wir, daß sicher eine verschiedene Sprache der Musik besteht. Gesänge der Freude und Begleitung zum Tanze sind nicht länger wie bei uns in den Dur-, sondern immer in den Molltonarten«. Mögen nun die halbmenschlichen Urerzeuger des Menschen, wie die singenden Gibbons, die Fähigkeit, musikalische Töne hervorzubringen und daher auch ohne Zweifel zu würdigen, besessen haben oder nicht, so wissen wir doch, daß der Mensch diese Fähigkeiten in einer sehr weit zurückliegenden Periode besessen hat. *Lartet* hat zwei, aus Knochen und Geweihstücken des Renthiers gefertigte Flöten beschrieben, welche in Höhlen zusammen mit Feuersteinwerkzeugen und den Resten ausgestorbener Thiere gefunden worden sind. Auch die Künste des Singens und Tanzens sind sehr alt und werden jetzt von allen oder beinahe allen niedrigsten Menschenrassen geübt. Die Poesie, welche als das Kind des Gesanges betrachtet werden kann, ist gleichfalls so alt, daß viele Personen darüber ein Erstaunen erfüllt hat, daß sie während der frühesten Zeiten, von denen wir überhaupt einen Bericht haben, entstanden sein sollte.

Die musikalischen Fähigkeiten, welche keiner Rasse vollständig fehlen, sind einer prompten und bedeutenden Entwicklung fähig, wie wir bei Hottentotten und Negern sehen, welche ausgezeichnete Musiker geworden sind, obschon sie in ihren Heimathsländern nur selten etwas ausüben, was wir als Musik betrachten würden. *Schweinfurth* wurde indeß von einigen der einfachen Melodien, welche er im Innern von Afrika hörte, angenehm berührt. Es liegt aber in dem Umstande, daß musikalische Fähigkeiten beim Menschen schlummern können, nichts Abnormes: einigen Species von Vögeln, welche von Natur niemals singen, kann ohne große Schwierigkeit das Singen gelehrt werden; so hat ein Haussperling den Gesang eines Hänflings gelernt. Da diese beiden Species nahe verwandt sind und zur Ordnung der Insessores gehören, welche beinahe alle Singvögel der Welt umfaßt, so ist es möglich, daß der Urerzeuger des Sperlings ein Sänger gewesen sein kann. Es ist eine viel merkwürdigere Thatsache, daß Papageien, welche zu einer von den Insessores verschiedenen Gruppe gehören und verschieden gebaute Stimmorgane haben, nicht bloß gelehrt werden können zu sprechen, sondern auch von Menschen erfundene Melodien zu pfeifen oder zu singen, so daß sie einige musikalische Fähigkeit haben müssen. Nichtsdestoweniger wäre es äußerst voreilig, anzunehmen, daß die Papageien von irgend einem alten Vorfahren abstammten, welcher ein Sänger gewesen wäre. Es ließen sich viele Fälle anführen, wo Organe und Instincte, welche ursprünglich einem bestimmten Zwecke angepaßt waren, einem anderen völlig verschiedenen Zwecke dienstbar gemacht worden sind. Seitdem dieses Capitel gedruckt ist, habe ich einen werthvollen Artikel von *Mr. Chauncey Wright* (North Americ. Review, Oct. 1870, p. 293) gesehen, welcher nach Erörterung des obigen Gegenstandes noch bemerkt: »Es giebt viele Folgen der letzten Gesetze oder Übereinstimmungen der Natur, nach welchen die Erlangung einer nützlichen

Kraft viele resultierende Vortheile ebenso wie beschränkende Nachtheile, sowohl factische als nur mögliche, mit sich bringt, welche das Princip der Nützlichkeit nicht mit in seinen Wirkungskreis gezogen haben kann.« Dies Princip hat eine bedeutende Tragweite, wie ich in einem der früheren Capitel des vorliegenden Werks zu zeigen versucht habe, mit Rücksicht auf die durch den Menschen vollzogene Erlangung einiger seiner charakteristischen geistigen Eigenschaften. Es kann daher die Fähigkeit für höhere musikalische Entwicklung, welche die wilden Rassen des Menschen besitzen, entweder die Folge davon sein, daß unsere halbmenschlichen Urerzeuger irgend eine rohe Form von Musik ausgeübt haben, oder einfach davon, daß sie zu einem verschiedenen Zwecke die gehörigen Stimmorgane erlangt haben. Aber in diesem letzteren Falle müssen wir annehmen, daß sie, wie in dem eben erwähnten Beispiele der Papageien und wie es bei vielen Thieren vorzukommen scheint, bereits einen gewissen Sinn für Melodie besessen haben. Die Musik erweckt verschiedene Gemüthserregungen in uns, regt aber nicht die schrecklicheren Gemüthsstimmungen des Entsetzens, der Furcht, Wuth u. s. w. an. Sie erweckt die sanfteren Gefühle der Zärtlichkeit und Liebe, welche leicht in Ergebung übergehen. In den chinesischen Annalen wird gesagt: »Musik hat die Kraft, den Himmel auf die Erde herabsteigen zu machen«. Sie regt gleichfalls in uns das Gefühl des Triumphes und das ruhmvolle Erglühen für den Krieg an. Diese kraftvollen und gemischten Gefühle können wohl dem Gefühle der Erhabenheit Entstehung geben. Wir können, wie *Dr. Seemann* bemerkt, eine größere Intensität des Gefühls in einem einzigen musikalischen Tone concentrieren als in seitenlangen Schriften. Nahezu dieselben Erregungen, aber viel schwächer und weniger complicirt, werden wahrscheinlich von Vögeln empfunden, wenn das Männchen seinen vollen Stimmumfang in Rivalität mit anderen Männchen zum Zwecke des Bezauberns des Weibchens ausströmen läßt. Die Liebe ist noch immer das häufigste Thema unserer Gesänge. Wie *Hebbert Spencer* bemerkt: »die Musik regt schlummernde Empfindungen auf, deren Möglichkeit wir nicht begriffen hätten und deren Bedeutung wir nicht kennen«, oder wie *Jean Paul* sagt: »sie erzählt uns von Dingen, die wir nicht sehen werden«. Umgekehrt werden, wenn lebhafte Erregungen gefühlt und vom Redner ausgedrückt oder selbst in der gewöhnlichen Sprache erwähnt werden, musikalische Cadenzen und Rhythmus instinctiv gebraucht. Wird der afrikanische Neger erregt, so bricht er häufig in Gesang aus; »ein Anderer antwortet mit Gesang, während die übrige Gesellschaft, als wäre sie von einer musikalischen Welle berührt, in vollkommenem Gleichklang einen Chor murmelt«. *Winwood Reade*, The Martyrdom of Man, 1872, p. 441. und »African Sketch Book«, 1873, Vol. II, p. 313. Selbst Affen drücken starke Gefühle in verschiedenen Tönen, Ärger und Ungeduld durch niedrige, Furcht und Schmerz durch hohe Töne aus. *Rengger*, Säugethiere von Paraguay, p. 49. Die durch Musik oder durch die Cadenzen leidenschaftlichen Redevortrags in uns angeregten Empfindungen und Ideen erscheinen, wegen ihrer Unbestimmtheit aber doch Tiefe, wie geistige Rückschläge auf Erregungen und Gedanken einer lange vergangenen Zeit.

Alle diese Thatsachen in Bezug auf Musik und leidenschaftliche Rede werden in einer gewissen Ausdehnung verständlich, wenn wir annehmen dürfen, daß musikalische Töne und Rhythmen von den halbmenschlichen Urerzeugern des Menschen während der Zeit der Brautwerbung gebraucht wurden, in einer Zeit, in welcher Thiere aller Arten nicht nur von Liebe, sondern auch von den starken Leidenschaften der Eifersucht, Rivalität und des Triumphes erregt werden. In diesem Falle werden nach dem tief eingepflanzten Principe vererbter Associationen musikalische Töne sehr leicht in einer vagen und unbestimmten Art die starken Erregungen einer längst vergangenen Zeit hervorrufen. Da wir allen Grund zu vermuthen haben, daß die articulierte Sprache, wie sie sicher die höchste ist, eine der am spätesten vom Menschen erlangten Künste ist, und da das instinctive Vermögen, musikalische Töne und Rhythmen zu producieren, in der Thierreihe sehr weit hinab entwickelt ist, so wäre es durchaus mit dem Principe der Entwicklung in Widerspruch, wenn wir annehmen sollten, daß die musikalische Fähigkeit des Menschen sich von den in der leidenschaftslosen Rede benutzten Tönen aus entwickelt hätte. Wir müssen annehmen, daß die Rhythmen und Cadenzen der oratorischen Sprache aus vorher entwickelten musikalischen Kräften herzuleiten sind. s. die sehr interessante Erörterung über den Ursprung und die Function der Musik von *Herbert Spencer* in seinen gesammelten Essays, 1858, p. 359. Mr. *Spencer* kommt zu einem, dem, zu welchem ich gelangt bin, genau entgegengesetzten Schlusse. Er folgert, wie es früher *Diderot* that, daß die in der erregten Rede benutzten Tonfälle die Grundlagen darbieten, von welchen sich die Musik entwickelt hat; während ich schließe, daß musikalische Töne und Rhythmus zuerst von den männlichen oder weiblichen Urerzeugern des Menschen erlangt wurden zu dem Zwecke, das andere Geschlecht zu bezaubern. Hierdurch wurden musikalische Töne fest mit einigen der stärksten Leidenschaften verbunden, welche zu fühlen ein Thier fähig ist, und

werden nun in Folge dessen instinctiv oder durch Associationsbewe-
gung benutzt, wenn starke Erregungen in der Rede ausgedrückt werden. Mr. *Spencer* bietet keine irgendwie befriedigende Erklärung dar,
ebensowenig kann ich es, warum hohe und tiefe Töne beim Menschen
und bei den niederen Thieren als Ausdrücke gewisser Gemüthserregungen bezeichnend sein sollen. Auch giebt Mr. *Spencer* eine interessante Erörterung über die Beziehungen zwischen Poesie, Recitativ
und Gesang. Auf diese Weise können wir verstehen, woher es kommt,
daß Musik, Tanz, Gesang und Poesie so sehr alte Künste sind. Wir
können selbst noch weiter gehen und, wie in einem früheren Capitel
bemerkt wurde, annehmen, daß musikalische Laute eine der Grundlagen für die Entwicklung der Sprache abgaben. Ich finde in Lord
Monboddo's Origin of Language, Vol. I, 1774, p. 469, daß Dr. *Blacklock*
gleichfalls glaubte, »daß die erste Sprache unter den »Menschen Musik war und daß, ehe unsere Ideen durch articulierte Laute ausgedrückt wurden, sie durch Töne mitgetheilt wurden, welche in ent-
sprechender »Weise je nach ihrer Höhe und Tiefe abgeändert wurden«. Da die Männchen mehrerer quadrumanen Thiere viel höher
entwickelte Stimmorgane besitzen als die Weibchen, und da ein Gibbon, eine Art der anthropomorphen Affen, eine ganze Octave musikalischer Töne erklingen läßt und, wie man wohl sagen kann, singt, so
scheint die Vermuthung nicht unwahrscheinlich zu sein, daß die Urerzeuger des Menschen, entweder die Männchen oder die Weibchen
oder beide Geschlechter, ehe sie das Vermögen, ihre gegenseitige Liebe in articulierter Sprache auszudrücken, erlangt hatten, sich einander
in musikalischen Tönen und Rhythmen zu bezaubern versuchten. In
Bezug auf den Gebrauch der Stimme bei den Quadrumanen während
der Zeit der Liebe ist so wenig bekannt, daß wir kaum irgend ein Mittel zur Beurtheilung besitzen, ob die Gewohnheit zu singen zuerst von
unsern männlichen oder von unsern weiblichen Urerzeugern erlangt
wurde. Man nimmt allgemein an, daß Frauen lieblichere Stimmen
besitzen als Männer, und soweit dies als Fingerzeig dient, können wir
schließen, daß sie zuerst musikalische Kräfte erlangten, um das andere Geschlecht anzuziehen. s. eine interessante Erörterung über diesen
Gegenstand in *Haeckel*, Generelle Morphologie. Bd. II. 1866, p. 246. Ist
dies aber der Fall, so muß dies lange vorher eingetreten sein, ehe unsere Urahnen hinreichend menschlich wurden, um ihre Frauen einfach als nützliche Sclaven zu behandeln und zu schätzen. Der leidenschaftliche Redner, Barde oder Musiker hat, wenn er mit seinen ab-
wechselnden Tönen und Cadenzen die stärksten Gemüthserregungen
in seinen Hörern erregt, wohl kaum eine Ahnung davon, daß er die-

selben Mittel benutzt, durch welche in einer äußerst entfernt zurückliegenden Periode seine halbmenschlichen Vorfahren in einander die
glühenden Leidenschaften während ihrer gegenseitigen Bewerbung
und Rivalität erregten.

*Über den Einfluß der Schönheit bei der Bestimmung der Heirathen un-
ter den Menschen.* – Im civilisierten Leben wird der Mann in großem
Maße, aber durchaus nicht ausschließlich, bei der Wahl seines Weibes
durch äußere Erscheinung beeinflußt. Wir haben es aber hier hauptsächlich mit den Urzeiten zu thun, und das einzige Mittel, das wir
besitzen, uns hier ein Urtheil über diesen Gegenstand zu bilden, ist
das, die Gewohnheit jetzt lebender halbcivilisierter und barbarischer
Nationen zu studieren. Wenn gezeigt werden kann, daß die Männer
aus verschiedenen Rassen Frauen vorziehen, welche gewisse charak-
teristische Eigenschaften besitzen, oder umgekehrt, daß die Frauen
gewisse Männer vorziehen, dann haben wir zu untersuchen, ob eine
derartige Wahl, durch viele Generationen hindurch fortgesetzt, eine
irgendwie nachweisbare Wirkung auf die Rasse, entweder auf ein
Geschlecht oder auf beide Geschlechter ausüben würde, wobei die
letztere Alternative von der vorherrschenden Form der Vererbung
abhängt.

Es dürfte zweckmäßig sein, zuerst mit einigen Einzelheiten nachzuweisen, daß Wilde auf ihre persönliche Erscheinung die größte
Aufmerksamkeit verwenden. Eine ausführliche und ausgezeichnete
Schilderung der Art und Weise, in welcher Wilde aus allen Theilen
der Welt sich schmücken, hat der italienische Reisende Prof. *Mantegazza* gegeben in: Rio de la Plata, Viaggi e Studi, 1867, p. 525-545; alle
die folgenden Angaben sind, wenn nicht andere Verweisungen gegeben sind, diesem Werke entnommen, s. auch *Waitz*, Introduction to
Anthropology. Vol. I. 1863, p. 275 u. flgde. Auch *Lawrence* giebt ausführliche Details in seinen Lectures on Physiology, 1822. Seitdem dies
Capitel geschrieben wurde, hat Sir *J. Lubbock* sein »Origin of Civilisation«, 1870, herausgegeben, worin sich ein interessantes Capitel über
den vorliegenden Gegenstand findet und woraus (p. 42, 48) ich einige
Thatsachen in Bezug auf das Färben der Zähne und Haare und das
Anbohren der Zähne bei Wilden entnommen habe. Daß sie eine Leidenschaft für Ornamente haben, ist notorisch, und ein englischer Philosoph geht so weit, zu behaupten, daß Zeuge zuerst zum Zwecke des
Schmuckes, nicht zur Wärme gemacht wurden. Wie Professor *Waitz*
bemerkt: »so arm und elend der Mensch auch sein mag, er findet ein
Vergnügen daran, sich zu schmücken«. Die Extravaganz der nackten

Indianer von Süd-Amerika beim Schmücken ihrer Person zeigt sich daraus, daß ein »Mann von bedeutender Körpergröße mit Schwierigkeit durch die Arbeit zweier Wochen hinreichenden Lohn verdient, um sich im Tausch die Chica zu verdienen, welche er so nöthig hat, sich roth zu machen«. *Alex. v. Humboldt*, Personal Narrative, Vol. IV, p. 515; über die Phantasie, wie sie sich beim Malen des Körpers zeigt, p. 522; über die Modification der Form der Waden p. 466. Die ältesten Barbaren von Europa während der Renthierperiode brachten alle glänzenden oder eigenthümlichen Gegenstände, welche sie zufällig fanden, in ihre Höhlen. Heutigen Tages schmücken sich überall die Wilden mit Schmuckfedern, Halsbändern, Armbändern, Ohrringen u. s. w. Sie bemalen sich selbst in der verschiedenartigsten Weise. »Wenn bemalte Nationen mit derselben Aufmerksamkeit wie bekleidete untersucht worden wären, so würde man«, wie *Humboldt* bemerkt, »wahrgenommen haben, daß die fruchtbarste Einbildungskraft und die veränderlichste Laune die Moden des Malens ebensowohl wie die der Kleidung erfunden haben«.

In einem Theile von Afrika werden die Augenlider schwarz gefärbt, in einem anderen Theile werden die Nägel gelb oder purpurn gefärbt. An vielen Orten wird das Haar in verschiedenen Tönen gefärbt. In verschiedenen Gegenden werden die Zähne schwarz, roth, blau u. s. w. gefärbt, und auf dem malayischen Archipel glaubt man sich schämen zu müssen, wenn man weiße Zähne »wie ein Hund« hat. Nicht ein einziges großes Land, von den Polargegenden im Norden bis nach Neu-Seeland im Süden kann angeführt werden, in welchem die ursprünglichen Bewohner sich nicht tättowiert hätten. Diesem Gebrauche folgten die alten Juden und die alten Briten. In Afrika tättowieren sich einige der Eingeborenen; es ist aber viel häufiger, Wucherungen sich erheben zu lassen dadurch, daß man Salz in, an den verschiedenen Theilen des Körpers angebrachte Einschnitte einreibt; und solche werden von den Einwohnern in Kordofan und Darfur »für große persönliche Reize gehalten«. In den arabischen Ländern wird keine Schönheit für vollendet angesehen, bis nicht die Wangen »oder Schläfe zerschlitzt sind«. The Nile Tributaries. 1867. The Albert Nyanza. 1866. Vol. I, p. 218. In Süd-Amerika würde, wie *Humboldt* bemerkt, »eine Mutter strafbarer Gleichgültigkeit gegen ihre Kinder angeklagt werden, wenn sie nicht künstliche Mittel anwendete, die Wade oder das Bein nach der Mode des Landes zu formen«. In der alten und neuen Welt wurde früher die Form des Schädels während der Kindheit in der außerordentlichsten Art und Weise umgebildet,

wie es jetzt noch an vielen Orten der Fall ist, und derartige Formab-
weichungen werden für ornamental gehalten. So betrachten z. B. die
Wilden von Columbia Angeführt von *Prichard*, Physic. Hist. of Mankind. 4. edit. Vol. I. 1851, p. 321. einen sehr abgeflachten Kopf als »einen wesentlichen Punkt der Schönheit«.

Das Haar wird in verschiedenen Ländern mit besonderer Sorgfalt
behandelt. Man läßt es in seiner vollen Länge wachsen, so daß es bis
auf den Boden reicht, oder es wird »in einen compacten und gekräuselten Wulst zusammengekämmt, welcher der Stolz und Ruhm der
Papuas ist«. Über die Papuas s. *Wallace*, The Malay Archipelago. Vol.
II, p. 445. Über den Haarputz der Afrikaner: Sir *S. Baker*, The Albert
Nyanza. Vol. I, p. 210. In Nord-Afrika »braucht ein Mann eine Zeit
von acht bis zehn Jahren, um seinen Haarputz zu vollenden«. Bei
anderen Nationen wird der Kopf geschoren und in Theilen von Süd-
Amerika und Afrika werden selbst die Augenbrauen und Augenwimpern ausgerissen. Die Eingeborenen des oberen Nils schlagen die
vier Schneidezähne aus und sagen, sie wünschten nicht wie Thiere
auszusehen. Weiter nach Süden schlagen sich die Batokas nur die
beiden oberen Schneidezähne aus, was, wie *Livingstone* bemerkt, Travels etc., p. 533. dem Gesichte in Folge des Vorspringens der unteren
Kinnlade ein widriges Aussehen giebt; diese Völker halten aber das
Vorhandensein der Schneidezähne für äußerst unschön, und beim
Erblicken von Europäern riefen sie aus: »Seht die großen Zähne!« Der
große Häuptling Sehituani versuchte vergeblich diese Mode zu ändern. In verschiedenen Theilen von Afrika und im malayischen Archipel feilen die Eingeborenen die Schneidezähne spitz zu wie die
Sägezähne oder durchbohren sie mit Löchern, in welche sie Klötzchen
stecken.

Wie bei uns das Gesicht hauptsächlich seiner Schönheit wegen
bewundert wird, so ist es bei Wilden der vorzügliche Sitz der Ver-
stümmelung. In allen Theilen der Welt werden die Nasenscheidewand, seltener die Flügel der Nase durchbohrt und Ringe, Stäbchen,
Federn und andere Zierathen in die Löcher eingefügt. Die Ohren
werden überall durchbohrt und ähnlich verziert, und bei den Botokuden und Lenguas von Süd-Amerika wird das Loch allmählich so erweitert, daß der untere Rand des Ohrläppchens die Schulter berührt.
In Nord- und Süd-Amerika und in Afrika wird entweder die obere
oder die untere Lippe durchbohrt, und bei den Botokuden ist das
Loch in der Unterlippe so groß, daß eine Holzscheibe von vier Zoll
Durchmesser hineingethan wird. *Mantegazza* giebt eine merkwürdige

Schilderung der von einem südamerikanischen Eingeborenen emp-
fundenen Scham und des Gelächters, welches er erregte, als er seine
»Tembeta«, das große gefärbte Stück Holz, welches durch das Loch
gesteckt wird, verkaufte. In Central-Afrika durchbohren die Frauen
die untere Lippe und tragen einen Krystall darin, welcher in Folge der
Bewegung der Zunge »während der Unterhaltung eine unbeschreib-
lich lächerliche tanzende Bewegung macht«. Die Frau des Häuptlings
von Latooka sagte Sir *S. Baker*, The Albert Nyanza. 1866. Vol. I, p. 217.
daß »Lady Baker sich sehr verschönern würde, wenn sie ihre Vorder-
zähne aus der unteren Kinnlade herausziehen und den langen zugespitzten, polierten Krystall in ihrer Unterlippe tragen wollte«. Weiter
nach Süden, bei den Makalolo, wird die Oberlippe durchbohrt und
ein großer metallener und Bambus-Ring, »Pelelé« genannt, in dem
Loche getragen. »Dies veranlaßte es, daß in einem Falle die Lippe
zwei Zoll über die Nasenspitze vorragte, und als die Dame lächelte,
hob die Contraction der Muskeln die Lippe bis über die Augen. Warum tragen die Frauen diese Dinge? wurde der ehrbare Häuptling
Chinsurdi gefragt. Offenbar erstaunt über eine so dumme Frage erwi-
derte er: der Schönheit wegen! Es sind dies die einzigen schönen Dinge, welche die Frauen haben. Männer haben Bärte, Frauen haben keine. Was für eine Art Person würde die Frau sein ohne das Pelelé? Sie
würde mit einem Munde wie ein Mann, aber ohne Bart, gar keine
Frau sein«. *Livingstone*, British Association, 1860; Auszug im Athe-
naeum, 7. Juli 1860, p. 29.

Kaum irgend ein Theil des Körpers, welcher in unnatürlicher
Weise modificiert werden kann, ist verschont geblieben. Die Größe
der hierdurch verursachten Leiden muß wunderbar gewesen sein,
denn viele der Operationen erfordern zu ihrer Vollendung mehrere
Jahre, so daß die Idee von ihrer Nothwendigkeit ganz imperativ sein
muß. Die Motive sind verschiedenartig; die Männer malen sich ihre
Körper an, um sich im Kampfe schrecklich aussehend zu machen.
Gewisse Verstümmelungen stehen mit religiösen Gebräuchen in Verbindung oder bezeichnen das Alter der Pubertät oder den Rang des
Mannes, oder sie dienen dazu, die Stämme zu unterscheiden. Da bei
Wilden dieselben Moden für lange Perioden herrschen, Sir *S. Baker* (a.
a. O. Vol. I, p. 210) spricht von den Eingeborenen von Central-Afrika
und sagt: »Jeder Stamm hat eine bestimmte und unveränderliche Art,
sich das Haar zu frisieren«, s. *Agassiz* (Journey in Brazil, 1868, p. 318),
über die Unveränderlichkeit des Tättowierens bei den Indianern des
Amazonen-Gebiets. so gelangen Verstümmelungen, aus welcher Ur-

sache immer sie auch zuerst gemacht wurden, bald zu dem Werthe von Unterscheidungszeichen. Aber Schmückung, Eitelkeit und die Bewunderung Anderer scheinen die häufigsten Motive zu sein. In Bezug auf das Tättowieren sagten mir die Missionäre in Neu-Seeland, daß, als sie einige Mädchen zu überreden versuchten, den Gebrauch aufzugeben, diese ihnen antworteten: »wir müssen wenigstens ein paar Linien auf unsern Lippen haben, denn wenn wir alt werden, würden wir sonst sehr häßlich sein«. In Bezug auf die Männer in NeuSeeland sagt ein äußerst fähiger Beurtheiler, *R. Taylor*, New Zealand and its Inhabitants. 1855, p. 152. daß es für die jungen Männer ein großer Punkt des Ehrgeizes sei, »schön tättowierte Gesichter zu haben, sowohl um sich für die Damen anziehend als im Kriege auffallend zu machen«. Ein auf die Stirn tättowierter Stern und ein Punkt auf dem Kinn werden in einem Theile von Afrika von den Frauen für unwiderstehliche Anziehungsmittel gehalten. *Mantegazza*, Viaggi e Studi, p. 542. In den meisten, aber nicht in allen Theilen der Welt sind die Männer bedeutender verziert als die Frauen und oft in einer verschiedenen Weise; zuweilen, wenn auch selten, sind die Frauen beinahe gar nicht verziert. Da die Wilden die Frauen den größten Theil der Arbeit verrichten lassen und sie ihnen nicht gestatten, die beste Art von Nahrung zu genießen, so steht es in Übereinstimmung mit der charakteristischen Selbstsucht der Männer, daß man den Frauen nicht gestattet, die schönsten Zierathen zu erlangen oder zu gebrauchen. Endlich ist es eine merkwürdige, durch vorstehende Anführungen bewiesene Thatsache, daß dieselben Moden in der Modifizierung der Kopfform, in der Verzierung des Haares, in dem Malen, dem Tättowieren, dem Durchbohren der Nase, der Lippen oder der Ohren, in der Entfernung oder dem Feilen der Zähne u. s. w., in den von einander entferntest liegenden Theilen der Welt jetzt herrschen oder lange Zeit geherrscht haben. Es ist äußerst unwahrscheinlich, daß diese Gebräuche, welchen so viele Nationen folgen, auf eine aus irgend einer gemeinsamen Quelle herrührende Tradition weisen. Sie deuten vielmehr die große Ähnlichkeit der geistigen Anlage bei allen Menschen an, zu welcher Rasse sie auch gehören mögen, in derselben Weise, wie die beinahe allgemeinen Gewohnheiten des Tanzens, des Maskierens und der Fertigung roher Gemälde.

Nach diesen vorläufigen Bemerkungen über die Bewunderung, welche die Wilden verschiedenen Zierathen und Entstellungen zollen, die für unsere Augen äußerst häßlich sind, wollen wir sehen, inwieweit die Männer durch die Erscheinung ihrer Frauen angezogen werden und was ihre Ideen von Schönheit sind. Ich habe behaupten hören, daß Wilde in Bezug auf die Schönheit ihrer Frauen völlig indifferent seien und dieselben nur als Sclaven schätzen; es dürfte daher der Mühe werth sein, zu bemerken, daß diese Folgerung durchaus nicht zu der Sorgfalt stimmt, welche die Frauen darauf verwenden, sich zu schmücken, ebensowenig wie zu ihrer Eitelkeit. *Burchell*Travels in S. Africa. 1824. Vol. I, p. 414. giebt einen unterhaltenden Bericht von einer Buschmännin, welche so viel Fett, rothen Ocker und glänzendes Pulver brauchte, daß sie »jeden Andern als einen sehr reichen Ehemann ruiniert haben würde«. Sie zeigte auch »viel Eitelkeit und gar zu offenbares Bewußtsein ihrer Vorzüglichkeit«. Mr. *Winwood Reade* theilt mir mit, daß die Neger der Westküste oft über die Schönheit ihrer Frauen sich in Erörterungen einlassen. Einige competente Beobachter haben den fürchterlich verbreiteten Gebrauch des Kindesmordes zum Theil auf Rechnung des von den Frauen gehegten Wunsches geschrieben, ihr gutes Aussehen zu bewahren. s. wegen Verweisungen: *Gerland*, Über das Aussterben der Naturvölker, 1868, p. 51, 53, 55; auch *Azara*, Voyages etc. Tom. II, p. 116. In mehreren Ländern tragen die Frauen Talismane und Amulette, um die Zuneigung der Männer zu gewinnen; und Mr. *Brown* zählt vier zu diesem Zwecke von den Frauen von NordwestAmerika gebrauchte Pflanzen auf. Über die von den nordwest-amerikanischen Indianern benutzten Producte des Pflanzenreiches s. Pharmaceutical Journal, vo. Vol. X.*Hearne*, A Journey from Prince of Wales Fort. 8 edit. 1796, p. 89. welcher viele Jahre unter den amerikanischen Indianern lebte und ein ausgezeichneter Beobachter war, sagt, wo er von den Frauen spricht: »Man frage einen nördlichen Indianer, was Schönheit sei, und er wird antworten, ein breites glattes Gesicht, kleine Augen, hohe Wange, eine niedrige Stirn, ein großes breites Kinn, eine kolbige Hakennase, eine gelbbraune Haut und bis zum Gürtel herabhängende Brüste«. *Pallas*, welcher die nördlichen Theile des chinesischen Reiches besuchte, sagt: »Es werden diejenigen Frauen vorgezogen, welche die Mandschu-Form haben, d. h. ein breites Gesicht, hohe Wangenknochen, sehr breite Nasen und enorme Ohren« Citiert von *Prichard*, Phys. Hist. of Mankind. 3. edit. Vol. IV. 1844, p. 519. *Vogt*, Vorlesungen über den Menschen. Bd. I, p. 162. Über die Meinung der Chinesen von den Cingalesen s. Sir *J. E. Tennent*, Ceylon, Vol. II. 1859, p. 107. und *Vogt* bemerkt dazu, daß die schräge Stellung der Augen, welche den Chinesen und Japanesen eigenthümlich ist, in ihren Gemälden, »wie es scheint, zu dem Zwecke übertrieben wird, die volle Pracht und Schönheit dieser Stellung im Contraste mit dem Auge der rothhaarigen Barbaren hervortreten zu lassen«. Es ist, wie *Huc* wiederholt bemerkt, wohlbekannt, daß die Chinesen aus dem Innern die Europäer mit ihrer weißen Haut und den vorspringenden Nasen für häßlich halten. Nach unsern Ideen ist die Nase bei den Eingeborenen von Ceylon durchaus nicht zu sehr vorspringend, und doch waren »die Chinesen im siebenten Jahrhundert, an die platten Gesichtszüge der Mogulrassen gewöhnt, über die vorspringenden Nasen der Cingalesen überrascht, und *Thsang* beschreibt sie als »den Schnabel eines Vogels und den Körper eines Menschen habend«.

Finlayson, der eingehend das Volk von Cochin-China beschreibt, sagt, daß ihre runden Köpfe und Gesichter ihre hauptsächlichsten charakteristischen Merkmale seien, und fügt dann hinzu: »Die Rundung des ganzen Gesichts ist bei den Frauen noch auffallender, welche in dem Verhältnisse für schön erklärt werden, als sie diese Form des Gesichts darbieten«. Die Siamesen haben kleine Nasen, mit auseinanderstehenden Nasenlöchern, einen großen Mund, etwas dicke Lippen, ein merkwürdig großes Gesicht mit sehr hohen und breiten Wangenknochen. Es ist daher nicht zu verwundern, daß »Schönheit unserem Begriffe nach für sie fremd ist. Und doch betrachten sie ihre eigenen Frauen als viel schöner als die von Europa«. *Prichard*, nach den Angaben von *Crawfurd* und *Finlayson*, in: Phys. Hist. of Mankind. Vol. IV, p. 534, 535. Es ist wohlbekannt, daß bei vielen Hottentottenfrauen der hintere Theil des Körpers in einer wunderbaren Weise vorspringt; sie sind steatopyg; und Sir *Andrew Smith* erklärt es für sicher, daß diese Eigenthümlichkeit von den Männern sehr bewundert wird. »Idem illustrissimus viator dixit mihi praecinctorium vel tabulam feminae, quod nobis teterrimum est, quondam permagno aestimari ab hominibus in hac gente. Nunc res mutata est, et censent talem conformationem minime optandam esse.« Er sah einmal eine Frau, welche für eine Schönheit gehalten wurde; dieselbe war hinten so ungeheuer entwickelt, daß, als sie sich auf ebenem Boden niedergesetzt hatte, sie nicht aufstehen konnte, sondern sich soweit fortziehen mußte, bis sie an einen Abhang kam. Manche von den Frauen in verschiedenen Negerstämmen sind ähnlich charakterisiert; der Angabe von *Burton* zufolge sollen die Somali-Männer »ihre Frauen auf die Weise wählen, daß sie alle in eine Reihe stellen und diejenige auswählen, welche am meisten a tergo vorspringt. Nichts kann für einen Neger hassenswürdiger sein als die entgegengesetze Form«. The Anthropologieal Review, November 1864, p. 237. Wegen weiterer Verweisungen s. *Waitz*, Introduction to Anthropology. 1863. Vol. I, p. 105.

In Bezug auf die Farbe verhöhnten die Neger *Mungo Park* wegen der weißen Farbe seiner Haut und des Vorspringens seiner Nase, welches sie beides für »häßliche und unnatürliche Bildungen betrachten«. Er rühmte in Erwiderung das glänzende Schwarz ihrer Haut und die liebliche Depression ihrer Nasen. Dies hielten sie für »Schmeichelei«, gaben ihm aber nichtsdestoweniger etwas zu essen. Auch die afrikanischen Mohren »zogen ihre Augenbrauen zusammen und schienen sich zu schütteln« über die weiße Farbe seiner Haut. Als die Negerknaben an der östlichen Küste *Burton* sahen, riefen sie aus: »Seht den weißen Mann! sieht er »nicht aus wie ein weißer Affe?« Wie Mr. *Winwood Reade* mir mittheilt, bewundern die Neger an der westlichen Küste eine sehr schwarze Haut mehr als eine von einer hellern Färbung. Aber ihr Entsetzen vor der weißen Farbe kann der Angabe desselben Reisenden zufolge zum Theil dem bei den meisten der Neger vorhandenen Glauben zugeschrieben werden, daß Dämonen und Geister weiß sind, zum Theil der Ansicht, daß sie ein Zeichen schlechter Gesundheit ist.

Die Banyai des südlicheren Theiles des Continents sind Neger, aber »eine große Menge von ihnen ist von einer helleren Milchcaffeefarbe, und es wird jetzt diese Farbe in dem ganzen Lande für schön gehalten«, so daß wir hier einen verschiedenen Maßstab des Geschmackes haben. Bei den Kaffern, welche bedeutend von den Negern abweichen, ist »die Haut mit Ausnahme der Stämme in der Nähe der Delagoa-Bai gewöhnlich nicht schwarz; die vorherrschende Färbung ist eine Mischung von Schwarz und Roth und die häufigste Schattierung ist Chocoladebraun. Dunkler Teint wird als der häufigste natürlich im größten Werth gehalten. Zu hören, daß man hell gefärbt oder wie ein weißer Mann sei, würde von einem Kaffern für ein sehr schlechtes Compliment gehalten werden. Ich habe von einem unglücklichen Manne gehört, welcher so sehr hell war, daß ihn kein Mädchen heirathen wollte«. Einer der Titel des Zulukönigs ist: o »Ihr der Ihr schwarz seid«. *Mungo Park*'s Travels in Africa, 4 . 1816, p. 53, 131. *Burton*'s Angabe wird von *Schaaffhausen* citiert im: Archiv für Anthropologie. 1866, p. 163. Über die Banyai s. *Livingstone*, Travels, p. 64. Über die Kaffern s. *J. Shooter*, The Kafirs of Natal and the Zulu Country. 1857, p. 1. Als Mr. *Galton* mit mir über die Eingeborenen von Süd-Afrika sprach, bemerkte er, daß ihre Ideen von Schönheit sehr verschieden von unseren zu sein scheinen; denn in einem der Stämme wurden zwei schlanke helle und hübsche Mädchen von den Eingeborenen nicht bewundert.

Wenden wir uns zu anderen Theilen der Erde. In Java wird der Angabe von Frau *Pfeiffer* zufolge ein gelbes und nicht ein weißes Mädchen für eine Schönheit gehalten. Ein Mann von Cochin-China »erzählte verächtlich von der Frau des dortigen englischen Gesandten, sie habe weiße Zähne wie ein Hund und eine rosige Farbe wie Patatenblumen«. Wir haben gesehen, daß die Chinesen unsere weiße Haut nicht lieben und daß die Nordamerikaner eine »gelblich braune Haut« bewundern. In Süd-Amerika sind die Yuracaras, welche die bewaldeten feuchten Abhänge der östlichen Cordillera bewohnen, merkwürdig blaß gefärbt, wie ihr Name in ihrer eigenen Sprache es ausdrückt; nichtsdestoweniger halten sie europäische Frauen für ihren eigenen sehr untergeordnet. In Bezug auf die Javanesen und die Cochinchinesen s. *Waitz*, Anthropologie der Naturvölker. Bd. I, p. 366; Introduction to Anthropol. Vol. I, p. 305. Wegen der Yura-caras s. *Alc. d'Orbigny*, citiert bei *Prichard*, Phys. Hist. of Mankind. Vol. V. 3. ed., p. 476.

Bei mehreren Stämmen von Nord-Amerika wächst das Haar am Kopfe zu einer wunderbaren Länge, und *Catlin* führt einen merkwürdigen Beweis dafür an, wie sehr dieses geschätzt wird; der Häuptling der Crows nämlich wurde zu dieser Stellung deshalb erwählt, weil er die längsten Haare unter allen Männern im Stamme hatte, und zwar zehn Fuß und sieben Zoll. Die Aymaras und Quechuas von Süd-Amerika haben gleichfalls sehr lange Haare, und diese werden, wie Mr. *D. Forbes* mir mittheilt, wegen ihrer Schönheit so sehr geschätzt, daß die schwerste Strafe, welche man ihnen auflegen konnte, die war, das Haar abzuschneiden. In beiden Hälften des Continents vergrößern die Eingeborenen zuweilen die scheinbare Länge ihres Haares dadurch, daß sie faserige Substanzen mit ihm verweben. Obschon das Haar am Kopfe hiernach sehr hoch geschätzt ist, so wird das im Gesicht doch von den nordamerikanischen Indianer »für sehr gemein« gehalten, und jedes Haar wird sorgfältig ausgezogen. Dieser Gebrauch herrscht durch den ganzen amerikanischen Continent von Vancouver's Island im Norden bis zum Feuerlande im Süden. Als York Minster, ein Feuerländer am Bord des Beagle, nach seinem Lande zurückgebracht wurde, sagten ihm die Eingeborenen, er solle die wenigen kurzen Haare in seinem Gesicht ausreißen. Sie drohten auch einem jungen Missionär, welcher eine Zeit lang bei ihnen gelassen wurde, damit, ihn nackt auszuziehen und die Haare von seinem Gesicht und Körper auszureißen, und doch war er durchaus kein stark behaarter Mann. Es wird diese Mode bis zu einem solchen Extrem getrieben, daß die Indianer von Paraguay ihre Augenbrauen und Augenwimpern ausreißen, indem sie sagen, sie wünschten nicht wie Pferde auszusehen. North American Indians by *G. Catlin.* 3. edit. 1842. Vol. I, p.49. Vol. II, . p. 227. Über die Eingeborenen von Vancouver's Island s. *Sproat*, Scenes and Studies of Savage Life, 1868, p. 25. Über die Indianer von Paraguay s. *Azara*, Voyages etc. Tom. II, p. 105. Es ist merkwürdig, daß in der ganzen Welt die Rassen, welche fast vollständig eines Bartes entbehren, Haare im Gesichte und am Körper nicht leiden können und Sorgfalt darauf verwenden, sie auszuziehen. Die Kalmucken sind bartlos, und man weiß, daß sie, wie die Amerikaner, alle zerstreut stehenden Haare ausreißen, und dasselbe gilt für die Polynesier, einige Malayen und die Siamesen. Mr. *Veitch* führt an, daß die japanesischen Damen »sich sämmtlich an unsere Backenbärte stießen, sie für sehr häßlich erklärten und mir riethen, sie abzuschneiden und wie japanesische Männer auszusehen«. Die Neuseeländer haben kurze gekräuselte Barte; doch rissen sie früher die Haare im Gesicht aus. Sie hatten ein Sprichwort, »daß es für einen haarigen Mann keine Frau giebt« die Mode scheint sich aber in Neu-Seeland, vielleicht in Folge der Anwesenheit von Europäern, geändert zu haben; man hat mir versichert, daß jetzt Bärte von den Maoris bewundert werden. Über die Siamesen s. *Prichard* a. a. O. Vol. IV, p. 533. Über die Japanesen: *Veitch* in: Gardener's Chronicle. 1860, p. 1104. In Bezug auf die Neuseeländer s. *Mantegazza*, Viaggi e Studi. 1867, p. 526. Wegen der andern oben erwähnten Nationen s. Verweisungen in: *Lawrence*, Lectures on Physiology. 1822, p. 272.

Auf der anderen Seite bewundern bärtige Rassen ihre Bärte und schätzen sie sehr. Unter den Angelsachsen hatte jeder Theil des Körpers ihren Gesetzen zufolge einen anerkannten Werth. »Der Verlust des Bartes wurde auf zwanzig Schilling geschätzt, während das Brechen des Oberschenkels nur zu zwölf festgesetzt war«. Sir J. *Lubbock*, Origin of Civilization. 1870, p. 321. Im Oriente schwören die Männer feierlich bei ihren Bärten. Wir haben gesehen, daß Chinsurdi, der Häuptling der Makalolo in Afrika, offenbar der Ansicht war, daß Bärte eine große Zierde seien. Bei den Fiji-Insulanern im Stillen Ocean ist der Bart »üppig und buschig und ist der größte Stolz der Männer«, während die Eingeborenen der benachbarten Archipele von Tonga und Samoa »bartlos sind und ein rauhes Kinn verabscheuen«. Nur auf einer einzigen Insel der ElliceGruppe sind »die Männer stark bebartet und nicht wenig stolz darauf«. Dr. *Barnard Davis* citiert *Prichard* und Andere wegen dieser Thatsachen von den Polynesiern in: Anthropological Review, April 1870, p. 185,191. Wir sehen hieraus, wie sehr die verschiedenen Rassen des Menschen in ihrem Geschmacke für's Schöne verschieden sind. In jeder Nation, die weit genug vorgeschritten war, sich Bildnisse ihrer Götter oder ihrer vergötterten Herrscher zu machen, versuchten ohne Zweifel die Bildhauer ihr Ideal von Schönheit und Großartigkeit in diesen Bildwerken auszudrücken. *Ch. Comte* giebt Bemerkungen in diesem Sinne in seinem Traité de Législation. 3. édit, 1837, p. 136. Von diesem Gesichtspunkte aus verdienen die griechischen Statuen des Jupiter oder Apollo mit den ägyptischen oder assyrischen Statuen im Geiste verglichen zu werden, und diese wiederum mit den häßlichen Basreliefs der zerstörten Bauten von Central-Amerika.

Ich bin sehr wenigen Angaben begegnet, welche der eben erwähnten Schlußfolgerung entgegenstehen; indessen ist Mr. *Winwood Reade*, welcher reichlich Gelegenheit zur Beobachtung nicht nur in Bezug auf die Neger der Westküste von Afrika, sondern auch in Bezug auf die des Innern hatte, welche niemals mit Europäern in Verbindung gestanden haben, überzeugt, daß ihre Ideen von Schönheit *im Ganzen* dieselben sind wie unsere. In ähnlichem Sinne äußert sich Dr. *Rohlfs* brieflich gegen mich in Bezug auf die Bornu und die von den Pullo-Stämmen bewohnten Länder. Mr. *Reade* fand, daß er mit den Negern in der Werthschätzung der Schönheit der eingeborenen Mädchen übereinstimmte und daß ihre Würdigung der Schönheit europäischer Frauen der unseren entsprechend war. Sie bewundern langes Haar und brauchen künstliche Mittel, es sehr reich erscheinen zu lassen. Sie bewundern auch einen Bart, obschon sie selbst spärlich damit versehen sind. Mr. *Reade* ist im Zweifel, welche Art von Nasen am meisten geschätzt werde. Man hat ein Mädchen sagen hören, »ich mag den nicht heirathen, er hat keine Nase«, und dies beweist, daß eine sehr platte Nase kein Gegenstand der Bewunderung ist. Wir müssen uns indessen erinnern, daß die plattgedrückten und sehr breiten Nasen und vorspringenden Kinnladen der Neger der Westküste ausnahmsweise Typen unter den Einwohnern von Afrika sind. Trotz der vorstehenden Angaben giebt Mr. *Reade* zu, daß Neger »die Farbe unserer Haut nicht leiden können; sie betrachten blaue Augen mit Widerwillen und halten unsere Nasen für zu lang und unsere Lippen für zu dünn«. Er hält es nicht für wahrscheinlich, daß Neger jemals »die schönste europäische Frau nur auf Grund der bloßen physischen Bewunderung einer gut aussehenden Negerin vorziehen würden«. The African Sketch Book. Vol. II. 1873, p. 253, 394, 521. Wie mir ein

Missionär mitgetheilt hat, welcher lange Zeit unter den Feuerländern gelebt hat, betrachten dieselben europäische Frauen als außerordentlich schön; nach dem aber, was wir von dem Urtheil der andern Eingeborenen von Amerika gesehen haben, kann ich nur glauben, daß dies ein Irrthum ist, wenn sich nicht geradezu diese Angaben auf Feuerländer beziehen, welche einige Zeit unter Europäern gelebt haben und uns für höhere Wesen halten müssen. Ich muß noch hinzufügen, daß ein äußerst erfahrener Beobachter, Capt. *Burton*, der Ansicht ist, daß eine Frau, welche wir für schön halten, auf der ganzen Welt bewundert wird; Anthropological Review, March, 1864, p. 245. Die Wahrheit des schon vor längerer Zeit von *Humboldt*Personal Narrative, Vol. IV, p. 518 u. and. *O. Mantegazza* hebt in seinen Viaggi e Studi, 1867, denselben Grundsatz nachdrücklich hervor. betonten Grundsatzes, daß der Mensch die Charaktere bewundert und häufig zu übertreiben sucht, welche die Natur ihm nur immer gegeben haben mag, zeigt sich auf vielerlei Weise. Der Gebrauch bartloser Rassen, jede Spur eines Bartes zu entfernen, ebenso wie allgemein die Haare am Körper, bietet eine Erläuterung dazu dar. Der Schädel ist während alter und neuerer Zeiten von vielen Nationen bedeutend modificiert worden, und es läßt sich wenig zweifeln, daß dies besonders in Nord- und Süd-Amerika zu dem Zwecke ausgeübt wurde, um irgend eine natürliche und bewunderte Eigenthümlichkeit zu übertreiben. Viele amerikanische Indianer bewundern bekanntlich einen Kopf, der zu einem solchen extremen Grade abgeplattet ist, daß er uns wie der eines Idioten erscheint. Die Eingeborenen der Nordwestküste drücken ihren Kopf in die Form eines zugespitzten Kegels zusammen und es ist beständiger Gebrauch bei ihnen, das Haar in einen Knoten auf der Spitze ihres Kopfes zusammenzufassen zum Zwecke, wie Dr. *Wilson* bemerkt, »die scheinbare Erhebung der beliebten conischen Form noch zu erhöhen«. Die Einwohner von Arakhan »bewundern eine breite glatte Stirn, und um diese hervorzubringen befestigen sie eine Bleiplatte an den Köpfen ihrer neugeborenen Kinder«. Andererseits »wird ein breites, gut gerundetes Hinterhaupt von den Eingeborenen der Fiji-Inseln für eine große Schönheit gehalten«. Über die Schädel der amerikanischen Stämme s. *Nott* and *Gliddon*, Types of Mankind, 1854, p. 440; *Prichard*, Physic. Hist. of Mankind, Vol. I, 3. edit., p. 321; über die Eingeborenen von Arakhan, ebenda, Vol. IV, p. 537; *Wilson*, Physical Ethnology, in Smithsonian Institution, 1863, p. 288; über die Fiji-Insulaner p. 290. Sir *J. Lubbock* (Prehistoric Times, 2. edit., 1869, p. 506) giebt ein ausgezeichnetes Resumé über diesen Gegenstand.

Wie für den Schädel, so gilt dasselbe auch für die Nase. Die alten Hunnen waren während des Zeitalters des Attila gewöhnt, die Nasen ihrer Kinder mit Bandagen abzuplatten »zum Zwecke der Übertreibung einer natürlichen Bildung«. Bei den Tahiti-Insulanern wird die Benennung »Langnase« für eine Insulte gehalten, und sie comprimieren die Nasen und Stirnen ihrer Kinder zum Zwecke der Schönheit. Dasselbe ist der Fall bei den Malayen von Sumatra, den Hottentotten, gewissen Negern und den Eingeborenen von Brasilien. Über die Hunnen s. *Godron*, De l'Espèce. Tom. II. 1859, p. 300. Über die Eingeborenen von Tahiti s. *Waitz*, Anthropolog. Vol. I, p. 305. *Marsden*, citiert von *Prichard*, Physic. Hist. of Mankind. 3. ed. Vol. V, p. 67. *Lawrence*, Lectures on Physiology, p. 337. Die Chinesen haben von Natur ungewöhnlich kleine Füße; Diese Thatsache wurde auf der Reise der Novara festgestellt, s. Anthropologischer Theil, Dr. *Weisbach*, 1867, p. 265. und es ist wohlbekannt, daß die Frauen der oberen Classen ihre Füße verdrehen, um sie noch kleiner zu machen. Endlich glaubt *Humboldt*, daß die amerikanischen Indianer deshalb ihre Körper mit rother Farbe so gern anstreichen, um ihre natürliche Farbe zu übertreiben, und noch bis in die neueste Zeit erhöhen europäische Frauen ihre natürlichen hellen Farben durch rothe und weiße Schminke. Es dürfte aber doch zweifelhaft sein, ob barbarische Nationen irgend derartige Absichten hatten, als sie sich bemalten.

Bei den Moden unserer eigenen Kleidung sehen wir genau dasselbe Princip und denselben Wunsch, jeden Punkt bis zum Extrem zu führen; auch zeigt sich hier derselbe Geist des wetteifernden Ehrgeizes. Es sind aber die Moden der Wilden viel beständiger als unsere; und wo nur immer ihre Körper künstlich modificiert werden, ist dies nothwendigerweise der Fall. Die arabischen Frauen des oberen Nils brauchen ungefähr drei Tage dazu, ihr Haar zu ordnen. Sie ahmen niemals andern Stämmen nach, sondern wetteifern nur unter einander »in der höchsten Entwicklung ihres eigenen Styls«. Dr. *Wilson* spricht von den zusammengedrückten Schädeln verschiedener amerikanischer Rassen und fügt hinzu: »derartige Gebräuche gehören zu den am wenigsten zu beseitigenden und überleben um lange Zeit den Anprall der Revolutionen, welche Dynastien wechseln lassen und bedeutungsvollere Nationaleigenthümlichkeiten beseitigen«. Smithsonian Institution, 1863, p. 289. Über die Moden der arabischen Frauen s. Sir *S. Baker*, The Nile Tributaries. 1867, p. 121. Dasselbe Princip kommt auch bei der Kunst der Zuchtwahl mit in's Spiel; und wir können hiernach, wie ich an einer anderen Stelle erklärt habe, Das

Variiren der Thiere und Pflanzen im Zustande der Domestication. 2. Aufl. Bd. I, p. 240; Bd. II, p. 274. die wunderbare Entwicklung der vielen Rassen von Thieren und Pflanzen verstehen, welche bloß zum Schmucke gehalten werden. Züchter wünschen immer einen jeden Charakter etwas vergrößert zu haben, sie bewundern keinen mittleren Maßstab; sicherlich wünschen sie keinen großen und plötzlichen Wechsel in dem Charakter ihrer Rassen; sie bewundern allein, was sie zu sehen gewöhnt sind; aber sie wünschen eifrigst, jeden charakteristischen Zug etwas mehr entwickelt zu haben.

Ohne Zweifel ist das sinnliche Wahrnehmungsvermögen des Menschen und der niederen Thiere so constituiert, daß glänzende Farben und gewisse Formen ebenso wie harmonische und rhythmische Laute Vergnügen gewähren und schön genannt werden; warum dies aber so sein muß, wissen wir nicht. Es ist gewiß nicht wahr, daß es im Geiste des Menschen irgend einen allgemeinen Maßstab der Schönheit in Bezug auf den menschlichen Körper giebt. Indessen ist es möglich, daß ein gewisser Geschmack im Laufe der Zeit vererbt worden ist, obschon keine Beweise zu Gunsten dieser Annahme vorhanden sind; und wenn dies der Fall ist, so würde jede Rasse ihren eigenen eingeborenen idealen Maßstab der Schönheit besitzen. Es ist behauptet worden, *Schaaffhausen*, Archiv für Anthropologie. 1866, p. 164. daß Häßlichkeit in einer Annäherung an die Bildung der niederen Thiere bestehe, und dies ist ohne Zweifel für civilisiertere Nationen wahr, bei welchen der Intellect hoch geschätzt wird; die Erklärung läßt sich aber kaum auf alle Formen von Häßlichkeit anwenden. Die Menschen einer jeden Rasse ziehen das vor, was sie zu sehen gewohnt sind, sie können keine Veränderung ertragen, aber sie lieben Abwechslung und bewundern es, wenn ein charakteristischer Punkt bis zu einem mäßigen Extrem geführt wird. Mr. *Bain* hat (Mental and Moral Science. 1868, p. 304-314) ungefähr ein Dutzend mehr oder weniger verschiedener Theorien der Idee der Schönheit gesammelt; aber keine stimmt völlig mit der hier gegebenen überein. Menschen, welche an ein nahezu ovales Gesicht, an einfache und regelmäßige Züge und helle Farben gewöhnt sind, bewundern, wie wir Europäer es wissen, diese Punkte, wenn sie stark entwickelt sind. Auf der andern Seite bewundern Menschen, welche an ein breites Gesicht mit hohen Wangenknochen, eine abgeplattete Nase und eine schwarze Haut gewöhnt sind, diese Punkte, wenn sie stark ausgeprägt sind. Ohne Zweifel können Eigenschaften aller Art leicht zu stark entwickelt werden, um schön zu sein. Es wird daher eine vollkommene

Schönheit, welche viele Merkmale in besonderer Art und Weise modificiert in sich faßt, in jeder Rasse ein Wunder sein. Wie der große Anatom *Bichat* vor längerer Zeit schon sagte: wenn ein Jeder nach derselben Form gegossen wäre, so würde es keine Schönheit geben. Wenn alle unsere Frauen so schön wie die Venus von Medici wären, so würden wir eine Zeitlang bezaubert sein; wir würden aber sehr bald Abwechslung wünschen; und sobald wir eine Abwechslung erlangt hätten, würden wir gewisse Eigenschaften bei unseren Frauen etwas über den nun existierenden gewöhnlichen Maßstab hinausragend zu sehen wünschen.

ZWANZIGSTES CAPITEL.

Secundäre Sexualcharaktere des Menschen (Fortsetzung)

Über die Wirkungen der fortgesetzten Wahl von Frauen nach einem verschiedenen Maßstabe der Schönheit in jeder Rasse. – Über die Ursachen, welche die geschlechtliche Zuchtwahl bei civilisierten und wilden Rassen stören. – Der geschlechtlichen Zuchtwahl günstige Bedingungen in Urzeiten. – Über die Art der Wirkung der geschlechtlichen Zuchtwahl beim Menschengeschlecht. – Über den Umstand, daß die Frauen wilder Stämme in etwas die Fähigkeit haben, sich Gatten zu wählen. – Fehlen des Haars am Körper und Entwicklung des Bartes. – Farbe der Haut. – Zusammenfassung.

Wir haben im letzten Capitel gesehen, daß bei allen barbarischen Rassen Zierathen, Kleidung und äußere Erscheinung in hohem Werthe stehen und daß die Männer über die Schönheit ihrer Frauen nach sehr verschiedenen Maßstäben urtheilen. Wir müssen nun zunächst untersuchen, ob dieses Vorziehen und die darauf folgende Wahl derjenigen Frauen, welche den Männern einer jeden Rasse als die anziehendsten erschienen, während vieler Generationen, entweder den Charakter allein der Frauen oder beider Geschlechter verändert haben. Bei Säugethieren scheint die allgemeine Regel die zu sein, daß Charaktere aller Arten gleichmäßig von den Männchen und Weibchen geerbt werden; wir können daher erwarten, daß beim Menschen alle durch geschlechtliche Zuchtwahl von den Frauen oder von den Männern erlangten Charaktere gewöhnlich den Nachkommen beiderlei Geschlechts werden überliefert werden. Wenn irgend eine Veränderung hierdurch bewirkt worden ist, so ist es beinahe gewiß, daß die verschiedenen Rassen verschieden modificiert sein werden, da jede ihren eigenen Maßstab der Schönheit hat.

Bei Menschen, besonders bei Wilden, stören viele Ursachen die Thätigkeit der geschlechtlichen Zuchtwahl, soweit der Körperbau in Betracht kommt. Civilisierte Männer werden in hohem Grade durch die geistigen Reize der Frauen angezogen, ebenso durch ihren Wohlstand und besonders durch ihre sociale Stellung; denn die Männer heirathen selten in einen viel tieferen Lebensrang. Die Männer, welche im Gewinnen der schöneren Frauen erfolgreich sind, werden keine größere Wahrscheinlichkeit für sich haben, eine längere Descendenzreihe zu hinterlassen als Männer mit einfacheren Weibern, ausgenommen die wenigen, welche ihr Vermögen nach den Gesetzen der Primogenitur vererben. In Bezug auf die entgegengesetzte Form der Auswahl, nämlich die Wahl anziehender Männer durch die Frauen, wird, obschon bei civilisierten Nationen die Frauen eine freie oder beinahe freie Wahl haben, was bei barbarischen Rassen nicht der Fall ist, doch deren Wahl in hohem Grade durch die sociale Stellung und den Wohlstand der Männer beeinflußt; und der Erfolg der letzteren im Leben hängt zum großen Theile von ihren intellectuellen Kräften und ihrer Energie oder von den Resultaten dieser selben Kräfte bei ihren Vorfahren ab. Es bedarf keiner Entschuldigung, wenn dieser Gegenstand etwas ausführlich behandelt wird; denn wie der Philosoph *Schopenhauer* bemerkt: »das endliche Ziel aller Liebesintriguen, mögen sie komisch oder tragisch sein, ist wirklich von größerer Bedeutung als alle übrigen Zwecke im menschlichen Leben. Um was sich hier Alles dreht, ist nichts Geringeres als die Beschaffenheit der nächsten Generation. ... Es ist nicht das Wohl und Wehe jedes einzelnen Individuums, sondern das der künftigen Menschenrasse, welches hier auf dem Spiele steht«. »Schopenhauer and Darwinism«, in: Journal of Anthropology, Jan. 1871, p. 323. Es ist indessen Grund vorhanden zu glauben, daß geschlechtliche Zuchtwahl bei gewissen civilisierten oder halbcivilisierten Nationen doch eine Wirkung auf die Modification des Körperbaues einiger ihrer Glieder geäußert hat. Viele Personen sind, und wie mir's scheint, mit Recht, davon überzeugt, daß die Glieder unserer Aristokratie, wobei ich unter diesem Ausdrucke alle wohlhabenden Familien mit umfasse, in welchen Primogenitur seit lange geherrscht hat, – weil sie viele Generationen hindurch aus allen Classen die schöneren Mädchen sich zu ihren Frauen erwählt haben, dem europäischen Maßstabe von Schönheit zufolge schöner geworden sind als die mittleren Classen; doch sind die mittleren Classen in Bezug auf vollkommene Entwicklung des Körpers unter gleich günstigen Bedingungen. *Cook* bemerkt, daß die Superiorität in der persönlichen Erscheinung, »welche auf allen übrigen Inseln (des Stillen Oceans) bei den Erees oder Adeligen zu beobachten ist, auf den Sandwich-Inseln allgemein gefunden wird«. Dies mag aber hauptsächlich Folge ihrer besseren Ernährung und Lebensweise sein.

Bei der Beschreibung der Perser sagt der alte Reisende *Chardin*: »ihr Blut ist jetzt durch häufige Vermischung mit den Georgiern und Circassiern, welche beide Nationen in Bezug auf persönliche Schönheit die ganze Welt übertreffen, im hohen Grade veredelt. Es ist kaum ein Mann von Rang in Persien, welcher nicht von einer georgischen oder circassischen Mutter geboren wäre«. Er fügt hinzu, daß sie ihre Schönheit erben, »indeß nicht von ihren Vorfahren, denn ohne die erwähnte Vermischung würden die Leute von Rang in Persien, welche Nachkommen der Tartaren sind, äußerst häßlich sein«. Diese Citate sind aus *Lawrence*, Lectures on Physiology etc., 1822, p. 393, entnommen, welcher die Schönheit der höheren Classen in England dem Umstande zuschreibt, daß die Männer lange Zeit hindurch die schöneren Frauen erwählt haben. Das Folgende ist ein noch merkwürdigerer Fall. Die Priesterinnen, welche den Tempel der Venus Erycina in San-Giuliano in Sicilien bedienten, wurden um ihrer Schönheit willen aus ganz Griechenland ausgewählt. Sie waren keine vestalischen Jungfrauen, und *Quatrefages*, »Anthropologie«, in: Revue des Cours scientifiques. Oct. 1868, p. 721. welcher die vorstehende Thatsache anführt, bemerkt, daß die Frauen von San-Giuliano noch heutigen Tages als die schönsten auf der Insel berühmt sind und von Künstlern als Modelle gesucht werden. Offenbar sind die Beweise in den eben erwähnten Fällen aber zweifelhaft.

Obgleich sich der folgende Fall auf Wilde bezieht, so ist er doch, seiner Merkwürdigkeit wegen, der Erwähnung werth. Mr. *Winwood Reade* theilt mir mit, daß die Jollofs, ein Negerstamm an der Westküste von Afrika, »wegen ihrer gleichförmig schönen Erscheinung merkwürdig sind«. Einer seiner Freunde fragte einen dieser Leute: »Woher kommt es, daß ein Jeder, dem ich hier begegne, so schön aussieht, nicht bloß Eure Männer, sondern auch Eure Frauen?« Der Jollof antwortete: »Das ist sehr leicht zu erklären: es ist stets unser Gebrauch gewesen, unsere schlecht aussehenden Sclaven auszusuchen und zu verkaufen«. Es braucht kaum hinzugefügt zu werden, daß bei allen Wilden weibliche Sclaven als Concubinen dienen. Daß dieser Neger, mag er es mit Recht oder mit Unrecht gethan haben, das schöne Aussehen des Stammes der lange fortgesetzten Beseitigung der häßlichen Frauen zugeschrieben haben sollte, ist nicht so überraschend, als es auf den ersten Blick aussehen dürfte; denn ich habe an einer anderen Stelle gezeigt, Das Variiren der Thiere und Pflanzen im Zustande der Domestication. 2. Aufl. Bd. II, p. 236. daß Neger die Bedeutung der Zuchtwahl bei der Zucht der domesticirten Thiere vollkommen würdigen, und ich könnte nach Mr. *Reade* weitere Belege für diesen Punkt anführen.

Über die Ursachen, welche die Wirkung geschlechtlicher Zuchtwahl bei Wilden hindern oder hemmen. – Die hauptsächlichsten Ursachen sind: erstens, sogenannte communale Ehen oder allgemeine Vermischung;

zweitens die Folgen des weiblichen Kindesmordes; drittens frühe Verlobungen; und endlich die niedrige Schätzung, in welcher die Frauen gehalten werden, nämlich als bloße Sclaven. Diese vier Punkte müssen mit einiger Ausführlichkeit betrachtet werden.

So lange das Paaren des Menschen oder irgend eines anderen Thieres dem Zufalle überlassen ist, ohne daß von einem der Geschlechter eine Wahl ausgeübt wird, kann offenbar keine geschlechtliche Zuchtwahl vorkommen; und es wird auf die Nachkommen keine Wirkung dadurch hervorgebracht werden, daß gewisse Individuen über andere bei ihrer Bewerbung einen Vortheil haben. Nun wird behauptet, daß heutigen Tages noch Stämme existieren, bei welchen das besteht, was Sir *J. Lubbock* aus Höflichkeit communale Ehen nennt, d. h. alle Männer und Frauen in dem Stamme sind Ehegatten unter einander. Die Ausschweifung vieler Wilden ist ohne Zweifel erstaunlich groß es scheint mir aber doch, als wären noch weitere Beweise nöthig, ehe wir vollständig annehmen können, daß die vorkommende Vermischung in irgend einem Falle wirklich allgemein ist. Nichtsdestoweniger glauben alle diejenigen, welche den Gegenstand am eingehendsten studiert haben, Sir *J. Lubbock*, The Origin of Civilization, 1870, Cap. III, besonders p. 60-67. Mr. *M'Lennan* spricht in seinem äußerst werthvollen Werke über »Primitive Marriage« 1865, p. 163, von der Verbindung der Geschlechter »in den frühesten Zeiten, als locker, vorübergehend und in einem gewissen Grade allgemein«. Mr. *M'Lennan* und Sir *J. Lubbock* haben viele Belege über die außerordentliche Ausschweifung der Wilden der Jetztzeit gesammelt. Mr. *L. H. Morgan* kommt in seiner interessanten Abhandlung über das classificatorische System der Verwandtschaften (Proceed. Amer. Acad. of Sciences. Vol. VII. Febr. 1868, p. 475) zu dem Schlusse, daß Polygamie und alle Formen von Ehen während der Urzeiten unbekannt waren. Nach Sir *J. Lubbock*'s Werk scheint es auch, als ob *Bachofen* gleichfalls der Ansicht wäre, daß ursprünglich communale Ehen geherrscht haben. und deren Urtheil viel mehr werth ist als das meinige, daß communale Ehen (der Ausdruck wird in verschiedener Weise umgangen) die ursprüngliche und allgemeine Form auf der ganzen Erde war, mit Einschluß der Heirathen zwischen Brüdern und Schwestern. Der verstorbene Sir *A. Smith*, welcher viel in Süd-Afrika gereist war und die Lebensweise der Wilden dort und andrer Orten gut kannte, drückte gegen mich die entschiedenste Meinung aus, daß keine Rasse existiere, bei welcher die Frau als Eigenthum der Gemeinde betrachtet werde. Ich glaube, daß sein Urtheil in hohem Grade durch die Idee bestimmt wurde, die wir mit dem Ausdruck Ehe verbinden. Im ganzen Verlaufe der folgenden Erörterung werde ich den Ausdruck in demselben Sinn gebrauchen, wie wenn Naturforscher von monogamen Thieren sprechen, worunter sie verstehen, daß das Männchen von einem einzigen Weibchen angenommen wird oder ein einziges Weibchen sich wählt und mit ihm entweder während der Brütezeit oder das ganze Jahr hindurch lebt und dasselbe nach dem Gesetze der Macht in seinem Besitze hält; oder so, wie wir von einer polygamen Species sprechen, worunter wir verstehen, daß das Männchen mit mehreren Weibchen lebt. Diese Art von Ehe ist Alles, was uns hier angeht, da sie für die Arbeit der geschlechtlichen Zuchtwahl genügt. Ich weiß aber, daß mehrere der oben erwähnten Schriftsteller mit dem Ausdruck »Ehe« noch ein anerkanntes, vom Stamm geschütztes Recht verstehen.

Die indirecten Beweise zu Gunsten der Annahme eines früheren Vorherrschens communaler Ehen sind äußerst bündig und beruhen hauptsächlich auf Bezeichnungen der Verwandtschaftsgrade, welche zwischen den Gliedern eines und des nämlichen Stammes angewendet werden und welche einen Zusammenhang nur mit dem Stamme und nicht mit einem der beiden Eltern enthalten. Der Gegenstand ist aber zu weitläufig und complicirt, um hier auch nur einen Auszug davon geben zu können. Ich werde mich daher auf wenige Bemerkungen beschränken. Offenbar ist bei solchen Ehen, oder wo das Band der Ehe ein sehr lockeres ist, die verwandtschaftliche Beziehung des Kindes zu seinem Vater nicht bekannt. Es scheint aber beinahe unglaublich zu sein, daß die Verwandtschaft des Kindes mit seiner Mutter jemals vollständig ignorirt worden sein sollte, besonders da die Frauen bei den meisten wilden Stämmen ihre Kinder eine lange Zeit hindurch stillen. Demzufolge werden in vielen Fällen die Descendenzreihen nur durch die Mutter mit Ausschluß des Vaters zurückverfolgt. Aber in anderen Fällen drücken die zur Verwendung kommenden Bezeichnungen nur einen Zusammenhang mit dem Stamme, selbst mit Ausschluß der Mutter, aus. Es scheint wohl möglich, daß der Zusammenhang zwischen den unter einander verwandten Gliedern eines und desselben barbarischen Stammes, welche allen Arten von Gefahren ausgesetzt sind, wegen der Nothwendigkeit gegenseitigen Schutzes und gegenseitiger Hülfe so viel bedeutungsvoller ist, als der zwischen der Mutter und ihrem Kinde, daß er zu dem alleinigen Gebrauche von Ausdrücken geführt hat, welche die erstgenannten verwandtschaftlichen Beziehungen enthalten; aber Mr. *Morgan* ist überzeugt, daß diese Ansicht von der Sache durchaus nicht genügend ist.

Die in verschiedenen Theilen der Erde zur Bezeichnung des Verwandtschaftsgrades benutzten Ausdrücke können nach dem eben angeführten Schriftsteller in zwei große Classen eingetheilt werden, die classificatorische und die beschreibende, – die letztere wird von uns angewendet. Es ist nun das classificatorische System, welches sehr nachdrücklich zu der Annahme führt, daß communale und andere äußerst lockere Formen von Ehen ursprünglich allgemein waren. So weit ich aber sehen kann, liegt von diesem Grunde aus keine Nothwendigkeit vor, an eine absolut allgemeine Vermengung zu glauben; und ich freue mich zu sehen, daß dies auch Sir J. *Lubbock*'s Ansicht ist. Männer und Frauen können, wie viele der niederen Thiere, früher feste, wenn auch nur zeitweise Verbindungen für eine jede Geburt eingegangen sein, und in diesem Falle wird nahezu so viel Verwirrung in den Ausdrücken der Verwandtschaftsgrade eingetreten sein, wie in dem Falle einer ganz allgemeinen Vermischung. Soweit geschlechtliche Zuchtwahl in Betracht kommt, ist Alles was verlangt wird, daß eine Wahl ausgeübt wird, ehe sich die Eltern mit einander verbinden, und es ist von geringer Bedeutung, ob die Verbindungen für's ganze Leben oder nur für ein Jahr bestehen.

Außer den von den Bezeichnungen der Verwandtschaftsgrade hergenommenen Belegen weisen noch andere Überlegungen auf das früher verbreitete Vorherrschen communaler Ehen hin. Sir J. *Lubbock* erklärt Address to British Association »On the Social and Religious Condition of the Lower Races of Man«, 1870, p. 20. in geistvoller Weise die fremdartige und weitverbreitete Gewohnheit der Exogamie, – d. h. die Form von Heirathen, wo die Männer eines Stammes sich immer Frauen aus einem verschiedenen Stamme nehmen, – durch den Communismus, welcher die ursprüngliche Form der Ehe gewesen ist, so daß ein Mann niemals ein Weib für sich erlangte, wenn er es nicht von einem benachbarten und feindlichen Stamme für sich zur Gefangenen machte; denn dann wird dasselbe natürlich sein eigenes und werthvolles Besitzthum geworden sein. Hierdurch kann der Gebrauch, Frauen zu fangen, entstanden und wegen der dadurch erlangten Ehre kann es schließlich die allgemeine Gewohnheit geworden sein. Wir können hiernach auch, Sir J. *Lubbock* zufolge, die Nothwendigkeit einsehen, warum für die Heirath als eine »Beeinträchtigung der Rechte des Stammes eine Entschädigung oder Sühne eintreten mußte, da den alten Ideen entsprechend ein Mann kein

Recht hatte, das sich selbst anzueignen, was dem ganzen Stamme gehörte«. Sir *J. Lubbock* theilt ferner eine merkwürdige Menge von Thatsachen mit, welche zeigen, daß in alten Zeiten den Frauen, welche äußerst ausschweifend waren, große Ehre erwiesen wurde; und dies ist, wie er erklärt, zu verstehen, wenn wir annehmen, daß allgemeine Vermischung der ursprüngliche und daher lange in Ansehen stehende Gebrauch des Stammes war. Origin of Civilization. 1870, p. 86. In den verschiedenen oben citierten Werken wird man reichliche Belege über die Verwandtschaft nur mit den Frauen oder allein mit dem Stamme finden. Obgleich die Art und Weise der Entwicklung des ehelichen Bandes ein dunkler Gegenstand ist, wie wir nach den über mehrere Punkte auseinandergehenden Ansichten der drei Schriftsteller, welche ihn am sorgfältigsten studiert haben, nämlich Mr. *Morgan*, *M'Lennan* und Sir *J. Lubbock*, schließen können, so scheint es doch nach den vorstehenden und mehreren anderen Reihen von Beweisen wahrscheinlich zu sein, *C. Staniland Wake* sucht (Anthropologia, March, 1874, p. 197) eingehend die von diesen drei Schriftstellern entwickelte Ansicht von dem früheren Vorherrschen einer fast ganz allgemeinen Vermischung zu widerlegen; er glaubt, daß das classificatorische System der Verwandtschaftsbezeichnung anders erklärt werden kann. daß der Gebrauch der Ehe, in irgend welchem strengen Sinne des Wortes, erst allmählich entwickelt worden ist und daß eine beinahe allgemeine Vermischung einmal äußerst verbreitet auf der ganzen Erde war. Nichtsdestoweniger kann ich einmal wegen der Stärke des Gefühls der Eifersucht durch das ganze Thierreich hindurch und dann nach der Analogie der niederen Thiere und noch besonders derjenigen, welche dem Menschen in der Thierreihe am nächsten kommen, doch nicht glauben, daß absolut allgemeine Vermischung in jener vergangenen Periode geherrscht hat, kurz ehe der Mensch seinen jetzigen Rang in der zoologischen Stufenreihe erlangte. Der Mensch ist, wie ich zu zeigen versucht habe, sicher von irgend einem affenähnlichen Wesen abgestammt. Bei den jetzt existierenden Quadrumanen sind, soweit ihre Lebensgewohnheiten bekannt sind, die Männchen einiger Species monogam, leben aber nur während eines Theils des Jahres mit den Weibchen; hierfür scheint der Orang ein Beispiel darzubieten. Mehrere Arten, wie einige der indischen und amerikanischen Affen, sind im strengen Sinne monogam und leben das ganze Jahr hindurch in Gesellschaft ihrer Weiber. Andere sind polygam, wie der Gorilla und mehrere südamerikanische Species, und jede Familie lebt getrennt für sich. Selbst wenn dies eintritt, sind die, einen und denselben District bewohnenden Familien wahrscheinlich in einer gewissen Ausdehnung social: so trifft man beispielsweise den Schimpanse gelegentlich in großen Truppen. Ferner sind andere Species polygam, aber mehrere Männchen, und zwar jedes mit seinen eigenen Weibchen, leben zu einer Truppe vereinigt, wie bei mehreren Species von Pavianen. *Brehm* (Illustriertes Thierleben. 2. Aufl. Bd. I, p. 159) sagt, *Cynocephalus hamadryas* lebe in großen Truppen, welche zweimal so viele erwachsene Weibchen als erwachsene Männchen enthalten, s. *Rengger*, über amerikanische polygame Species, und *Owen* (Anatomy of Vertebrates. Vol. III, p. 746) über amerikanische monogame Arten. Andere Citate könnten noch beigebracht werden. Wir können in der That nach dem, was wir von der Eifersucht aller männlichen Säugethiere wissen, von denen viele mit speciellen Waffen zum Kämpfen mit ihren Nebenbuhlern bewaffnet sind, schließen, daß allgemeine Vermischung der Geschlechter im Naturzustande äußerst unwahrscheinlich ist. Das Paaren mag nicht zeitlebens währen, sondern nur für jede Geburt; wenn indessen die Männchen, welche die stärksten und am besten dazu befähigt sind, ihre Weibchen und jungen Nachkommen zu vertheidigen oder ihnen auf andere Weise zu helfen, die anziehenderen Weibchen sich wählen sollten, so würde das für die Wirksamkeit der geschlechtlichen Zuchtwahl genügen.

Wenn wir daher im Strome der Zeit weit genug zurückblicken und nach den socialen Gewohnheiten des Menschen, wie er jetzt existiert, schließen, so ist die wahrscheinlichste Ansicht die, daß der Mensch ursprünglich in kleinen Gesellschaften lebte, jeder Mann mit einer Frau oder, wenn er die Macht hatte, mit mehreren, welche er eifersüchtig gegen alle anderen Männer vertheidigte. Oder er mag kein sociales Thier gewesen sein und doch mit mehreren Frauen für sich allein gelebt haben, wie der Gorilla; denn »alle Eingeborenen stimmen darin überein, daß nur ein erwachsenes Männchen in einer Gruppe zu sehen ist. Wächst das junge Männchen heran, so findet ein Kampf um die Herrschaft statt und der Stärkste setzt sich dann, indem er die Anderen getödtet oder fortgetrieben hat, als Oberhaupt der Gesellschaft fest«. Dr. *Savage* in: Boston Journal of Natur. Hist. Vol. V. 1845-47, p. 423. Die jüngeren Männchen, welche hierdurch ausgestoßen sind und nun umherwandern, werden auch, wenn sie zuletzt beim Finden einer Gattin erfolgreich sind, die zu enge Inzucht innerhalb der Glieder einer und derselben Familie verhüten.

Obgleich Wilde jetzt äußerst ausschweifend sind und obschon communale Ehen früher in hohem Grade geherrscht haben mögen, so besteht doch bei vielen Stämmen irgend eine Form von Ehe, freilich von viel lockerer Natur als bei civilisierten Nationen. Wie eben angeführt wurde, sind die anführenden Männer in jedem Stamm beinahe allgemein der Polygamie ergeben. Nichtsdestoweniger giebt es Stämme, welche beinahe am unteren Ende der ganzen Stufenreihe stehen, welche streng monogam leben. Dies ist der Fall mit den Veddahs von Ceylon. Sie haben der Angabe von Sir J. *Lubbock* zufolge Prehistoric Times. 1869, p. 124. ein Sprüchwort, »daß nur der Tod Mann und Frau von einander trennen kann«. Ein intelligenter Ceyloneser Häuptling, natürlich ein Polygamist, »war vollständig entsetzt über die complete Barbarei, nur mit einer Frau zu leben und nie von ihr sich zu trennen als im Tode«. Das wäre, sagte er, »gerade wie bei den Wanderoo-Affen«. Ob die Wilden, welche jetzt irgend eine Form von Ehe, entweder polygame oder monogame, eingehen, diesen Gebrauch von Urzeiten her beibehalten haben, oder ob sie auf irgend eine Form von Ehe gekommen sind, nachdem sie einen Zustand völliger allgemeiner Vermischung durchlaufen haben, darüber möchte ich mir auch nicht einmal eine Vermuthung erlauben.

Kindesmord. – Dieser Gebrauch ist jetzt auf der ganzen Erde sehr häufig und es ist Grund vorhanden zu glauben, daß er während früherer Zeiten eine noch ausgedehntere Verbreitung hatte. Mr. *M'Lennan*, Primitive Marriage, 1865. s. besonders über Exogamie und Kindesmord p. 130, 138, 165. Die Barbaren finden es schwierig, sich selbst und ihre Kinder zu erhalten, und da ist es denn ein einfacher Plan, die Kinder zu tödten. In Süd-Amerika zerstörten manche Stämme, wie *Azara* anführt, so viele Kinder beiderlei Geschlechts, daß sie auf dem Punkte waren auszusterben. Auf den polynesischen Inseln hat man Frauen gekannt, welche von vier oder fünf bis selbst zu zehn ihrer Kinder getödtet haben, und *Ellis* konnte nicht eine Frau finden, welche nicht wenigstens ein Kind getödtet hatte. Wo nur immer Kindesmord herrscht, wird der Kampf um die Existenz in so weit weniger heftig sein und alle Glieder des Stammes werden eine gleich gute Chance haben, ihre wenigen überlebenden Kinder aufzuziehen. In den meisten Fällen wird eine größere Anzahl weiblicher als männlicher Kinder zerstört, denn offenbar sind die letzteren für den Stamm von größerem Werthe, da sie, wenn sie erwachsen sind, bei der Vertheidigung helfen und sich selbst unterhalten können. Aber die von den Frauen empfundene Mühe beim Aufziehen der Kinder, der damit in Verbindung stehende Verlust ihrer Schönheit, der höhere Werth und das glücklichere Geschick der Frauen, wenn sie wenig an

Zahl sind, werden von den Frauen selbst und von verschiedenen Beobachtern als weitere Motive für den Kindesmord angeführt. In Australien, wo das Tödten weiblicher Kinder noch häufig ist, wird das Verhältnis eingeborener Frauen zu Männern auf zwei zu drei geschätzt. In einem Dorfe an der östlichen Grenze von Indien fand Oberst *Macculloch* nicht ein einziges Mädchen. *Gerland* (Über das Aussterben der Naturvölker, 1868) hat viele Mittheilungen über Kindesmord gesammelt, s. besonders p. 27, 51, 54. *Azara* (Voyages etc. Tom. II, p.94, 116) geht ausführlich in die Motive ein, s. auch *M'Lennan*, a. a. 0. p. 139, in Bezug auf die Fälle in Indien. In Bezug auf das Verhältnis der Frauen zu den Männern in Australien enthielt die vierte Auflage dieses Werkes die Angabe, Sir *G. Grey* habe dasselbe auf eins zu drei geschätzt. *Grey* sagt aber, daß unter 222 Geburten 93 weibliche und 129 männliche, also im Verhältnis von 1 zu 1,3 wären. Diese Thatsache hat daher keinen Bezug auf die Tödtung weiblicher Kinder. (Diese von Mr. *George Darwin* ermittelte Correctur wurde dem Übersetzer freundlichst durch Mr. *Francis Darwin* mitgetheilt.)

Wenn in Folge des Tödtens der Mädchen die Frauen eines Stammes an Zahl nur wenig sind, so wird die Gewohnheit, sich Frauen aus benachbarten Stämmen einzufangen, von selbst eintreten. Sir J. *Lubbock* indessen schreibt, wie wir gesehen haben, diesen Gebrauch zum größten Theile der früheren Existenz communaler Ehen und dem davon abhängenden Umstande zu, daß sich die Männer Frauen aus anderen Stämmen gefangen haben, um sie als ihr alleiniges Besitzthum für sich zu behalten. Es können noch weitere Ursachen hierfür angeführt werden, so, daß die Gesellschaften sehr klein waren, in welchem Falle die heirathsfähigen Frauen häufig gefehlt haben werden. Daß der Gebrauch des Raubens von Frauen während früherer Zeiten in großer Ausdehnung befolgt wurde, und selbst bei den Vorfahren civilisierter Nationen, zeigt sich deutlich durch das Beibehalten vieler merkwürdiger Gebräuche und Ceremonien, von welchen Mr. *M'Lennan* eine äußerst interessante Beschreibung gegeben hat. Bei unseren eigenen Heirathen scheint der »beste Mann« der hauptsächlichste Gehülfe des Bräutigams beim Acte des Raubes gewesen zu sein. So lange nun die Männer gewohnheitsgemäß ihre Frauen durch Gewalt und List sich verschafften, ist es nicht wahrscheinlich, daß sie sich die anziehenderen Frauen gewählt haben werden; sie werden nur zu froh gewesen sein, überhaupt irgend ein Weib zu fangen. Sobald aber der Gebrauch, sich Frauen von einem verschiedenen Stamme zu verschaffen, durch Tausch bewirkt wurde, wie es jetzt an vielen Orten vorkommt, werden allgemein die anziehenderen Frauen gekauft worden sein. Die unablässige Kreuzung zwischen Stamm und Stamm indessen, welche jeder Form eines solchen Gebrauches nothwendig folgte, wird dahin geführt haben, alle die in einem und demselben Lande wohnenden Völker im Charakter nahezu gleichförmig zu halten, und dies wird die Wirksamkeit der geschlechtlichen Zuchtwahl in der Differenzierung der Stämme bedeutend gestört haben.

Die Seltenheit der Frauen, eine Folge des Tödtens weiblicher Kinder, führt auch zu einem anderen Gebrauche, nämlich der Polyandrie, welche in mehreren Theilen der Erde noch in Übung ist und welche früher, wie *M'Lennan* glaubt, beinahe allgemein herrschte. Diese letztere Folgerung wird aber von Mr. *Morgan* und Sir J. *Lubbock* bezweifelt. Primitive Marriage, p. 208. Sir J. *Lubbock*, Origin of Civilisation.p.100 s. auch Mr. *Morgan* a. a. O über das frühere Herrschen der Polyandrie. Wo nur immer zwei oder mehrere Männer gezwungen sind, eine Frau zu heirathen, so ist es sicher, daß alle Frauen des Stammes verheirathet werden, und es wird dann keine Auswahl der anziehenderen Weiber von Seiten der Männer stattfinden.

So beschreibt z. B. *Azara*, mit welcher Sorgfalt ein Guanaweib um alle möglichen Privilegien handelt, ehe sie irgend einen oder mehrere Männer annimmt; und die Männer verwenden in Folge hiervon auch ungewöhnliche Sorgfalt auf ihre persönliche Erscheinung. So können bei den Todas in Indien, welche Polyandrie ausüben, die Mädchen jeden Mann entweder annehmen oder zurückweisen. Voyages etc. Tom. II, p. 92 – 95. Colonel *Marshall*, »Amongst the Todas«, p. 212. Ein sehr häßlicher Mann wird in derartigen Fällen vielleicht durchaus nicht dazu kommen, ein Weib zu erlangen, oder er bekommt es erst spät im Leben: und doch werden die schöneren Männer, obschon die erfolgreichsten im Erlangen von Weibern, soweit wir sehen können, nicht mehr Nachkommen hinterlassen, ihre Schönheit zu erben, als die weniger schönen Ehegatten derselben Frauen.

Frühe Verlobungen und Sclaverei der Frauen. – Bei vielen Wilden besteht der Gebrauch, die Frauen schon als bloße Kinder zu verloben; und dies wird in einer wirksamen Weise verhüten, daß irgend ein Vorziehen von beiden Seiten in Bezug auf persönliche Erscheinung geltend gemacht werden kann. Es wird aber nicht verhindern, daß die anziehenderen Frauen später von kraftvolleren Männern ihren Ehegatten gestohlen oder mit Gewalt entführt werden; und dies ereignet sich häufig in Australien, Amerika und anderen Theilen der Welt.

Diese selben Folgen in Bezug auf geschlechtliche Zuchtwahl werden in einer gewissen Ausdehnung eintreten, wenn die Frauen fast ausschließlich als Sclaven oder Lastthiere geschätzt werden, wie es bei vielen Völkern der Fall ist. Indessen werden die Männer zu allen Zeiten die schönsten Sclavinnen nach ihrem Maßstabe von Schönheit vorziehen.

Wir sehen hiernach, daß verschiedene Gebräuche bei Wilden herrschen, welche die Wirksamkeit der geschlechtlichen Zuchtwahl bedeutend stören oder vollständig aufheben können. Auf der anderen Seite sind die Lebensbedingungen, welchen die Wilden ausgesetzt sind, und einige ihrer Lebensgewohnheiten der natürlichen Zuchtwahl günstig; und diese kommt gleichzeitig mit geschlechtlicher Zuchtwahl in's Spiel. Man weiß, daß Wilde sehr heftig von wiederkehrenden Hungersnöthen zu leiden haben; sie vermehren ihre Nahrungsmengen nicht durch künstliche Mittel; sie enthalten sich nur selten der Verheirathung *Burchell* sagt (Travels in South Africa. Vol. II. 1824, p. 58), daß unter den wilden Nationen von Süd-Afrika weder Männer noch Frauen jemals im Stande des Cölibats ihr Leben hinbringen. *Azara* macht (Voyages dans l'Amérique merid. Tom. II. 1809, p. 21) genau dieselbe Bemerkung in Bezug auf die wilden Indianer von Süd-Amerika. und heirathen allgemein jung. In Folge dessen müssen sie gelegentlich harten Kämpfen um die Existenz ausgesetzt sein, und nur die begünstigten Individuen werden leben bleiben. In einer sehr frühen Zeit, ehe der Mensch seine jetzige Stellung in der Stufenreihe erlangt hatte, werden viele der Verhältnisse, in denen er lebte, verschieden von denen gewesen sein, welche jetzt bei Wilden zu treffen sind. Nach Analogie mit niederen Thieren zu urtheilen, wird er damals entweder mit einem einzigen Weibe oder als Polygamist gelebt haben. Die kraftvollsten und fähigsten Männer werden beim Gewinnen anziehender Frauen den besten Erfolg gehabt haben. Sie werden auch in dem allgemeinen Kampfe um's Dasein und in der Vertheidigung sowohl ihrer Frauen als auch ihrer Nachkommen gegen Feinde aller Arten den besten Erfolg gehabt haben. In dieser frühen Zeit werden die Urerzeuger des Menschen in ihrer Intelligenz noch nicht hinreichend vorgeschritten gewesen sein, um vorwärts auf in der Zukunft möglicherweise eintretende Ereignisse geblickt zu haben; sie werden noch nicht vorausgesehen haben, daß das Aufziehen allen ihrer Kinder, besonders der weiblichen, den Kampf um's Dasein für den Stamm nur noch schwerer machen würde. Sie werden sich mehr durch ihre Instincte und weniger durch ihre Vernunft haben leiten lassen, als es die Wilden heutigen Tages thun. Sie werden in jener Zeit nicht einen der stärksten von allen Instincten, welcher allen niederen Thieren gemein ist, nämlich die Liebe zu ihren jungen Nachkommen, theilweise verloren haben, und in Folge dessen werden sie Mädchentödtung nicht ausgeübt haben. Es wird keine Seltenheit von Frauen dadurch eingetreten sein, und es wird Polyandrie nicht ausgeübt worden sein; denn wohl kaum irgend eine andere Ursache, mit Ausnahme der Seltenheit der Frauen, scheint hinreichend mächtig zu sein, das natürliche und weit verbreitete Gefühl der Eifersucht und den Wunsch eines jeden Mannes, eine Frau für sich zu besitzen, zu überwinden. Polyandrie dürfte eine natürliche Stufe zum Auftreten communaler Ehen oder beinahe allgemeiner Vermischung gewesen sein, obgleich die besten Autoritäten meinen, daß diese letztere der Polyandrie vorausging. Während der Urzeiten werden keine frühen Verlobungen stattgefunden haben; denn diese weisen auf eine Voraussicht der spätem Zeit hin. Auch werden Frauen nicht als bloße Sclaven oder Lastthiere geschätzt worden sein. Wenn den Frauen ebenso wie den Männern gestattet wurde, irgend welche Wahl auszuüben, so werden beide Geschlechter sich ihren Gatten gewählt haben, und zwar nicht um geistige Reize oder großen Besitz oder sociale Stellung, sondern beinahe einzig und allein der äußeren Erscheinung nach. Alle Erwachsenen werden sich verheirathet oder gepaart haben, und sämmtliche Nachkommen, soweit das möglich war, werden aufgezogen worden sein, so daß der Kampf um die Existenz periodisch bis zu einem extremen Grade hart gewesen sein wird. Es werden daher während dieser Urzeit alle Bedingungen für geschlechtliche Zuchtwahl viel günstiger gewesen sein als in einer späteren Periode, wo der Mensch in seinem intellectuellen Vermögen vorgeschritten, aber in seinen Instincten zurückgegangen war. Was für einen Einfluß daher auch geschlechtliche Zuchtwahl in Bezug auf Hervorrufung von Verschiedenheiten zwischen den Rassen des Menschen, ebenso wie zwischen dem Menschen und den höheren Quadrumanen, gehabt haben mag; es wird dieser Einfluß in einer sehr weit zurückliegenden Periode viel mächtiger gewesen sein als heutigen Tages, wennschon er nicht völlig verloren gegangen ist.

Über die Art der Wirksamkeit der geschlechtlichen Zuchtwahl beim Menschengeschlechte. – Die geschlechtliche Zuchtwahl wird bei den Urmenschen unter den eben angeführten günstigen Bedingungen und bei denjenigen Wilden, welche in der Jetztzeit irgend eine eheliche Verbindung eingehen, wahrscheinlich in der folgenden Art und Weise in Wirksamkeit getreten sein, wobei indeß die mehr oder weniger ausgedehnt befolgten Gewohnheiten der Tödtung weiblicher Neugeborenen, früher Verlobungen u. s. w. diese Wirksamkeit mehr oder weniger gestört haben. Die stärksten und lebenskräftigsten Männer, – diejenigen, welche am besten ihre Familien vertheidigen und für dieselben jagen konnten, welche mit den besten Waffen versehen waren und das größte Besitzthum hatten, wie z. B. eine größere Zahl von Hunden oder anderen Thieren, – werden beim Aufziehen einer durchschnittlich größeren Anzahl von Nachkommen mehr Erfolg gehabt haben als die schwächeren, ärmeren und niederen Glieder der nämlichen Stämme. Es läßt sich auch daran nicht zweifeln, daß solche Männer allgemein im Stande gewesen sein werden, sich die anziehenderen Frauen zu wählen. Heutigen Tages erreichen es die Häuptlinge fast jeden Stammes auf der Erde, mehr als eine Frau zu erlangen. Bis ganz neuerdings war, wie ich von Mr. *Mantell* höre, beinahe jedes Mädchen auf NeuSeeland, welches hübsch war oder hübsch zu werden versprach, irgend einem Häuptling »tapu«. Bei den Kaffern haben, wie Mr. *C. Hamilton* anführt, Anthropological Review, Jan. 1870, p. XVI.»die Häuptlinge allgemein die Auswahl aus den Frauen in einem Umkreise von vielen Meilen und sind äußerst bedacht darauf, ihre Privilegien fest zu halten oder zu bestätigen«. Wir haben gesehen, daß jede Rasse ihren eigenen Geschmack für Schönheit hat, und wir wissen, daß es für den Menschen natürlich ist, jeden charakteristischen Punkt bei seinen domesticirten Thieren, bei seiner Kleidung, seinen Ornamenten und bei seiner persönlichen Erscheinung zu bewundern, sobald sie auch nur ein wenig über den mittleren Maßstab hinaus geführt sind. Wenn nun die verschiedenen vorstehenden Sätze zugegeben werden, und ich kann nicht sehen, daß sie zweifelhaft wären, so würde es ein unerklärlicher Umstand sein, wenn die Auswahl der anziehenderen Frauen durch die kraftvolleren Männer eines jeden Stammes, welcher im Mittel eine größere Zahl von Kindern aufziehen würden, nicht nach dem Verlaufe vieler Generationen in einem gewissen Grade den Charakter des Stammes modificiert haben würde.

Wenn bei unseren domesticirten Thieren eine fremde Rasse in ein neues Land eingeführt wird, oder wenn eine eingeborene Rasse lange Zeit und sorgfältig entweder zum Nutzen oder zur Zierde beachtet wird, so findet man nach mehreren Generationen, daß sie, sobald nur die Mittel zur Vergleichung existieren, einen größeren oder geringeren Betrag an Veränderung erlitten hat. Dies ist eine Folge der während einer langen Reihe von Generationen fort geübten unbewußten Zuchtwahl, d. h. der Erhaltung der am meisten gebilligten Individuen, ohne irgend einen Wunsch oder eine Erwartung eines derartigen Resultates von Seiten des Züchters. Wenn ferner zwei sorgfältige Züchter während vieler Jahre Thiere einer und der nämlichen Familie züchten und sie nicht miteinander oder mit einem gemeinsamen Maßstabe vergleichen, so finden sie nach einer Zeit, daß die Thiere zur Überraschung ihrer eigenen Besitzer in einem unbedeutenden Grade verschieden geworden sind. Das Variiren der Thiere und Pflanzen im Zustande der Domestication. 1873. 2. Aufl. Bd. II, p. 140147. Ein jeder Züchter hat, wie von *Nathusius* es gut ausdrückt, den Charakter seines eigenen Geistes, seinen eigenen Geschmack und sein Urtheil seinen Thieren aufgedrückt. Welche Ursache könnte man nun anführen, warum ähnliche Resultate nicht der lange fortgesetzten Auswahl der am meisten bewunderten Frauen durch diejenigen Männer eines jeden Stammes folgen sollten, welche im Stande waren, eine größere Zahl von Kindern bis zur Reife zu erziehen? Dies würde unbewußte Zuchtwahl sein, denn es würde eine Wirkung hervorgebracht werden unabhängig von irgend einem Wunsche oder einer Erwartung von Seiten der Männer, welche gewisse Frauen anderen vorziehen.

Wir wollen einmal annehmen, daß die Glieder eines Stammes, bei welchem eine gewisse Form der Ehe im Gebrauche war, sich über einen nicht bewohnten Continent verbreiten; sie werden sich bald in verschiedene Horden theilen, welche durch verschiedene Grenzen und noch wirksamer durch die unaufhörlich zwischen allen barbarischen Nationen eintretenden Kriege von einander getrennt werden. Die Horden werden auf diese Weise unbedeutend verschiedenen Lebensbedingungen und Gewohnheiten ausgesetzt werden und werden früher oder später dazu kommen, in einem geringen Grade von einander abzuweichen. Sobald dies einträte, würde jeder isolierte Stamm für sich selbst einen unbedeutend verschiedenen Maßstab der Schönheit sich bilden, Ein geistreicher Schriftsteller hebt nach einer Vergleichung der Gemälde von *Raphael*, *Rubens* und neuen französischen Malern hervor, daß die Idee der Schönheit selbst in Europa nicht absolut dieselbe ist; s. die Lebensbeschreibungen von *Haydn* und *Mozart* von *Bombet* (sonst Mr. *Beyle*), engl. Übersetzung, p. 278. und dann würde unbewußte Zuchtwahl dadurch in Wirksamkeit treten, daß die kraftvolleren und leitenden Glieder der wilden Stämme gewisse Frauen anderen vorzögen. Hierdurch werden die anfangs sehr unbedeutenden Verschiedenheiten zwischen den Stämmen allmählich und unvermeidlich in einem immer größeren und bedeutenderen Grade verschärft werden.

Bei Thieren im Naturzustande sind viele Charaktere, welche den Männchen eigen sind, wie Größe, Stärke, specielle Waffen, Muth und Kampfsucht durch das Gesetz des Kampfes erlangt worden. Die halbmenschlichen Urerzeuger des Menschen werden, wie ihre Verwandten, die Quadrumanen, beinahe sicher in dieser Weise modificiert worden sein; und da Wilde noch immer um den Besitz ihrer Frauen kämpfen, so wird ein ähnlicher Proceß der Auswahl wahrscheinlich in einem größeren oder geringeren Grade bis auf den heutigen Tag vor sich gegangen sein. Andere, den Männchen der niederen Thiere eigene Charaktere, wie glänzende Farben und verschiedene Ornamente, sind dadurch erlangt worden, daß anziehendere Männchen von den Weibchen vorgezogen worden sind. Es finden sich indessen ausnahmsweise Fälle, in denen die Männchen, statt gewählt worden zu sein, selbst der wählende Theil gewesen sind. Wir erkennen solche Fälle daran, daß die Weibchen in einem höheren Grade verziert worden sind als die Männchen, wobei ihre ornamentalen Charaktere ausschließlich oder hauptsächlich auf ihre weiblichen Nachkommen überliefert worden sind. Ein derartiger Fall ist aus der Ordnung, zu welcher der Mensch gehört, beschrieben worden, nämlich der Rhesus-Affe.

Der Mann ist an Körper und Geist kraftvoller als die Frau, und im wilden Zustande hält er dieselbe in einem viel unterwürfigeren Stande der Knechtschaft, als es das Männchen irgend eines anderen Thieres thut; es ist daher nicht überraschend, daß er das Vermögen der Wahl erlangt hat. Die Frauen sind sich überall des Werthes ihrer Schönheit bewußt, und wenn sie die Mittel haben, finden sie ein größeres Entzücken daran, sich selbst mit allen Arten von Zierathen zu schmücken, als es die Männer thun. Sie erborgen sich Schmuckfedern männlicher Vögel, mit denen die Natur dieses Geschlecht zierte, um die Weibchen zu bezaubern. Da die Frauen seit langer Zeit ihrer Schönheit wegen gewählt worden sind, so ist es nicht überraschend, daß einige der an ihnen nach einander auftretenden Abänderungen ausschließlich auf dasselbe Geschlecht überliefert worden sind, daß folglich auch die Frauen ihre Schönheit in einem etwas höheren Grade ihren weiblichen als ihren männlichen Nachkommen überliefert haben und daher, der allgemeinen Meinung nach, schöner geworden sind als die Männer. Die Frauen überliefern indeß sicher die meisten ihrer Charaktere, mit Einschluß der Schönheit, ihren Nachkommen beiderlei Geschlechts, so daß das beständige Vorziehen der anziehenderen Frauen durch die Männer einer jeden Rasse je nach ihrem Maßstabe von Geschmack dahin geführt haben wird, alle Individuen beider Geschlechter, die zu der Rasse gehören, in einer und derselben Weise zu modificiren.

Was die andere Form geschlechtlicher Zuchtwahl betrifft (welche bei den niederen Thieren bei weitem die häufigste ist), nämlich wo das Weibchen der auswählende Theil ist und nur diejenigen Männchen annimmt, welche es am meisten anregen oder entzücken, so haben wir Grund zu glauben, daß sie früher auf die Urerzeuger des Menschen gewirkt hat. Der Mann verdankt aller Wahrscheinlichkeit nach seinen Bart und vielleicht einige andere Charaktere der Vererbung von einem alten Urerzeuger, welcher seine Zierathen in dieser Weise erlangte. Es kann aber diese Form von Zuchtwahl gelegentlich auch während späterer Zeiten gewirkt haben; denn bei völlig barbarischen Stämmen sind die Frauen mehr in der Lage, ihre Liebhaber zu wählen, zu verwerfen und zu reizen, oder später ihre Ehemänner zu wechseln, als sich hätte erwarten lassen. Da dies ein Punkt von einiger Bedeutung ist, will ich die Belege, die ich zu sammeln im Stande gewesen bin, im Einzelnen mittheilen.

Hearne beschreibt, wie eine Frau in einem der Stämme des arctischen Amerika wiederholt ihrem Ehemanne davonlief und sich mit dem geliebten Manne verband; und bei den Charruas von Süd-Amerika ist, wie *Azara* anführt, die Fähigkeit der Scheidung vollkommen frei. Wenn bei den Abiponen ein Mann ein Weib sich wählt, so handelt er mit den Eltern um den Preis. Aber »es kommt häufig vor, daß das Mädchen durch alles Das, was zwischen den Eltern und dem Bräutigam abgemacht worden ist, einen Strich zieht und hartnäckig auch nur die Erwähnung der Heirath verweigert«. Sie läuft häufig davon, verbirgt sich und verspottet damit den Bräutigam. Capitain *Musters*, welcher unter den Patagoniern lebte, sagt, daß ihre Ehen immer durch Neigung begründet werden; »wenn die Eltern eine Partie gegen den Willen der Tochter abmachen, so verweigert sie dieselbe und wird niemals gezwungen, nachzugeben«. Im Feuerlande erhält ein junger Mann zuerst die Zustimmung der Eltern dadurch, daß er ihnen irgend einen Dienst erweist, und dann versucht er das Mädchen fortzuführen; »will sie aber nicht, so verbirgt sie sich in den Wäldern, bis ihr Bewunderer herzlich müde geworden ist, nach ihr zu lugen, und die Verfolgung aufgibt; dies kommt aber selten vor«. Auf den

Fiji-Inseln ergreift der Mann die Frau, welche er sich zum Weibe wünscht, mit factischer oder vorgegebener Gewalt; aber »wenn sie die Heimstätte ihres Entführers erreicht, so läuft sie, wenn sie die Verbindung nicht billigen sollte, zu irgend einem, der sie schützen kann. Ist sie indessen zufriedengestellt, so ist die Sache sofort abgemacht«. Bei den Kalmucken besteht ein regelmäßiger Wettlauf zwischen der Braut und dem Bräutigam, wobei die erstere einen gehörigen Vorsprung hat; und *Clarke* »erhielt die Versicherung, es käme kein Fall vor, daß ein Mädchen gefangen würde, wenn sie nicht für den Verfolger etwas eingenommen wäre«. So besteht auch bei den wilden Stämmen des malayischen Archipels ein ähnlicher Wettlauf, und nach Mr. *Bourien's* Beschreibung scheint es, wie Sir *J. Lubbock* bemerkt, daß der Preis des »Wettlaufs nicht für den schnellsten und der des Kampfes nicht für den stärksten, sondern für den jungen Mann bestimmt ist, welcher das Glück hatte, der bestimmten Braut zu gefallen«. Ein ähnlicher Gebrauch, mit gleichem Ausgange, herrscht auch bei den Koraks des nordöstlichen Asiens.

Wenden wir uns zu Afrika. Die Kaffern kaufen ihre Frauen, und Mädchen werden von ihren Vätern heftig geschlagen, wenn sie einen auserwählten Ehegatten nicht annehmen wollen; doch geht aus vielen von Mr. *Shooter* mitgetheilten Thatsachen offenbar hervor, daß sie ziemliche Freiheit der Wahl haben. So hat man erfahren, daß sehr häßliche, wenngleich reiche Männer es nicht erlangt haben, Frauen zu bekommen. Ehe die Mädchen ihre Einstimmung zur Verlobung aussprechen, veranlassen sie den Mann, sich gehörig zu präsentieren, zuerst von vorn und dann von hinten, und »seine Gangart zu zeigen«. Es ist bekannt geworden, daß sie sich einem Mann versprochen haben und doch nicht selten mit einem begünstigten Liebhaber davon gelaufen sind. So sagt auch Mr. *Leslie*, welcher die Kaffern sehr genau kannte: »es ist ein Irrthum, sich vorzustellen, daß ein Vater seine Tochter in derselben Weise und mit derselben Machtvollkommenheit verkaufe, mit welcher er über eine Kuh disponiert«. Bei den so niedrig stehenden Buschmänninnen von Süd-Afrika »muß der Liebhaber, wenn ein Mädchen zur Mannbarkeit herangewachsen ist, ohne verlobt zu sein, was indessen nicht häufig vorkommt, dessen Zustimmung ebensowohl wie die der Eltern erlangen«. *Azara*, Voyages etc. Tom. II, p. 23. *Dobrizhoffer*, An Account of the Abipones. Vol. II. 1822, p. 207. Capt. *Musters* in: Proceed. R. Geograph. Soc. Vol. XV, p. 47. *Williams*, Über die Fiji-Insulaner, citiert von *Lubbock*, Origin of Civilisation. 1870, p. 79. Über die Feuerländer: *King* and *Fitzroy*, Voyages of the Adventure and Beagle. Vol. II. 1839, p. 182. Über die Kalmucken citiert von Mr. *M'Lennan*, Primitive Marriage. 1865, p. 32. Über die Malayen: *Lubbock*, a. a. O. p. 76. *J. Shooter*, On the Kafirs of Natal. 1857, p. 52-60; *D. Leslie*, Kafir Characters and Customs. 1871. p. 4. Über die Buschmänninnen s. *Burchell*, Travels in South Africa. Vol. II. 1824, p. 59. Über die Koraks s. *McKennan*, citiert von *Wake*, in: Anthropologia, Oct. 1873, p. 75. Mr. *Winwood Reade* stellte meinetwegen Nachforschungen in Bezug auf die Neger von West-Afrika an und theilt mir nun mit, daß »die Frauen wenigstens unter den intelligenteren heidnischen Stämmen keine Schwierigkeit haben, diejenigen Männer zu bekommen, welche sie wünschen, obschon es für unweiblich angesehen wird, einen Mann aufzufordern, sie zu heirathen. Sie sind vollständig fähig, sich zu verlieben, und sind auch zarter, leidenschaftlicher und treuer Anhänglichkeit fähig«. Noch weitere Beispiele könnten angeführt werden.

Wir sehen hieraus, daß bei Wilden die Frauen in keinem so vollständig unterwürfigen Zustande in Bezug auf das Heirathen sich befinden, wie häufig vermuthet worden ist. Sie können die Männer, welche sie vorziehen, anlocken und können zuweilen diejenigen, welche sie nicht leiden mögen, entweder vor oder nach der Heirath verwerfen. Ein Vorliebe seitens der Frauen, welche in irgend einer Richtung stetig wirkt, wird schließlich den Charakter eines Stammes beeinflussen, denn die Weiber werden allgemein nicht bloß die hübscheren Männer, je nach ihrem Maßstabe von Geschmack, sondern diejenigen wählen, welche zu derselben Zeit am besten im Stande sind, sich zu vertheidigen und zu unterhalten. Derartige gut begabte Paare werden im Allgemeinen eine größere Anzahl von Nachkommen aufziehen als die weniger begünstigten. Dasselbe Resultat wird offenbar in einer noch schärfer ausgesprochenen Weise eintreten, wenn auf beiden Seiten eine Auswahl stattfindet, d. h. wenn die anziehenderen und zu derselben Zeit auch kraftvolleren Männer die anziehenderen Weiber vorziehen und umgekehrt auch wieder von diesen vorgezogen werden. Und diese doppelte Form von Auswahl scheint factisch bei der Menschheit, besonders während der früheren Perioden unserer langen Geschichte, eingetreten zu sein.

Wir wollen nun etwas eingehender einige der Charaktere betrachten, welche die verschiedenen Rassen sowohl von einander als von den niederen Thieren unterscheiden, nämlich die mehr oder weniger vollständige Abwesenheit von Haaren am Körper und die Farbe der Haut. Wir brauchen über die bedeutende Verschiedenheit in der Form der Gesichtszüge und des Schädels bei den verschiedenen Rassen nichts zu sagen, da wir bereits im letzten Capitel gesehen haben, wie verschieden in diesen Beziehungen das Maß der Schönheit ist. Diese Charaktere werden daher wahrscheinlich von geschlechtlicher Zuchtwahl beeinflußt worden sein; wir haben indessen kein Mittel, zu beurtheilen, ob dieser Einfluß hauptsächlich von der männlichen oder von der weiblichen Seite ausgegangen ist. Die musikalischen Fähigkeiten des Menschen sind gleichfalls bereits erörtert worden.

Fehlen von Haar am Körper und seine Entwicklung an dem Gesichte und dem Kopfe. – Aus dem Vorhandensein des wolligen Haares oder des Lanugo am menschlichen Fœtus und der rudimentären über den Körper zerstreuten Haare während des geschlechtsreifen Alters können wir schließen, daß der Mensch von irgend einem behaarten Thiere abstammt, welches behaart geboren wurde und Zeit seines Lebens so blieb. Der Verlust des Haares ist eine Unbequemlichkeit und wahrscheinlich ein Nachtheil für den Menschen selbst unter einem warmen Klima, denn er ist hierdurch der sengenden Sonne und plötzlichen Erkältungen, besonders während des feuchten Wetters, ausgesetzt. Wie Mr. *Wallace* bemerkt, sind die Eingeborenen in allen Ländern froh, ihre nackten Rücken und Schultern mit irgend einer leichten Decke schützen zu können. Niemand vermuthet, daß die Nacktheit der Haut irgend einen directen Vortheil für den Menschen darbietet. Es kann also sein Körper seiner Haarbedeckung nicht durch natürliche Zuchtwahl entkleidet worden sein. *Wallace, A. R.*, Contributions to the Theory of Natural Selection. 1870, p. 346. Mr. *Wallace* glaubt (p. 350), »daß irgend eine intelligente Kraft die Entwicklung des Menschen geleitet oder bestimmt habe«: und er betrachtet den haarlosen Zustand der Haut als einen unter diesen Gesichtspunkt fallenden Umstand. Mr. *T. R. Stebbing* erörtert diese Ansicht (Transactions of Devonshire Associat. for Science, 1870) und bemerkt, »daß, wenn Mr. *Wallace* seinen gewöhnlichen Scharfsinn der Frage von der haarlosen Haut des Menschen zugewendet hätte, er auch die Möglichkeit erkannt haben würde, daß sie wegen ihrer überlegenen Schönheit oder wegen der sich an größere Reinlichkeit knüpfenden Gesundheit ausgewählt worden sei«. Auch haben wir, wie in einem früheren Capitel gezeigt wurde, keine Belege dafür, daß dies eine Folge der directen Einwirkung des Klimas, oder daß es das Resultat einer correlativen Entwicklung sei.

Das Fehlen von Haar am Körper ist in einem gewissen Grade ein secundärer Sexualcharakter, denn in allen Theilen der Welt sind die Frauen weniger behaart als die Männer. Wir können daher vernünftigerweise vermuthen, daß dies ein Charakter ist, welcher durch geschlechtliche Zuchtwahl erlangt worden ist. Wir wissen, daß die Gesichter mehrerer Species von Affen und große Flächen am hinteren Ende des Körpers bei anderen Species von Haaren entblößt worden sind; und dies können wir getrost geschlechtlicher Zuchtwahl zuschreiben, denn diese Flächen sind nicht bloß lebhaft gefärbt, sondern zuweilen, z. B. beim männlichen Mandrill und beim weiblichen Rhesus, in dem einen Geschlechte viel lebhafter als in dem anderen, besonders zur Brunstzeit. In dem Maße wie die Thiere allmählich das geschlechtsreife Alter erreichen, werden auch die nackten Flächen, wie mir Mr. *Bartlett* mitgetheilt hat, im Verhältnis zur Größe des ganzen Körpers größer. Das Haar scheint indessen in diesen Fällen nicht der Entblößung wegen entfernt worden zu sein, sondern damit die Farbe der Haut vollständig entfaltet werden konnte. So scheint auch ferner bei vielen Vögeln der Kopf und Hals der Federn durch geschlechtliche Zuchtwahl entkleidet worden zu sein, damit die hell gefärbte Haut besser zur Erscheinung komme.

Da die Frau einen weniger behaarten Körper hat als der Mann, und da dieser Charakter allen Rassen gemeinschaftlich zukommt, so können wir schließen, daß unsere weiblichen halbmenschlichen Urerzeuger wahrscheinlich zuerst theilweise des Haares entkleidet wurden und daß dies zu einer äußerst entfernt zurückliegenden Zeit eintrat, ehe noch die verschiedenen Rassen von einer gemeinsamen Stammform sich abgezweigt hatten. Wie unsere weiblichen Urerzeuger allmählich diesen neuen Charakter der Nacktheit erlangt haben, müssen sie denselben in einem beinahe gleichen Grade ihren Nachkommen beiderlei Geschlechts während ihrer Kindheit überliefert haben, so daß seine Überlieferung, wie es mit den Zierathen vieler Säugethiere und Vögel der Fall ist, weder durch Alter noch Geschlecht beschränkt worden ist. Darin, daß ein theilweiser Verlust des Haares von den affenähnlichen Urerzeugern des Menschen für ornamental gehalten worden ist, liegt nichts Überraschendes, denn wir haben gesehen, daß bei Thieren aller Arten unzählige fremdartige Charaktere in dieser Weise geschätzt und folglich durch geschlechtliche Zuchtwahl erlangt worden sind. Auch ist es nicht überraschend, daß ein in einem unbedeutenden Grade nachtheiliger Charakter hierdurch erlangt worden ist, denn wir wissen, daß dies bei den Schmuckfedern einiger Vögel und bei den Geweihen mancher Hirsche der Fall ist.

Die Weibchen einiger anthropoider Affen sind, wie in einem früheren Capitel angeführt wurde, an der unteren Fläche des Körpers etwas weniger behaart als die Männchen, und hier haben wir einen Punkt, der wohl als Ausgang für den Proceß der Enthaarung gedient haben kann. In Bezug auf die Vollendung dieses Vorganges durch geschlechtliche Zuchtwahl ist es gut, sich des neuseeländischen Sprüchwortes zu erinnern, daß »es für einen haarigen Mann keine Frau giebt«. Alle, welche Photographien der siamesischen behaarten Familie gesehen haben, werden zugeben, wie lächerlich häßlich das entgegengesetzte Extrem von excessivem Behaartsein ist. Der Kaiser von Siam mußte daher einen Mann bestechen, damit er die erste behaarte Frau in der Familie heirathete, welche dann diesen Charakter ihren jungen Nachkommen beiderlei Geschlechts überlieferte. Das Variiren der Thiere und Pflanzen im Zustande der Domestication. 2. Aufl. Bd. II. 1873, p. 373. Manche Rassen sind viel behaarter als andere, besonders auf männlicher Seite. Es darf aber nicht angenommen werden, daß die behaarteren Rassen, z. B. Europäer, einen ursprünglichen Zustand vollständiger beibehalten haben als die nackten, solche wie die Kalmucken oder Amerikaner. Es ist wahrscheinlicher, daß das Behaartsein der ersteren die Folge eines theilweisen Rückschlages ist; denn Charaktere, welche in einer früheren Zeit lange vererbt worden sind, sind immer geneigt, wiederzukehren. Wir haben gesehen, daß Idioten häufig sehr stark behaart sind; auch kehren sie leicht in andern Charakteren auf einen niederen thierischen Typus zurück. Dem Anscheine nach hat ein kaltes Klima zu dieser Art von Rückschlag nicht Veranlassung gegeben, mit Ausnahme vielleicht der Neger, welche während mehrerer Generationen in den Vereinigten Staaten aufgezogen worden sind, Investigations into Military and Anthropological Statistics of American Soldiers by B. A. *Gould*, 1869, p. 568. – Es wurden sorgfältige Beobachtungen über das Behaartsein von 2129 schwarzen und farbigen Soldaten, während sie sich badeten, angestellt; und unter Bezugnahme auf die veröffentlichte Tabelle »ist es auf den ersten Blick offenbar, daß zwischen den weißen und schwarzen Rassen in dieser Hinsicht, wenn überhaupt irgend ein Unterschied, doch nur ein geringer besteht«. Es ist indessen sicher, daß die Neger in ihrem so viel wärmeren Heimathlande merkwürdig glatte Körper haben. Man muß noch besonders beachten, daß in der obigen Aufzählung reine Schwarze und Mulatten inbegriffen waren, und dies ist ein unglücklicher Umstand, da nach dem Princip, dessen Richtigkeit ich an einer andern Stelle bewiesen habe, gekreuzte Menschenrassen außerordentlich leicht auf den ursprünglich behaarten Zustand ihrer frühen affenähnlichen Urerzeuger zurückschlagen werden. und möglicherweise der Ainos, welche die nördlichen Inseln des japanesischen Archipels bewohnen. Aber die Gesetze der Vererbung sind so complicierter Natur, daß wir selten ihre Wirksamkeit verstehen können. Wenn das stärkere Behaartsein gewisser Rassen wirklich das Resultat von Rückschlag, ungehemmt durch irgend eine Form von Zuchtwahl, ist, so hört die äußerste Variabilität dieses Charakters, selbst innerhalb der Grenzen einer und derselben Rasse, auf, merkwürdig zu sein. Kaum irgend eine der in vorliegendem Werke ausgesprochenen Ansichten hat eine gleich ungünstige Beurtheilung erfahren (s. z. B. *Spengel*, Die Fortschritte des Darwinismus. 1874, p. 80), als die oben gegebene Erklärung des Verlustes des Haarkleides beim Menschen durch geschlechtliche Zuchtwahl; aber keines der dagegen vorgebrachten Argumente scheint mir ein großes Gewicht zu besitzen, wenn man die Thatsachen berücksichtigt, welche zeigen, daß die Nacktheit der Haut bis zu einem gewissen Grade ein secundärer Sexualcharakter beim Menschen und bei einigen Quadrumanen ist.

In Bezug auf den Bart finden wir, wenn wir uns zu unseren besten Führern, nämlich den Quadrumanen wenden, in beiden Geschlechtern gleichmäßig gut entwickelte Bärte bei vielen Species, aber bei anderen sind solche entweder auf die Männchen beschränkt oder bei diesen stärker entwickelt als bei den Weibchen. Nach dieser Thatsache und nach der merkwürdigen Anordnung, ebenso wie nach den hellen Farben des Haares um die Köpfe vieler Affen ist es in hohem Grade wahrscheinlich, wie früher auseinandergesetzt wurde, daß die Männchen ihre Bärte zuerst durch geschlechtliche Zuchtwahl als Zierathen erhielten und sie dann in den meisten Fällen in gleichem oder nahezu gleichem Grade ihren Nachkommen beiderlei Geschlechts überlieferten. Wir wissen durch *Eschricht*, Über die Richtung der Haare am menschlichen Körper, in: Müller's Archiv für Anat. u. Phys. 1837, p. 40. daß beim Menschen sowohl der weibliche als der männliche Foetus am Gesichte mit vielen Haaren versehen ist, besonders rings um den Mund, und dies deutet darauf hin, daß wir von einem Urerzeuger abstammen, dessen beide Geschlechter mit Bärten versehen waren. Es scheint daher auf den ersten Blick wahrscheinlich zu sein, daß der Mann seinen Bart von einer sehr frühen Periode her behalten hat, während die Frau ihren Bart zu der nämlichen Zeit verloren hat, als ihr Körper beinahe vollständig von Haaren entblößt wurde. Selbst die Farbe des Bartes beim Menschen scheint von einem affenähnlichen Urerzeuger geerbt worden zu sein; denn wenn irgend eine Verschiedenheit im Farbentone zwischen dem Haare auf dem

Kopfe und dem Barte vorhanden ist, so ist der letztere bei allen Affen und beim Menschen heller gefärbt. Bei denjenigen Quadrumanen, bei welchen die Männchen einen größeren Bart haben als die Weibchen, ist derselbe vollständig nur zur Zeit der Geschlechtsreife entwickelt, genau wie beim Menschen, und es ist wohl möglich, daß nur die späteren Entwicklungsstufen vom Menschen beibehalten worden sind. Der Ansicht, daß der Bart von einer frühen Zeit her beibehalten worden ist, steht die Thatsache entgegen, daß er bei verschiedenen Rassen und selbst innerhalb der Grenzen einer und derselben Rasse sehr variabel ist; dies deutet nämlich darauf hin, daß Rückschlag in Thätigkeit getreten ist; denn lange verloren gewesene Charaktere variiren sehr gern, wenn sie wiedererscheinen. Wir dürfen auch die Rolle nicht übersehen, welche die geschlechtliche Zuchtwahl während späterer Zeiten gespielt haben kann; denn wir wissen, daß bei Wilden die Männer der bartlosen Rassen sich unendliche Mühe geben, jedes einzelne Haar aus ihrem Gesichte als etwas Widerwärtiges auszureißen, während die Männer der behaarten Rassen den größten Stolz in ihren Bart setzen. Ohne Zweifel theilen die Frauen ganz diese Gefühle, und wenn dies der Fall ist. so kann es kaum anders sein, als daß geschlechtliche Zuchtwahl im Verlaufe der späteren Zeiten eine Wirkung geäußert hat. Es ist auch möglich, daß der lange fortgesetzte Gebrauch, das Haar auszureißen, eine vererbte Wirkung hervorgebracht hat. Dr. *Brown-Sequard* hat gezeigt, daß, wenn man bei gewissen Thieren eine eigentümliche Operation ausführt, deren Nachkommen afficiert werden. Noch weitere Belege über die Vererbung der Wirkung von Verstümmelungen könnten beigebracht werden; doch hat eine vor Kurzem von Mr. *Salvin* ermittelte Thatsache über die Schwanzfedern der Motmots, in: Proceed. Zool. Soc. 1873, p.429. eine noch directere Beziehung zu den vorliegenden Fragen. Er hat nämlich gezeigt, daß bei den Motmots, welche bekanntlich die Gewohnheit haben, die Fahnen der beiden mittleren Schwanzfedern sich abzubeißen, die Fahnen dieser Federn von Natur etwas verkümmert sind. Trotzdem aber wird der Gebrauch, den Bart und die Haare am Körper auszureißen, beim Menschen wahrscheinlich nicht eher entstanden sein, als bis diese Haare durch irgend welche Einflüsse schon etwas reducirt geworden waren. Mr. *Sproat* hat vermuthungsweise dieselbe Ansicht ausgesprochen (Scenes and Studies of Savage Life. 1868, p. 25). Einige hervorragende Ethnologen, unter Anderen *Gosse* in Genf, glauben, daß künstliche Modificationen des Schädels zum Vererben neigen.

Es ist schwierig, sich darüber ein Urtheil zu bilden, wie sich das Haar auf dem Kopfe zu seiner jetzigen bedeutenden Länge bei vielen Rassen entwickelt hat. *EschrichtEschricht*, Über die Richtung der Haare, a. a. O p. 40. giebt an, daß beim menschlichen Foetus das Haar im Gesicht während des fünften Monats länger ist als das am Kopfe, und dies weist darauf hin, daß unsere halbmenschlichen Urerzeuger nicht mit langen Zöpfen versehen waren, welche folglich eine spätere Acquisition gewesen sein müssen. Dies wird gleichfalls durch die außerordentlichen Verschiedenheiten in der Länge des Haares bei den verschiedenen Rassen angedeutet. Beim Neger bildet das Haar nur eine gekräuselte Matraze, bei uns ist es von bedeutender Länge und bei den amerikanischen Eingeborenen erreicht es nicht selten den Boden. Einige Species von *Semnopithecus* haben ihren Kopf mit mäßig langem Haar bedeckt, und dies dient wahrscheinlich zur Zierde und wurde durch geschlechtliche Zuchtwahl erreicht. Dieselbe Ansicht kann vielleicht auf das Menschengeschlecht ausgedehnt werden, denn wir wissen, daß lange Zöpfe jetzt sehr bewundert werden, und schon früher bewundert wurden, wie sich aus den Werken beinahe jedes Poeten nachweisen läßt. Der Apostel Paulus sagt: »(ist es nicht) dem Weibe eine Ehre, so sie lange Haare zeugt«. Und wir haben gesehen, daß in Nord-Amerika ein Häuptling lediglich wegen der Länge seines Haares gewählt wurde.

Farbe der Haut. – An der besten Art von Beweisen dafür, daß die Farbe der Haut durch geschlechtliche Zuchtwahl modificirt worden ist, fehlt es in Bezug auf das Menschengeschlecht sehr; denn die Geschlechter weichen, wie wir gesehen haben, in dieser Beziehung nicht oder nur unbedeutend von einander ab. Wir wissen indessen aus vielen bereits mitgetheilten Thatsachen, daß die Farbe der Haut von den Menschen aller Rassen als ein äußerst bedeutungsvolles Element bei ihrer Schönheit betrachtet wird, so daß es ein Charakter ist, welcher wahrscheinlich durch Zuchtwahl gern wird modificirt worden sein, wie es in unzähligen Beispielen bei den niederen Thieren eingetreten ist. Es erscheint auf den ersten Blick als eine monströse Annahme, daß die glänzende Schwärze des Negers durch geschlechtliche Zuchtwahl erreicht worden sein soll. Es wird aber diese Ansicht durch verschiedene Analogien unterstützt, und wir wissen, daß Neger ihre eigene Schwärze bewundern. Wenn bei Säugethieren die Geschlechter in der Farbe verschieden sind, so ist das Männchen oft schwarz oder viel dunkler als das Weibchen, und es hängt lediglich von der Form der Vererbung ab, ob diese oder eine andere Färbung auf beide Geschlechter oder nur auf eins allein vererbt werden soll. Die Ähnlichkeit der *Pithecia satanas* – mit ihrer glänzenden schwarzen Haut, ihren weißen rollenden Augäpfeln und ihrem auf der Höhe gescheitelten Haare – mit einem Neger in Miniatur ist fast lächerlich.

Die Farbe des Gesichtes ist bei den verschiedenen Arten von Affen viel mehr verschieden als bei den Rassen des Menschen, und wir haben einigen Grund zu der Annahme, daß die rothen, blauen, orangenen, beinahe weißen und schwarzen Farbentöne ihrer Haut, selbst wenn sie beiden Geschlechtern gemeinsam zukommen, ebenso wie die glänzenden Farben ihres Pelzes und die ornamentalen Haarbüschel um ihren Kopf herum, sämmtlich durch geschlechtliche Zuchtwahl erlangt worden sind. Da die Reihenfolge der Entwicklung der einzelnen Merkmale während des Wachsthums im Allgemeinen die Reihenfolge andeutet, in welcher die Merkmale einer Art während der früheren Generationen entwickelt und modificiert wurden, und da die neugeborenen Kinder der verschiedensten Rassen nicht nahezu so bedeutend in der Farbe von einander verschieden sind wie die Erwachsenen, obschon ihre Körper vollständig der Haare entbehren, so erhalten wir hierdurch eine leise Hindeutung darauf, daß die Farben der verschiedenen Rassen später als die Entfernung des Haars erlangt wurden, was, wie früher angeführt wurde, in einer sehr frühen Periode eingetreten sein muß.

Zusammenfassung. – Wir können schließen, daß die bedeutendere Größe, Kraft, der größere Muth und die stärkere Kampflust und Energie des Mannes im Vergleiche mit der Frau während der Urzeiten erlangt und später hauptsächlich durch die Kämpfe rivalisierender Männer um den Besitz der Weiber verstärkt worden sind. Die größere intellektuelle Kraft und das stärkere Erfindungsvermögen beim Manne ist wahrscheinlich eine Folge natürlicher Zuchtwahl in Verbindung mit den vererbten Wirkungen der Gewohnheit; denn die fähigsten Männer werden beim Vertheidigen und bei dem Sorgen für sich selbst, für ihre Weiber und ihre Nachkommen den besten Erfolg gehabt haben. Soweit es die äußerst verwickelte Natur des Gegenstandes uns gestattet zu urtheilen, scheint es, als hätten unsere männlichen affenähnlichen Urerzeuger ihre Bärte als Zierathen erlangt, um das andere Geschlecht zu bezaubern oder zu reizen, und sie dann nur ihren männlichen Nachkommen überliefert. Die Weibchen wurden allem Anscheine nach zuerst in gleicher Weise zur geschlechtlichen Zierde der Haardecke entkleidet; sie überlieferten aber diesen Charakter beinahe gleichmäßig beiden Geschlechtern. Es ist nicht unwahrscheinlich, daß die Weibchen auch in anderen Beziehungen zu demselben Zwecke und durch dieselben Mittel modificirt wurden, so daß die Frauen angenehmere Stimmen erhalten haben und schöner geworden sind als die Männer.

Es verdient besondere Beachtung, daß beim Menschengeschlechte die Bedingungen für die Wirksamkeit der geschlechtlichen Zuchtwahl während einer sehr frühen Periode, wo der Mensch gerade eben den Rang der Menschlichkeit erreicht hatte, in vielen Beziehungen viel günstiger waren, als während späterer Zeiten. Denn er wird damals, wie wir getrost schließen können, mehr durch seine instinctiven Leidenschaften und weniger durch Vorsicht oder Vernunft geleitet worden sein. Er wird damals eifersüchtig sein Weib oder seine Weiber gehütet haben. Er wird damals weder Kindesmord ausgeübt haben, noch wird er seine Frauen lediglich als nützliche Sclaven geschätzt haben, noch wird er sie während früher Kindheit verlobt haben. Wir können daher schließen, daß die Rassen des Menschen, soweit geschlechtliche Zuchtwahl in Betracht kommt, zum hauptsächlichsten Theile während einer sehr entfernt liegenden Epoche differenziert wurden; und diese Schlußfolgerung wirft auf die merkwürdige Thatsache Licht, daß in der allerältesten Periode, von welcher wir jetzt überhaupt irgend einen Bericht erhalten haben, die Rassen des Menschen bereits nahezu oder vollständig so weit von einander verschieden geworden waren, als sie heutigen Tages sind.

Die hier über die Rolle, welche geschlechtliche Zuchtwahl in der Geschichte des Menschen gespielt hat, vorgebrachten Ansichten ermangeln der wissenschaftlichen Praecision. Wer die Wirksamkeit dieser Kräfte bei niederen Thieren nicht zugiebt, wird wahrscheinlich Alles, was ich in den letzten Capiteln über den Menschen geschrieben habe, nicht weiter beachten. Wir können nicht positiv sagen, daß dieser Charakter, aber nicht jener, hierdurch modificirt worden ist. Es ist indessen gezeigt worden, daß die Rassen des Menschen von einander und von ihren nächsten Verwandten unter den niederen Thieren in gewissen Charakteren abweichen, welche für sie in den gewöhnlichen Lebensgewohnheiten von keinem Nutzen sind und von denen es äußerst wahrscheinlich ist, daß sie durch geschlechtliche Zuchtwahl modificirt worden sind. Wir haben gesehen, daß bei den niedrigsten Wilden die Völker eines jeden Stammes ihre eigenen charakteristischen Eigenschaften bewundern, – die Form des Kopfes und Gesichtes, die viereckige Gestalt der Wangenknochen, das Hervorragen oder das Eingedrücktsein der Nase, die Farbe der Haut, die Länge des

Haares am Kopfe, das Fehlen von Haaren am Gesichte und Körper, oder das Vorhandensein eines großen Bartes und Derartiges mehr. Es kann daher nicht gefehlt haben, daß diese und andere solche Punkte langsam und allmählich übertrieben worden sind dadurch, daß die kraftvolleren und fähigeren Männer in jedem Stamme, welche die größte Zahl von Nachkommen aufzuziehen ermöglicht haben, viele Generationen hindurch sich zu ihren Frauen die am schärfsten charakterisierten und daher am meisten anziehenden Weiber gewählt haben. Ich für meinen Theil komme zu dem Schlusse, daß von allen den Ursachen, welche zu den Verschiedenheiten in der äußeren Erscheinung zwischen den Rassen des Menschen und den niederen Thieren geführt haben, die geschlechtliche Zuchtwahl bei weitem die wirksamste gewesen ist.

Allgemeine Zusammenfassung und Schluß.

Hauptsächlichste Schlußfolgerung, daß der Mensch von einer niederen Form abstammt. – Art und Weise der Entwicklung. – Genealogie des Menschen. – Intellectuelle und moralische Fähigkeiten. – Geschlechtliche Zuchtwahl. – Schlußbemerkungen.

Eine kurze Zusammenfassung wird hier genügen, um die hervorragenderen Punkte in diesem Werke nochmals dem Leser in's Gedächtnis zurückzurufen. Viele der Ansichten, welche vorgebracht worden sind, sind äußerst speculativ und einige werden sich ohne Zweifel als irrig herausstellen; ich habe aber in jedem einzelnen Falle die Gründe mitgetheilt, welche mich bestimmt haben, eher der einen Ansicht als einer anderen zu folgen. Es schien der Mühe werth zu sein, zu untersuchen, inwiefern das Princip der Entwicklung auf einige der complicierteren Probleme in der Naturgeschichte des Menschen Licht werfen könne. Unrichtige Thatsachen sind dem Fortschritte der Wissenschaft in hohem Grade schädlich, denn sie bleiben häufig lange bestehen. Aber falsche Ansichten thun, wenn sie durch einige Beweise unterstützt sind, wenig Schaden, da Jedermann ein heilsames Vergnügen daran findet, ihre Irrigkeit nachzuweisen; und wenn dies geschehen ist, ist unser Weg zum Irrthume hin verschlossen und gleichzeitig der Weg zur Wahrheit geöffnet.

Der hauptsächlichste Schluß, zu dem ich in diesem Buche gelangt bin und welcher jetzt die Ansicht vieler Naturforscher ist, welche wohl competent sind ein gesundes Urtheil zu bilden, ist der, daß der Mensch von einer weniger hoch organisierten Form abstammt. Die Grundlage, auf welcher diese Folgerung ruht, wird nie erschüttert werden, denn die große Ähnlichkeit zwischen dem Menschen und den niederen Thieren sowohl in der embryonalen Entwicklung als in unzähligen Punkten des Baues und der Constitution, sowohl von größerer als von der allergeringfügigsten Bedeutung, die Rudimente, welche er behalten hat, und die abnormen Fälle von Rückschlag, denen er gelegentlich unterliegt, – dies sind Thatsachen, welche nicht bestritten werden können. Sie sind lange bekannt gewesen, aber bis ganz vor Kurzem sagten sie uns in Bezug auf den Ursprung des Menschen nichts. Wenn wir sie aber jetzt im Lichte unserer Kenntnis der ganzen organischen Welt betrachten, so ist ihre Bedeutung gar nicht mißzuverstehen. Das große Princip der Entwicklung steht klar und fest vor uns, wenn diese Gruppen von Thatsachen in Verbindung mit anderen betrachtet werden, mit solchen wie der gegenseitigen Verwandtschaft der Glieder einer und der nämlichen Gruppe, ihrer geographischen Vertheilung in vergangenen und jetzigen Zeiten und ihrer geologischen Aufeinanderfolge. Es ist unglaublich, daß alle diese Thatsachen Falsches aussagen sollten. Er wird gezwungen sein zuzugeben, daß die große Ähnlichkeit des Embryos des Menschen mit dem z. B. eines Hundes, – der Bau seines Schädels, seiner Glieder und seines ganzen Körpers nach demselben Grundplane wie bei den anderen Säugethieren und zwar unabhängig von dem Gebrauche, welcher etwa von den Theilen gemacht wird, – das gelegentliche Wiedererscheinen verschiedener Bildungen, z. B. mehrerer verschiedener Muskeln, welche der Mensch normal nicht besitzt, welche aber den Quadrumanen zukommen, – und eine Menge analoger Thatsachen, – daß alles dies in der offenbarsten Art auf den Schluß hinweist, daß der Mensch mit anderen Säugethieren der gemeinsame Nachkomme eines gleichen Urerzeugers ist.

Wir haben gesehen, daß der Mensch unaufhörlich individuelle Verschiedenheiten in allen Theilen seines Körpers und in seinen geistigen Eigenschaften darbietet. Diese Verschiedenheiten oder Abänderungen scheinen durch dieselben allgemeinen Ursachen herbeigeführt worden zu sein und denselben Gesetzen zu gehorchen, wie bei den niederen Thieren. In beiden Fällen herrschen ähnliche Gesetze der Vererbung. Der Mensch strebt sein Geschlecht in einem größeren Maße zu vermehren als seine Subsistenzmittel. In Folge dessen ist er gelegentlich einem heftigen Kampfe um die Existenz ausgesetzt, und natürliche Zuchtwahl wird bewirkt haben, was nur immer innerhalb ihrer Wirksamkeit liegt. Eine Reihenfolge scharf ausgesprochener Abänderungen ähnlicher Natur sind durchaus nicht nothwendig; unbedeutende schwankende Verschiedenheiten der Individuen genügen für die Wirksamkeit natürlicher Zuchtwahl; womit nicht gesagt sein soll, daß wir irgend welchen Grund zu der Annahme hätten, daß alle Theile der Organisation in demselben Grade zu variiren neigten. Wir können uns überzeugt halten, daß die vererbten Wirkungen des lange fortgesetzten Gebrauches oder Nichtgebrauches von Theilen Vieles in derselben Richtung wie die natürliche Zuchtwahl bewirkt haben werden. Modificationen, welche früher von Bedeutung waren, jetzt aber nicht länger von irgend einem speciellen Nutzen sind, werden lange vererbt. Wenn ein Theil modificirt wird, werden sich andere Theile nach dem Grundsatze der Correlation verändern, wofür wir Beispiele in vielen merkwürdigen Fällen von correlativen Monstrositäten haben. Etwas mag auch der directen und bestimmten Wirkung der umgebenden Lebensbedingungen, wie reichliche Nahrung, Wärme oder Feuchtigkeit, zugeschrieben werden; und endlich sind viele Charaktere von unbedeutender physiologischer Wichtigkeit, einige allerdings auch von beträchtlicher Bedeutung, durch geschlechtliche Zuchtwahl erlangt worden.

Ohne Zweifel bietet der Mensch ebensogut wie jedes andere Thier Gebilde dar, welche, soweit wir mit unserer geringen Kenntnis urtheilen können, jetzt von keinem Nutzen für ihn sind und es auch nicht während irgend einer früheren Periode seiner Existenz weder in Bezug auf seine allgemeinen Lebensbedingungen, noch in der Beziehung des einen Geschlechtes zum anderen gewesen sind. Derartige Gebilde können durch keine Form der Zuchtwahl, ebensowenig wie durch die vererbten Wirkungen des Gebrauches und Nichtgebrauches von Theilen erklärt werden. Wir wissen indessen, daß viele fremdartige und scharf ausgesprochene Eigentümlichkeiten der Bildung gelegentlich bei unseren domesticierten Erzeugnissen erscheinen, und wenn die unbekannten Ursachen, welche sie hervorrufen, gleichförmiger wirken würden, so würden jene wahrscheinlich allen Individuen der Species gemeinsam zukommen. Wir können hoffen, später etwas über die Ursachen solcher gelegentlichen Modificationen, besonders durch das Studium der Monstrositäten, verstehen zu lernen. Es sind daher die Arbeiten von experimentierenden Forschern, wie z. B. die von *Camille Dareste*, für die Zukunft vielversprechend. Im Allgemeinen können wir nur sagen, daß die Ursache einer jeden unbedeutenden Abänderung oder einer jeden Monstrosität vielmehr in der Natur oder der Constitution des Organismus als in der Natur der umgebenden Bedingungen liegt, obschon neue und veränderte Bedingungen gewiß eine bedeutende Rolle im Hervorrufen organischer Veränderungen vieler Arten spielen.

Durch die eben angeführten Mittel, vielleicht mit Unterstützung anderer, bis jetzt noch nicht entdeckter, ist der Mensch auf seinen jetzigen Zustand erhoben worden. Seitdem er aber den Rang der Menschlichkeit erlangt hat, ist er in verschiedene Rassen oder, wie sie noch angemessener genannt werden können, Subspecies auseinandergegangen. Einige von diesen, z. B. die Neger und Europäer, sind so verschieden, daß, wenn Exemplare ohne irgend weitere Information einem Naturforscher gebracht worden wären, sie unzweifelhaft von ihm als gute und echte Species betrachtet worden sein würden.

Nichtsdestoweniger stimmen alle Rassen in so vielen nicht bedeutenden Einzelnheiten der Bildung und in so vielen geistigen Eigentümlichkeiten überein, daß diese nur durch Vererbung von einem gemeinsamen Urerzeuger erklärt werden können, und ein in dieser
Weise charakterisierter Urerzeuger würde wahrscheinlich verdient
haben, als Mensch classificiert zu werden.

Man darf nicht etwa annehmen, daß die Divergenz jeder Rasse
von den andern Rassen und aller Rassen von einer gemeinsamen
Stammform auf irgend ein Paar von Urerzeugern zurück verfolgt
werden kann. Im Gegentheil werden auf jeder Stufe in dem Prozesse
der Modification alle Individuen, welche in irgendwelcher Weise am
besten für ihre Lebensbedingungen, wenn auch in verschiedenem
Grade, angepaßt waren, in größerer Zahl leben geblieben sein als die
weniger gut angepaßten. Der Vorgang wird derselbe gewesen sein
wie der, welchen der Mensch einschlägt, wenn er nicht absichtlich
besondere Individuen unter seinen Thieren auswählt, sondern nur
von allen besseren nachzüchtet und alle untergeordneten Individuen
vernachlässigt. Hierdurch modificiert er seinen Stamm langsam aber
sicher und bildet unbewußt eine neue Linie. Dasselbe gilt in Bezug auf
Modificationen, welche unabhängig von Zuchtwahl erlangt worden
sind und welche die Folge von Abänderungen sind, die von der Natur
des Organismus und der Wirkung der umgebenden Bedingungen
oder auch von veränderten Lebensgewohnheiten herrühren: hier wird
nicht bloß ein einzelnes Paar in einem viel bedeutenderen Grade als
die anderen Paare modificiert worden sein, welche dasselbe Land
bewohnen; denn alle werden beständig durch freie Kreuzung ver-
mengt worden sein. Betrachtet man die embryonale Bildung des Menschen – die Homologien, welche er mit den niederen Thieren darbietet, die Rudimente, welche er behalten hat, und die Fälle von Rückschlag, denen er ausgesetzt ist, so können wir uns theilweise in unserer Phantasie den früheren Zustand unserer ehemaligen Urerzeuger
construiren und können dieselben annäherungsweise in der zoologischen Reihe an ihren gehörigen Platz bringen. Wir lernen daraus, daß
der Mensch von einem behaarten, geschwänzten Vierfüßer abstammt,
welcher wahrscheinlich in seiner Lebensweise ein Baumthier und ein
Bewohner der alten Welt war. Dieses Wesen würde, wenn sein ganzer
Bau von einem Zoologen untersucht worden wäre, unter die
Quadrumanen classificiert worden sein, so sicher wie es der gemeinsame und noch ältere Urerzeuger der Affen der alten und neuen Welt
geworden wäre. Die Quadrumanen und alle höheren Säugethiere

rühren wahrscheinlich von einem alten Beutelthiere und dieses durch eine lange Reihe verschiedenartiger Formen von irgend einem amphibienähnlichen Wesen und dieses wieder von irgend einem fischähnlichen Thiere her. In dem trüben Dunkel der Vergangenheit können wir sehen, daß der frühere Urerzeuger aller Wirbelthiere ein Wasserthier gewesen sein muß, welches mit Kiemen versehen war, dessen beide Geschlechter in einem Individuum vereinigt waren, dessen wichtigste körperlichen Organe (wie z. B. das Herz) unvollständig oder noch gar nicht entwickelt waren. Dieses Thier scheint den Larven unserer jetzt existierenden marinen Ascidien ähnlicher gewesen zu sein als irgend einer anderen bekannten Form.

Sind wir zu dem ebenerwähnten Schluß in Bezug auf den Ursprung des Menschen getrieben worden, so bietet sich die größte Schwierigkeit in dem Punkte dar, daß er einen so hohen Grad intellectueller Kraft und moralischer Anlagen erlangt hat. Aber ein Jeder, welcher das allgemeine Princip der Entwicklung annimmt, muß sehen, daß die geistigen Kräfte der höheren Thiere, welche der Art nach dieselben sind wie die des Menschen, obschon sie dem Grade nach so verschieden sind, doch des Fortschritts fähig sind. So ist der Abstand zwischen den geistigen Kräften eines der höheren Affen und eines Fisches oder zwischen denen einer Ameise und einer Schildlaus ungeheuer. Doch bietet die Entwicklung dieser Kräfte bei Thieren keine specielle Schwierigkeit dar; denn bei unsern domesticierten Thieren sind die geistigen Fähigkeiten sicher variabel, und die Abänderungen werden vererbt. Niemand bezweifelt, daß diese Fähigkeiten für die Thiere im Naturzustande von der größten Bedeutung sind. Daher sind die Bedingungen zu ihrer Entwicklung durch natürliche Zuchtwahl günstig. Dieselbe Folgerung kann auf den Menschen ausgedehnt werden. Der Verstand muß für ihn von äußerster Bedeutung gewesen sein, selbst schon in einer sehr weit zurückliegenden Periode; denn er setzte ihn in den Stand, die Sprache zu erfinden und zu gebrauchen, Waffen, Werkzeuge, Fallen u. s. w. zu verfertigen, durch welche Mittel er, unterstützt durch seine socialen Gewohnheiten, schon vor langer Zeit das herrschendste von allen lebenden Wesen wurde.

Ein großer Schritt in der Entwicklung des Intellects wird geschehen sein, sobald die halb als Kunst, halb als Instinct zu betrachtende Sprache in Gebrauch kam; denn der beständige Gebrauch der Sprache wird auf das Gehirn zurückgewirkt und eine vererbte Wirkung hervorgebracht haben, und diese wieder wird umgekehrt auch wieder auf die Vervollkommnung der Sprache zurückgewirkt haben. Die bedeutende Größe des Gehirns beim Menschen, im Vergleich mit dem der niederen Thiere, im Verhältnis zur Größe seines Körpers kann zum hauptsächlichsten Theile, wie Mr. *Chauncey Wright* treffend bemerkt hat, On the Limits of Natural Selection, in: North American Review, Oct. 1870, p. 295. dem zeitigen Gebrauch irgend einer einfachen Form von Sprache zugeschrieben werden. Die Sprache ist ja jene wundervolle Maschinerie, welche allen Arten von Gegenständen und Eigenschaften Zeichen anhängt und welche Gedankenzüge erregt, die aus dem bloßen Eindrucke der Sinne niemals entstanden wären, oder wenn sie entstanden wären, nicht hätten verfolgt werden können. Die höheren intellectuellen Kräfte des Menschen, wie die der Überlegung, der Abstraction, des Selbstbewußtseins u. s. w. werden wahrscheinlich der fortgesetzten Vervollkommnung und Übung der anderen geistigen Fähigkeiten gefolgt sein.

Die Entwicklung der moralischen Eigenschaften ist ein noch interessanteres Problem. Ihre Grundlage findet sie in den socialen Instincten, wobei wir unter diesem Ausdrucke die Familienanhänglichkeit mit einschließen. Diese Instincte sind von einer äußerst complicierten Natur und bei den niederen Thieren veranlassen sie besondere Neigungen zu gewissen, bestimmten Handlungen; für uns sind aber die bedeutungsvolleren Elemente die Liebe und die davon verschiedene Erregung der Sympathie. Mit socialen Instincten begabte Thiere empfinden Vergnügen an der Gesellschaft Anderer, warnen einander vor Gefahr und vertheidigen und helfen einander in vielen Weisen. Diese Instincte werden nicht auf alle Individuen der Species ausgedehnt, sondern nur auf die derselben Gemeinschaft. Da sie in hohem Grade für die Species wohlthätig sind, so sind sie aller Wahrscheinlichkeit nach durch natürliche Zuchtwahl erlangt worden.

Ein moralisches Wesen ist ein solches, welches im Stande ist, über seine früheren Handlungen und deren Motive nachzudenken, – einige von ihnen zu billigen und andere zu mißbilligen; und die Thatsache, daß der Mensch das einzige Wesen ist, welches man mit Sicherheit so bezeichnen kann, bildet den größten von allen Unterschieden zwischen ihm und den niederen Thieren. Ich habe aber im vierten Capitel zu zeigen versucht, daß das moralische Gefühl erstens eine Folge der ausdauernden Natur und beständigen Gegenwart der socialen Instincte ist; zweitens daß es eine Folge der Würdigung, der Billigung und Mißbilligung seitens seiner Genossen ist, und drittens, daß es eine Folge des Umstandes ist, daß seine geistigen Fähigkeiten in hohem Grade thätig und seine Eindrücke von vergangenen Ereignissen äußerst lebhaft sind, in welchen Beziehungen er von den niederen Thieren abweicht. In Folge dieses geistigen Zustandes kann es der Mensch nicht vermeiden, rückwärts und vorwärts zu schauen und die neuen Eindrücke mit vergangenen zu vergleichen. Nachdem daher irgend eine temporäre Begierde oder Leidenschaft seine socialen Instincte bemeistert hat, wird er darüber reflectieren und den jetzt abgeschwächten Eindruck solcher vergangenen Antriebe mit dem beständig gegenwärtigen socialen Instinct vergleichen; und dann wird er jenes Gefühl von Nichtbefriedigung empfinden, welches alle nicht befriedigten Instincte zurücklassen. In Folge dessen entschließt er sich, für die Zukunft verschieden zu handeln, – und dies ist Gewissen. Jeder Instinct, welcher dauernd stärker und nachhaltiger ist als ein anderer, giebt einem Gefühle Entstehung, von welchem wir uns so ausdrücken, daß wir sagen, wir sollen ihm gehorchen. Wenn ein Vorstehhund im Stande wäre, über sein früheres Betragen Betrachtungen anzustellen, so würde er sich sagen: ich hätte jenen Hasen stellen sollen (wie wir in der That von ihm sagen) und nicht der vorübergehenden Versuchung, ihm nachzusetzen und ihn zu jagen, nachgeben sollen.

Sociale Thiere werden theilweise durch ein inneres Verlangen dazu angetrieben, den Gliedern einer und derselben Gemeinschaft in einer allgemeinen Art und Weise zu helfen, aber häufiger dazu, gewisse, bestimmte Handlungen zu verrichten. Der Mensch wird durch denselben allgemeinen Wunsch angetrieben, seinen Mitmenschen zu helfen, hat aber weniger oder gar keine speciellen Instincte. Er weicht auch darin von den niederen Thieren ab, daß er im Stande ist, seine Begierden durch Worte auszudrücken, welche hierdurch zu der verlangten und gewährten Hülfe hinführen. Auch der Beweggrund, Hülfe zu gewähren, ist beim Menschen bedeutend modificiert; er besteht nicht mehr bloß aus einem blinden instinctiven Antriebe, sondern wird zum großen Theil durch das Lob oder den Tadel seiner Mitmenschen beeinflußt. Beides, sowohl die Anerkennung und das Aussprechen von Lob als das vom Tadel, beruht auf Sympathie und diese Erregung ist, wie wir gesehen haben, eines der bedeutungsvollsten Elemente der socialen Instincte. Obschon die Sympathie als ein Instinct erlangt wird, so wird auch sie durch Übung oder Gewohnheit bedeutend gekräftigt. Da alle Menschen ihre eigene Glückseligkeit wünschen, so wird Lob oder Tadel für Handlungen und Beweggründe in dem Maße gespendet, als sie zu jenem Ziele führen; und da das Glück ein wesentlicher Theil des allgemeinen Besten ist, so dient das

Princip des »größten Glücks« indirect als ein nahezu richtiger Maßstab für Recht und Unrecht. In dem Maße als die Verstandeskräfte fortschreiten und Erfahrung erlangt wird, werden auch die entfernter liegenden Wirkungen gewisser Arten des Betragens auf den Charakter des Individuums und auf das allgemeine Beste wahrgenommen, und dann erhalten auch die Tugenden, welche sich auf das Individuum selbst beziehen, weil sie nun in den Bereich der öffentlichen Meinung eintreten, Lob und die ihnen entgegengesetzten Eigenschaften Tadel. Aber bei den weniger civilisierten Nationen irrt der Verstand häufig, und viele schlechte Gebräuche und Formen von Aberglauben unterliegen derselben Betrachtung und werden in Folge dessen als hohe Tugenden geschätzt und ihr Verletzen als ein schweres Verbrechen angesehen.

Die moralischen Fähigkeiten werden allgemein, und zwar mit Recht, als von höherem Werthe geschätzt als die intellectuellen Kräfte. Wir müssen aber stets im Sinne behalten, daß die Thätigkeit des Geistes durch das lebhafte Zurückrufen vergangener Eindrücke eine der fundamentalen, wenngleich erst secundären Grundlagen des Gewissens ist. Diese Thatsache bietet das stärkste Argument dar für die Erziehung und Anregung der intellectuellen Fähigkeiten jedes menschlichen Wesens auf alle nur mögliche Weise. Ohne Zweifel wird auch ein Mensch mit trägem Geiste, wenn seine socialen Zuneigungen und Sympathien gut entwickelt sind, zu guten Handlungen geführt werden und kann ein ziemlich empfindliches Gewissen haben. Was aber nur immer die Einbildungskraft des Menschen lebhafter macht und die Gewohnheit, vergangene Eindrücke sich zurückzurufen und zu vergleichen, kräftigt, wird auch das Gewissen empfindlicher machen und kann selbst in einem gewissen Grade schwache sociale Zuneigungen und Sympathien ausgleichen und ersetzen.

Die moralische Natur des Menschen hat ihre jetzige Höhe zum Theil durch die Fortschritte der Verstandeskräfte und folglich einer gerechten öffentlichen Meinung erreicht, besonders aber dadurch, daß die Sympathien weicher oder durch Wirkungen der Gewohnheit, des Beispiels, des Unterrichts und des Nachdenkens weiter verbreitet worden sind. Es ist nicht unwahrscheinlich, daß tugendhafte Neigungen nach langer Übung vererbt werden. Bei den civilisierten Rassen hat die Überzeugung von der Existenz einer Alles sehenden Gottheit einen mächtigen Einfluß auf den Fortschritt der Moralität gehabt. Schließlich betrachtet der Mensch nicht länger das Lob oder den Tadel seiner Mitmenschen als einen hauptsächlichsten Leiter, obschon Wenige sich diesem Einfluß zu entziehen vermögen, sondern seine gewohnheitsmäßigen Überzeugungen bieten ihm unter der Controle der Vernunft die sicherste Richtschnur. Sein Gewissen wird dann sein oberster Richter und Warner. Nichtsdestoweniger liegt die erste Begründung oder der Ursprung des moralischen Gefühls in den socialen Instincten, mit Einschluß der Sympathie; und diese Instincte wurden ohne Zweifel ursprünglich wie bei den niederen Thieren durch natürliche Zuchtwahl erlangt.

Der Glaube an Gott ist häufig nicht bloß als der größte, sondern als der vollständigste aller Unterschiede zwischen dem Menschen und den niederen Thieren vorgebracht worden. Wie wir indessen gesehen haben, ist es unmöglich zu behaupten, daß dieser Glaube beim Menschen angeboren oder instinctiv sei. Andererseits scheint ein Glaube an Alles durchdringende, spirituelle Kräfte allgemein zu sein und scheint eine Folge eines beträchtlichen Fortschritts in der Kraft der Überlegung des Menschen und eines noch größeren Fortschritts in den Fähigkeiten der Einbildung, der Neugierde und des Bewunderns zu sein. Ich weiß sehr wohl, daß der vermeintliche instinctive Glauben an Gott von vielen Personen als Beweismittel für das Dasein Gottes selbst benutzt worden ist. Dies ist aber ein voreiliger Schluß, da wir darnach auch zu dem Glauben an die Existenz vieler grausamer und böswilliger Geister getrieben würden, die nur wenig mehr Kraft als der Mensch selbst besitzen. Denn der Glaube an diese ist viel allgemeiner als der an eine liebende Gottheit. Die Idee eines universellen und wohlwollenden Schöpfers des Weltalls scheint im Geiste des Menschen nicht eher zu entstehen, als bis er sich durch lange fortgesetzte Cultur emporgearbeitet hat.

Wer an die Entwicklung des Menschen aus einer niedrigen organisierten Form glaubt, wird natürlich fragen, wie sich dies zu dem Glauben an die Unsterblichkeit der Seele verhält. Die barbarischen Rassen des Menschen besitzen, wie Sir *Lubbock*J. gezeigt hat, keinen deutlichen Glauben dieser Art. Aber von den ursprünglichen Glaubensmeinungen der Wilden hergenommene Argumente sind, wie wir eben gesehen haben, von geringer oder gar keiner Bedeutung. Wenigen Personen macht die Unmöglichkeit einer genauen Bestimmung der Periode, in welcher während der Entwicklung des Individuums von der ersten Spur des kleinen Keimbläschens an bis zur Vollendung des Kindes entweder vor oder nach der Geburt der Mensch ein unsterbliches Wesen wird, irgend welche Schwierigkeit, und es liegt auch hier keine größere Veranlassung eine Schwierigkeit zu finden

345

vor, weil die Periode auch in der allmählich aufsteigenden organischen Stufenleiter unmöglich bestimmt werden kann. J. A. *Picton* theilt eine Erörterung hierüber mit in seinem Buche: New Theories and the Old Faith, 1870.

Ich weiß wohl, daß die Folgerungen, zu denen ich in diesem Werke gelangt bin, von Einigen als in hohem Grade irreligiös denunciert werden; wer sie aber in dieser Weise bezeichnet, ist verbunden zu zeigen, warum es in höherem Maße irreligiös sein soll, den Ursprung des Menschen als einer besonderen Art durch Abstammung von irgend einer niederen Form zu erklären, und zwar nach den Gesetzen der Abänderung und natürlichen Zuchtwahl, als die Geburt des Individuums nach den Gesetzen der gewöhnlichen Reproduction zu erklären. Beide Acte der Geburt, sowohl der Art als des Individuums, sind in völlig gleicher Weise Theile jener großen Reihenfolge von Ereignissen, welche unser Geist als das Resultat eines blinden Zufalls anzunehmen sich weigert. Der Verstand empört sich gegen einen derartigen Schluß, mögen wir nun im Stande sein zu glauben, daß jede unbedeutende Abänderung der Structur, die Verbindung eines jeden Samenkorns und andere derartige Ereignisse zu irgend einem speciellen Zwecke angeordnet seien oder nicht.